课程体系
与品牌课程

中小学课程建设的实践探索

● 张玉彬　巫云燕 / 编著

江西教育出版社
JIANGXI EDUCATION PUBLISHING HOUSE

·南昌·

赣版权登字-02-2023-397

图书在版编目（CIP）数据

课程体系与品牌课程：中小学课程建设的实践探索 /
张玉彬，巫云燕编著. -- 南昌：江西教育出版社，
2025.1

ISBN 978-7-5705-3889-8

Ⅰ.①课… Ⅱ.①张… ②巫… Ⅲ.①中小学－课程
建设－研究 Ⅳ.①G632.3

中国国家版本馆CIP数据核字（2023）第198574号

课程体系与品牌课程——中小学课程建设的实践探索
KECHENG TIXI YU PINPAI KECHENG —— ZHONG-XIAOXUE KECHENG JIANSHE DE
SHIJIAN TANSUO

张玉彬　巫云燕　编著

江西教育出版社出版
（南昌市学府大道 299 号　邮编：330038）

各地新华书店经销
江西省和平印务有限公司印刷
700 毫米 ×1000 毫米　　16 开本　　27.75 印张　　528 千字
2025 年 1 月第 1 版　　2025 年 1 月第 1 次印刷

ISBN 978-7-5705-3889-8
定价：88.00 元

赣教版图书如有印装质量问题，请向我社调换　电话：0791-86710427
总编室电话：0791-86705643　　编辑部电话：0791-86705859
投稿邮箱：JXJYCBS@163.com　　网址：http://www.jxeph.com

高质量教育体系下课程建设的实践探索
（代序）

教育是事关国家发展和民族未来的千秋基业。以习近平同志为核心的党中央高度重视教育工作，始终把教育摆在"国之大计、党之大计"的战略地位。"建设高质量教育体系"是当今和未来若干年基础教育的工作方向和目标。《中华人民共和国国民经济和社会发展第十四个五年规划和 2035 年远景目标纲要》（以下简称"《纲要》"）明确了"建设高质量教育体系"的政策导向和重点要求，并作出了全面部署。教育部全面贯彻落实中央《纲要》的部署，以建设高质量教育体系为统领，推动"十四五"时期教育高质量发展。

新时代要贯彻新发展理念，奋力推进教育高质量发展。课程建设是区域教育高质量发展的核心力量，科学而完善的课程体系是教育高质量发展的基石。学校课程承载着国家意志和教育理想，学校课程建设对于深化基础教育课程改革具有重要价值和意义。在此，我谈谈对课程的理解和认识，以及课程建设的路径、策略和发展方向。

一、课程建设的价值和意义

课程对保障学生"学习权"，满足学生个性化需要，推动学校特色化和教师专业化发展等具有重要意义。

(一)课程建设是提高学校办学水平的关键

课程是实现人才培养目标的重要载体。学校人才培养的举措,最终都落脚于每一门具体的课程,并通过课程学习来实现。好学校能为学生提供可以选择的好课程,尊重学生的兴趣、爱好、特长,满足学生的选择权,促进学生的个性化发展。学校应在课程改革的推动下,因地制宜地进行校本课程的开发和国家课程的校本化改造,在保证课程基础性与统一性的前提下,根据学校的培养目标与现有的课程资源,最大限度地满足学生多样化的学习需求,提升其综合素养,促进学生全面、个性化发展,从而真正实现"以人为本"的目标。

(二)课程建设是课堂教学改革的强力引擎

课堂教学改革是课程改革的关键,课程建设为课堂教学改革注入新的元素和动力。课程建设涉及教学理念、教学目标、教学过程、教学内容与方法、教师队伍建设、教学管理等方面的因素。课程建设一方面有助于带动教师转变教与学方式;另一方面有助于教师总结多年来教学改革的经验,更新教育观念,推动学校课堂教学改革,切实提高课堂教学质量。

(三)课程建设是促进教师专业发展的重要抓手

钟启泉教授说过,教育改革的核心在于课程改革,课程改革的核心在于课堂改革,课堂改革的核心在于教师的专业发展。教师是课程的开发者和实施者,作为主体参与课程的开发,有更多的机会进行不同程度的课程实验,在不同的教育情境中尝试进行课程改革的探索与创新,从既定课程的执行者转变成课程改革的探索者和开发者。教师从传统的教育教学观念中走出来,形成开放、民主、科学的课程意识,深耕细研,从而有效促进自身的专业化发展。

二、课程建设的出发点和归宿

为明确课程建设的正确方向,保证课程建设的质量,张玉彬老师在深圳市福田区提出课程建设需要遵循五个基本原则,即切合党的教育方针、切合核心素养要求、切合学生课程需求、切合各级课程要求、切合学校教育哲学。我认为,在遵循基本原则的基础上进行高质量教育体系下的课程建设,还要突破课程改革进一步深化发展的瓶颈,发现问题,突破难点,找准措施,方能行稳致远。目前,以下三个问题必须引起我们的高度重视。

(一)聚焦课程(学科)核心素养

2022 年 3 月,教育部印发《义务教育课程方案和课程标准(2022 年版)》,明确提出了语文、数学等课程要培养的核心素养,并打通了义务教育与高中教育核心素养的关联,体现了核心素养的连续性和阶段性。核心素养的进一步明确,意味着学校在课程建设过程中要将培养学生的核心素养作为课程建设的本质追求,作为国家课程、地方课程校本化实施和校本课程开发的基本依据,贯穿学校课程建设的整个过程。

核心素养是学生通过课程学习逐步形成的正确价值观、必备品格和关键能力,是课程育人价值的集中体现。学校课程建设必须以核心素养为导向,将核心素养作为课程建设的出发点和归宿,并将其贯穿到课程目标、课程内容、课程实施、课程管理和课程评价的每一个环节中,打破传统的学科界限,以学生的发展,特别是核心素养的发展作为课程建设的圭臬。正如钟启泉教授所指出的,核心素养是课程发展的 DNA,基于核心素养的课程发展意味着,无论是课程开发者抑或一线教师,都需要在"核心素养—课程标准(学科素养/跨学科素养)—单元设计—学习评价"这一连串环环相扣的链环中聚焦核心素养展开运作。

(二)突出学生的选择和体验

课程是学校育人的载体,其服务对象是学生。因此,学校课程建设要注意突出学生的主体性,突出学生的参与、体验、感悟、迁移和运用。著名教育家卢梭认为,教育的目的是让人成为天性所造就的人,应以适合儿童的"内在自然"或天性进行教育。北京十一学校前校长李希贵认为,学校的课程是产品,是为学生成长提供服务的。学校的课程改革会帮助学生逐步明白:我喜欢干什么,我能干什么,我将来要干什么。

学校课程建设必须充分了解学生的现状和需求,根植于学生的发展,关注学生的差异,整合社会资源,尤其是发掘本土资源,突出学生在课程设计、实施与评价中的主体地位,让他们在课程中释放个性;从学生的角度出发设计课程,以学生喜欢的方式实施、评价以及管理课程,通过开发适合学生的多元化课程,保障每个学生与生俱来的"学习权",促进每个学生充分、自由、多元、和谐地发展。

(三)实现教与学关系的根本性转变

高质量教育体系下,课程实施要将学生的"学"作为线索,先学后教,多学少教,以学定教,实现"课堂翻转",实现教与学方式的根本性转变,以学生的"学"(预习、展示、练习、运用)为重心,以观察、体验、感悟、迁移、运用等学科实践活动为主要学习形式,促使学生深度学习,提升他们的学习能力和思维品质。在知识运用层面,教师要精心设计课堂练习(作业),精讲多练,以练促学,及时发现学生学习的盲点和易错点,展开有针对性的教学。

高质量教育体系下,课程实施要实现教与学关系的根本性转变,学生不再是被动的知识接受者,而是积极的学习者;教师不再是简单的知识传授者,而是引导、调动、组织学生自主、自律学习的人。

三、课程建设的基本路径和策略

(一)整体谋划,构建学校课程体系

学校的课程统整既是一种课程策略,也是一种课程意识。从目前的状况来看,部分学校无课程建设的整体规划和顶层设计,课程建设与学校办学理念和办学特色之间缺乏关联,国家课程、地方课程缺乏有效的校本化实施,课程与课程之间缺乏关联,没有形成课程育人合力。碎片化、大杂烩的学校课程普遍存在。深圳市福田区为全面深化课程改革,探索课程改革新样态,推进教育高质量发展,长期重视课程建设,力图通过课程优化、技术赋能、教与学方式转变、强化教研指导等有力措施,努力构建具有中国特色、世界水准的课程体系和品牌课程,培养适应未来发展、扎根中华大地的福田学子。

学校课程体系建设是一项长期而复杂的工程,不可能一蹴而就。各学校可以通过先行示范,以点带面,逐步推进。福田区在多年前就提出"逐步提高校长、教师的课程意识和课程领导力,推动国家课程的有效实施,建设一批精品课程和特色课程,努力构建起福田区具有充分的民族元素和国际元素、具有充分的传统元素与未来元素,领跑深圳、特色鲜明的现代课程体系",并于2019年起开展中小学

课程建设基地学校创建工作。福强小学秉承"福果强根,绿色发展"的办学理念,坚持"像树一样生长"的校训,确立"培养'三好一有'(阅读好、运动好、习惯好,有特长)的幸福学子"的培养目标,着力打造"阅读课程""运动课程""习惯课程""特长课程",努力在学生心中种下"四颗种子",即"阅读种子""运动种子""习惯种子""特长种子"。华新小学将"通·达"二字作为高度凝练的课程核心理念,在"通·达"教育哲学的指引下,形成了"通·达"课程理念:以"天人合一"的发展观、"通情达理"的育人观、"守护童心"的学生观、"联通共创"的教学观、"激励成长"的评价观、"森林学校"的场域观为落脚点,构建了华新小学"笔架山(B+3)通·达"课程体系。福田区实验教育集团侨香学校"创感教育"课程体系、福田区外国语高级中学"鲲鹏"课程体系、深圳明德实验学校(集团)"1+N"课程谱系、南华小学"童心"课程体系、福田小学"大榕树"课程体系、百花小学"百花园"课程体系、福民小学"成长之门"课程体系、园岭小学"构建奠基幸福人生"课程体系、莲花小学"品性教育"课程体系、下沙小学"红树林"课程体系等各具特色。越来越多的学校通过课程体系建设推动学校整体课程改革,使高质量课程体系成为高质量教育体系中的重要组成部分。

学校课程建设需要有整体的规划,形成体系,形成课程育人合力。张玉彬老师提出课程建设的"三有"理念,即有体系、有特色、有精品。具体来说,学校要有教育目标明确、门类齐全、科学规范的课程体系,要有本校特质的特色课程和优质的示范性课程。

(二)课程培植,创建学校品牌课程

创建高质量的课程,是促进学生全面而有个性发展的前提和保障。深圳市福田区一方面通过学校层面推进品牌课程的建设,另一方面在区域层面出台相关政策和标准,引领、帮扶学校课程质量的提升,对一些有潜力的课程进行培植,形成了独特的品牌课程培植办法和路径。具体办法是,区级层面制订科学完善的课程培植方案,制订"品牌课程培植对象"的评选标准、"品牌课程"的达标标准,在全区中小学评选出学校自主开发、富有生命力和深受学生欢迎的课程作为"品牌课程培植对象",借助于教研员和专家团队的力量,围绕"品牌课程培植对象"开展系列培植活动,如课程纲要(方案)设计与撰写、课程创建交流与分享、课程内容论证与

拓展、课程实施展示与推广、课程评价创新与提升等,经过专家有针对性地引领和指导,促进"品牌课程培植对象"在课程目标、课程内容、课程实施、课程成果、课程评价、课程管理等方面的不断完善。"品牌课程培植对象"经过1~2年的培植,符合福田区品牌课程达标要求的,由福田区教育局授予"福田区品牌课程"称号,在全区公开表彰和展示。

深圳市福田区2019年启动品牌课程培植活动,目前已经有"好诗天天诵""会造房子的小数学家""创客学院的魔法之旅""历史软陶""形体健康"等176门课程成为福田区品牌课程。目前,福田区正在开展第三届"品牌课程培植对象"的遴选、培植活动,已经确定了105门"品牌课程培植对象"进行课程培植。福田区致力于在5年左右的时间内形成在深圳市内外产生示范、引领作用的高水平"品牌课程群"。

(三)项目学习,引领课程建设发展方向

项目学习是一种以发展学生核心素养为统领,打破学科的逻辑结构、用项目来统整课程的学习模式,由教师创设教学情境,以项目问题的生成、探究、解决、运用来培养学生的创新精神和实践能力。项目学习促使教育回归生活,用一个生活载体实现两个以上的学科目标,提高效率,打破学科之间的界限,还原生活的本来面貌,增强课程的整体育人效果。《义务教育课程方案(2022年版)》(以下简称"新课程方案")中,把"加强课程综合,注重关联"作为课程设计原则之一,明确提出"加强课程内容与学生经验、社会生活的联系,强化学科内知识整合,统筹设计综合课程和跨学科主题学习。加强综合课程建设,完善综合课程科目设置,注重培养学生在真实情境中综合运用知识解决问题的能力。开展跨学科主题教学,强化课程协同育人功能"。新课标把项目学习作为课程改革的重要内容之一,是核心素养下课程建设的发展方向。福田区红岭实验小学自2019年创校伊始就开始探索、实践项目学习,基于"我与自然、我与社会、我与自己"的课程理念,整合不同学科的课程内容,确定不同主题,以项目学习为主要方式开展自主、合作、探究的学习活动,发展学生的课程核心素养。历经几年的努力和探索,福田区红岭实验小学目前已经构建了跨学科融合的项目学习课程体系,受到广大家长、学生的欢迎,也迅速成为一所市内外知名的"网红"学校。

教育是一个国家和社会发展的基石,而课程作为教育的核心组成部分,扮演着至关重要的角色。当代社会,如何构建高质量、有特色的课程体系,培养适应未来发展的优秀人才,是教育界面临的重要课题。福田区创造性地提出了品牌课程的"福田标准"和"双减"背景下学校课后服务课程体系的构建要求。我欣喜地看到福田区各学校在课程建设方面取得的成就,也看到张玉彬老师带领教研员团队对全区课程建设的引领,这是建设高质量教育体系的必经之路,也是发展素质教育、促进教育公平的有力保障。本书将福田区优秀的学校课程体系和具有代表性的品牌课程整理出来,呈现给全国的教育界同行,旨在向全国教育界同行分享福田区在课程建设方面的实践经验,分享目前所取得的阶段性成果,为各地基础教育改革和创新发展提供有益的借鉴,也希望通过福田区课程实践案例的分享,激发更多教育工作者的思考和创新,进一步深化课程改革,促进基础教育高质量发展。

　　得英才而教之者,是为福;滋兰蕙于九畹者,是为田。福田正借基础教育课程改革的东风,紧紧围绕"立德树人"这一根本任务,通过课程建设进一步深化课程改革,努力建成"开放多元、优质共享、运转高效"的现代化高质量教育体系,着力构建"本真、适才、普惠、优质"的教育生态,为基础教育的高质量发展注入新活力,创造出富有勃勃生机的教育新生态。我相信,福田在努力推进区域教育高质量发展的过程中,先行先试,对标一流,一定可以为全国基础教育改革贡献更多的"福田样本"和"福田智慧"。对此,我充满信心和期待!

叶文梓

2023 年 10 月

　　(作者系深圳大学教师发展学院院长,深圳市陶行知研究会会长、研究员,教育部教师"国培计划"专家,享受深圳市人民政府特殊津贴专家)

目 录

上 篇

课程体系建设

南华小学"童心"课程体系

深圳市福田区南华小学创办于 1987 年 9 月，是一所省一级六年制公办小学，现有教学班 46 个，学生 2108 人，在职教工 142 人。学校在以优异的成绩跻身省一级学校行列的基础上，获得"广东省书香校园""深圳市中小学美术书法特色学校""福田区德育示范学校""福田区科技特色学校"等荣誉称号。学校已打造"科技创新教育""健康教育""书法艺术教育"三大特色品牌，取得了丰硕成果，得到了上级领导和社会各界的肯定和认同。

一、课程理念与文化

南华小学推行"隐形教育"，凸显体验学习，主张让学生充分享受教育。学校着力打造"隐形教育"新品牌，通过"童心"系列课程，办一所让师生留恋的学校。

(一)核心理念:儿童立场

"儿童立场"指教师所处的地位和所抱的态度应基于儿童，从儿童出发，认识和发现儿童。南华小学坚持主张走出"成人中心主义"，从儿童立场看待儿童的教育，提出"童心教育"的理念。"童心教育"并不是要把童心"教"给学生，而是要尊重和认可学生原本就有的宝贵的童心，帮助他们更好地成长。

(二)核心主张:隐形教育

"隐形教育"的最高境界是信任学生。对学生的信任，就是尊重学生的想法，放心学生的脚步，理智地引导学生。"隐形教育"的最好策略是授学生以"渔场"。俗话说:"授人以鱼不如授人以渔。""隐形教育"认为"更不如授人以渔场"。"童心"系列课程给学生"三台"——讲台、舞台、擂台，引领学生在实践活动中自我发现、自我设计、自我调整、自我实现。

(三)学校校训:南有乔木,灼灼其华

"南有乔木"出自《诗经》中的《国风·周南·汉广》,寓意"南边有高大的树木";"灼灼其华"出自《诗经》中的《国风·周南·桃夭》,寓意"花开灿烂,美丽动人"。将"南有乔木,灼灼其华"作为校训,将"南华"校名巧妙融入,阐释了南华小学对广大师生的期盼——自由生长为高大的树木、有用的栋梁;追求美好,坚守纯真,像花儿一样灿烂与美丽。

(四)学校学风:乐当彼此老师

"乐当彼此老师",是让学生可以成为自己的、同学的、老师的老师,即"金字塔学习理论"的"表达式"学习,培养学生的自主、合作、探究等学习能力。"童心"课程的关键是要保持学生学习的好奇心、主动性及热情度,使学生的学习获得源源不断的生命力。

二、课程设置与内容

南华小学"童心"课程体系力图与"21世纪学生核心素养"和"中国学生发展核心素养"相匹配,主要体现"尊重儿童规律,面向未来特质",立足学生的需求和特长,立足学校的发展和实际。

(一)课程内容

"童心"课程体系分为"童真(生活德育课程)""童慧(学科素养课程)""童创(在校延时课程)"三个模块,发掘"童心"课程新生长点。每个模块的课程实施大致按照两大类课程同步,分别是基础性课程校本化实施、拓展性课程特色化实施。(图1)

"童心"课程内容设计取材于广阔的宇宙,寓意南华小学学生能在"童心"课程中大有作为,绽放光彩。"童真""童慧""童创"三个模块均围绕"童心"设计开展,"童心"代表着课程设计的核心理念——儿童立场,一切从儿童的角度出发;"童真"立于南华课程体系之首,关注学生的心理成长和人格培养;"童慧"侧重于学生"关键能力"的培养,促进学生健康发展;"童创"更关注激发学生的兴趣、发展其素质、培养其个性。

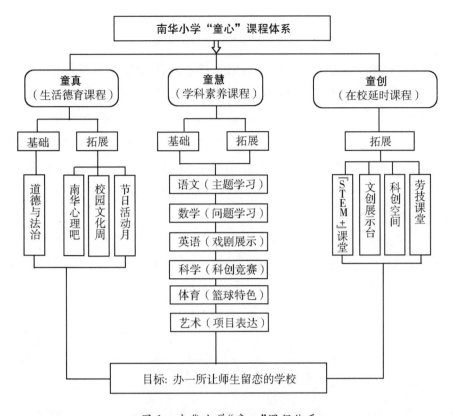

图 1　南华小学"童心"课程体系

1. **童真**:本课程立足生命教育,主要指向学生良好的品德行为和健全人格的养成;教师是课程的引领者,在课程的实施过程中,教师人人都做"道德教师"。本课程以落实《中小学生守则》为抓手,融合国家课程的道德与法治,地方课程的公民教育、法治教育、安全教育、环境教育、毒品预防教育等专题教育,再结合当代社会发展趋势,在当代儿童特色的基础上,开发形式生动活泼、符合现代小学生心理特点的生活德育课程内容。

2. **童慧**:本课程侧重于学生"关键能力"的培养。核心素养的学科课程转化,由理念到实际,由抽象到具体,由普遍到特殊,环环相扣,层层转化。在学科带头人的带领下,各学科教师考虑本学科的理念与目标,结合各教育阶段核心素养,发展学科核心素养,确定学科学习重点。在此之后,本课程强调理念落地,关注教师在课堂中的一言一行。只有教师在教学行动中将"儿童立场"贯彻落实,本课程所强调的"关键能力"的培养才能真正落地。因此,本课程注重评价与反馈,反复打磨精品课程,努力拓展课程形式,不断完善教学实践。

3. **童创**:本课程的关键词是"童味、童创,丰富经历、激发兴趣、发展素质、培养个性"等。因此,在学习方式上,通过丰富的"STEM＋"在校延时课程,学生亲身获得参与探索研究的体验;提升发现问题与解决问题的能力;学会分享与合作;培养科学态度和科学道德;培养对社会的责任心和使命感。其目标是以完善学生的认知结构、提升学生自我规划和自主选择能力为宗旨,着眼于培养学生的兴趣、爱好,开发学生的潜能。本课程设计中倾向体验性目标取向,即注重学生在课程中阅历的增长、兴趣的激发、经验的获得和情感的产生,旨在增加学生的体验和实践,为学生获得更多的人生经历和良好的身心发展而努力。在课程方向上,本课程从学生适应课程到课程适应学生,从组织学习内容到设计学习经历,从注重升学奠基到着眼终身发展。

南华小学开创课后服务"童创"社团课程 77 种,最大限度地尊重全校师生的意愿,自主选课、统筹兼顾;既发挥已有教师资源,又引进校外优质课程资源,依法依规推进课后服务课程教育教学工作保质保量完成。(表 1)

表 1　南华小学"童创"社团课程设置

地点	课程	地点	课程
一(1)班	国际跳棋	三(5)班	书法
一(2)班	欢乐七巧板	三(6)班	自然探索大发现
一(3)班	趣味拼图	四(1)班	五彩黏土
一(4)班	"金话筒"小主持人(低)	四(2)班	彩色剪纸
一(5)班	七彩画	四(3)班	趣味折纸
一(6)班	儿童绘画	四(4)班	"金话筒"小主持人(高)
一(7)班	涂鸦	四(5)班	国学经典吟诵
一(8)班	口琴	四(6)班	手绘动漫
二(1)班	中国结　纸艺花	四(7)班	疯狂打击乐
D栋一楼架空层	跆拳道	四(8)班	巧手美工
E栋一楼架空层	民族舞	电脑室1	"编"学边玩(低)
三(1)班	创意3D打印	升旗操场	花样跳绳
三(2)班	国际象棋	D栋一楼架空层	武术
三(3)班	五子棋	餐厅活动室	灵动拉丁
三(4)班	数学游戏	五(1)班	创新科学课

地点	课程	地点	课程
五(2)班	中国象棋	六(1)班	优雅尤克里里
五(3)班	围棋	六(2)班	玩转吉他
五(4)班	百变魔术	六(3)班	沙画王国
五(5)班	妙手魔方	六(4)班	衍纸艺术
五(6)班	创意绘说写	六(5)班	茶艺
五(7)班	文学鉴赏	电脑室2	"编"学边玩(高)
五(8)班	趣说历史	羽毛球场	羽毛球
五(9)班	创意海报	E栋一楼架空层	毽舞飞扬
五(10)班	巧绘素描	空中种植园	小蜜蜂种植
五(11)班	妙音陶笛		

(二)品牌(特色)课程创建

南华小学一直打造独特的品牌课程。"儿童阅读""南华诗词会""3D打印——创新智造""数学思维注意力""单元主题式微写作"等课程获评"福田区品牌课程"。

1.儿童阅读

南华小学秉承"健康发展"理念,打造"隐形教育"品牌,实施"授以渔场"策略,积极建构基于"习程"的"儿童阅读"课程,旨在落实语文新课标中"多读书,好读书,读好书,读整本的书"的要求,帮助学生养成阅读习惯,增加阅读量,提升阅读品位,从而提高学生的语文核心素养,促进学生个性而全面地发展。

南华小学基于"习程"的"儿童阅读"课程,首先是基于"习程"即基于自主发展的"学生立场",基于内容整合的"项目学习",基于过程展开的"实践建构",基于教师引领的"体验参与",基于独立思考的"合作探究",基于学习生活的"课堂建设";其次,凸显海量阅读、自主阅读和课内阅读。

南华小学"儿童阅读"课程从儿童发展心理学角度出发,根据不同年级学生的心理发展特点,结合阅读心理学、阅读脑科学等相关研究成果,确定不同年级、不同学期的主题阅读课程:既有指向体裁的阅读,也有指向主题的阅读;既有一个作家作品的系列阅读,也有一个主题的拓展阅读。为避免主题阅读带来的遗漏,南华小学特意为每个年级补充了适合该年级学生阅读的一百本书,供学生自由阅读,满足不同学生的阅读需求。

"儿童阅读"课程将学生六年的阅读体系化,从绘本、单篇、类篇、整本书阅读螺旋式上升,进行主题规划,将六年十二个学期划分出十二类主题,每个主题由学校配备图书,做到学生人手一本,全班共读。广度上,南华小学以阅读为突破口,建构并实施"儿童阅读"课程;力度上,布局三个阶段:南华阅读 1.0 ——"同读一本书",南华阅读 2.0——"我爱读的书",南华阅读 3.0——"分级阅读体系";深度上,指向书面表达,孕育学生的"写作意识",促使学生的语言能力、文化意识和思维品质得到综合提升,从而引导学生从"学习阅读"到"阅读学习"的跨越。

2. 南华诗词会

"南华诗词会"课程以统编版小学语文教材中的古诗词篇目为主体,同时适当从初中语文课本及课外读物中遴选作品,最终选定了 280 首古诗词,紧密配合学生的课堂学习而量身定制,对学生应该掌握的古诗词基本实现了"全覆盖"。280首古诗词以主题的形式出现,共包括十四个主题,涵盖了自然山水、亲情友情、民族精神、社会文化等基本生活领域。

课程实施着眼于线上线下相结合的方式,以激发学生兴趣、发掘学生主动性为目标,开发以学生为主体的线上线下融合课程,以"视频微课"的形式"每日两会"地走进学生的晨读、午习,借助教师亲切自然的诗词讲解,结合生动有趣的动画场景,从创作背景、童声吟咏、走进诗词、韵味朗诵几个方面入手,在丰富学生的"视听体验"的诗词学习中促使其自觉生长、自然生长、自由生长。(表 2)

表 2 "南华诗词会"课程目录

序目	主题	主题词	导语		授课教师
第一季	涵养诗心	胸	胸藏文墨虚若谷	腹有诗书气自华	禹玉珍
第二季	言志悟情	怀	怀古壮士志	忧时君子心	洪钰龄
第三季	四季诗韵	天	天上人间何处去	四季风光无尽藏	陈洁
第四季	咏物传情	下	下瞰波澜知海阔	仰观霄汉得天多	肖啸
第五季	田园生活	家	家住苍烟落照间	丝毫尘事不相关	谭晨冬
第六季	送别诗情	国	国韵天香映画堂	人间天地情意长	马金香
第七季	大旨谈情	情	情到深处无怨尤	人间沧桑却何求	吴梦泉
第八季	儿童诗趣	放	放牛自齕草	双童且相嬉	周靖雯
第九季	家国情怀	眼	眼中战国成争鹿	海内人才孰卧龙	邵成

（续表）

序目	主题	主题词	导语	授课教师
第十季	行旅思乡	世	世人若被明日累　春去秋来老将至	陈静颜
第十一季	感悟亲情	界	界窗犹有月徘徊　念畴昔兮母兄在	杨扬
第十二季	惜时如金	凌	凌寒强比松筠秀　叶艳空惊岁月非	刘洋
第十三季	寄情山水	云	云去云来远近山　水深水浅东西涧	樊萍丽
第十四季	传统佳节	志	志士悲年迅　重阳节又临	王紫君

3. 3D打印——创新智造

"3D打印——创新智造"课程是福田区"第一批科技特色品牌项目"实施课程,是"福田区品牌课程"。课程基于PBL项目式学习的"6A＋5C标准",结合学生创造力的发展进行开发。课程以培养学生的创新精神和实践能力为出发点,以计算思维、工程思维为核心融合STEAM特色,从3D打印的原理、3D建模编程技巧、作品的创新智造等方向,多层次、多维度,紧贴学生生活实际,由浅入深设计课程。课程包括教材、同步教案、课件、微课、软件操作视频和学习资源包等。课程得到福田区科技创新局(科学技术协会)的肯定,课程配套视频微课在"福田科教"网络平台发布,供全市师生开展相关项目学习。

课程利用每天的延时服务社团活动时间,在倪勇、阮淑贞、王江元老师的带领下,在学校"梦想启航"科创团队中开展。课程实施以来,学生的创新能力和实践能力得到了提升,师生成果斐然。师生在国家级及省、市、区级教育部门主办的创客大赛中摘金夺银380多项;倪勇老师的课程在佛山市校长团和广西校长团深圳研习活动中进行了展示,深受好评。这些都极大地提升了课程的影响力,培养了学生的创造力,夯实了学校的科创特色。

4. 数学思维注意力

本课程基于数学思维的注意力训练,立足儿童立场,融合数字、计算、图形、色彩,开展数学学科注意力训练,让学生多元体验,训练学生的注意力,以师促生;引导学生主动探索,启迪思维,以己促己;尊重学生,多维度激发学生的创造力,以生促生。南华小学从常规课逐步渗透培养,再到"数学节"主题式创作,有层次、有序地开展注意力训练课程,从而培养学生的良好注意力品质,以期通过该课程训练,促进学生注意品质的提升,打造一个五彩斑斓、生动有趣的"童心"世界。

5. 一字一句一古文

"一字一句一古文"课程是探索小学国学经典内容和学习方法而形成的一门

课程。"一字"指在中华优秀传统文化观念中具有典型性的关键字;"一句"源于"一字",是其核心内涵的阐释;"一古文"指与该字、句内涵相契合的小古文。学生通过小古文的学习,领会金句的内涵,吸收中华优秀传统文化的精髓。这里的"小学国学课程"是建立在国学经典内容和学习方法上的中华优秀传统文化教育的总和。

"一字一句一古文"课程基于学生语言文字学习的基础,从浩瀚的中华优秀传统文化中提炼出十二个汉字为主题,以"汉字溯源-经典金句-小古文运用"的载体形式,充分发挥现代信息技术的优势,拓展学习空间。(图2)课程通过设计还原特定历史时期的汉字运用以及相关主题文化,了解古人智慧;立足儿童立场,从学生的生活实际出发,通过整合性、实践性的学习过程引导学生融合创新;在探究、积累运用的过程中,实现以美育人、以文化人的新境界,全面落实立德树人根本任务。

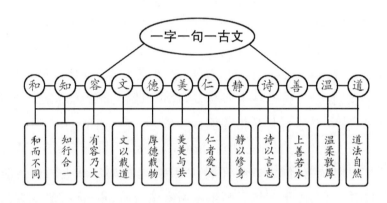

图2 "一字一句一古文"课程内容

6.单元主题式微写作

"单元主题式微写作"课程是一门从学生的社会生活经验和实际需要出发,统整单元学习内容,以统编版小学语文教材的单元双线主题为核心组织写作,并指向学生言语实践建构的微写作课程。该课程具备以下特点:一是课程内容源于学生的真实生活需要和学习需求;二是体现了言语运用的综合性和实践性特征;三是课程立足统编版教材,将单元内容进行有机统整,课程内容呈现出"小片段""松散连结""动态重组""即时性""多平台"的微型化样态。课程力图从社会言语交际和个体内在言语表达的实际需要出发,激发学生的表达潜能,鼓励个性化表达,使写作日常化、生活化、常态化,最终让写作成为学生生活中不可或缺的一部分。

7.二十四节气

"二十四节气"课程是一门尝试以二十四节气为载体,探索语文、科学、美术、音乐等学科的融合课程。课程以儿童立场、学生需求作为课程构建、调整和优化的根本依据,尝试打破学科壁垒,着眼学生核心素养的培育。在本课程中,学生将从自己的视角,去探寻大自然的奥秘,品味诗词世界里的喜怒哀乐,用歌声唱出自然生命的赞歌,用画笔描绘出生命的多姿多彩,从生活感知二十四节气,让二十四节气走进生活,品味节气文化,传承中华文明。

8.绘声绘影绘说写

"绘声绘影绘说写"课程是一门以"微电影·微交际"和"微电影·微写作"为统领的课程,采用微电影、微视频与统编版小学语文教材口语交际、单元习作的整合策略,精选、随拍和制作不同内容、不同形式的微电影、微视频,并将其引入口语交际和习作课堂,助力学生发展写作思维、掌握写作方法、促进言语表达、提升语文水平和审美品位。

9.儿童诗创意写作

"儿童诗创意写作"课程是一门以儿童诗歌为载体,以阅读、欣赏与创作童诗为主要学习内容,以培育儿童想象力,守护童心、童趣为主要目标,致力于提高儿童的人文素养,增强儿童的文化自信、语言运用能力、思维能力、审美创造能力的课程。课程以青蓝诗社为主要活动阵地,在钟艳榴儿童诗创意写作工作室九位教师的带领下,利用每周三课后延时服务时间开展活动。师生作品发表于《嘉应文学》《深圳青少年报·启蒙周刊》等各种刊物,并在第二届深圳市小学生诗歌节中斩获佳绩。其中,诗社成员胡悦盈入选"2020年中国100位少年诗人"。

三、课程实施与评价

(一)课程实施

课程空间建设是落实课程目标的重要环节。校园环境的升级改造,为学生学习活动、教师教学活动的进行提供了安全保障,为学生提供了"隐形教育"的资源。

课堂与信息技术深度融合也是南华小学"童心"课程的重要组成部分。学校普遍应用5G技术,为教学视频的播放、教育资源的综合利用等提供更多可能。南华小学教师全面应用希沃技术平台,借助信息化手段、大数据思维及智能化工具,支撑学生的项目式学习。全面应用班级优化大师等线上评价方式,能够更加有效地激励学生,激发学生的兴趣。

数据分析库是有助于课堂实施的重要手段。南华小学通过大数据做描述性统计、诊断性分析和预测性分析,更全面地了解学生的发展状态、认知障碍、认知问题和学习状况,获得全方位、全过程的评价结果,形成对信息技术在学校中的应用的完整图景,进而提供面向学习过程、促进学生发展的评价;利用网络及智能感知技术采集并储存学习过程中的各类数据,通过数据发掘和机器学习等技术对数据进行分析和建模,了解学生对每个知识点的掌握情况、核心素养的发展情况、学科能力的发展情况以及非智力因素的发展情况等,形成发展性的评估报告;利用大数据,进一步推进信息技术与课程整合,开发、使用和评价学校管理系统,建设、使用和评价数字化校园,完善校园电子档案。

(二)课程评价

南华小学"童心"课程评价体系由"谁来评""评什么""如何评"三个问题构成。

课程评价在方式上注重内部评价,在特点上强调多元主体评价,在目的上强调为了促进学习的评价,以教师和学生作为评价主体。并且,课程评价对于不同特点的课程采用不完全相同的评价标准,对于教师自主开发的校本课程,用本土化标准进行评价,强调学生的年龄特点与认识层次,充分发掘本地区的课程资源;对于学科联动产生的活动课程、综合课程,则强调其应用性,强调在教学中课程与社会相结合,让学生在生活中找到学习内容的来源和应用之处。因此,课程评价看重综合课程,而非单一课程;注重连续课程,而非割裂课程;强调发展课程,而非固定的课程模式。(表3)

表 3 南华小学"童心"课程评价体系

评价内容	一级指标	二级指标
核心价值	政治立场和思想观念	理想信念
		爱国情怀
		以人民为中心的发展思想
		法治意识
	世界观和方法论	正确的世界观和方法论
	道德品质和综合素质	品德修养
		奋斗精神
		责任担当
		健康情感
		劳动精神

（续表）

评价内容	一级指标	二级指标
学科素养	学习掌握	信息获取
		理解掌握
		知识整合
	实践探索	研究探索
		操作运用
		语言表达
	思维方法	科学思维
		人文思维
		创新思维
关键能力	知识获取能力群	语言解码能力、符号理解能力、阅读理解能力、信息搜索能力、信息整理能力等
	实践操作能力群	实验设计能力、数据处理能力、信息转化能力、动手操作能力、应用写作能力、语言表达能力等
	思维认知能力群	形象思维能力、抽象思维能力、归纳概括能力、演绎推理能力、批判性思维能力、辩证思维能力等

根据一定的评价标准，课程评价体系综合采用定性、定量的方法，注重过程性评价，对课程体系的立意、计划、准备与投入实施、效果等方面作出价值判断，并根据评价数据反馈的结果进行改进。基础知识的掌握可以量化，但学生的技能、体能、能力、品格、兴趣、理想、态度等外化形式是多种多样的，有些方面是无法量化的。因此，教师有必要做到定性、定量综合评价，关注童心发展，全方面拓展学生的智慧。

此外，课程评价体系注重发挥学生在评价中的主体作用。评价内容不仅包括教师教学环节的设计，还更加关注学生的学习情感、学习态度和努力程度，学生参与自主学习、合作学习、探究学习、交流展示、互动研讨的情况等，真正立足儿童立场，从学生的角度出发。

四、课程管理与保障

南华小学"童心"课程管理依托学校教师发展中心和课程管理中心，以教师赋能计划和智慧校园行动为抓手，辅之以稳定的后勤保障，从软件和硬件两方面保障"童心"课程的设计和落实。

（一）教师赋能计划

南华小学以教师梯队培训课程体系为抓手，针对入职教师、骨干教师和资深教师不同程度的发展需求，进行个性化、梯级化的教师培训，让所有教师梯次成长，培养出教坛新秀、骨干教师、学科带头人、学科首席教师、学校品牌教师等；制订并实施"南华小学教师能力发展计划"，与深圳知名教育科研团队、学科专家、名家等协作开展青年教师培训活动，让青年教师在事业进阶期与智者、能人同行；聚焦青年教师的课堂教学设计能力，聚焦学生的学科核心能力，打造"一课一得"的有效课堂；通过加强专题研修、加强梯队培养、个人研修与集体研修相结合、加强新教师培训等方式，在培养好教师上下足功夫；每学年，大张旗鼓地评比一次"南华名师"，实现"一师一课程，一课一名师"。

（二）智慧校园行动

1. 积极进行"AI＋学校"的全面探索

人工智能时代已大步走来，AI赋能教育是未来学校必不可少的基因。南华小学积极进行"AI＋学校"的全面探索，"AI＋管理""AI＋德育""AI＋课程""AI＋课堂""AI＋环境"……建设以创新型人才培养为导向，以智能泛在环境为支撑，以人文生态、开放协同为特征的智慧校园，强化学校育人目标、课程体系、教学方式、发展评价、治理模式和学习空间的一体化设计，实现新技术支持下教育的模式变革和学校生态重构。

2. 推进学校管理数字化

南华小学构建"互联网＋"管理平台，研究和推进基于数据的学校治理，探索实施全面、公开、透明的学校信息系统，不断完善统计数据与调查数据、过程数据与结果数据、线上数据与线下数据等多维数据的统一标准，建立与完善教师专业发展数据系统和学生成长数据系统，实现多维数据系统的耦合，全面反映学校发展的历史进程与现状，预测学校未来的发展趋势；开展基于"5G＋AI"模式的数字化智能校园建设，建成集学校管理、课堂教学、教师教研、学生学习、教学评价、家校沟通于一体的物联化、集成化、智能化的"智慧校园平台"。

3. 提升教师信息技术应用水平

南华小学实施"种子教师计划"，打造一支掌握现代教育技术、具有较高业务能力的管理干部队伍，培养一批具有学科带头作用、有丰富专业知识、能较好地运用教育"云"技术进行教育教学创新的骨干教师，积累、分享教学经验和教学资源，培养学生信息化环境下的学习能力。

(三)拓展经费筹集渠道

南华小学进一步健全资金投入机制,争取政府有关部门和社会力量的支持,确保学校建设经费的投入;做好学校年度部门预算,确保各重点项目建设所需的经费如期到位,重点保障学校各功能室及场馆建设、信息化基础设施及应用环境建设、校园物质文化建设等;增加一定量的预算经费,用于干部和教师培训、教师技能竞赛奖励、教师交流补贴、跨校区教研活动和学生活动经费等;完善项目实施和项目经费管理制度,加强对项目的督导和过程性管理,做好过程性跟踪,提高项目经费的使用效率与效益。

下沙小学"红树林"课程体系

深圳市福田区下沙小学迄今已有80多年的办学历史。学校地处深圳市福田区下沙社区内,毗邻深圳湾国家级红树林自然保护区。学校占地面积约1万平方米,现有教师118人,其中,特级教师1人,副高级教师15人,省级名师2人,深圳市优秀教师8人,福田区最美教师2人。近年来,学校从绿色通道引进名师3人,从高校引进和培养青年骨干教师23人,现有36个教学班,学生1656人。学生中曾经百分之九十是外来务工人员子女,是典型的城中村学校。

下沙小学于2006年被评定为广东省一级小学,是全国综合实践活动课教师培训基地学校、全国湿地教育学校、全国活力校园100强、全国优秀校园足球特色学校,广东省优秀中小学信息化中心学校、广东省STEAM教育实践研究学校、广东省卫生与健康促进示范学校、广东省软陶教育理事单位,深圳市教育先进单位、深圳市教科研基地、深圳市语言文字规范化示范学校、深圳市三八红旗集体、深圳市最具未来特色学校、深圳市线上教学先进单位(全市2020年仅5所小学)、深圳市"双区"实验校、深圳市"减负提质"实验校、深圳市艺术特色学校。

一、课程基础与背景

(一)课程建设背景

随着义务教育的全面普及,教育需求从"有学上"转向"上好学",必须进一步明确"培养什么人、怎样培养人、为谁培养人",优化学校育人蓝图。当今世界科技进步日新月异,网络新媒体迅速普及,人们生活、学习、工作方式不断改变,儿童、青少年成长环境发生深刻变化,人才培养面临新挑战。

新课程方案指出,教育的根本任务是立德树人,要全面落实培养有理想、有本领、有担当的时代新人的要求。新课标以立德树人根本任务为指引,以核心素养(人的全面发展)为导向,旗帜鲜明地把课程从学科立场转向教育立场,以人的发展特别是核心素养的形成为宗旨。新课程方案进一步明确了在基础教育阶段实施三级课程管理方式,构建国家、地方、学校三级课程体系。国家课程能体现国家的利益和价值取向,地方课程能兼顾到不同地区政治、文化、经济的多样性,校本课程能满足不同学校的特点和学生多样化的需求。

(二)课程建设基础

构建适合本校特点的课程体系一直是下沙人不懈的追求。2011 年之前是学校课程建设 1.0 时代。基于百分之九十的学生是外来务工人员子女这一校情,学校确定了"养成为先,质量立校,全面发展"的办学理念。学校除了上足、开齐国家课程外,还重点对体育与健康、道德与法治学科进行校本化实施,以广播操为载体打造学校体育教学特色,编写《养成教育三字歌》等学习材料,融入道德与法治学科教学。2011—2016 年是学校课程建设 2.0 时代。随着深圳市福田区的发展,学校确立了"养成为先,和谐发展"的办学理念,构建了"和雅课程"体系。"和雅课程"体系在保证国家课程的基础上,开设校本课程 26 门,初步实现了"和而不同,各雅其雅"的课程建设目标。

二、课程理念与文化

(一)教育哲学——生命教育

学校教育对个体生命发展具有独特价值:一是引导生命发展的方向;二是提供生命发展的动力;三是唤醒生命发展的意识,发掘生命潜能的力量;四是张扬生命的个性。

"生命教育"是全面发展的教育。它让每一个学生成长有动力,让每一位教师发展有后劲,让学校提质可持续。

"生命教育"是内涵丰富的教育。学校要建立科学、高效的管理机制,建设一支师德高尚、业务能力强的教师队伍,构建适合城中村学校特色的课程体系和评价管理体系,使学校内涵丰富与创新发展相结合。

"生命教育"是彰显特色的教育。学校通过构建"红树林"课程体系,促进自身提质升级,并根据自身优势,发展一批特色项目,把活动转化成课程,把课程优化成特色。

(二)办学理念——让每一个生命都蓬勃向上

下沙小学秉持"生命教育"情怀,以"让每一个生命都蓬勃向上"为办学理念,以"培养懂合作、善适应、能创新、有梦想的新时代阳光少年"为育人目标,为每一个生命引导发展方向、提供发展动力、唤醒发展意识,促使每一个下沙学子发掘生命潜能、张扬生命个性,让下沙校园像毗邻的红树林一样生机勃勃。

(三)文化构想——向下扎根、向阳生长

下沙小学倡导"生命教育"理念,从教育的本质和毗邻国家级红树林自然保护区的区位优势出发,着力打造"向下扎根、向阳生长"的红树文化,以"培养懂合作、善适应、能创新、有梦想的新时代阳光少年"为育人目标,以"办群众满意的家门口的优质学校"为办学愿景,以立德树人为根本任务,瞄准"核心素养",以"智学课堂"为基础,以"课题研究"为引领,着力"红树林"课程体系的构建,推进学校教育教学工作行稳致远,促进城中村学校提质升级,致力打造"朝气蓬勃、奋发向上"的活力新校园。

(四)课程建设的指导思想、培养目标、总体思路

1.指导思想

落实立德树人根本任务,奉行"生命教育"哲学,以"让每一个生命都蓬勃向上"为办学理念,构建符合学校实际的"红树林"课程体系,促进早日建成人民满意的新品牌学校。

2.培养目标

培养充满活力的新时代少年。"充满活力"指身体健康、心态阳光,有良好的学习、生活习惯,有高雅的文明言行,有深厚的中国传统文化修养,文化基础扎实,个性鲜明,像红树一样,懂合作、善适应、能创新、有梦想。"新时代少年"指面向未来,能适应未来社会变化和发展需要的少年。

3.总体思路

(1)国家课程校本化。保证国家课程的核心地位,结合各学科特点进行校本化实施。

(2)地方课程个性化。地方课程要结合校情、时节和学生的年龄特点进行个

性化实施。

（3）校本课程特色化。校本课程的开设、实施要符合城中村学校、学生的实际，要走特色化发展的道路。

下沙小学课程建设保留"和雅"课程体系中符合学生实际的课程，把关注城中村学生某方面的教育上升为关注整个生命的健康成长，将课程体系迭代为"红树林"课程体系，蕴含着下沙小学要像培育红树苗一样培养充满活力的新时代少年。

三、课程设置与内容

（一）课程设置原则

1.做好顶层设计。学校依据发展理念，做好课程开发的顶层设计——制订好课程开发的规划方案，确定课程目标和具体课程类别。

2.开发主体多元。学校任课教师和外聘教师相结合。每门课程有明确的教学目标、教学内容和评价方法。

3.开发过程动态。边开发、边实施、边改进。学校及时收集学生和家长的反馈信息，将一些长期坚持且深受师生喜爱的活动逐步转化成课程。

（二）课程构建策略

"两化""三重构"。"两化"：地方课程个性化、校本课程特色化。在上足、开齐、开好国家课程的基础上，地方课程和校本课程以跨学科融合的项目式学习为主，重视学生动手实践能力的培养。"三重构"：重构学习形式，强调以学生为中心，引导自主学习、主动探究；重构学习资源，探究构建线上、线下的优质资源库；重构学习场景，通过 AI 赋能，构建跨学科、无边界的学习场景，让学生与有价值的信息源建立广泛联结。

（三）课程建设内容

"红树林"课程体系以红树为具象，包括滋养生命的"根和干"课程、彰显生命的"枝和叶"课程。

1.滋养生命的"根和干"课程

"根和干"课程就是国家课程校本化的课程，即"学科＋"课程集群。国家课程是所有课程的基础。国家课程校本化实施力求适应城中村不同层次、不同家庭学生的需要,极大地消除了学科壁垒,强化了学科关联,使学习互动联通,激发了学生的成长活力,助力学生幸福成长。

语文+:有主题阅读、随文微写作、思维导图辅助读写、绘本编制(与美术融合)、演讲与口才、课本剧等,旨在加强语文与生活、社会、其他学科的融合。

英语+:有英国民间习俗、西方节庆活动、英语戏剧等,旨在创设英语学习环境,增加学生的英语实践,促使其形成英语运用能力等。

数学+:包括游戏教学+希沃白板、计算能力+小盒学生 APP、空间思维+一笔画、工程里的数学等,旨在强化学生的数学思维能力与解决实际问题的能力。

美术+:包括软陶课程、3D 打印、禅绕画、剪贴画、绘本制作等,旨在培养学生的动手实践能力,提高其审美品位。

科学和信息科技+:包括红树林 STEAM、编程猫、VR 探秘课程、人工智能课程、无人机等,旨在培养学生像科学家一样去发现问题、研究问题。

道德与法治+:包括养成教育、国旗下讲话、传统节日、心理健康等,旨在培根铸魂。

体育+:包括运动会组织、艺体节规划、奥林匹克研究等,旨在培养学生的强健体魄和阳光心态。

音乐+:包括音乐与体育、音乐与阅读、音乐与模特等,旨在培养学生跨学科学习和表现美的能力。

劳动+:独立开设劳动教育必修课,在学科专业中有机渗透劳动教育,在课外、校外活动中安排劳动实践,在校园文化建设中强化劳动文化。具体内容包括日常生活劳动教育、服务性劳动教育和生产劳动教育。

2.彰显生命的"枝和叶"课程

"枝和叶"课程主要是校本课程,包括艺术与审美、体育与健康、科技与创意、思维与创新、劳动与生活的 40 多门课程,目的是培养兴趣、发展特长、增长技能。"枝和叶"课程是学校根据学生发展的实际和培养目标自主开发的五大类 48 门校本课程,它彰显了学生生机勃勃的天性,培养了学生的个性。

3.创建特色课程

特色发展是学校发展的重要途径,根据学校原有课程及各课程发展状况,学校努力创建学科融合的特色课程。

（1）红树林 STEAM

"红树林 STEAM"课程是科技类红树林学校课程之一，有以下内容：一是学科渗透 STEAM 教育；二是校本课程大班教学，一、二年级的 STEAM 普及教育，三至六年级的编程课程；三是项目课程。目前，学校已有围绕红树林开展的多个项目。

（2）软陶

包括软陶创意制作和软陶手绘。软陶创意制作从开始的手工制作逐渐发展到通过电脑设计、借助 3D 打印成品；软陶手绘则主要用软陶在玻璃器皿上粘贴出各种花纹图案。学校 2013 年编撰的《小学生软陶图案制作》校本课程教材荣获深圳市"教学做合一"教学科研成果优秀课程教材类一等奖。

（3）儿童阅读

本课程从儿童心理需要和年龄特点出发，开发了四个部分的课程内容：经典阅读、主题阅读、分级阅读、古诗词。该课程被评为 2015 年深圳市好课程。

（4）足球

学校创建了推动校园足球健康、可持续发展的"三·三"模式，即"三元联动"（学校、家庭、社区）的足球发展路径、"三域融合"（足球与人文、科技、艺术）足球校园文化的足球助推体系。

（5）红树林综合实践活动课

该课程以红树林研究为主要内容，分为四个大主题进行研究，分别是"走进红树林""红树林——鸟的天堂""湿地的生物多样性""红树人家"，分年级研究红树林的树、鸟、湿地生物、红树文化等，从不同侧面研究红树林的生态和人文特色。

（6）音乐

下沙小学是深圳市第一个（2008 年）将口风琴引入音乐课堂的学校。学校以小乐器为载体转变了音乐课堂的教与学方式，解决了学生音准学习的难点。目前，学校有口风琴辅助课堂教学、口风琴千人合奏、口风琴团体操等大型活动。

（7）书法

包括硬笔书法和软笔书法。学生练习的各种软笔、硬笔书法字帖近 200 种。2016 年，学校承办了由福田区教育局组织的福田区中小学现场书法大赛。2022 年，学校书法课程获评福田区特色课程。

（8）特殊教育

学校和具有专业资质的心理咨询机构建立合作关系，由机构派专业的心理咨询师长期驻校,专门解决那些特殊学生的心理健康诊断及治疗问题,并且不定期为家长举办家庭教育的针对性辅导活动。

四、课程实施与评价

(一)课程实施

1.课程实施策略

在国家课程的校本化实施中,学校主要采取了"整合推进"策略。

(1)道德与法治课落地整合。学校把道德与法治课和日常行为习惯养成、文明礼貌教育等结合起来,把传统的节日做成系列课程,把道德与法治建设与地方教育课程相结合,进行以行为规范为重点的系列教育活动。

(2)学科内整合。语文学科进行主题整合学习;数学学科探索微课翻转课堂、游戏数学课堂等;英语学科探究利用思维导图提升学生的英语写作能力;科学课发掘学科教材内容,形成 STEAM 教育题材;美术学科探究软陶教学、禅绕画、书法教学等主题学习形式;音乐课探究乐器进课堂教学;体育课形成以足球为主要项目的多品牌教学特色。

(3)学科间的融合。学校课程走融合式发展之路,培养学生的综合素养、核心素养。美术软陶与语文绘本阅读结合,探究学生编写绘本、制作任务模型的多重训练任务;校园足球竞赛要和习作、绘画、音乐等相沟通,让绿茵场上挥洒汗水与方格纸上激扬文字同步等。

2.课堂实施模式

"趣·探·延"智学课堂指融合信息技术,基于核心素养,以学生学习为中心,师生都有成长的课堂生态,是基于教学改革、融合信息技术的新型教与学模式,其基本结构是"三学五步"。(图 1)"三学"指信息技术支持下的趣学、探学和延学。"五步"指教师引导下学生以课堂为中心、以信息技术为助力所开展的学习探究活动过程。

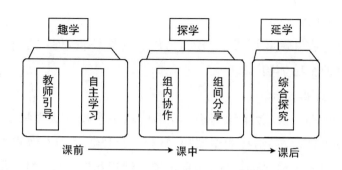

图1　下沙小学"趣·探·延"智学课堂

趣学,指教师课前借助信息技术,运用多种形式引导学生兴趣浓厚地开展自主学习。一种是教师引导。课前,教师借助网络发放问卷,推送学习任务单、导学案,激发兴趣、明确目标、教给方法。另一种是自主学习。在教师的引导下,学生目标明确、方法适当、兴趣浓厚地开展自主学习,包括阅读教材、教师推送的学习资源,观看优课、微课视频,记录自己的理解和疑惑。

探学,指课堂上学生开展互助协作式探究学习的过程。一种是组内协作学习。学生在小组内分享自学收获,质疑问难,研究全组展示方式等。另一种是组间展示交流。展示内容一般为学习重难点。

延学,指课堂的拓展和主题延伸学习。教师可推送微课视频,引导学生开展主题学习、项目学习、跨学科的综合性学习等。

"趣·探·延"智学课堂激发学习兴趣,教给学习方法,养成自学习惯;实现校内外、课内外联通。大数据助力教师面对复杂生源的精准教学和规模教学,使减负提质得以落实,使核心素养得到培养。

(二)课程评价

学校着力贯彻"让每一个生命都蓬勃向上"的办学理念,面向全体学生,坚持基本知识和基本技能相结合,创新精神和实践能力相结合,重视学生思维品质的提升、兴趣爱好的培养。

1.评价方式

学校重视过程性评价和表现性评价,推行评价方法多元,重视融合信息技术,采用开放式评价方法,如行为观察、成长记录等,将学生的发展过程和结果有机结合起来。

（1）表现性评价

在拓展型课程和活动课程中，教师采用表现性评价，促进学生形成积极的学习经历和丰富的情感体验。

（2）展示性评价

学校每年举办一次"校本课程嘉年华"活动，每个校本课程都展示各自的学习成果。物态成果摆放布展，技能型课程当场表演亮相。"校本课程嘉年华"既是对校本课程一年中教学成果的检阅，又是各校本课程相互交流、相互借鉴、共同提高的平台。

（3）成长性评价

学校研发"红树林"课程评价体系，构建学校教育评价数据平台，形成全员、全要素、全过程评价样态：一是形成每个学生成长的数字画像，让学生看到不同时期自己的兴趣爱好和成长变化。"红树林"课程评价体系借助信息技术从必备品格、学业发展、身心健康、艺术审美、劳动创造等五个方面进行评价。二是学校鼓励教师积极探索借助网络平台（如"班级优化大师"等）对学生的成长进行评价。（图2）

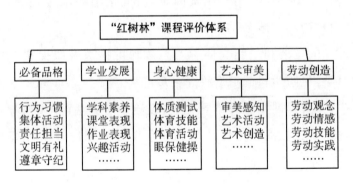

图 2　"红树林"课程评价体系

（4）终结性评价

学校对每门课程采用等级制进行终结性评价，评价结果放入学生档案袋，并向学生和家长反馈。

2.课堂评价

"趣·探·延"智学课堂评价标准见表1。

表 1 "趣·探·延"智学课堂观课议课标准

三学	五步	评价分值	具体要求(参考)	分项分值	得分
趣学	引导	10	教师:激发兴趣、明确任务、指导方法	5	
			学生:任务明确,兴趣浓厚,方法得当	5	
	自主	20	学生:利用线上线下资源,兴趣浓厚、有效学习(包括通读教材、批注、归纳概括三个阶段),标注收获和疑问	10	
			教师:线上线下了解学习情况,及时推送必要资源,提醒难点、重点	10	
探学	互助	30	学生:1.线上线下分享自己的理解、收获;(6分) 2.能提出问题,请小组内的同学帮忙;(6分) 3.研究展学方式,做好展学分工、准备(6分)	18	
			教师:1.线上线下分好小组,明确组员分工;(4分) 2.明确分享内容、要求;(5分) 3.引导线上线下有效交流,关注学困生(3分)	12	
延学	展示	30	学生:1.展示学习重难点和小组觉得有意思的内容;(5分) 2.展示重点明确,内容清楚,形式丰富生动;(5分) 3.展示中有生成,资料丰富、翔实(5分)	15	
			教师:1.明确展示内容、要求;(4分) 2.指导线上线下展示;(4分) 3.鼓励台上与台下、线上与线下质疑问难、补充;(3分) 4.教师点拨指导恰当,推送资料适当;(3分) 5.关注学困生(1分)	15	
	练习	10	学生:1.有效练习;(2分) 2.兴趣浓厚地开展主题式、项目式综合性学习,差异化表现同样精彩(3分)	5	
			教师:1.精心设计有针对性的练习作业;(2分) 2.设计旨在提高核心素养的主题式、问题式、实践性、项目式、跨学科的综合性探究作业(3分)	5	
总分					

说明:"趣·探·延"智学课堂"三学五步"模式,打通课内外、校内外、教与学的界限,倡导"以学为中心"。90分以上(含90分)为优秀,76～89分为良好,60～75分为合格。

3.学业评定

教师根据课程标准或课程内容,通过书面测评、学习活动表现、建立学习档案等途径,全面评价学生对课程的掌握程度以及其在学习中表现出来的能力、思维品质和创新精神。

五、课程管理与保障

(一)课程管理

1.利用多种资源,开发特色课程

(1)发掘家长资源。发挥家委会、家长学校、家庭教育指导机构、校外活动场所的作用,把学校教育与家庭教育结合起来。积极组织学生和家长共同参与课程体验、主题教育实践活动、志愿者服务和公益性活动,号召有特长、有热情的家长参与课程开发和实施,使家长成为"红树林"课程的开发者和授课者。

(2)用好社区资源。其一,下沙社区的人文资源。下沙社区有悠久的人文历史,建有下沙博物馆。其二,红树林保护区得天独厚的自然资源。深圳湾畔的国家级自然保护区是下沙小学"红树林"课程实施的重要物质资源和精神资源。其三,下沙社区的足球场、下沙图书馆等。

(3)用好网络资源。建好校园网、公众号,开发专用 APP,通过知网为"红树林"课程提供资源包。

2.鼓励开发班级个性课程

注重文化熏陶,加强班级、学校管理与评价制度建设、校园环境美化、建筑空间设计与文化渗透工作,发挥潜在课程的积极功能。深化班级文化建设,鼓励开发班级个性课程,开展各具特色的课程实践活动,丰富学生的生命体验历程。

3.校本课程的实施

第一,安排固定时间实施校本课程。每天下午四点半及每周三下午实施校本课程。

第二,网络选课。学校编制校本课程 APP。软件包括"校本课程广场""校本课程报名""我的校本课程"三个栏目。家长、学生在充分了解课程、结合自己的兴趣特长的同时,自愿选择课程。目前,学校共有五大类 40 多门课程供学生进行网络选课。

第三,走班学习。每周三下午,一至六年级学生打破原有班级界限、年级界限,主动参加自己喜爱的课程,学手工、做软陶、踢足球、演戏剧、学烘焙,到红树林研究环境问题、去博物馆考察社区历史、看华侨城湿地公园变迁等。

第四,课后延时课程化。"双减"之后,学校每天下午有两节课后延时服务课,

第一节由学科教师辅导学生完成适量的作业；第二节则是组织学生开展丰富多彩的综合性探究活动和学科融合的延伸学习，激发学生兴趣、培养学生特长、丰富学生生活。

(二)课程保障

1.制度保障。校本课程与基础课程一样计入教师工作量，工作实绩记入教师业务档案。

2.资源保障。一是经费保障。学校全力保证课程发展所需要的经费。二是空间设备保障。学校为实施的课程提供足够的空间和设施设备。

3.师资保障。一是加强科研引领。发扬下沙科研引领的传统，用科研课题引领课程的建设与实施。二是加强校外队伍建设。充分利用课程专家、学科专家、技术专家等相关专家的力量，加强对教师课程开发、实施、评价等方面的诊断指导。三是开发家长课程。包括家长微课堂、亲子阅读和志愿者课程。

福田小学"大榕树"课程体系

福田小学创办于 1928 年,毗邻深圳中心城区的华强商业圈,是深圳城区历史最悠久的小学之一。校园占地面积 15338 平方米,建筑面积 17604 平方米。现有 51 个教学班,教职工 148 人,在校学生 2385 人,非户籍学生占 61%。

一、课程基础与背景

(一)课程建设基础

福田小学现有教职工 148 人,其中,全国优秀教师 1 名,特级教师 1 名,省级学科带头人 2 名,省级骨干教师 9 名,区级首席教师 1 名,市、区级名师工作室主持人 9 名,区级领航骨干教师 37 名、教坛新秀 8 名,高级教师 15 名;研究生学历者 26 名。学校基础建设日臻完善,建筑面积达到 17604 平方米。校园布局科学合理,配备了信息化教学平台以及基本的学科教学资源,设施设备达到全区一流水平。

学校全面推进素质教育,落实立德树人根本任务,把推进教与学方式的转变作为深化课程改革的突破口,倡导探究式学习、小组合作学习等形式,努力构建自主高效课堂,促进教学质量不断提升。

(二)课程发展空间

福田小学 61% 为非户籍学生,大部分家长因工作忙碌无法陪伴孩子成长。同时,家长的文化程度不高,家庭子女多,导致学生家庭教育比较薄弱。

学校在德育工作以及"创意纸艺"美术教育特色方面已经达到全区乃至全市领先水平并具有一定的知名度,但尚未全面铺开;科技教育、田径、足球、管乐、弦乐项目亮点显现,戏剧、口风琴普及形成新的特色教育生长点,但未形成系列精品特色课程,需要不断探索、系统设计、创新思路,并在此基础上形成特色鲜明的精品系列课程。

二、课程理念与文化

(一)学校办学理念和培养目标

学校从校园百年榕树的形象中提炼出"向下扎根、向上生长"的"老榕树"精神,以及"养正扬长"的办学理念。

1.办学理念:养正扬长

办学理念可以从两方面理解:童蒙养正,涵养正气,端正品性,培养学生良好的学习和生活习惯,为幸福人生奠基;扬长至臻,培养个性,发展特长,促进自我实现,让所有师生体验成功。

2.办学宣言:福泽学子　爱润心田

爱与幸福,是人类永恒的追求。我们认为:福田福地,教育要从小播下幸福的种子,引领生命向阳,向上生长。福泽学子,倾心竭力,只为幸福成长;爱润心田,有教无类,静待花开满园!

3.学校精神:向下扎根　向上生长

学校有一棵近130岁的老榕树,成为学校的精神象征。因此,学校精神可以这样解读:向下扎根,拥抱大地,穿透沙砾,破壁而生,主动而坚韧;向上生长,追寻阳光,栉风沐雨,砥砺前行,向善而向美。

4.培养目标

学校办学的目的是培养具有健全人格和独立个性、受社会认可的现代合格公民。(图1)

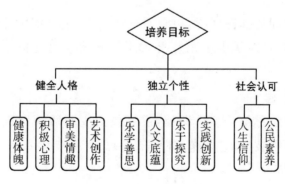

图1　学校培养目标

(二)课程哲学:树·人教育

从国家层面、学校层面以及树与人的精神内涵解读课程哲学。

1.国家层面:立德树人

课程设置是为了落实立德树人根本任务,一切以学生为中心,发展素质教育,培育德智体美劳全面发展的社会主义建设者和接班人。

2.学校层面:向下扎根、向上生长

学校课程需立足"向下扎根、向上生长"的"老榕树"精神,以"树·人"思想为源,秉承"养正扬长"的办学理念,最终达成"各美其美"的育人新样态。

3."树·人教育"精神内涵

"树·人教育"旨在打造"大榕树文化",集生命、生存、生活教育于一体,让学校绵延不绝、生生不息,绽放绚烂多姿的色彩。

三、课程设置与内容

为确保课程的有效开展,学校开设包括"学科特色课程、展能亮色课程、综合炫色课程"三大课程形态和"立品课程、培慧课程、健体课程、养雅课程、扬创课程"五大课程群。

(一)三大课程形态

1.学科特色课程

基础性课程校本化,按照不同学科的特点,以学生的日常生活为基础,以学生现阶段的知识水平为出发点,以学生的兴趣为突破口,帮扶学困生,为学生赋能。

2.展能亮色课程

展能亮色课程即选择性课程,以尊重学生差异,激发学生潜能,择兴趣所选、扬个性所长为目标,针对学生多元潜能、优势潜能和个性化需求,以社团为载体开发课程。

3.综合炫色课程

综合炫色课程也称综合活动课程,主要包括主题活动课程、传统节日活动课程、学科活动课程(科技节、艺术节、体育节等)。

(二)五大课程群

学校以培养"具有健全人格和独立个性、受社会认可的现代合格公民"为育人目标,结合"树·人教育"的课程哲学,以及对办学理念的锤炼与传承,最终确定以"立品课程、培慧课程、健体课程、养雅课程、扬创课程"为课程群。(图2)

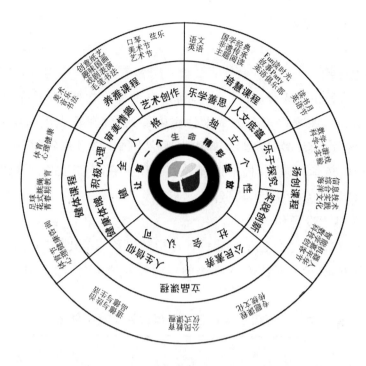

图 2　福田小学"大榕树"课程结构图谱

四、课程实施与评价

(一)课程实施

课程是培养学生核心素养的重要载体,围绕国家课程、地方课程和校本课程三大维度,学校在教学模式中贯彻落实以学生为中心,打造"树·人课堂"。

1.学科特色课程校本化实施

"1＋X"学科特色建设:以基础性课程为原点,根据学科特点、学生需求、学校实际,创造性地开发具有校本特色的"1＋X"学科课程群,激发学生的学习兴趣和创新能力。

2.展能亮色课程个性化实施

在展能亮色课程中,学生可根据自身的兴趣爱好和发展需求,按照学校的选课流程进行自主选课。

3.综合炫色课程主题化实施

综合性课程是基础性课程、拓展性课程融合后的表现形式,主要包括学科活动课程(科技节、艺术节、数学嘉年华等)、传统节日活动课程、仪式课程、主题活动课程、社会实践活动课程等。

(二)课程评价

课程评价体系由谁来评、评什么、如何评三个部分构成,涉及评价主体、评价内容与评价方法。课程评价在方式上注重内部评价,在特点上强调多元主体评价,以课程发展委员会、教师和学生等作为评价主体。学校制定《福田小学课程评价标准》,明确特色学科建设、校本课程方案的评价标准和方式,不断提升课程品质,持续促进课程体系的优化和完善。

1.特色学科建设评价

学校制定《福田小学特色学科建设评价指标体系》,组建"立品、培慧、健体、养雅、扬创"课程群组,分别负责对各学科的建设和发展进行评价,促进特色学科的形成。(表1)

表1 福田小学特色学科建设评价指标体系

一级指标	二级指标	评价标准	评级			
			A	B	C	D
特色学科发展规划(14分)	特色学科发展理念(8分)	1.符合时代和社会发展的需求; 2.遵循学科发展的内在逻辑; 3.与学科教育的目的、价值吻合; 4.满足学生的发展需求,符合学生的个性发展要求				
	学校的学科传统与实际情况(6分)	1.切合学校已有的学科传统; 2.符合学校资源配置的实际情况,从学校的实际问题出发; 3.学科发展规划具有明确、清晰、可发展性的目标				
特色学科标志(36分)	学科团队(9分)	1.学科队伍结构(职称、年龄、知识等)优化,梯队合理,发展趋势良好; 2.学科带头人具有深厚的专业背景、较高的教学和科研水平,有一定的影响力; 3.具有一批教学水平较高、教科研能力较强、在学科梯队中承前启后的学科骨干				

（续表）

一级指标	二级指标	评价标准	评级			
			A	B	C	D
特色学科标志（36分）	学科课程（9分）	1.具有结构完整的学科课程体系； 2.形成相互渗透、相互依托的学科课程群； 3.学科课程突出校本特色资源优势				
	学科教学（9分）	1.具有特色的课堂教学、多样化的教学风格； 2.符合学生特点、激发学生主动参与的教学方法和手段； 3.形成具有本校特色的学科教学经验,形成方法论				
	学科学习（9分）	1.学生具有主动学习的意愿,对学习有兴趣； 2.学生树立正确的学习观念,掌握有效的学科学习方法； 3.学生的学科素养获得提升				
特色学科建设条件（18分）	学科教学条件（6分）	1.有图书资料室,学科类图书资料种类多； 2.学科教学手段与设备(仪器设备、电教器材、实验室)的建设完善、使用充分； 3.有学科教师开展教科研活动的场所				
	学科运行机制（6分）	1.具有规范化、制度化的学科教师培养制度,学科教师培训常规化； 2.具有完善的学科教研制度,如集体备课制度、听课制度、评课制度、质量监测制度、小课题研究制度等				
	学科文化（6分）	1.具有良好的学科教研氛围和教研组文化； 2.生成良好的学术环境和奋发向上的学科文化				

（续表）

一级指标	二级指标	评价标准	评级			
			A	B	C	D
特色学科成效（32分）	学生的全面发展（8分）	1.学生发展的精神面貌良好，学习的主动性表现充分； 2.形成水平较高的特长生群体； 3.学生参与的范围比较广； 4.学生成果展示丰富				
	教师的专业成长（8分）	1.教师对教学与科研具有信心，教师自我效能感增强； 2.教师形成自己的教学特色和教学方法，教学水平、科研能力、课程开发能力等得到提升				
	教育科研成果（8分）	1.开展与特色学科相关的课题研究； 2.取得反映研究质量的科研成果，如开发出有特色的学科教材、发表关于特色学科建设的文章等				
	社会影响力（8分）	1.取得一定的理论与实践经验，获得良好的社会声誉； 2.得到学生、教师、家长的认可和支持； 3.特色学科建设的经验具有一定的推广性，成为其他学校借鉴的对象				
备注： 计分算法：各指标维度所占分值跟在其后面的括号中，A、B、C、D为评分等级，分别对应 1.0、0.8、0.6、0.4 的权重数值，得分＝分值×权重数值。 各评价主体权重分配：课程发展委员会 35％，学科组成员教师 35％，学科组外教师 15％，学生 15％			总得分			

2.校本课程方案评价

学校制定《福田小学校本课程方案评价指标体系》，明确对课程评价的一、二级指标以及评价要素和评分方法。（表 2）

表 2　福田小学校本课程方案评价指标体系

一级指标	二级指标	评价标准	评级			
			A	B	C	D
背景分析（12分）	学校背景分析（4分）	分析做到全面、客观、正确、针对性强				
	学生、学校、社区、社会发展需求和课程资源等要素评估（8分）	1.评估各要素的现状、条件、需求和发展等； 2.学校条件、教师专业素养、学校课程资源等能支持方案中的课程实施				
课程总体目标（18分）	明晰学校办学目标和课程定位（10分）	1.明晰学校办学目标和育人目标； 2.能按照"培养具有健全人格和独立个性、受社会认可的现代合格公民"的育人目标定位开设校本课程，着力培养学生的健康体魄、积极心理、审美情趣、艺术创作、乐学善思、人文底蕴、乐于探究、实践创新、人生信仰和公民素养十项重要能力				
	课程发展目标、学生培养目标、教师成长目标（8分）	1.课程发展目标是先建设出可实施的校本课程，再完善，发展成为福田小学特色校本课程； 2.学生培养目标是首先能达成国家课程标准的培养目标，在此基础上达成福田小学"树·人教育"课程目标； 3.教师成长目标是课程设计和实施能力得到提升，有助于加强教师的学科素养				
课程结构（26分）	课程结构、课程设置及课程的基本特征（12分）	1.课程结构和门类符合国家规定，包括拓展性课程、选择性课程和综合性课程； 2.符合校本课程的基本特征，学习内容具有多样性。课程设置品种丰富、组合灵活、分类清晰、合理适切，突出学校"树·人教育"特色				
	课程的学校特色（8分）	1.制订学校课程教材开发计划并稳步推进，采取多种方式开发校本课程，体现学校传统特色及新的增长点； 2.初步形成具有学校办学特色的校本课程系列，编写、出版一批具有学校特色的精品教材				

（续表）

一级指标	二级指标	评价标准	评级			
			A	B	C	D
课程结构（26分）	修习方式与课时安排（6分）	1.采用必修与选修两种修习方式，确保全体学生都能参与修习校本课程； 2.课时分配遵照国家规定，比例恰当，保证周活动总量				
课程实施（22分）	课程实施规范、合理、有序（12分）	1.课程安排合理、有序，注意不同年级学生的年龄特点； 2.建立学生选课指导制度与操作流程，帮助学生自主选择、自我规划整个学段的修习计划； 3.组建校本课程综合教研组，加强教学研究和常规检查，规范课程实施各环节，逐步提高其适应性、有效性和成长性				
	完善课程实施方式（10分）	1.教师编写的《校本课程实施纲要》体例规范、操作性强、质量高，重视课程的整体设计，教师用书、学生用书等课程资源齐全； 2.创新教学方式，精心设计问题，动态把握过程，丰富评价方式，提高实施效益； 3.强化学生的主体性，根据教学实际与学生情况，及时调整教学内容、教学过程与教学方法				
课程评价（10分）	课程评价的规范运作（6分）	1.每学期常规组织三种类型的校本课程评价，即课程实施评价、学生学习评价和教师教学评价，并将评价结果作为校本课程调整和完善的依据； 2.采用多元自主评价方式，倡导学生自评、互评，从"树·人教育"的三个维度对学生进行评价，重视课程评价的正向激励作用； 3.课程实施与课程评价同步，学校的课程目标、课程方案与课程评价相一致				

一级指标	二级指标	评价标准	评级			
			A	B	C	D
课程评价 (10分)	学校课程设计的方案评价和方案更新 (4分)	1.同步编制与《校本课程实施方案》配套的《校本课程计划的方案评价》； 2.开学前组织新学年《校本课程实施方案》实施前的方案评价,及时评估、修订与完善方案				
课程管理和保障 (12分)	建立和健全课程管理制度和管理体系 (6分)	1.将校本课程纳入学校课程管理网络,健全课程管理制度和管理体系,建立课程计划方案和方案评价互动的运行机制； 2.完善校本课程教学研究、教师培训和课程教材开发管理制度； 3.建立必要的激励机制与保障制度,鼓励教师、学生主动、积极地参与校本课程的实施与评价				
	加强配套建设,提供课程实施保障(6分)	1.有计划地实施教师培训活动,建立一支相对稳定的校本课程科研与教学教师队伍； 2.重视现有校本课程资源的充分利用和共享,加强校本课程资源的自主开发； 3.确保校本课程建设与实施的配套设施和经费投入,进行课程建设与实施的投入与效益评估				
总体等级评定	A(90分以上)	B(75分以上)	C(60分以上)		D(60分以下)	
评语						

备注：
计分算法:各指标维度所占分值跟在其后面的括号中,A、B、C、D为评分等级,分别对应1.0、0.8、0.6、0.5的权重数值,得分＝分值×权重数值。
各评价主体权重分配:课程发展委员会30％,学科组成员教师50％,学生20％

3.教师课程实施评价

教师是"树·人教育"课程实践的主体,学校将教师的课程实施能力在结构上划分为教师个人的课程理解能力、课程设计能力、课程执行能力和课程反思能力四个维度并进行评价。（表3）

表3　教师"树·人教育"课程实施评价指标体系

评价指标	评价标准	评级			
		A	B	C	D
课程理解能力（20分）	1.具备课程实施相关信息的获取能力,包括对获取渠道的开发以及对信息的筛选能力,加深对"树·人教育"的理解,提高自身的信息素养; 2.能够将所获取的信息通过不断学习、记忆和反复思考,联系实际经验把所接收的知识、理论内化为可以运用于实践的思维和方法				
课程设计能力（30分）	1.准确把握"树·人教育"课程目标,积极参与课程结构的构建、课程内容的选择,精心安排课程教学形式,具备形成学科课程特色的能力; 2.准确定位"树·人教育"课程信息,并根据定位进行课程信息的收集、比较,对所得信息进行创新再造,并呈现在课程中				
课程执行能力（30分）	1.能够根据"树·人教育"的培养目标、所教内容和学生情况,熟练、灵活地运用多种教学方法进行教学; 2.能够在教育教学过程中充分促进学生三大特征的表现与发展; 3.能够灵活应变,对课程实施过程中的突发事件进行临时调整; 4.能够选择、运用一定的新技术手段对"树·人教育"的现象和问题进行认识和解决				
课程反思能力（20分）	1.能够对自己所从事的课程实施活动进行客观审视、回顾、理性思考和评价,并经过探究和决策获得有效的解决方法和有价值的结论; 2.在反思课程的基础上,能够进一步形成课程判断能力和创新能力				
备注: 计分算法:各指标维度所占分值跟在其后面的括号中,A、B、C、D为评分等级,分别对应1.0、0.8、0.6、0.4的权重数值,得分＝分值×权重数值。 各评价主体权重分配:课程发展委员会10%,教师自身40%,教师同伴10%,学生40%		总 得 分			

4.课堂评价

对课堂教学的评价,需要立足学校"树·人课堂"的五个实施环节,在各阶段设置相应的评价指标。(表4)

表4　课堂评价量表

实施阶段	主体	一级指标	二级指标	总分	得分
独立自主学习 (30分)	学生	主动学习	课堂中能主动根据导学案独立学习或在课前进行自主学习	6	
		积极探究	在课前对相关课程内容进行自主探究	6	
		明确需求	明确知道自己在"树·人课堂"中对知识或技能的需求	5	
	教师	合理引导	使用问题导学,明确学生的主体地位,引导学生自主学习	5	
		激发兴趣	1.导学内容或形式能激发学生的学习兴趣; 2.内容符合学生最近发展区的发展	8	
互助合作研讨 (20分)	学生	有效互动	1.小组合作中,学生归纳总结,自信、清晰地表达个人观点; 2.在他人表达时认真倾听,适时做记录	8	
		有序合作	1.小组分工明确,有组长等任务设置,各司其职; 2.组员能在组长的组织下积极有序地开展合作研讨活动	4	
	教师	适时引导	1.交流任务设定明确,激发学生讨论的兴趣; 2.教师根据学生的讨论进度总结提升	5	
		平等交流	相信学生的能力,提供宽松、自由、民主、愉悦的合作交流氛围	3	
学生成果展示 (30分)	学生	自信分享	1.主动展示个人或小组的成果,声音洪亮,思路清晰; 2.面对他人的意见或建议能真诚地接受	12	
		静心欣赏	1.认真倾听他人的分享,尊重展示的同学; 2.从分享、展示的内容中主动吸收值得学习的内容	5	

（续表）

实施阶段	主体	一级指标	二级指标	总分	得分
学生成果展示 （30分）	教师	适时鼓励	鼓励学生积极参与展示，学生踊跃参与	5	
		善于发现	1.发现学生的闪光点，本环节在欣赏的氛围中进行； 2.发掘学生的潜能，让学生知道自己的优势	8	
教师精讲点拨 （10分）	学生	善于思考	1.向教师提出自己的疑惑； 2.形成自己解决问题的方式	4	
	教师	精准点拨	1.对学生的疑问进行启迪、点拨、梳理、引导； 2.解决学生的疑问	6	
多元评价促学 （10分）	学生	反思总结	1.从评价中总结、反思课堂中的表现，愿意自我完善； 2.能积极看待评价的内容与结果，以此促进个人发展	4	
	教师	学生中心	1.评价以学生的发展与成长为中心； 2.把是否将学生作为课堂的主角、尊重学生自主发展作为评价内容	3	
		多元评价	评价中不仅为表现赋分，还关注学生，助力学生实现自我价值	3	
总计				100	

5.课程评价方法

福田小学努力探索并构建与"养正扬长，各美其美"相适应的课程评价方法，主要从两个方面来展开。

（1）评选月度人物，培育高尚师风

学校鼓励教师、工勤人员乃至家长都参与，通过感人事迹采写、教育情怀概括、全校公开颁奖、校园海报宣传、学校微信公众号等方式，使全校教职工感受崇高精神。

（2）评选月度之星，发挥示范作用

学校出台《福田小学月度之星评比办法》，通过学生自评、互评，教师评价以及家长的参与，对学生进行评价。（表5）

表5 福田小学月度之星评比

月度之星	评选标准
文明之星	具有良好的道德品质和文明素养,尊敬老师、长辈,关心集体,爱护公物,具有良好的人际关系
学习之星	学习态度认真,成绩优异;书写工整,具有良好的学习习惯,积极参与课堂;具备较强的学习能力和思维能力
美育之星	在绘画、音乐、舞蹈等艺术领域有突出表现,能够创作出优秀的作品;积极参加各类美育活动
体育之星	热爱体育,积极参加体育活动,展现出健康、强壮的身体素质;至少在一个体育项目上展现出特长;在校级以上的体育比赛中获得优异成绩
科技之星	对科技领域有浓厚兴趣,具备创新思维和探索精神;乐于参加科技竞赛、科普活动等并取得一定成绩
劳动之星	热爱劳动,积极参与各类劳动活动,具有良好的劳动习惯和劳动态度;在劳动中表现出色,工作认真负责、勤勉踏实

五、课程管理与保障

(一)课程管理

全员聚焦课程的结构方式、组织方式、实施方式的改革,形成人人开发、人人研究、人人发展的良好科研生态。

1.完善课程规章制度

学校贯彻国家课程、地方课程和校本课程三级管理体制,认真执行国家和地方课程计划,积极开发校本课程,形成学校特色课程体系。学校按照课程设置标准实施教育教学,确保开齐课程、开足课时。

2.规范课程建立流程

学校研究制订课程立项、课程开发、课程实施、课程考核等环节的流程与规范。

3.强化教师队伍建设

学校通过校内外课程专家引领、课程开发青蓝工程等方式,以理论和实践相结合的培训方式,提升教师的课程研发与实施能力。

(二)经费与资源保障

本着服务课程的理念,学校在资金管理上将进一步规范管理,做到执行规范、收支有标准、管理有制度、监督有要求,加大课程建设的经费投入,确保课程实施工作顺利开展。

校园环境改造和空间利用,为校本课程实施提供良好的硬件环境。学校充分利用校内外资源,形成教师为主、专家指导、家长和社会力量参与、多种力量协同并进的课改新格局。

百花小学"百花园"课程体系

百花小学创办于 1991 年 8 月,建筑面积 13579 平方米,绿化面积 2500 平方米,校舍占地面积 4614 平方米,学生运动面积 2300 平方米。截至 2023 年,学校共有 2 个校区、55 个教学班、2400 多名学生、140 多名教职工。其中,特级教师 1 名,中学高级教师 12 名,市、区学科带头人和骨干教师 26 名。

一、课程基础与背景

(一)区位优势

学校位于深圳市中心区名校荟萃的福田百花片区,北依深圳市实验学校高中部,东临深圳市艺术学校、福田区荔园小学,南望深圳市实验学校初中部、小学部和深圳外国语学校,西接商贾云集的华强北商区。区域内经济发达、交通畅达、楼盘密集、人气颇旺,并且,社会对教育需求很大、要求很高。因此,学校的发展面临着很好的机遇,也面临着很多挑战。

(二)办学业绩

学校成立 30 多年来,坚持"以人为本,和谐发展"的办学理念,全面实施素质教育,办学水平不断提高,办学实力不断增强,社会声誉越来越好。学校被广东省教育厅授予"省一级学校"称号,先后荣获福田区"科技特色学校""学生行为规范示范校""先进党支部""先进工会""体卫工作先进单位""安全工作先进单位",深圳市"德育先进单位""艺术教育先进单位""少先队红旗大队",广东省"基础教育德育工作重点实验学校""书香校园",全国"巾帼文明岗""科技教育师训基地"等称号。

(三)课程建设现状

学校努力以提升学生核心素养为目标,注重培育学生终身发展和适应社会发展所需要的核心素养,特别是真实情境中解决问题的能力,基于核心素养确立课程目标,确定课程内容;优化课程内容组织形式,按照学生的学习逻辑组织课程内容,加强与学生经验、现实生活、社会实践之间的联系,通过主题、项目、任务等形式整合课程内容;以优质课程建设为抓手,扩大课程的选择性,推动课程团队建设,发挥示范和引领作用,提高课程的实效性,创新课堂教学方式,提高课堂教学效率;突出实践育人,强化课程与生产劳动、社会实践的结合,强调知行合一,倡导做中学、用中学、创中学,注重引导学生参与学科探究活动,开展跨学科实践,让认识基于实践、通过实践得到提升。

学校根据自主建设与应用共享相结合的原则,积极推动课程资源的开发和建设,成果丰硕。近几年,学校有 3 门课程获评"深圳市好课程",有 2 门课程获评"福田区品牌课程",校本课程数量已有 60 多门。近年来,学校有 4 个区级课题结题,11 个区级课题获得立项,2 个市级课题获得立项。在这些课程、课题的引领下,学校打造一批具有百花小学特色的高水平课堂,努力提供适合全体学生全面发展的高质量教育,着力搭建促进每位教师专业成长和教育成功的平台,让所有师生都能在百花小学成功出彩。

目前,"百花园"课程体系还有待完善。学校现有课程架构还不够完善,课程内容还不够前沿,课程实施还不够系统和高效,与通过课程体系来达成育人目标和办学愿景的课程价值观的要求还存在一定差距。学校要达到将国家课程、地方课程和校本课程有机地融合成一个紧密、有逻辑的"育人整体"的目标,还需要继续努力。

随着学校规模不断扩大,近几年,刚毕业或工作时间尚短的年轻教师进入学校的比例偏大,他们在课程建设和课程教学等方面的经验和能力有待提升。学校需要让年轻教师尽快适应教学工作环境,尽早融入百花教师团队。同时,各学科还要引进名师,建设呈梯队式、具有影响力的课程开发、教学名师团队。

(四)面临的挑战

课程教学正发生着根本性的变革。个性化学习、从标准答案到解决方案、从专业导向到能力为本、评价改革等一系列的变化都冲击着课程的全新内涵。学校须直面教育变革的挑战,面向未来建设课程,主动迎接新挑战。

学校如何以互联网、物联网、云平台、AI 技术等为依托,借助先进的教育理念、学习经验等重塑学校运行机制,深入推进"现代智慧型学校"建设?教师如何应对课程教学与管理模式转型带来的系列问题,发展学生的核心素养与学习能力,综合评价学生素养,培养出能适应未来社会发展的学生? 这些都是值得探讨的问题。

二、课程理念与文化

(一)教育哲学

1.指导思想

全面落实立德树人根本任务,大力推进素养教育思想,着力培养德智体美劳全面发展的社会主义建设者和接班人,努力建设教育先行示范区的示范学校,切实提升学校的课程建设能力和课程实施能力,打造更加公平且高质量的教育,为深圳、福田教育先行示范贡献百花力量和百花范本。

2.育人目标

培养具有"健美身、科学脑、人文心、中华情"的现代人。

3.办学理念

以人为本,和谐发展。

4.办学愿景

把学校建设成美丽、书香、文明、创新、智慧型校园。让每位教师在这里得到尊重、培养和发展,享受到专业成长和教育成功的幸福;让每个学生在这里享受到优质、全人的教育,获得健康成长和全面发展的快乐;让每个班级建设都均衡、和谐、有特色。力争把学校建设成师资力量雄厚、设施设备现代、校园环境优美、文化品质高雅、教育特色鲜明、管理精细规范、教学质量一流,在大湾区有影响、在全市领跑的优质、精品、示范学校。

5.未来构想

继续坚持"依法治校、民主理校、科研兴校、文化强校"的发展理念,加快学校教育治理能力和治理体系现代化进程,努力打造更加公平且高质量的教育。

(二)课程建设

1.指导思想

在"以人为本,和谐发展"的办学理念下,深入探索和实践全人教育,打造具有学校特色的"百花园"课程体系。通过实施"人文与科技并重,传统与现代结合"的办学策略,落实好"五育"并举,树立"全面发展＋个性发展"的课程目标,形成"百花盛开,朵朵精彩"的课程教学效果。

2.课程理念

以新课程方案精神为指导,体现课程改革的方向和要求,突出"开发潜能、发展个性"的思想。在保证国家课程、地方课程开齐、开足的同时,以德育主题活动、阳光体育活动、学科拓展活动、社会实践活动等为基础,形成符合学校办学特色的多元校本课程体系,适应学生健康、全面而有活力的要求。

3.培养目标

围绕立德树人根本任务,构建德智体美劳全面发展的课程体系。促进学校内涵发展,立足学生成长实际,满足学生个性发展需求,助力学生多元成长。

4.总体思路

坚持目标导向,准确把握关于课程建设的各项要求。对学校重大主题教育进行整体规划、系统安排,充分反映习近平新时代中国特色社会主义思想,有机融入社会主义先进文化、革命文化和中华优秀传统文化,全面落实有理想、有本领、有担当的时代新人的培养要求。

坚持问题导向,全面梳理、分析学校在课程改革中遇到的困难和问题,明确课程建设的重点和任务,注重对生活、学习中实际问题的有效回应。遵循学生身心发展规律,强化一体化设置,促进学段间的衔接,提升课程的科学性、系统性。优化课程设置,增强课程的指导性、可操作性。

坚持创新导向,既注重继承学校在课程建设过程中的成功经验,又充分借鉴校外课程改革新成果,更新教育理念,体现学校特色,增强课程的综合性、实践性,引导育人方式变革,着力发展学生的核心素养。

5.课程内容

体现课程改革的基本思想,将培养德智体美劳全面发展的社会主义建设者和接班人确定为课程开发的基本方向。聚焦核心素养,遵循学生的身心发展规律,以适应社会进步、经济和科学技术发展要求为前提,培养学生适应未来发展的正确价值观、必备品格和关键能力,引导学生明确人生发展方向。以人为本,以培养核心素养为重点,以促进学生的全面发展为宗旨,面向全体学生,因材施教,充分发挥学生学习的自主性、创造性,促进学生主动活泼地发展,全面提高学校教育教学质量。

以学生核心素养统摄课程内容,基于培养学生核心素养的要求,选取与学生生活经验、社会需求相联系的课程内容。课程内容的选择注重与学生生活经验、社会需求之间的联系,注重为学生未来更好地适应和融入社会做准备。科学观念、科学思维、探究实践、态度责任四个方面的核心素养的培养有机融入学科核心概念的学习过程,很好地解决了核心概念的学习与学生素养培养存在一定程度上的"割裂"的问题。

课程内容结构进一步优化,解决了原有课程内容相对碎片化、松散化、知识点过多和冗余、内容不够精练,以及由此导致的日常教与学过程中机械训练、死记硬背和大量"刷题",师生教和学的负担过重,学生主动性、好奇心、创造力、想象力被压制等问题;加强了学段内容的一体化设计,通过核心素养的凝练和课程内容的结构化,有效梳理、归纳知识点,实现了提质增效。

(三)课程类型

1. 学科类拓展课程。学校根据学科本身和学生的认知特点拓展、延伸学习内容,特别是增加阅读积累、实践活动、操作和研究性练习等内容。语文学科主要是充分利用《主题阅读》课外读本、学校自主开发的《国学经典读写》和《写字》等进行语文拓展学习;数学学科主要是通过数学阅读、趣味数学和数学思维训练等进行拓展训练;英语学科主要是通过拼拼英语、英语阅读、英语口语交际训练等提升英语能力;科学学科主要是通过创客教育、"四小"(小发明、小制作、小实验、小论文)课程等提升科创能力。

2. 个性化选修课程。学校在开足、开齐国家课程的基础上,把校本课程进行跨学科融合,探索适合百花特色和学生发展需求的特色课程。学校利用每周三下午校本课程和课后服务时间,根据学生的爱好、特长等,为学生精心开设合唱、管乐、舞蹈、尤克里里、3D黏土手工、版画、语言艺术、校园电视台、数学思维训练、羽毛球、跆拳道、足球、篮球、国际象棋、电脑机器人、趣味心理学、Scratch编程、无人车等多门选修课程。

3. 主题式活动课程。学校长期坚持开展具有百花特色的"读书月",春、秋二季社会实践,科技节,体育健康节,艺术节和语文、数学、英语、科学周系列活动课程。

(四)课程体系

学校贯彻新时代党对教育的新要求,坚持德育为先,加强体育、美育,提升科学素养,陶冶人文情操,弘扬中华优秀传统文化,以培养具有"健美身、科学脑、人文心、中华情"的现代人为育人目标,认真思考育人目标的内涵,构建德智体美劳全面发展的"百花园"课程体系,完善课程类别与结构,优化科目的课时比例,确保

"五育"并举,促进学生健康、全面地发展。(表1)

表1 百花小学"百花园"课程体系

课程类别	课程内容			
	"向日葵"课程 (健美身)	"凌霄花"课程 (科学脑)	"君子兰"课程 (人文心)	"牡丹花"课程 (中华情)
基础课程	体育、音乐、美术	数学、科学、信息科技	心理、综合实践活动、劳动、英语	语文、道德与法治
拓展课程	篮球、足球、羽毛球、田径、跆拳道、体能训练、跳绳、空手道、国际象棋、合唱、舞蹈、管乐、弦乐、尤克里里、口风琴、版画、创意绘画、水彩插画、3D黏土手工等社团课程	数学思维训练、小小实验家(化学)、魔方、快乐数独、七巧板、数棋、数学小游戏、珠心算、科学戏剧、趣味实验、科幻绘画、环保大作战、零废弃小达人、无人车、电脑机器人、编程、航模等社团课程	趣味心理学、十字绣、编织达人、丝网花、动手达人、趣味折纸、英语乐园、英语电影配音、英语演讲等社团课程	文学社、硬笔书法、篆刻、水墨画、校园电视台、京剧、中国象棋、围棋等社团课程
探究课程	体育节、艺术节等活动课程	STEAM素养、PBL植物研究、AI基础、创新DIY等社团课程;数学周、科技节等活动课程	主题晨会、主题班(队)会;安全教育周、综合实践活动周、英语周等活动课程	整本书阅读、绘本阅读、博物馆探秘等社团课程;读书月、语文周等活动课程

　　课程体系立足学生核心素养的发展,培养学生适应未来发展所必需的正确价值观、必备品格和关键能力,充分发挥课程的育人功能,为全体学生提供公平的学习与发展机会,满足学生终身发展和适应社会发展的需要。课程目标的制订、课程内容的选择基于学生认知、经验、思维的发展水平由浅入深、由表及里、由易到难。各部分内容彼此间建立有机联系,少而精,纲举目张。构建素养导向的综合评价体系,强化过程评价,强调教、学、评一体化。

　　"百花园"课程将学习内容和学习活动有机整合,规划适合不同学段、螺旋上升的课程目标和课程内容,设计适合不同学段的探究和实践活动,形成有序递进的课程结构。这种结构性改造的目的是减轻学生的学习负担,为学生的课堂学习提质增效服务,为学生的学习留出探究实践、创新想象的时间和空间。

"百花园"课程倡导以探究和实践为主的多样化学习方式,深化以问题为导向的跨学科研究性学习课程、以创新精神培养为主题的创客教育课程。让学生主动参与、动手动脑、积极体验,尽可能地经历探究和实践过程,动手、动脑、动眼(观察)、动嘴(口述、讨论、辩论)、动笔(绘画、画图),是"百花园"课程一贯的风格。

三、课程实施与评价

(一)课程实施

学校围绕义务教育课程目标,以学生为本,以"百花盛开,朵朵精彩"为愿景,培养具有"健美身、科学脑、人文心、中华情"的现代人,为学生提供学习经历并获得学习经验,全面提高教育教学质量;全面落实立德树人根本任务,进一步深化课程改革,以新课程方案为指导,更新教学观念,改变教学行为,提高教学效率。

为保障基础性课程的实施,追求教育民主与公平,发挥每一个学生的个性特长和能力,学校逐步完善课程内容,强调多元性、选择性地拓展、探究课程实施,体现德、智、体、美、劳的统整性与渗透性,以满足学生全面发展的需求,使课程内容与社会进步、科技发展、学生经验有机联系起来,把知识技能的学习与学生创新精神和实践能力的培养有机结合起来。

学校在课堂教学中贯彻"以生为本"的思想,改进教学方式,体现学科特点,切实提高学生的认知水平,培养学生运用所学知识发现问题、解决问题的能力;立足"自主、合作、体验、发展"的课堂教学策略,逐步构建并完善重基础、多样化、有层次、综合性的学校课程结构,留给学生充分自主学习的空间,展现学生的主观能动性,为学生的自主选择和主动学习提供较为理想的课程环境。

学校还加强信息技术的运用,改变传统的教学方法,通过多种形式优化教育环境,使信息化技术设备和手段融入课堂,采用先进的教学介质,帮助学生做出各种学习的反应,助力教学质量的提升。

(二)课程评价

课程评价是实现课程目标的关键环节,在课程实施过程中发挥着教育导向和质量监控的作用。学校通过评价了解目标、内容、形式、措施等课程元素的合理性和可操作性,丰富和完善"百花园"课程主题,提高课程实施的质量。

1.评价原则

学校遵循重过程、重全面、重多样、重激励的原则,对校本课程进行评价。

(1)过程性。课程评价采用过程评价与终端评价相结合的方式,将评价贯穿课程开发与实施的全过程,重点评价教师参与课程开发与实施的积极性,评价学生的参与和体验。

(2)全面性。根据学生在课程中的参与程度、学习态度、实践体验、方法和技能的掌握等内容进行全面评价,侧重态度与能力,减少量化,多进行分析性、个性化的评价。

(3)多样性。采取教师评价、学生自评与互评、家长参评、课程领导小组考核相结合,书面材料评价与学生口头评价、活动展示评价相结合,定性评价与定量评价相结合等方法。

(4)激励性。结合学生的活动过程及研究结果进行评价,鼓励学生发挥特长、施展才能,创设有利于学生可持续发展的学习组织与学习环境。学校设立课程专项资金,用于奖励开发优秀课程的教师,引导教师努力提升课程开发与执教能力,自觉优化课程内容。

2.评价措施

(1)建立多元的课程评价体系。课程评价不仅评价课程目标、内容、组织实施,还评价环境创设、教师态度、师生互动等,既要评价教师预设的活动,也要评价学生生成、教师支持发展的活动。课程评价要考虑到目标的全面达成。

(2)课程评价参与者的多元化。教师、家长代表是课程审议小组成员。课程审议小组每学期应对学校开展的课程进行分析评估,针对问题寻找改进策略,注重收集来自家长的信息,并请有关专家对课程实施后的实际效果进行评估,使学校的课程日趋完善,形成课程不断革新和更新的机制。

3.评价方式

教师参与校本课程研发是教师业务考核的重要内容之一,业务考核在每学年期末,由学校教学室负责考核,从有利于学生成长和教师自身发展的需要出发,通过以下评价指标进行评价:

(1)课程内容的特色化(20%)。

(2)课程开设的影响力和学生接受的实际效果(20%)。

(3)课程成果展示(含各级比赛获奖情况)(20%)。

(4)课程建设领导小组的调研(听课、查阅资料、访问等)(20%)。

(5)课程资源的积累和归档(纲要、教材、教案或课件;教学总结等)(20%)。

课程开发与实施经区教科院专家论证,可申报区精品课程或特色课程的个人或团队以及受奖励的课程开发教师在评优评先和职称评定推选中可以优先考虑。学校应将过程性评价情况及时反馈给课程开发、实施的教师,督促教师及时提高课程教学质量。

四、课程管理与保障

学校要树立现代教学观、质量观、人才观,遵循教学规律,以学生为主体,以发展为主旨,深入进行课程思想观念、课程实施方式、课程学习评价等一系列整体改革。学校创造条件让学生自主、合作、探究学习,构建高效、愉悦的课堂,培养学生自主发展和可持续发展的能力,制定课程管理相关制度,从资金、资源、师资、后勤、培训、交流学习等方面保障课程工作的顺利实施。

(一)课程制度

1.课程实施制度

为贯彻落实党的教育方针,学校根据新课程方案和《广东省义务教育阶段课程实施指导意见(试行版)》等政策文件精神,制定了《百花小学课程实施方案》,在课程实施原则、课程设置、实施要求、课程评价、实施保障等方面,提出了具体要求。

2.教学管理制度

教学常规是落实教育教学任务的中心环节,是规范教学行为的主要依据。为了保证正常的教学秩序,形成良好的教风、学风,提高教学效益,保证教学质量,在遵循教学规律的基础上,学校专门制定了《百花小学教学管理常规》,内容包括课程管理、教材使用、教务管理、教学管理、教师管理、教研管理等,要求全体教师遵照执行。

3.综合素质评价制度

为深入贯彻落实中共中央、国务院印发的《深化新时代教育评价改革总体方案》,学校紧紧围绕落实立德树人的根本任务,改革教育的评价方式,让课程评价更具多元性、过程性和发展性,使评价方式实现数字化。学校积极开展基于大数据的学生综合素质发展评价电子档案系统的研究工作,并制订了详细的工作方案,在课程评价方面,主要聚焦两大板块:

一是研制百花小学学生综合素质发展评价指标体系。学校根据教育部、中央组织部、中央编办、国家发展改革委、财政部、人力资源社会保障部等六部门联合印发的《义务教育质量评价指南》中的《义务教育质量评价指标》,再根据办学的具体情况,设计出学生综合素质发展的评价体系。

二是开发完成学生综合素质发展评价电子档案网络平台。评价的方式与评价的呈现方式须与信息化相结合。学校将尝试构建基于大数据的学生综合素质生成性评价模型,同时借助云计算、大数据等现代信息技术,和专业技术人员共同研制、开发该平台。

(二)课程支持保障

1.组织保障

学校成立由校长任组长的课程建设领导小组,全体教师参与课程开发,研究切实可行的课程开发与实施意见,制订每学年的具体工作计划,并按规范开展各项课程工作,抓好落实及总结。

2.教研保障

学校落实两周一次的课程研究和实践活动,定时、定点、定人、定主题,加强成员互动和教研的实效性。

3.培训保障

学校每学期制订课程建设的培训计划,将课程理论学习、课堂实践、教改科研、信息技术运用等作为教师课程能力发展的必修项目。

4.检测保障

学校建立质量监控管理体系,树立全员质量监控意识,对课程的开发、实施实行随机和定期检查,了解存在的问题,提供整改方案。

5.师资保障

学校关注教师的课程执行力,提升其课程研究力,开展学科、课程研讨,并发挥家长的资源,让其参与校本课程的开发与实施过程,建立教师考评制度,实行物质奖励和精神奖励相结合的考评方式。

6.后勤保障

学校加大对课程建设的投入,满足课程的需要,对校本教材的开发、专家的指导引领、社团特色课程的创建、课程改革创新实践教学展示、课程社会资源的利用等,提供充分的后勤保障,确保学校课程建设持续发展。

莲花小学"品性教育"课程体系

　　深圳市福田区莲花小学坐落在风景秀丽的莲花山东麓,地处深圳市城区的中心位置。学校建于1993年,有31年的建校史,占地面积9964平方米,建筑面积8747平方米,并拥有500平方米的绿化生态园。学校设计规模为34个教学班,学生总人数1670余人,在岗教职工102人。

　　莲花小学围绕"品性教育"教育理念,秉承"为学生发展奠定人生根基"的办学理念,以"把知识拉近学生、使学校接通社会、让教育融入生活"为课程开发理念,以培养"人品高洁、学品聪慧、身品健美、行品优雅"的新时代莲花好少年为培养目标,以"办成现代化、国际化、优质化的与深圳中心城区相匹配的未来学校,办成家长满意、各界赞美的老百姓身边的开放式的标杆品牌学校,办成充满'书声、哨声、歌声、笑声'的孩子们喜欢、热爱的快乐学校"为发展追求。

　　学校先后被评为"中国STEM教育实验种子学校""全国生态文明教育创新学校""全国青少年校园网球特色学校""全国青少年校园足球特色学校""全国新学校教育研究中心会员单位""中国高尔夫球协会校园高尔夫试点学校""全国新时代体育美育基地校""教育部教育信息化教学应用实践共同ESWI智慧教育学校联盟实验校""广东省安全文明校园""广东省中小学艺术特色学校""广东省红领巾示范校""深圳市教育工作先进单位""深圳市依法治校示范校""深圳市自然教育示范校""深圳市红旗大队""深圳市党史教育示范校""福田区社会主义公民素养教育'示范学校'""福田区十佳低碳环保学校""福田区数字化垃圾分类教育实践示范学校""福田区垃圾分类教育实践示范学校""福田区环境教育优秀学校""福田区先进职工之家""福田区教育系统先进基层党组织""福田区首批课程建设基地学校""福田区AI赋能实验学校""福田区科技创新教育先进单位""福田区首批中小学劳动教育特色学校""福田区中小学课程建设示范校"等,办学效益日益显著。

一、课程基础与背景

莲花小学聚焦"立德树人"根本任务,以"为学生发展奠定人生根基"为办学理念,将传统课程的叠加模式重构为统合高效的"两翼并举"课程体系。"两翼"之一就是国家课程和地方课程,是学校的必修、基础性课程;另一"翼"就是莲花山校本课程,是选修、拓展性课程。学校校本课程建设采取基础课程校本化、校本课程多样化、校园文化课程化的策略,构建了丰富多元的校本课程体系。

目前,学校课程建设已经取得突破性进展,构建起了特色鲜明、层次清晰、结构合理的莲花新课程体系,有力地促进了学生德智体美劳全面发展。

二、课程理念与文化

学校以"拓展生命的长宽高,培养生命的真善美"为宗旨,结合自身发展现状,制订了学校 2021—2025 年五年发展规划,秉承"为学生发展奠定人生根基"的办学理念,坚持以学生发展为本,根据国家课程标准与学生核心素养,确立"两翼并举"的课程发展观,构建了主题突出、特色鲜明、面向未来的课程体系。

(一)办学理念

学校办学理念:为学生发展奠定人生根基。学校教育的最终目的是体现学生成长,即学生的主体性,教师的专业发展是指向学生成长的。最好的教育,就是帮助每一个学生,去找到自己的生命价值,从事自己喜欢的事情,过着自己想要的生活。莲花小学给予学生最宝贵的财富,就是让学生成为能提高生命质量和把握人生的人。学校为学生现在和未来的发展夯实好基础,奠定他们坚实的人生根基。

(二)教育理念

学校教育理念:品性教育。"品性"指品质的性格和特征,语出《宋书·孝武帝纪》:"庶简约之风,有孚於品性。"人皆有品性,但品性却各有不同。品性关系到一个人的一生发展。一个人的品性决定着一个人的做与不做、为与不为,左右着一个人在处理与他人关系时的行为方式。品性教育,即作用于品性的教育,强调的是学校、社会和家庭对学生的道德品质和个性特征的有目的的培养。莲花小学的"品性教育"主张"呵护天性、淬炼心性、发展个性、尊重人性、保持理性、修养德性"。儿童的天性是好奇、想象、创新……莲花小学让教育真正在符合儿童身心发展规律、遵循天性的基础上,促进儿童良好品格的形成,在发展中以良好的品格修养心性,促进儿童全面发展,落实"立德树人"根本任务,切实为培养社会主义建设者和接班人奠定基础。

(三)课程开发理念

学校课程开发理念:把知识拉近学生、使学校接通社会、让教育融入生活。好的学校、好的教育,是要给学生丰富的体验,运用教育的方式,运用不同学科的素养,让学生体验活着的滋味。这种体验和经验建构了知识,塑造了人生,创造了个性,同时也丰富了人的生命。

(1)"把知识拉近学生"。小学教育更多的是一种体验性的学习。因此,学校要通过丰富多彩的校本课程开发实施,通过多元化的课程向学生靠拢、靠近,使他们对知识产生好奇、兴趣、敬畏,这样才能激发学生学习的主动性。在这个过程中,学校必须尽全力拓展学生对人生和世界丰富性的体悟和认识,让学生对未知、未来充满向往,对学习、探索充满兴趣,并能从中获得内在的满足感,构建起知识和生活之间的良性连接。

(2)"使学校接通社会"。学校是社区知识文明的高地,是知识的发酵场。如何将在学校所学的知识运用于生活实践?学校就需要架构起与社会相连通的桥梁,让社会资源服务于学校,服务于学校教育。

(3)"让教育融入生活"。"生活的理想,就是为了理想的生活。"教育就是为生活服务的,一代一代地传承就是为了有一个美好、幸福的生活。知识教学需要回归生活,知识是追求幸福生活的载体和工具。所以,学科的学习与应用要联系生活实际,整合学生的知识经验,使学科知识体现的思维方法能指导学生的学习与生活。

三、课程设置与内容

学校立足人与自然、人与社会、人与自我三方面,努力构建一个分层、分类、综合、可选择的学校课程体系,力图通过可选择性的课程充分激发学生自主发展的主体意识,唤醒与发现每一个学生的潜能,让每一个学生在自己的优势中发展,实现个性生长。

在课程治理变革的实践探索中,学校构建了"品性教育"课程体系。"品性教育"课程体系建设坚持"两翼并举"的方略,第一"翼"的国家课程和地方课程,是基础和保障。学校以魅力课堂建设为抓手,实现从以教为中心转变为以学为中心,使学生从"教会、会学"转变为"想学、享学"。第二"翼"是以莲花山校本课程为核心的校本"四大课程群",是拓展和升华。第一大课程群为"校园课程群";第二大课程群为"莲花山课程群";第三大课程群为"家长和社会资源课程群";第四大课程群为"国际理解课程群"。(图1)

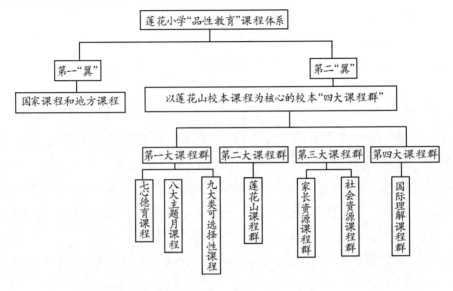

图1　莲花小学课程总图景

(一)校园课程群

校园课程群,包括七心德育课程、八大主题月课程和九大类可选择性课程。

学校立足人与自然、人与社会、人与自我三方面,以"七心"德育为抓手,通过活动课程形成德育"场",通过课程解决"育人"问题,通过评价检查实施效果,做到全程、全面、全员育人,实现以人化人、以德育人,不断提高学生的思想水平、政治觉悟、道德品质、文化素养,将立德树人根本任务内化到学校建设和发展各领域、各方面、各环节。"七心"即把忠心献给祖国、爱心献给社会、孝心献给父母、热心献给他人,这是解决人与人即人与社会的问题;把关心献给环境,这是解决人与自然的问题;把信心和恒心留给自己,这是解决人与自我的问题。在七心德育课程中,学生通过人与自然、人与社会、人与自我内部的和谐关系,寻找、体会、感悟道德的内在力量。这种内在力量,主导着学生的生活状态与生活质量,使他们的道德生命之花得以全方位绽放。七心德育课程立足学校地处改革开放前沿的优越地理位置,发掘莲花山邓小平同志塑像等红色教育资源,依托周边丰富的场馆条件,引导学生志存高远,勇于担当时代使命。

七心德育课程由爱国主义教育课程、同伴课程、八礼三仪课程及3M生命安全课程构成,具体由三个系列构成,包括合格公民系列、生态文明系列和筑梦成长系列,加强了以爱国主义为核心的民族精神的教育,加强了以改革开放为核心的新时代精神的教育,加强了以文明习惯和诚信意识为核心的养成教育,加强和改进了以培养健全人格、健康身心为核心的法治、心理健康、安全、青春期和社会问题的教育。七心德育课程强化道德体验教育,开展形式新颖、吸引力和实践性强的道德实践活动,用精神的成长创造生命的精彩。(图2)

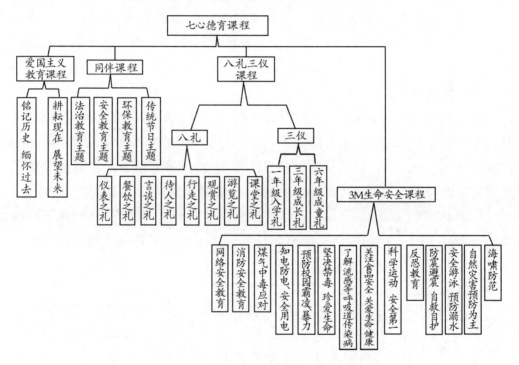

图2 第一大课程群"七心德育课程"

八大主题月课程则由三月生活节、四月健美节、五月环保节、六月艺展节、九月寄志节、十月培新节、十一月悦读节、十二月快乐节等课程组成。特殊的节日课程,是学生所企盼、喜欢的课程。在学生看来,过节是有意思、快乐、有趣的事情。每月都过节,每月有主题,学生在其中获得心灵的解放,获得思维的灵感,使活化的知识在心灵里自由流淌。节日课程形成一种文化,这样的节日文化具有庄重、热烈、亲切的仪式感,在此基础上逐步建立起节日仪式。每一个节日仪式,都会发出文化的语言和教育的承诺,建构起学生的社会责任感和人生责任感。

三月生活节课程,立意生活即教育,重在培养学生的生活素养,让学生看到知识与现实生活之间的关联,了解真实的生活。四月健美节课程,重在培养身品健美的莲花学子。这种健美是富有生命力的美,呈现出勃勃生机。五月环保节课程,重在通过环保节课程,引导学生将环保意识内化于心、外显于行,引导学生思考人与自然的和谐相处,发展学生的责任意识和担当精神。六月艺展节课程,侧重审美情趣的发展。精彩纷呈的艺术演绎,丰富了学生对美的体验和理解,在学生心中种下了美的种子,让他们受益终身。九月寄志节课程,重在培养学生的品德素养,引导和激发学生志存高远,树立远大理想,立志报国。学生在课程中感受崇高、生成智慧;体验精髓,形成品格;铭记历史,筑梦未来。十月培新节课程,让学生在探究中升华,于创新中发酵,重在培养学生的创新素养,聚焦课堂与课程,让思维可见,使创意有形。十一月悦读节课程,致力于让学生"悦读于学海,悦读于人生"。十二月快乐节课程,强调好的教育是向着阳光生长的,引导学生在课程中感受到付出努力后的快乐。

九大类可选择性课程具体包括学科融通类(如数学童话、英语流行歌曲学唱等)、体育游戏类(如足球、花式跳绳等)、生活体验类(如丝带绣、巧手社等)、人文素养类(如电影与文化、硬笔书法等)、思维拓展类(如情商培养)、心理健康类(如星星成长班)、综合艺术类(如舞蹈、京剧、国粹变脸等)、社会实践类(如环保社团)、科学创客类(如无人机)。(图3)学校提供多门可选择的课程,有助于唤醒、激发、鼓舞每一个学生内在的天性和学习的动力,给学生提供适才的教育。

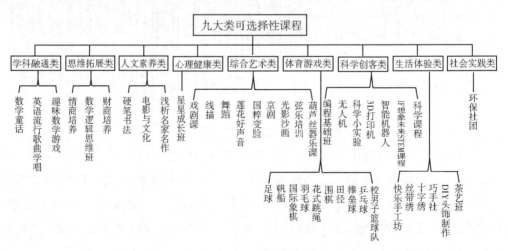

图3　第一大课程群"九大类可选择性课程"

（二）莲花山课程群

莲花山课程群是学校借助得天独厚的莲花山自然资源优势自主开发的校本课程资源群，涵盖了人文类、社科类、自然类和学科知识类等。

莲花山公园是深圳一张亮丽的名片，是一座生态型城市公园、活的博物馆。莲花山课程群就是基于莲花山公园及周边资源，由莲花小学自主研发的特色校本课程群。课程群内容涵盖了植物、动物、社会科学、人文艺术、历史等，现已开发"我是一枝莲""神奇的植物""蚂蚁""昆虫与饲养""指示标志""净水器""风筝""园林""雕塑""领袖""改革开放"等11个主题课程。该课程群以项目学习的形式开展，引导学生进行合作学习、探究学习、自主学习，旨在提升学生的创新、实践、合作等能力，激发学生的潜能，让世界和大自然成为学生的教科书。学生通过参与莲花山课程群，获得亲身参与实践的积极体验和丰富经验，提高对自然、社会和自我之间内在联系的整体认识，发展创新精神、爱国情怀、实践能力、社会责任感以及良好的个性品质。教师通过组织实施莲花山课程群，提升综合实践活动课程开发、设计、管理与评价，以及校外活动组织、协调、管理能力。

根据不同年级学生的心理特点、学习兴趣与综合素养，学生分不同主题进行课程学习：一年级学生研究"我是一枝莲"；二年级学生探究"神奇的植物"和"蚂蚁"；三年级学生学习"昆虫与饲养"和"指示标志"；四年级学生制作"净水器"与"风筝"；五年级学生研究"园林"和"雕塑"；六年级学生探究"领袖"与"改革开放"。

（三）家长和社会资源课程群

家长和社会资源课程群是充分利用学校周边的社会优质资源和学生家长的职业特长而开发的课程。家长资源课程群拉近了家长与学校、家长与孩子之间的距离，丰富了家长参与学校课程治理的方式。社会资源课程群是充分利用学校所处的地理位置及学校所拥有的社会资源而形成的课程。（图4）

家长进校园课程每两周开展一次，家长资源课程群涵盖生物、地理、历史、科学、英语等学科。学校积极与周边的深圳博物馆、图书馆、少年宫、深圳音乐厅、深圳书城、关山月美术馆等达成紧密的馆校联盟，

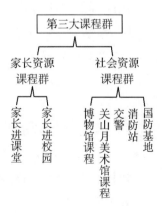

图4　第三大课程群

共建馆校联盟活动课程,"走进博物馆""名家艺术作品进校园"等活动形成常态。家长和社会资源课程群实现了家、校、社间的密切联动,共商、共建、共治的学校课程治理共同体正日益成熟。

(四)国际理解课程群

国际理解课程群,包括国际交流课程、国际名校课程和国际文化课程,旨在培养学生具有全球意识和开放的心态,了解人类文明进程和世界发展动态,尊重世界文化的多样性和差异性,积极参与跨文化交流,并关注人类面临的全球性挑战,理解人类命运共同体的内涵与价值。

国际交流课程致力于让学生真正感受到"世界是人生的教科书",积极为学生创造机会,让学生走出国门、拓宽视野、体验异域文化,积极培养学生的团队精神、创新精神和实践能力,增进学生对不同文化背景的了解,使学生确立文化平等的思想,尊重多元文化,在平等与尊重的基础上了解多元文化,实现多元文化间的交流与融合。国际名校课程主要包括迈阿密大学 IF 想象未来STEM 课程等,注重发展学生的问题意识和问题解决、创新创造、合作沟通等能力。国际文化课程主要培养学生的听、说、读、写能力,帮助学生打下扎实的语言基础,提高文化素养,培养学生的语言运用能力以及信息交流能力。(图 5)

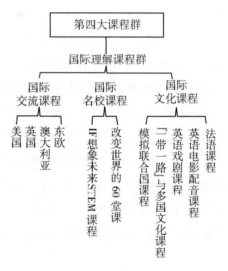

图 5　第四大课程群

四、课程实施与评价

学校聚焦学生课后需求,构建起了由自主作业和拓展课程构成的"自主＋"课后服务课程体系:第 1 节自主作业、辅导答疑,第 2 节开设体育锻炼课程、劳动课程、八大主题月课程及九大类可选择性课程等。学校充分发挥办学特色优势,创新课后服务实施方式,将班级课堂、走班课堂、社团课堂与全校性大课堂同频推进。其中的九大类可选择性课程有 50 余门,供全校学生选修、走班上课,还有以管乐、足球、棒垒球、少儿网球、弦乐等15门构成的社团精修课程,供有浓厚兴趣的学生在早训和课后服务时间里持续提升学习。

学校将八大主题月课程实施也纳入周五课后服务时段,开展九月寄志节、十月培新节、十一月悦读节、十二月快乐节等系列活动,深受学生欢迎。例如,为提升学生的创新意识,培养学生的创新精神、创新思维、科学方法、动手实践等综合素质,学校开展了涉及各学科、各年级的形式多样的"人人想玩、人人能玩、人人爱玩"的培新节活动课程。从开场秀节目到揭示科学奥妙展品的科普大篷车、9D动感电影、VR直升机、AR体感自行车发电赛车、穿越火线等,让学生穿梭在一个又一个摊位间,惊喜不断。小小实验带来科学启蒙,科普知识闯关分为课内知识竞赛、课外知识竞赛、"火眼金睛"与"定容水杯倒彩砂"四个关卡,将科普与闯关结合,欢声笑语,余味无穷。各年级还有不同的项目式竞技小组挑战赛,如一年级的纸牌叠叠高、二年级的科技多米诺、三年级的投石机制作、四年级的纸桥承重、五年级的动力小车、六年级的落体缓降,还有科技益智集市。学生凭借提前兑换的"莲花币"购买科技小作品的制作材料包以及玩具,享受制作与购物交易的双重快乐。学校通过培新节活动,激发学生爱科学、探索科学奥秘的热情,培养学生独立思考、自主探索的创新精神,引导学生做一个既具有科学理念又具有科学实践能力的新时代好少年。

学校的莲花山课程群在每周五的下午实施,分校内课和外出课两种,每学期有16次左右的课程,覆盖一至六年级,惠及全校每一个学生。各个年级的学生每学期有2~3次集体外出:到莲花山公园观察昆虫、植物,调查水质;学习指示标志,欣赏园林、雕塑,放风筝;在"领袖""改革开放"等课程中,到深圳改革开放展览馆、深圳博物馆等地了解改革开放的历史,到莲花山公园瞻仰邓小平塑像,感怀伟人领袖精神,培养时代担当的责任意识等。

莲花山课程群以小组合作作为活动开展的基本单位,每个小组由一二名家长担任导师,小组成员轮流担任组长、纪律委员、作业员、汇报员、宣传员、卫生员,小组成员的评价采取多元主体评价的方式,最终得分由自我评价、组员评价、家长导师评价共同构成。每一次外出课前,工作室教师都会进行"家长导师行前培训",明确外出课的目的和注意事项,引导学生分组探究,填写学习单,使用工具,进行作品设计等。家长义工联也参与,在出行过程中保护学生,确保外出课安全、有序、有效地实施。

在莲花山课程群的评价中,表现性评价在课堂教学与评价中受到普遍的重视和推广,是通过客观测验以外的行动、表演、展示、操作、写作等更真实的表现来评价学生口头表达能力、文字表达能力、思维能力、创造能力、实践能力等的评价方法。学校在课程中设置了多种表现性评价的载体,如观察记录单、观察日记、绘本创作、学习报告、调查报告、演示文稿制作、建议书、设计图纸、创意作品等。这些载体是评价学生过程性学习的有效依据。如在三年级"昆虫与饲养"的主题学习中,学生会设计记录蚕变化的观察填写单;在三年级的"指示标志"主题学习后,学生会给公园的管理处提交一份优化公园指示标志的建议书;在四年级的"风筝"主题学习中,学生会设计属于自己的个性风筝;在五年级的"园林"主题学习中,学生会构建沙盘,绘制园林图纸等。

莲花山课程群的评价主体除了每班两名任课教师外,还包括学校的行政管理人员、家长导师、小组成员以及学生自己。只有评价的主体多元化,评价才能更加客观,才更有利于激发学生的学习积极性。

在国际交流课程中,学校安排学生利用寒暑假前往美国优质私立学校、英国牛津大学和澳大利亚百年名校插班就读。学校分别与美国宾夕法尼亚印第安纳大学和英国南安普顿大学签订姊妹学校协议,在交流中积极传播中华博大精深的文化,学习他国的优秀举措,深化共同发展的双赢之路。

在国际名校课程中,学校与迈阿密大学的 STEM 研发团队共同开发 STEM课程,实现了科学、技术、工程和数学的融合。

在国际文化课程中,学校有模拟联合国课程、英语电影配音课程、法语课程和"一带一路"与多国文化课程,并将其纳入课后服务中。通过模拟联合国课程,学生亲身体验联合国等多边议事机构的运作方式,学习外交知识,并了解世界发生的大事对中国的影响、对他们未来的影响,拓宽视野,提高认识。在"一带一路"与多国文化课程中,学校从海、陆、空三条线的角度带领学生了解与"一带一路"相关的文化知识。

莲花小学与深圳博物馆一同坐落在莲花山脚下,每学期,学校组织学生到博物馆实地参观学习,了解深圳改革开放的历史以及展品背后的故事;到国防教育基地开展活动;到关山月美术馆参观;到影院参加科普电影观影活动;等等。在环保教育方面,学校持续开展和优化"5R环保课程"。在周五课后服务时间,环保工作室教师带领学生走进社区开展"环保村"垃圾分类、生态劳动、废物利用、节约用水等主题课程,整合校内资源、研学资源、基地资源、企业资源等,将生态文明教育落到实处。

每周五下午,学校开展深入社区的"环保村"活动,学生和家长、社区居民积极参加垃圾分类、环保酵素制作、环保皂制作、环保手语歌学习等环保活动。这些社会资源课程，打破了学习的空间界限，改变了学生的学习方式，丰富了学习活动的内容和形式，为学生走出校园、了解社会、提高综合素养开辟了广阔的天地。

学校组建由班主任、教师、家长、同伴等组成的学生成长教育共同体，将学生的日常行为规范与评价指标相结合，将学生在校与居家的行为整体纳入评价体系，积极推行"莲花新评价"体系变革行动，研发"莲花币"小学生综合素质评价体系，开发信息化评价操作平台，基于每一次课堂教学、每一次校园活动、每一次主题实践等，将过程评价与结果评价相结合，形成"莲花币"小学生综合素质评价体系，将学生的学习态度、学习兴趣、学习策略、学习习惯、付出努力程度、学习获得等学习的过程性要素纳入评价范围，从"人品高洁、学品聪慧、身品健美、行品优雅"等一级指标出发，分"责任担当"等12项二级指标、"热爱祖国"等60项三级指标，将三级指标体系落实到学生的行为细节上，方便评价。

"莲花币"小学生综合素质评价体系评价主体多元，以班主任和班级任课教师的评价为主，学校全体教师都参与评价，以学校学生成长中心、大队部、家长评价为辅。不同主体从自身视角作出自觉主动、充满感情的评价，学校品质监控中心进行平台的维护、升级以及全校学生发展总体情况分析。"莲花小镇银行"行长及各班级分行长根据职责权限做好"莲花币"的统计、提取、发放等工作。信息化操作平台通过收集大量的真实的日常评价数据，构建学生更丰富、全面的成长档案，并通过结合人工智能技术为家长和教师提供各维度的潜力分析报告，真正洞悉学生内在的闪光点和薄弱点；同时，基于AI技术，智能生成个性化的学生评语、评价排行榜、"莲花币"排行榜等，形成"五能雷达图"，让学生的综合素质评价形象可感，为开展因材施教提供厚实的科学基础。

学校在构建"莲花币"小学生综合素质评价体系时，还注重趣味性原则，创设虚拟"莲花小镇"，设立"莲花小镇银行"。学生可将综合素质评价得分转化为"莲花币"。"莲花币"的实物为一种校内币，可以支持学生在校内活动中进行自由兑换奖品或参与活动与评选优秀荣誉。学生可以从银行存取"莲花币"，并用手中的"莲花币"到小镇超市、小镇服务部、小镇影院消费，还可以在学校的八大主题月活动中购买书籍、美食和用品，体验活动，参与游戏等。"莲花币"小学生综合素质评价体系能进一步激发学生对学习负责、对成长负责、对生命负责，让评价和激励真正服务于学生的发展，成为他们生命成长的强劲助力。

五、课程管理与保障

课程是学校最重要的产品，是实现学生核心素养发展的关键路径与载体，是多元主体即利益相关者高度关心的问题，是学校教育功能发挥的核心构成要素。课程管理需要教师、学生、家长等多元主体的充分参与，需要教育相关专业组织的积极介入。

学校充分考虑教育目标、学生的学习力、教师的教学能力和专业发展情况等，围绕课程开发进行课程设计、决策、实施和评估，让每一位教师都成为课程开发的参与者、实施者、评价者。学校设立了 60 后、70 后、80 后、90 后工作坊，根据教师的兴趣和专业成立了相应的工作室，如"莲花山校本课程开发团队工作室""环保特色工作室""英语教育工作室""信息技术工作室""队列队形特色工作室"等。各工作室、工作坊作为学科组、年级组以外的跨学科、跨年级的学校内部治理的更小组织，围绕不同主题、项目开发相应课程，负责课程实施，如八大主题月课程、七心德育课程、九大类可选择性课程等，以优质平台指引教师专业化发展，以教师成长推动课程高品质开发。

学校成立家长委员会和家长义工联，办好家长学校，密切家校合作，积极构建与家长的"同事"关系。家长学校致力于提高家长的教育水平，是学生成长问题研究的"大本营"。家长委员会承担支持教育教学工作、参与和监督学校管理、构建和谐的家校合作网络等职责，对学校的各方面工作提出合理、有效的意见和建议。家长义工联为学校管理和各项课程的开展提供了直接且有力的支持。如在校本"四大课程群"开发的初始阶段，学校召集家长义工联管理层，向他们介绍课程开发规划、理念和方向，在得到家长委员会和家长义工联的大力支持后，召开了全校家长会，向家长介绍课程开发的内容并动员他们积极参与其中，同时，在家长中招募课程开发、课程实施的助学导师，从而进一步拓宽了家长参与学校课程管理的路径。此外，学校还邀请家长开设家长课程，在学校进行主题把关、内容把关、教学把关的基础上，先后开发 60 余门家长课程，丰富了学校课程的数量与类型，为学生的成长带来了更多的可能。

学校主动联系，热情聘请社区中的优秀人士担任学校的法治副校长、卫生副校长、德育副校长、校外辅导员等，通过人员互动实现和巩固学校与社区的联动；与关山月美术馆、深圳市少年宫、深圳博物馆等达成馆校联盟，开发博物馆课程、美术馆课程等。学校还通过项目合作，参与专家的研究课题，邀请专家进校指导等，助力学校课程建设。

福民小学"成长之门"课程体系

福民小学坐落在深圳市皇岗口岸、福田口岸旁,创办于 1993 年 9 月,占地面积 13200 平方米,建筑面积 10167 平方米。学校现有 2104 名学生、47 个教学班、123 名教师,其中,省、市、区学科带头人 21 人,区名师工作室领衔人 3 人,区兼职教研员 2 人。学校倡导"尊重个性、悦纳差异、培养自信、激发潜能"的教育理念,确立"以智慧的钥匙开启成长之门"的办学理念,以创建"爱心校园、书香校园、绿色校园、智慧校园、科技校园、梦想校园"为己任,充分发掘人的潜能,全员育人,科研兴校,使办学水平和办学效益不断得到跨越式提升。2005 年,福民小学被评为"广东省一级学校",并相继获得"广东省绿色学校""广东省现代教育技术实验学校""广东省书香校园""广东省校本培训示范校"等称号,成为广东省师资重点培训基地。

一、课程建设背景

福民小学的校徽蕴含着福民人对教育的理解和追求,土地的颜色寓意着在学校教育土壤中孕育祖国的未来。校徽图案由两个"1"组成大写的英文字母 M 构成,诠释为学校追求一流的办学水平,办一所特色鲜明、质量优异的现代化小学,悦纳学生差异,关爱每一个学生,促进每一个学生成长,使学生获得知识素养的萌芽,打下坚实的人生基础。同时,大门的形象寓意着进入福民小学就叩响了求知的大门、求真的大门、智慧的大门、成长的大门。

课程是学校发展的灵魂,是为师生打开成长之门的钥匙。学校在历经多年"全课程"实践改革的基础上,提炼升华出"融合＋体验"的课程理念,形成"成长之门"课程体系,构建具有鲜明福民特质的校本课程架构。"成长之门"课程体系,以"发展健康活泼、文明有礼、阳光自信、善思乐学、敢于创新、全面发展的综合素养,解决问题、合作探究、动手实践、各展所长的综合能力"为培养目标。

福民小学在"融合＋体验"的课程理念下,融会贯通了学科融合、教材融合和技能融合。多学科融合的项目式学习充分整合,促进不同学科之间的对话,实现"做中学"。

二、课程定位

(一)课程宗旨

为学生打开智慧成长之门,是福民小学奋力追求的办学目标。在"门"的理念指引下,学校为学生未来开启"礼德之门""生活之门""健康之门""艺术之门""启智之门""创新之门",通过"成长之门"系列课程实践,培养学生探索求知的能力,促使其养成责任担当意识,具备健康、快乐的人生素养。

"成长之门"课程以促进学生的成长为终极目标。学校围绕学生的成长,开设六大类课程,分别是启智课程、礼德课程、健康课程、生活课程、艺术课程、创新课程。

启智课程:注重基础积淀,培养学生的思维能力,提升学生的文化素养。

礼德课程:注重品德礼仪,规范学生的行规礼仪,提升学生的道德素养。

健康课程:注重身心健康,发展学生的心智体魄,提升学生的健康素养。

生活课程:注重生活实践,鼓励学生参与社会实践,提升学生的生活品质。

艺术课程:注重艺术体验,开发学生的艺术特长,提升学生的艺术素养。

创新课程:注重学科融合,锻炼学生的探究合作能力,增强学生的创新意识。

这六大类课程贯穿于小学六年的学习之中,并在不同年级有所侧重。其中,启智课程是其他一切课程的基础,也是贯穿所有课程内容的线索,是所有能力培养与核心素养养成的前提与保障。

(二)内容结构

"成长之门"课程明确了"融合+体验"的顶层设计思路,努力实现国家课程的校本化实施。"融合+体验"是指围绕某一个学习主题内容,把有内在联系的学科内容融合在一起而形成一门新的课程,注重学生在课程学习过程中思维的提升、能力的培养。

"成长之门"课程内容具有可拓展性、可体验性、可融合性、可选择性。过程要求要有学习标准、有驱动问题、有生生或师生互动、有不断生成的学习体验与课程内容。授课教师应充满活力、勤于反思、学养深厚、爱生敬业。对学生的要求是基础扎实、行为规范、身心健康、学有所长、自主发展。"成长之门"课程面向的是丰富多彩的生活,而不仅仅是单个学科;关注的是复杂的社会系统,而不仅仅是知识系统;着力提高的是学生解决问题的能力,而不仅仅是解题能力;重在提升学生的综合素养,而不仅仅是学科能力;着眼于学生未来的学习,而不仅仅是分数的提高。"成长之门"课程以培养"全人"为目标,让学习变得更丰富、完整、有趣、饱满,帮助学生更加多元、完整地面向世界,使学生的综合素养得到充分、全面的培养和发展,培养能综合运用各学科知识解决实际问题、动手能力强、综合素质高的福民学子。同时,学校在课程开发建设过程中,提升教师设计、实施特色创意课程的能力,全面提升教师课程力,实现教师的专业成长。

(三)课程内涵

"成长之门"课程融会贯通国家、地方、学校三级课程内容,体现学校自身发展需要,从五个维度探寻课程愿景:学习内容是"可选择、可融合、可体验、可拓展"的;学习过程是"有标准、有问题、有互动、有生成"的;学习评价是"重过程、重素养、重能力、重反思"的;教师培养是"有活力、善思考、厚学养、爱创新、乐敬业"的;学生培养是"基础实、行规范、身心健、求成长"的。课程的终极目标是实现学生和教师同步提升与发展。

六大类课程合力促进学生拥有更加健康的体魄、更加健全的身心以及实现更加有效的学习,从而使学生变得更有修养,成长为更加积极向上的小公民。(表1)

课程逐渐走向融合。仪式课程使德育与艺术教育无痕融合,借助重要的活动仪式,如开学典礼、教师节、国庆节等庆典活动全员浸润;节日课程、饮食课程、劳动课程等充分融合,以项目式学习方式开展;劳动教育由日常劳动与暑假"爷爷农场"项目、五一劳动节体验活动构成;游学课程与其他课程融合,春季为劳动课程与游学课程融合设计,秋季为国庆课程与游学课程融合设计。

表1　福民小学"成长之门"课程

| 礼德课程 | 启智课程 | 健康课程 | | | | 生活课程 | 艺术课程 | 创新课程 |
		安全教育	心理健康	健体工程	益智棋类			
仪式课程、公民安全教育、特色德育课程（最美"红领巾"）、礼仪课程、国际理解教育、儿童模拟法庭、家庭教育	国家课程校本化再设计、综合实践课程、数独、七巧板、影视英语	日常安全、网络安全、运动安全	心理健康通识课程、一对一心理辅导、特殊儿童教育	健美操、田径、手球、足球、乒乓球、武术、急救、健康用眼、健康口腔、健康脊柱、性健康教育	中国象棋、国际象棋	节日课程、游学课程、饮食课程、家长课程、关爱课程、二十四节气课程、绿色环保课程、劳动课程	声乐、戏曲、口风琴、舞蹈、管乐团、弦乐团、校园戏剧、音乐与朗诵、国画、电脑绘画、书法、剪纸、诗配画、禅绕画、钉线画、儿童画、科幻画、童义写作、童声朗读、创意设计	想象力空间、STEM机器人、无人机、VR三位创意编程、项目式学习课程

（四）重点课程

福民小学"成长之门"重点课程见表2。

表2　福民小学"成长之门"重点课程一览表

序号	课程名称	课程目标	课程内容
1	节日课程	通过节日课程的设计开发与实施，了解相关的国家法定节日的来源、变迁，强化学生对祖国文化的认同，培养师生的文化自信，培养学生解决综合问题的能力，提高师生的综合素质	春节课程、端午课程、中秋课程、五一课程、国庆课程

（续表）

序号	课程名称	课程目标	课程内容
2	游学课程	"游""学"结合，以游促学，通过观察与发现、欣赏与了解的形式让学生走进课程内核；让学生身临其境，见证文化、梳理感觉；让学生接触真实，体验真知。培养学生艰苦奋斗的生活作风，树立报效祖国的远大理想；发展人类多元文化，提升学生的文化素养，培养学生全面协调、可持续发展的能力	"美食DIY"主题游学（一至三年级"健康饮食、品质生活"美食创意游学）、"走进民间美术"（四年级美术游学）、"我爱你，祖国"（五年级博物馆游学）、"探索科学，体验科技"（六年级Skyland未来科技馆游学）
3	饮食课程	以小组为单位认识健康菜谱、制作健康美食，培养学生的劳动习惯，让学生学习劳动技能、锻炼劳动能力，并且在未来还能持续健康地饮食	按照"合理膳食金字塔"的思路进行总体设计，全面体现学生可以自行设计菜谱，"轻松"达到健康的目的，以动手完成一个健康菜谱为主要教学内容
4	家长课程	发挥家长个人特长，借助自身职业的优势，或者借助其他社会资源，增加学生了解社会的机会和途径，拓宽学生的视野，帮助学生初步认识社会职业的分工与不同特点	根据家长所从事的职业特点，或者家长的个人特长，为学生开展直观的职业认知，或关于人文、科学、礼仪、健康生活等内容的启蒙教育
5	心理健康通识课程	通过心理健康通识课程，培养学生的学习能力、生存能力、交往能力、创造能力、社会活动能力和社会适应能力，提高学生的心理素质，充分开发学生的潜能，促进学生人格的健全发展	主体内容：良好的行为习惯、认知发展、自我概念、情感教育、挫折教育、人际关系、生命教育。拓展内容：儿童团体沙盘游戏、心理戏剧、绘画疗愈
6	仪式课程	仪式课程以仪式为载体，借助重要的活动仪式，将德育与艺术教育无痕融合，使学生体会爱国、爱家、爱校的意义，并结合自身的思考和理解，激发自信，积淀情愫。融美于善，由美入善，在审美教育中渗透道德内容与主流价值，提高思想道德教育与艺术教育实效	常规仪式课程（开学典礼、升旗仪式、毕业典礼、散学典礼等）、成长仪式课程（校庆日仪式、迎新仪式等）、节日仪式课程（教师节、劳动节、儿童节、中秋节、感恩节、读书周、体育节、英语周、数学周、科技节等）

（续表）

序号	课程名称	课程目标	课程内容
7	健美操	构建"普及＋提高"双轮发展模式，激发学生对健美操的学习兴趣。培养学生的专注力、表达能力和团队协作能力	以全国啦啦操七彩星级教材大纲和现代健美操训练方法为主要教学内容，遵循因材施教和渐进性原则，将"普及"和"提高"相结合
8	足球	培养和巩固学生对足球运动的兴趣和爱好，提升个人核心能力技术，培养学生的集体、团队协作及足球文化观念	开展专业足球课程体系培训，普及足球知识和技能
9	手球	推动学校体育活动，将手球运动与体育课和课外活动相结合，以"玩—学—赛"的教学方式设计课堂教学和课外活动，促进校园体育文化建设	按运动技术难度分为三个水平的教学（水平一、水平二、水平三）
10	小创客	让学生在解决问题的过程中通过跨学科知识的学习与应用进行深度学习，培养学生的沟通与合作能力、语言表达能力、审辨思维能力、创新能力等	以班级或学生小组为单位进行教学，每周一次，大约一个学期 16～20 课时，每学年一个项目
11	二十四节气课程	在学科融合的基础上更加系统地学习传统文化知识，在节气的观察中积累语言，把传统文化知识和实际生活进行有机结合，提升学生的观察能力、写作能力，拓宽其眼界，培养其情操，让传统文化成为学生的爱好和习惯	以"二十四节气"为时间线，开展综合性学习，让学生在活动中进行阅读、观察、体验，最后进行写绘
12	想象力空间	了解挑战项目的类型，具备挑战需要的基本能力，在实践中提升团队合作、创新思维、语言表达、动手制作、文字编辑、表演应变等综合能力。养成充分发挥想象力的习惯，激发创造性地解决问题的意识，形成较强的实践能力	以挑战想象力为主要教学内容，每周 2 课时，每个学期 40 课时；团队建设课程占 20％，即时挑战课程占 40％，团队挑战课程占 30％，终极挑战课程占 10％。课程拓展内容根据各年级各学科内容而定

（续表）

序号	课程名称	课程目标	课程内容
13	STEM 机器人	熟练掌握各种机械结构的组合应用，理解机器人编程思想和逻辑，熟练掌握 EV3 和诺宝机器人的搭建技巧及高阶的编程方法。培养学生的编程思想，理解编程的基本流程，并具有软硬件结合的设计理念。能搭建各种机器人模型，编写相应的程序，动手解决实际问题，指挥机器人按照自己的想法来完成特定的任务	主体内容：以乐高机器人和诺宝机器人为例，认识机器人的系统组成和基本组件等，学会用传感器指挥机器人完成相应的动作。拓展内容：设计相应的项目，让学生设置机器人的机械结构，编写程序，指挥机器人完成特定的任务

三、课程实施

（一）实施原则

融合性原则：依托各种实践问题，充分融合课程内容，为学生创设综合运用各学科知识解决问题、培养能力、提升核心素养的机会与平台，促进学生全时、全人、全景的全面发展。

体验性原则：通过课程内容的实践，为学生提供多种多样的完整体验问题产生、解决、反思的机会，在引导学生设计学习活动、完成学习过程、形成学习成果的过程中体验学习与生活的密切联系。

合作性原则：通过合作学习小组的建设，改变学生学习生活的方式，以合作互助的学习活动共同完成小组学习目标，提高学习效率。

自主性原则：尊重学生的主体地位，以学生活动为主，教师指导少而精，尽量让学生多观察、多体验，尽可能多地为学生提供自由想象的空间和自主创造的平台与机会。

灵活性原则：尊重学生的身心发展规律和能力差异，因材施教，指导学生学习时灵活进行内容或形式上的调整，帮助全体学生获得发展。

开放性原则：体现在目标的多元化，内容的广泛性，时间、空间的广域性、可变性，评价的主体性、过程性、差异性。

（二）实施策略

1.在国家课程的基础上，拓展个性化设计。教育部审定的各学科教材内容是学生拓展学习的知识基础，也是教师设计、创造的参照。在统编版教材教学内容的基础上，设计多学科融合的项目化学习指导方案，是福民小学"成长之门"课程建设的重要途径。

2.尊重学生的学习规律，重视学生以体验为主的学习过程。小学生以直观形象思维为主，在学习知识的过程中，注重动手操作、实践，加深理解，夯实学习基础。

3.调动家长参与课程的积极性，借助家长的丰富资源，家校协同建设。家长就业于各行各业，知识背景各不相同，拥有的社会资源也不同，能很好地与学校形成良性互补，是推动"成长之门"课程建设的有效途径。

4.课程建设与教研科研课题有机融合推进。课程建设不是独立于教师日常的教育教学、课题研究等各项工作之外的单项任务，是与教育教学、课题研究等各项工作相辅相成的。课程建设要走向科学化、规范化，必然要借助教研科研的手段；教研科研课题要做成规模，也必然要通过课程建设的途径才能更好地实现。

5.国家课程校本化实施。国家课程校本化实施主要指国家课程的适情化、适性化，即国家课程适合校情，适合教师和学生的特性，就是指对国家课程的内容进行与"融合＋体验"课程理念相吻合的二次设计与开发，以教育部审定的教材为依托，每学期选取一至两个主题，设计跨学科融合的项目式学习，最终通过不同的形式展示学习成果。

国家课程校本化实施的具体策略：

(1)国家课程分类推进。将国家课程按照不同的领域、素养、主题等重新分类，使之形成基础扎实、可操作性强、逻辑自洽的课程体系。

(2)国家课程各学科衔接与融合。将国家课程中学科不衔接的课程通过学习主题衔接起来，使之在主要素养或领域的培养方面呈现连贯性。而学科融合包括学科内的融合与学科间的融合，前者强调学科知识的重组、学科知识与生活之间的关联，后者强调知识的互通、互联与综合素养的培养。

(3)国家课程实施"学科＋"。在国家课程规定的学科知识学习过程中，引进与之相关的内容，进入课程教学的日常，使之常态化。如"数学＋游戏""英语＋配音与演讲""语文＋主题阅读与写绘""科学＋DI""音乐＋口风琴与戏剧""体育＋手球""美术＋电脑绘画"等。

(4)国家课程学科知识实践与体验。依照学校课程理念，加强学科知识的实践与体验。

(5)国家课程评价灵活多样。改变评价方式，包括将纸笔测验的形式变得更加灵活、给予多次测评的机会、延迟评价、开发个性化的评价工具、丰富评价形式、增设评价主体、提高基本标准、细化评价内容等。

6.地方课程创造性实施。地方课程与国家课程或校本课程的教学内容通过项目式学习落实。比如：环境教育与校园戏剧教育相结合，或者与道德与法治、劳动实践教学等融为一体开展；书法与语文教学有机融合进行教学。

7.校本课程创意设计实施。校本课程的开发建设，既有源自教育部审定的教材内容的拓展设计，又有根据学校课程目标体系的开发设计，在时间安排上既有集中进行的，又有分散、穿插、融合进行的，打破时间和空间的限制，由封闭型课程逐渐走向开放型课程，联系生活实际，让学生走出教室，走向真正体验知识的场所，甚至走进社会，让学习真正随时随地发生。

（三）课程评价

为了更好地发挥"成长之门"课程评价在促进课程目标的有效落实、引导学生全面发展过程中的作用，学校以新课程理念和新课标为导向，坚持教育创新，针对"成长之门"课程建设了一套完备的课程评价体系，着眼于教师的教学和学生的学习过程，促使教师转变教学行为，指导学生改变学习方式，提升师生的融合教学、融合学习水平。"成长之门"课程作为一种全新的课程体系，吸收、融入了丰富的课程资源，这些资源以多元化的方式在学生成长过程中实现融合。因此，"成长之门"课程的评价方式也应该是多元的。

1.教师评价。学校通过让教师反思自己的教学思想和教学行为，不断提升教师的思想素质和专业素养，使教师逐步形成自己的教学个性和教学风格，建立促进教师专业成长的发展型教师评价体系。

一是全体参与，按量完成。学校全体教师在"成长之门"课程的理念指引下，深入理解概念，自主开发。每位教师每学期至少教学两节融合课，且必须将相关的课程开发资料、教学设计、教学反思等形成美篇或其他可供展示的载体形式，便于全体教师互相学习、交流和探讨。

二是团队合作，鼓励创新。基于"成长之门"课程的理念指引，教师可围绕主题或任务积极开展跨学科合作教学，围绕某一个意义明确的主题或任务，形成融合课题小组，组内进行探讨、研究。要求至少包含两个学科教师参与，尽可能地扩大教学容量，拓宽教学视野，鼓励创新形式、创新教学方式，实现教师的自我发展。

三是关注学生，促进发展。"成长之门"课程最终是要落实到学生的学习能力和运用能力上的。教师通过设计多种形式的评价活动，有效激发学生学习、探索的兴趣，清楚地把握学校课程目标的落实情况，根据每个学生的表现情况，有针对性地进行教学。

2.学生评价。落实核心素养，需要以课程为依托，将核心素养转化为学生学习的生产力，建立适合学生整体、多元发展的课程评价体系。

（1）以项目清单、探究报告、学习报告等为主，评价方法多样性。"成长之门"课程是将生活中的情境融入学习过程中的一种课程形态。学生在教师创设的情境中去解决问题，教师对学生解决问题的过程进行评价。

（2）实践技能的现场展示。一些具有挑战性的活动，作为学生展示的空间以及社会交往的场所，是一种体验式学习活动，为学生提供了在真实生活情境中解决问题的机会。学生必然会与他人建立合作式交互主体关系，学会合作、尊重、信任、理解、关爱他人，在真实体验中获得知识和发展。真实的情境提高了学生对生活的领悟力和解决问题的能力，体现了评价的开放性。

（3）问卷调查是反映学生学习态度的重要方式。问卷调查能将诊断性评价、形成性评价和终结性评价有机结合起来。评价是一个持续而循环的过程，评价所得的资料，可以反馈到课程设计的过程中去，作为重新界定目标、提高教学效果的依据。根据学生的实际情况，制作相应的调查问卷，有利于摸清学生对该门课程的学习心理和学习态度，有助于教师改进教学和掌握学生的学习情况。

（4）学生自评、家长评价的有效结合。除了教师评价之外，学生自评和家长评价也是体现"成长之门"课程学习效果的重要指标。教师要在学习过程中引导学生积极开展自评与互评，根据学习表现评价自己或同伴在小组合作中的沟通能力、团队合作能力、创新能力等能够获得几把"金钥匙"。家长评价则从不同维度反映了学生对某项技能的实际运用能力与运用程度。"金钥匙"评价以等级评价（获得"金钥匙"数量）为主，评价结果反映学生的学习能力和知识水平层次，等级划分也是教师对小组合作成员进行水平划分的依据之一。

（四）实施保障

1. 从人员分工上确保课程的有序推进。学校成立课程领导小组，各司其职确保推进，从人力资源的配置上，明确了融合课程的责任保障，职责到人，明确分工，由一支专业能力强、整体素质高、勤恳敬业、有想法、有计划的领导小组专项负责该课程的推进和实施。

学校出台了《福民小学课程建设制度》，程序规范，流程详细，明确要求"按照市、区教育部门下发的中小学教师工作量标准，结合教师所学专业、学校课程表规定的课程门类、课时，科学、规范地配置任课教师。任课教师应专业对口、知识面广、一专多能，一般应主讲一二门专业基础课"，为科学、规范、有序地推动"成长之门"课程建设保驾护航。

2. 教师的课程意识是课程建设的基础保障。顶层设计再完美的课程规划，如果没有教师这一重要角色去实施,不能把规划中的内容变成学生的学习经历和体验,规划始终就只是一堆废纸。反之,当教师有良好的课程意识时,他们就会自觉地发掘教材内容,主动进行课程再设计,一切教育教学行为都能有意识地着眼于学生的未来发展。福民小学经过多年的积淀,形成了良好的课程改革氛围。教师的课程意识强、课程设计能力较强,这为福民小学"成长之门"课程的建设提供了基础与保障。

3.强化家校协同教育的融合。学校引导家长成为学校教育的合伙人,为学生家长充分参与福民小学"成长之门"课程开发与建设提供机会与平台,在资源特长、学生小组合作体验等方面提供课程实施的保障。

园岭小学"构建奠基幸福人生"课程体系

园岭小学创建于 1984 年,学校占地面积 9443 平方米,建筑面积 14220 平方米。现有 37 个教学班,1677 名学生,111 名教职工。其中,外籍教师 3 名,特级教师 2 名,区级以上名师 40 余名,福田区杰出人才 2 名,福田区首席教师 2 名;广东省名师工作室 1 个,深圳市特色教师工作室 1 个,深圳市名辅导员工作室 1 个,福田区名校长和名师工作室 3 个:是一所"设施完备、师资雄厚、特色鲜明、质量一流"的特区窗口学校。

全校师生秉承传统,继往开来,奋力拼搏,扎实工作,创造了一个又一个辉煌的业绩。1994 年,园岭小学成为全区第一所广东省一级学校,1996 年成为教育部授牌的全区唯一一所"全国现代教育技术实验学校",先后被评为"全国科研兴校示范基地""全国心理健康教育特色学校""深圳市文明示范单位""广东省绿色学校""广东省依法治校示范校""全国少儿版画教育基地""广东省师资培训实践基地"。2015 年,学校荣获第四届"全国文明单位"的称号,还先后多次荣获深圳市办学效益奖。曾有位就读于园岭小学的学生的家长给学校赠言:"如果人生再来一次,我的启蒙也愿意从园岭开始。"

一、课程基础与背景

园岭小学与时俱进,不断挑战自我,适应时代和社会的发展,进行课程改革。从最早的"集体环境下个别化教学探讨",到现行的"幸福课程"建设,园岭小学积极、踊跃地投入区域课程领导力建设的改革之中,并在校情、学情的分析基础上,构建并完善了以"价值取向、品质态度、创造能力"为特征的"构建奠基幸福人生"的校本课程体系,围绕"品位高、情趣雅、视野宽"的课程定位及"以学生自主、和谐、可持续发展为本""让每个学生在学习生活中获得巅峰体验,在交往生活中获得归属体验,在休闲生活中获得审美体验"的学生发展目标,大力推行"国家课程校本化,校本课程特色化,特色课程精品化"的课程文化建设,致力于让每个学生在不同的课程中积极、主动、活泼地发展。

　　长期以来,园岭小学紧紧围绕"2＋2"的学生发展目标(每个学生必须具备至少2项艺术发展目标和2项体育发展目标),沿着"聚焦高效课堂、开放第二课堂、打造精品社团"的路径,大胆探索,锐意改革,不断完善课程文化建设,努力构建多元课程框架,因地制宜地开展了校本课程建设的探索研究,致力于"让每个学生在不同的课程中积极、主动、活泼地发展"。

二、课程理念与文化

(一)办学理念

　　"为每个学生的幸福人生奠基"办学理念紧抓"每个学生""幸福人生""奠基"三个关键词,强调以生为本、面向全体,体现教育的公平性和均衡性;把握幸福人生的价值取向、幸福人生应有的品质和态度以及创造幸福人生的能力,体现教育目的的根本性;强调夯实基础、面向未来、关注学生的可持续发展,体现小学阶段的基础性、先导性和终身教育的理念。

(二)课程建设目标

　　(1)使校本课程与国家课程紧密结合,充分发挥校本课程的优势。

　　(2)为资质不一、能力各异的学生提供不同的校本课程教育内容。

　　(3)提升教师综合专业素质,充分发挥教师的才华和特长。

　　(4)通过校本课程体系的构建,让教师、学生、社会参与课程建设,体现教育民主,从而提高课程的质量和社会的满意度。

三、课程设置与内容

　　在"为每个学生的幸福人生奠基"的办学理念引领下,学校紧紧围绕课程和课堂进行探索,形成了奠基学生"幸福人生"的幸福课程体系,从而深化教育改革和课程改革,为每个学生的幸福人生奠定厚实的基础。学校本着"少而精"的原则,遵循逐步开发、定型、扩展的思路,先期规划或开发了德育专题、学科教学、艺术教育、体育活动等四大类校本课程及相关校本教材。

　　对于国家课程,学校围绕"以生为本 基于教材 构建文本"的校本化研修主题,通过创新使用教材、创新教研方式,构建高效课堂。为满足学生的个性化发展,学

校沿着"聚焦高效课堂、开放第二课堂、打造精品社团"的路径,不断完善校本课程建设。(图 1)

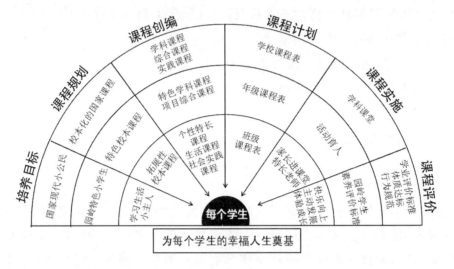

图 1 园岭小学校本课程结构图

2014 年起,学校进一步梳理完善,将课程内容实时指向核心素养,开设了丰富多元的儿童版画、智能机器人、吟诵、足球、戏剧社等 68 门校本课程,达到三个"百分百":百分百的教师开设课程、百分百的学生选到课程、百分百的场地开展课程。

截至 2016 年底,儿童版画、群文阅读、经典吟诵、创客小学堂等 8 门课程入选深圳市"好课程"。

为明确聚焦实验方向、精准提炼实验模式、系统推进实验过程,2022 年 6 月,园岭小学召开了信息化"双区"实验校园岭小学项目论证报告会。学校从实验项目的目标、开展基础、内容与思路、预期成果、保障条件等五个方面开展实验,深入落实立德树人根本任务,以信息技术赋能教育,建立园岭学生"幸福成长树",同时进行常态化、常规化的学生学习过程数据与学生行为活动数据的采集和应用。

(一)课程体系内涵

1. 横向丰富多元的"课程群"

学校丰富课程供给,突出课程的多样性和选择性:在国家课程的基础上拓展广度,拓宽知识面;开设特长培养课程,培养特长学生;每天下午安排 60 分钟"自主时间",让学生自主选择校本选修课程和社团活动。

2.纵向有效衔接的"课程链"

学校把学生的成长过程看成一个完整的系统,在统一的教育目标的引领下,强调培养的连续性和整体性,从人文、科学、艺术、身心健康与生涯发展等四个领域进行一体化课程建设。

3.把整个世界变成学生的课堂

学校倡导"无边界学习",开发一系列品牌课程,培养学生的创新思维、动手操作和研究能力,增强学生的探究意识、问题意识、团队意识,培养学生正确的合作态度、合作意识、合作技巧和合作习惯。

(二)特色课程精品化构建

儿童版画、智能机器人、校园少儿足球均已成为学校特色精品课程,并被纳入课表,进行日常普及教学。

1.思政育人,形成完善德育课程体系

学校坚持"信步方圆 幸福人生"的德育理念,构建涵盖学科德育、文化德育、实践德育的德育课程体系。校园中的每一座建筑、每一处景点、每一处展示墙都构成了校园文化课程;各类亲子活动、感恩系列活动等构成了感恩文化课程;德育小故事、爱国影视剧、我的中国梦等活动构成了民族精神文化课程;读书节、阅读之星、学习之星、经典诵读、演讲比赛、课本剧演出等构成了读书教育课程;百花讲坛、升旗仪式、习惯养成、安全教育、公民教育、心雨计划、法治教育、心理辅导、入学课程、毕业课程等构成了园岭主题系列课程。学校编辑出版了具有区域和学校特色的校本课程教材《园岭小学新生入学手册》《园岭小学安全教育教材》《园岭小学毕业生校本课程》等。

2.儿童版画,绘就学生艺术生活

园岭小学从1994年起,在深圳市率先开展校园儿童版画课程。1998年就设立的"儿童版画教学普及与提高的研究"实验课题,于2001年被立项为深圳市教育科学"十五"规划重点课题。

儿童版画课程蜚声海内外,园岭小学举办过两届国际儿童版画展览活动,开展过国际儿童版画学术交流活动,两次参展文博会。学生的数千件版画作品在全国大赛中获奖,还曾作为第26届深圳大运会官方指定礼品,被赠送给海内外嘉宾。

3.创客教育,沉浸式学习生活体验

园岭小学一直以智能机器人为载体探索STEAM教育,将动手与动脑相结合,激发兴趣,拓展思维,培养创新能力。创客教育降低了学生的参与门槛,让更多有兴趣的学生能参与到创新教育活动中来,沉浸到"做中学、玩中学"的乐趣中,尽情享受学习生活的巅峰体验。学校先后获得全国、省、市级多项科创荣誉。

4.校园足球,学生健康"幸福"生活

学校自 2010 年开始把足球运动作为体育课的常规教学课程纳入全年教学计划,每年开展以班级为单位的"校长杯"联赛,结合摄影、绘画、作文和啦啦操等活动内容,形成校园足球文化;现有足球校梯队从 2010 年仅有 1 支,发展到 2015 年的 4 支,再到现在的 36 支完整建制,从不足 20 人发展到 2015 年的 120 人,再到 2021 年的 720 多人,占全校总人数的三分之一。

5.校社合力,充分发掘和利用社区资源

学校充分发掘和利用家长、社区教育资源,开设"家长助教进课堂"等拓展课程。学校教育和社区服务携手践行"学校＋社区"和"学校＋街道"的联动新路径,把校内教育延展到公共教育。

(三)技术赋能,变革课程实施方式

以"技术赋能教育"为切入点,园岭小学建立学生"幸福成长树""智能笔应用"等新型智能化物联网学习终端和评价指标体系,开展学生常态化、常规化学习,完成学生行为活动数据的采集与应用工作,将园岭小学打造为教育与智能技术深度融合的个性化教育实验学校。

园岭小学通过三个维度将自身打造为教育与智能技术深度融合的个性化教育实验学校:基于智能笔等设备开展智能课堂、智能作业、书写练习等智能教学应用实践,完善新兴物联技术和设备的综合应用;依据学生学习与行为的全方位成长数据,形成精准的学习者画像,辅助教师开展个性化教学工作,帮助学生自主进行学习过程的回顾与分析;构建面向小学学科核心素养培育的综合评价指标体系,为各学科、各阶段、各维度的学习提供评价依据。

学校形成特有的"五维元空间",培育拔尖创新人才。

元认知:在园岭小学,混合式教学已成为保障学生线上线下同步学习的常态,该教学模式拆掉了"围墙",冲破了时间和空间的桎梏,取得了较好的教学效果。

智应用:2020 年开始,园岭小学围绕福田区"教与学模式创新"的实践方向,开展基于智能笔采集学生作业数据的实验与研究。借助这一方法,教师能够及时调整教案,实现精准教学。

融学科:多学科融合的项目式学习已经成为学生常态化的学习方式。2022

年,园岭小学相继开展云上科创节、"云端庆双节,文明我先行"线上双节庆祝暨文明创意活动、读书节、双语周、"双师课堂"探讨等活动。

创思潮:一直以来,"园岭小创客"都是园岭小学的一张名片。学校通过启发、引导、实践,使科学对学生来说变得触手可及。

育未来:园岭小学对学生的学习过程数据和行为活动数据进行常态化、常规化采集和应用。基于科学采集数据建立的"幸福成长树",成为面向小学学科核心素养培育的综合评价指标体系,为各学科、各阶段、各维度的个性化学习提供评价依据,优化了课程评价体系。

四、课程实施与评价

(一)课程实施

园岭小学在校情、学情的分析基础上,构建并完善了以"价值取向、品质态度、创造能力"为特征的"构建奠基幸福人生"的校本课程体系,围绕"品位高、情趣雅、视野宽"的课程定位及"以学生自主、和谐、可持续发展为本""让每个学生在学习生活中获得巅峰体验,在交往生活中获得归属体验,在休闲生活中获得审美体验"的学生发展目标,大力推行"国家课程校本化,校本课程特色化,特色课程精品化"的课程文化建设。

核心素养的校本课程建设,不仅改变了教师的教学方式、学生的学习方式,还带动了学校整体工作的开展。开展校本课程研究,旨在让学生成为学习的主体,使每个学生都能获得发展。学校关注学生的个性发展,尊重学生的个性差异,从满足学生的好奇心和求知欲开始,积极创造条件让每个学生都能找到自己个性潜能发展的独特领域和生长点,努力培养他们不同的兴趣和爱好,使其个性得到充分的彰显和发展。另外,为了顺应时代的发展,学校还提出"课程+"的课程研究理念。

(二)校本研修及教材建设

学校共设 12 个科组,分别是道德与法治、语文、数学、英语、科学、劳动、音乐、体育、美术、信息技术、综合实践和心理。各学科教研活动每两周进行一次,形式多样,有会议、讲座、论坛、教学研讨课等。与学科相关的活动在每学期的固定时间进行,如每学年第一学期有语文周、读书节、英语周;第二学期有体育节、科创节、艺术节等。各学科组常年坚持至少一项研究,鼓励教师参与课题申报,鼓励各学科教师创新教学方法。

(三)课程评价

评价是推进学校课程建设有序、有度、有效开展的重要保障。学校在评价管理中建构了对课程自身的评价、对教师教学的评价以及对学生课程学习的评价。

1.对课程自身的评价

(1)成立课程管理委员会(以下简称"课委会"),课委会由校领导、教师代表、学生代表组成,负责学校课程的规划、审定、督查与评定,在管理过程中进行评估和反思,总结经验,进一步优化设计和实施监管。

(2)每学年采用网上问卷调查的方式对学校课程进行评价,全体教师、学生、家长提出反馈意见,教导处汇总信息并提交课委会,课委会公示评价结果并进行有效调整。

2.对教师教学的评价

(1)教师课程实施计划评价

每学期,教科室对每位教师的国家课程、地方课程"教学计划"和校本课程"课程纲要"予以评估,提出初审意见并提交课委会,课委会提出最后意见反馈给各位教师,同时对全体教师进行综合性评价,研究、整合,将国家课程、地方课程校本化,落实学校提出的"以生为本 自主发展 基于教材 建构文本转变方式 提高效率"的教学理念。

(2)教师课程实施过程评价

在国家课程、地方课程、校本课程实施过程中,课委会成员在教科室整体安排下不定期、重点性地深入课堂,对课程实施进行评价,并定期、主题鲜明地搭建名师课堂、园岭新秀、特色教学、智慧课堂等教学竞赛展示平台,多角度地观察教学的效度,并大力盘活名师资源,发挥辐射引领作用,以期促进青年教师快速成长。(表1)

表 1　园岭小学校本课程评定量化表

一级指标	二级指标及评价要素		自评分	校评分
课程开发（20分）	需求评估（5分）	有对校本课程开发的基础研究：明晰课程的培养目标，对学生的兴趣和能力发展需求、教师的专业发展需要、所在学科或领域的相关课程资源分析研究到位		
	课程总体目标（5分）	体现与国家课程目标和学校办学目标的一致性；体现课程的发展性与时代性；突出以学生发展为本；体现学校办学特色		
	课程设置（5分）	课程结构设置合理、清晰；切合学校课程资源及教师自身专长的实际情况；符合学生的发展需要；课程可供教师自主申报和学生自主选择		
	课程内容（5分）	结构完整、体系完备，具有课程目标、教材内容、课程实施建议、课程评价建议等内容		
课程实施（45分）	课程实施安排（5分）	课程的实施安排体现学生的自主选择。该课程的课时安排科学、合理		
	课程实施材料（15分）	教师在课程实施过程中，有自己的"课程纲要"和课程实施的口号。指向明确，内容充实，文体规范，执行性强。相应的教学计划和教学设计可行性强		
	教学组织形式（10分）	教学组织形式体现校本课程的特点，灵活多样，扎实有效		
	课程实施状况（15分）	观看教学视频，看学生的学习兴趣是否得到激发，综合能力是否获得提高；教师的专业水平是否获得发展；课程文化是否形成		
课程评价（15分）	学生评价（5分）	对学生学习效果的评价方案体现科学性和个性化		
	教师评价（5分）	有教师教学评价方案，定期对教师的课程实施状况进行评价，重点体现教与学方式的转变		
	课程完善（5分）	定期对校本课程进行评价，定期修改、完善课程方式及内容		

（续表）

一级指标	二级指标及评价要素		自评分	校评分
课程成果（20分）	学生成果（10分）	学生的个性特长得以发挥，综合能力有显著提高，在与该校本课程相关的区级以上（含区级）各级竞赛活动中获奖或学习成绩有明显提高		
	教师成果（5分）	教师在校本课程实施过程中的论文、案例、课例、教材或教学设计在区级以上（含区级）评选中获有奖项；相关文章在区级以上刊物上发表		
	学校影响（5分）	校本课程的实施促进了学校的特色形成。该校本课程在区内外产生较大影响		
合计100分				

3.对学生课程学习的评价

（1）课程教师从"构建奠基幸福人生"课程角度，通过相应的评价指标，对学生进行价值取向、品质态度、创造能力等三个项目的评价，致力于"让每个学生在不同的课程中积极、主动、活泼地发展"。每学期，课程教师对学生的课程学习进行量化评价和引导点评，评价结束后将信息汇总并上交教导处备档。

（2）对学生课程学习的评价采用达标制。启动"园岭小学小达人"行动计划，采用争章的方式，每个学生通过六年的学习，将每学期学校课程的达标印章汇集成册——《园岭小学小达人之星印章手册》，每门课程每个学期1枚印章，6年共12枚印章。教师依托学校办公平台、微信公众号平台等信息化平台记录和查询学生的成长过程。

（四）获奖与成效

学校教育科研累计获省、市级以上奖项达412次，获得"全国科研兴校示范基地""深圳市科研示范基地校""深圳市教育科研基地学校""深圳市教师继续教育基地学校""福田区教育科研先进单位""福田区首届校本研修先进单位"等多项荣誉称号。

在校本教材建设方面，学校形成多项特色校本教材，有足球教材6本、吟诵教材6本、儿童版画教材4套。其中，儿童版画教材被全国近百所学校选用，多门特色教材仍在编写、完善中。

五、课程管理与保障

学校严格执行课程计划,制定相关课程建设制度。为规范课程建设,学校制定了较完善的规章制度,如《园岭小学教学工作管理制度》《园岭小学校本教研工作制度》《园岭小学研修工作管理制度》《园岭小学校本课程管理制度》等。

(一)课程管理

为积极推进新课程改革,形成学校办学特色和提升学校办学品牌,保证学校校本课程顺利实施,规范教师的教学行为,学校特制定了相关制度。

1. 校本课程的开发和实施步骤

校本课程的开发,促进教师从课程实施者转变为校本课程编制者、实施者和评价者。校本课程编制可以是个别教师、部分教师或全体教师采取筛选、改编已有的课程,或者编制全新的校本课程的方式,鼓励和吸引学生、家长和社会人士共同参与和支持校本课程。校本课程应包括学校环境分析、课程目标设置、课程组织、课程实施和课程评价等环节。校本课程的编制、实施和评价是一个持续、动态、逐步完善的过程。

2. 校本课程的管理

(1)校本课程由学校课改工作领导小组统一管理,由一名副校长分管,具体由教科室主要负责。教科室具体负责对各类校本课程目标和内容、课程计划的审定和课程实施过程进行管理和评价。

(2)教导处协助实施前期的组织工作,包括课程计划的安排(课程表)、教学用书、教学辅导材料和教学设备的征订及教学场地的安排等。

(3)校本课程的认定。由负责开发的教师选好课题,并写出课程简介,再向学校教科室申请,经学校课改工作领导小组审核后才能确立。

(4)校本课程可分为短期课程(8周内结束)和长期课程两类。短期课程由负责的教师在开课一周前按要求写好"课程纲要"并及时上交教科室申报和认定,并交教导处安排课程的实施。长期课程要求于上学期提出申请,经学校审定后,一并与下一学期学校课程计划实施与安排。

(5)教师必须认真上好校本课程,在上课中,要积极利用现代教育技术,采用灵活多样的教学方法,有效地利用学校课程资源,尽可能地采用合作、参与、探究和体验等有助于学生生动、活泼、主动学习的学习方式,开展教学活动。学校教科室与教务处协调进行不定期的随堂听课,检查教师的上课情况。

(6)教师要依据学生和教学的实际,布置适量的作业并及时批改,使学生学有所获。

(7)各类课程授课教师要加强对课程实施班级的管理,重视校本课程资料的收集和整理工作。短期课程授课教师要在课程结束后及时将授课教案、授课情况及效果、学生的考勤情况等上报教科室。

(8)学校教科室要和各类课程授课教师一起努力探索适合学校实际的校本课程评价方案。方案未制订完善前,教师的课程实施评价用已有的《园岭小学课堂教学评价表》进行。

(9)学校应结合校本课程开发和实施的工作实绩,对优秀的教师个人与群体进行表彰与奖励。

(10)对优秀的校本课程的开设(包括校本教材的开发),经学校审定后,学校在人力和经费上给予保证。

(11)校本教材分为文字版和电子版两种,既有正规出版公司公开发行的,也有无书号的校内发行的。其形式的规模由负责开发的教师与学校协商确定。

(12)校本课程具有很强的原则性,任何人未经学校许可,不得随意增设或减少其课时,不得随意出卖或赠送学校的校本教材。主编者享有教材的著作权。

(二)课程保障

建立课程发展的激励机制。课程发展对教师来说是巨大的挑战,需要教师付出充足的时间和精力。为此,学校必须建立校内的激励机制,鼓励教师积极投入课程发展中,并及时吸收课程发展的成果,不断提高教育教学质量。

保证课程开发的投入。学校全力支持课程发展,对课程发展给予相应的资金支持,保证课程发展所需要的资金投入。

创造宽松的改革环境。课程发展是一项重大改革,是一项需要滚动开发、不断完善的活动。学校必须创造一个宽松的环境,鼓励教师大胆地积极尝试和试验,允许失败、宽容问题、鼓励改进。

(三)教师发展

课程建设需与教师成长相辅相成。为进一步加快学校骨干教师队伍、专家型教师队伍建设,制订"名师工作室"建设实施方案,成立园岭小学"青蓝工程",学校坚持外树形象、内强素质,重视骨干教师队伍建设,狠抓青年教师队伍建设,构建了一支"三爱、三可、三高"的教师队伍。学校教师队伍精良,爱岗敬业,乐于奉献,形成了"让读书成为一种生活习惯,让研究成为一种工作方式,让创新成为一种专业自觉,让教育成为一种人生追求"的教师文化。

学校构建园岭"幸福教师"样态,促进教师专业发展,主要通过六个途径:

(1)我学习我幸福——主题教育,搭建教师成长环境。

(2)我成长我幸福——多元培训,夯实教师成长根基。

(3)我发展我幸福——科学测评,注入教师成长因子。

(4)我展示我幸福——多方互动,积攒教师成长能量。

(5)我优秀我幸福——规范考核,优化教师成长途径。

(6)我乐活我幸福——保障权益,维护教师成长静心。

(四)德育管理

学校重视思政育人的作用,提出"信步方圆 幸福人生"的德育理念,以培养"全面发展、个性鲜明、自信阳光的园岭学子"为教育目标。教师以"以德立校、以生为本、全员育人、全程德育"的观念,以践行社会主义核心价值观为核心,积极探索生动、丰富、有效的育人途径,着力构建涵盖学科德育、文化德育、实践德育的全程性、全员性的生本德育课程体系,使每一个学生的个性与潜能得到唤醒和尊重,提升每一个学生的自信能力和幸福感受,让他们做快乐、阳光的园岭好少年。

福田区外国语高级中学"鲲鹏"课程体系

　　福田区外国语高级中学创办于 1998 年,是广东省国家级示范性普通公办(全寄宿)高级中学。学校占地面积 20178 平方米,现有教学班 46 个,在校学生 2100 余人,专任教师 180 多名。在 20 多年的办学历程中,学校秉承"为学生一生奠基,对民族未来负责"的办学理念,坚持"创建外语特色鲜明的优质学校,提供适合学生个性的理想教育"的办学目标,先后被评为"广东省一级学校""广东省普通高中教学水平优秀学校""广东省国家级示范性普通高中"等。

一、课程基础与背景

　　2014 年,教育部出台《关于加强和改进普通高中学生综合素质评价的意见》。2019 年,国务院办公厅发布《关于深化教育教学改革全面提高义务教育质量的意见》,同年 6 月,国务院办公厅发布《关于新时代推进普通高中育人方式改革的指导意见》。以上文件明确指出,学校要深化教育教学改革,坚持德智体美劳"五育并举";要完善综合素质评价体系,把综合素质评价作为发展素质教育、转变育人方式的重要制度,强化其对促进学生全面发展的重要导向作用,强化对学生爱国情怀、遵纪守法、创新思维、体质达标、审美能力、劳动实践等方面素养的培育。

(一)团结协作、积极进取的教师队伍

　　学校始终重视教师队伍的培养与提升,充分发挥名师在教育教学中的指导作用,有力提高中青年教师的教科研能力,为学校的可持续发展提供重要支撑;延续"青蓝工程"优势,成立科学、人文与班主任三个教师工作坊,邀请名教师、名班主任担任主持人,同时为每位青年教师配备一至两位经验丰富的学科导师和班主任导师,助力其成长;借助工作坊成员之间的分享与交流,推动教师共同成长。如今,学校已形成一支团结、实干、高素质且具有开拓精神的教师队伍。截至 2021年,全校有正高级教师 2 人、特级教师 8 人、全国优秀(模范)教师 5 人、南粤优秀

教师 1 人、国家级骨干教师 9 人、省级优秀教师和省级骨干教师 17 人、深圳市政府特殊津贴获得者 1 人,高级教师比例达 60%。此外,学校还有多位教师获得市优秀教师、市骨干教师、市优秀班主任、区优秀园丁、区学科带头人等荣誉称号。

(二)以生为本,教育教学质量逐年大幅提升

学校始终坚持以教学为中心,全面推进素质教育,不断深化教育教学改革,促使办学质量逐年提升,创造"低进优出"的佳绩,教学质量增值幅度始终位居全市普通高中上游。近五年,学校本科上线率每年以 10% 左右的速度增长;2017 年至 2019 年,连续三年获得深圳市"高考工作超越奖";2020 年,荣获"深圳市教育工作先进单位"称号;2021 年,获得深圳市"高考工作特色奖",本科上线率首次"破八"。其中,文化类考生本科上线率达 82%,艺术类考生本科上线率达 100%,综合(含文化、艺体、传媒)类考生本科上线率达 85%,特殊上线率达 22%,再次刷新学校纪录。目前,学校中招录取分数线为福田区公办学校第二名,成为福田区第二所拥有一类、二类自主招生资格的学校。与此同时,学校在教育教学改革与创新、办学活力提升等方面成绩斐然,先后获得深圳"年度最具创新力学校"、深圳最具"改革创新力学校"、"深派教育"年度学校等荣誉称号。

(三)课程特色鲜明,活动丰富多样

学校已开设涵盖英语、日语、俄语、西班牙语、德语、法语等多门外语的外语课程体系,开发了多本校本教材,采用选课走班模式,满足所有学生学习第二外语的需求,举办外语节、二外文化周,优化模联等外语社团,搭建学生成长平台。日语和俄语的外语高考班级规模不断扩大。以高一年级"蓝思阅读"为起点,学校探索适合学生阅读的英语教学模式。

艺体特色凸显、成果丰硕,已成为学校办学特色的亮丽"名牌"。学校在体育课程建设方面推进模块教学,认真组织阳光体育运动;既立足全员,提高所有学生的体质健康水平,又突出个体,通过运动队的努力训练收获累累硕果。2018—2020 年间,学校体质健康测试合格率与优良率逐年攀升,合格率从 85% 上升到 95%,优良率从 23.15% 上升到 49.5%;在艺术课程方面设置艺术行政班管理机制,加强艺术特长生的培养,加大传媒班以及艺术班的开班规模,实施选课走班式,用丰富多彩的模块课程满足学生的选课需求,最终实现"以美育人、以文化人"的特色育人模式。学校特色课程体系已经获评"深圳市好课程""深圳市优秀社团""福田区品牌课程""福田区中小学特色项目"等多项荣誉称号,实现让百分百

的学生选修一门艺体类课程、让百分百的学生习得一门艺体技能、让百分百的学生参加一项以上艺体类活动的"三个百分百"目标。学校先后荣获广东省中小学艺术特色学校、广东省校园足球推广校、广东省校园篮球推广校、深圳市校园足球特色校、深圳市广播体操标兵学校等称号。

(四)技术赋能,智慧教育成为办学新亮点

现代化的信息技术设备设施是学校办学质量提升的重要基础。一方面,学校配备多功能阶梯教室和会议室、一流的音体美教室、先进的理化生实验室、完整的STEM创客实验室、高标准打造的语音室等;另一方面,深入推进中国教科院"全息未来教育云+端"、科大讯飞智慧教育教学平台、5G+智慧校园等项目,实现现代信息技术与课堂教学深度融合,提升教育教学质量。学校先后获得广东省中小学教师信息技术应用能力提升工程2.0省级试点校、深圳市中小学"智慧校园"示范校、深圳市"基于教学改革、融合信息技术的新型教与学模式"实验校、深圳教育改革创新年度"STEM教育典范学校"、福田区STEM教育实验基地、福田区"全息未来教育云+端"项目实验学校、福田区AI赋能教学实验学校、福田区5G+智慧教育特色项目学校等称号。

(五)课程建设仍有较大提升空间,学校全方位发展任重道远

学校的国家课程、拓展课程及创新课程已初具规模,并取得可喜的成绩。但在整个课程体系中,能够成为特色、品牌的课程数量依旧十分有限。同时,学校整体课程图谱尚未确立,系统的课程架构仅集中于几个学科;模块课程建设还存在许多不平衡之处,课程评价模式尚需进一步优化,课程管理制度建设有待进一步加强;与"优质特色"相适应的校本课程和外语课程亟须加强开发与建设力度。

二、课程理念与文化

(一)办学理念

为学生一生奠基,对民族未来负责。

(二)校园文化

2019年始,学校首先结合地域环境,重梳文化脉络,重塑校园文化精神,从深圳的城市文化到学校沿海靠山的地理位置、历经多次蝶变的发展历史,再到办学

质量大幅提升、校徽校训的确定初衷等方面,提出了以"鲲鹏文化"为主体的校园文化理念。

(三)指导思想

在充分领会课程方案和课程标准的前提下,学校根据教学资源和师资力量,在课程目标、课程内容、课程编排、课程设置等方面进行整体设计,合理设置,在必修、选修、校本课程等方面进行整体规划,积极探索,在探索中总结,在总结中调整,使学生的自主选择空间逐步拓宽。

1. 量力而行原则。实事求是,从实际出发,根据学校师资、场地、设备等资源的实际,坚持以校为本,积极探索在学校层面实施新课程的有效途径和运行方式,探索高考与素质教育的协调发展之路,寻求一条适合学校和学生发展的有福外高中特色的课程规划方案。

2. 稳步推进原则。制定和完善各种与新课程实施相对应的管理制度,强化以教研组、备课组为单元的校本教学研究制度,发挥各学科组的能动性。既要长期规划、统筹安排、提前准备,又要分步实施、突出重点、循序渐进,开发必修模块的所有课程,不断开发选修系列的课程,大力推进校本课程的开发工作。

3. 统筹合作原则。一方面,系列之间、模块之间、专题之间有递进关系的课程,应按顺序开设;系列之间、模块之间、专题之间没有递进关系的课程,可同时开设,以便学生选择。另一方面,新课程实验需要学校、社会、家庭各方面的大力支持,才能顺利实施;学校要积极与社会、家长、学生联系、沟通、协调,统筹安排课程改革工作并加强合作。

4. 教育创新原则。新课程从设立到实践本身就是教育创新行动,参与者必须勇于探索、大胆开拓、积极实践、善于总结。在原有国家课程规划的基础上,根据福外高中的办学理念,为学生一生奠基,对民族未来负责。

(四)总体思路

学校将分层、分类梯度建设,全面推进"五育并举"理念下的"鲲鹏"课程体系的开发与实践,具体包括"鲲鹏"国际课程、"鲲鹏"基础性课程、"鲲鹏"创新性课程和"鲲鹏"德育课程四类课程;建立课程开发、实施、评价等校本课程建设的管理机制,进一步打造福外高中"鲲鹏"课程体系;对基础性课程进行二次开发和重新整合,培育一批可以编撰高质量校本教材和开发课程的骨干队伍;根据教育创新的要求及学校的实际情况,重点建设学科创新性的综合课程,开发具有人文底蕴和科学风范的创新性课程,增设多层次的微型选修课程,通过多种类型的"鲲鹏"活动完善"鲲鹏"德育课程;建立课程发展的激励机制,鼓励教师积极投入课程开发中,并及时吸收课程开发的最新成果,不断提高教育教学质量,把学生培养成明礼、向善、志存高远的"鲲鹏"少年。具体思路如下:

服务高考改革需求,积极推进"鲲鹏"课程开发工作,全面提升学生的综合素质。学校建立以学生发展中心、班主任为主体的课程开发团队,同时结合各学科教师,将学校课程与各学科融合,打造"鲲鹏"育人课程体系下的"明礼课程""向善课程""志远课程"三大课程系列。三大课程系列指向不同的育人目标,从知书达理、健康心灵、理想构建三个方面开发各类校本课程及开展校园活动。在此过程中,学校以课程为抓手,促进教师的成长以及学生综合素质的全面提升。

改变教师评价观念,着力呈现教育教学改革新思路、新成果。"鲲鹏"课程体系的实施可以改变将分数作为评价学生唯一标准的现象,即能够让教师主动地打破"分数至上"的传统评价观念,将促进学生综合素质的发展纳入教学目标中,积极主动地进行教学改革。同时,在综合素质评价实施过程中,学生的主体意识将会得到增强,学生的学习方式也将发生相应的变化,进而促使教师改变自己的教学方式。通过此系统的建设,全校形成常态化综合素质评价工作氛围,切实推动以学生和教师为核心的学校教学改革。

优化学校管理工作,鼓励学校不断丰富发展内涵,凸显自身办学特色。"鲲鹏"课程体系的建设,促进学校走内涵发展道路,彰显自己的办学特色,形成独特的学校文化。综合素质评价的核心是学生发展,而学校是促进学生发展的直接参与者。因此,学校应根据自身特色,开发符合学生年龄特点和发展特点的校本评价内容,从而达到培养具备核心素养的学生的教育目的。同时,在此工作的开展过程中,学校要不断促进自身发展,提升办学质量。

三、课程设置与内容

(一)课程规划理念

(1)坚持"以人为本",贯彻三个"学会"——学会学习和生活、学会做人与做事、学会生存与生活,培养学生的核心素养。

(2)立足学校实际,落实立德树人根本任务,实施全面而有个性的"鲲鹏"育人课程。

(3)树立终身学习观,注重学生情感、态度、价值观的培养。

（4）发挥艺体特色，渗透美育，以美促智、以美育德、以美健体，培养德智体美劳全面发展的社会主义建设者和接班人。

（5）设置满足学生需求的多元课程模式，促进学生个性化发展，使每一个学生都能学习一门第二外语。

（6）构建科学评价体系，转变学生的学习方式和教师的教学方式。

（二）课程结构

课程由学习领域、科目、模块三个层次构成。学习领域：设置了语言与文学、数学、人文与社会、科学、技术、体育与健康、艺术和综合实践活动八个方面。科目：每个领域由若干个课程价值相近的科目组成，八个学习领域含语文、数学、外语（英语、日语等）、思想政治、历史、地理、物理、化学、生物、艺术（或音乐、美术）、体育与健康、技术等12～13个科目。综合实践活动由研究性学习、社区服务和社会实践活动三个方面组成，它是与学科并列而不从属或依附于学科的综合课程。模块：每个科目由若干模块组成。模块之间既相互独立，又反映学科内容之间的逻辑联系。每一模块都有明确的教育目标并构成相对完整的学习单元。

课程由必修和选修两部分组成。选修又分为选择性必修和选择性选修两部分。其中，选择性必修是国家设置的课程，选择性选修既有国家课程，也有地方课程和校本课程。

（三）课程设置原则

学校在设计课程方案时，要体现高中新课标的精神，给学生尽可能多的选择机会、尽可能宽广的自主学习空间；结合办学条件，从实际出发。高中三年的学习内容需统筹安排，不宜过分集中在某一学年，尤其要防止盲目加快进度。不同学科有不同的学习规律，不同模块也有不同的编写特点。所以，有些学科或模块适合集中学习，有些学科或模块则适宜分散、连贯地学习，必须合理编排。

（四）课程设置内容

（1）普通高中课程由必修、选修课程构成。必修课程由国家统一设置，要求学生必须全部修习，打好共同基础，促进全面发展。必修模块的学习顺序可根据学校教学情况适当调整。选修课程由国家统一设置，要求学生必须从中选择相应模块修习，满足学生升学、就业的基本需要，促进学生个性化发展。

（2）深度构建"鲲鹏"德育课程。学校建立以学生发展中心、班主任为主体的课程开发团队,同时结合各学科教师,将学校课程与各学科融合,明确育人目标,打造"鲲鹏"育人课程体系下的"明礼课程""向善课程""志远课程"三大课程系列,做到每月有主题、年级有侧重。(图1)

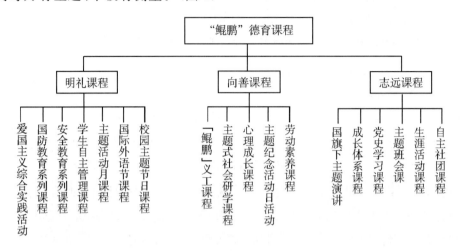

图1 "鲲鹏"德育课程

(3)进一步擦亮外语特色课程品牌。立足现有课程优势,学校在调研、摸底学生、教师、家长对外语、艺体、智慧教育课程建设的认识和需求的基础上,进一步强化课程特色与影响力。在外语特色课程建设方面,学校依托北京外国语大学国际教育集团的优质外语资源,提升小语种课程质量,通过高品质的外语活动实现语言和文化的交融;建设好适合本校学生英语学习的阅读课程体系,继续扩大一类自主招生范围,招收更多优质的日、俄小语种初中毕业生,同时扩大一类自主招生范围至西、德、法语,通过日、俄、西、德、法五个小语种的课程和活动促进"外语特色"实质发展。在艺体课程方面,学校做好特长课程与文化课程的衔接,强化特长班教学管理,通过开展校际交流、参加市内外组织的交流分享会、开展高级别课题研究、申报办学成果等途径,扩大学校特色课程的影响力与感召力,打造出更高级别的品牌课程。

(4)创新性开展"鲲鹏"育人活动,强化学生的综合素质培育。为深化育人理念,提升学生的综合素养,学校创新开展"鲲鹏"育人活动。2020年4月,学校积极推出学生自主创业项目,成立福外高中学创中心,将文创课程教学、文创项目科研、文创产品生产与推广相结合,开展校园师生文化活动。

福外高中学创中心由学校美育中心担任学术指导,由课程教学中心与学生发展中心、团委联合管理,通过课程实施、相关育人活动开展,在师生中传递福外高中"鲲鹏"文化精神,培育学生的生涯规划意识,提升学生的综合实践能力,助力学生全面发展。

四、课程实施与评价

(一)课程实施与创新

1.健全学科教学改革机制

以新高考、新课程综合改革为契机,学校加强对教学工作的整体规划、教学改革、教学基本建设等重大问题的研究,及时分析和解决教学工作中出现的新情况、新问题,以教研组为单位,围绕学科核心素养的培养,结合学科课程内容模块,全面推进学科教学改革。每个教研组均承担1~2项代表未来方向的教学方式改革任务,培育适应新高考命题方向的新型教与学实践模型。

2.开展课堂教学研究行动

以"基于教学改革、融合信息技术的新型教与学模式"实验校为契机,学校有目的地组织教师聚焦新高考、研究新课堂,引导教师创新教育教学理念、创新课堂教学模式、创新教学技术手段、创新教学情境体验、创新教学评价反馈;带领教师进行课堂教学改革的实践探索,力争在探究性学习、综合性学习、情境式教学等学习方式上探索出学科教学范式和典型案例;通过课题的研究,形成具有特色的课堂教学模式,提高教学效率,提升教学质量。

3.深化信息技术的融合创新

学校以希沃教学平台为基础,以数据驱动下的平板教学为抓手,以5G+智慧教育为发展方向,进一步深化信息技术的融合创新。一是继续升级5G环境下的教学空间,将5G网络引入每一间教室和功能室;二是继续构建数字化、精准化课堂模式,扩大平板教学常态化的规模,争取做到全校师生的全覆盖;三是满足学生个性化的学习需求,开展数据支持下的个性化教学、线上线下的混合式学习探究、基于学习全过程大数据采集的过程性评价等;四是打造智慧型的师资队伍,依托智慧教育的各类国家、省、市级项目和平台,开展教师教学共同体建设,提升教师的数据素养,以适应新时代的教育需求。学校建立健全教育教学质量监控机制与评价机制,加强对新课程实施过程的监测,定期进行有关教育教学质量的数据采集、科学测评与分析工作,及时发现和解决问题,确保新课程目标的落实。

(二)课程评价

1.评价原则

科学性原则:对课程的评价要运用科学的评价方法,提高评价的效度和信度。

可操作性原则：评价方法要简单可行，可操作性强。

素质培养原则：对课程的评价要注重考查提高学生各方面的素质，培养学生的创新意识和创新能力。

参与性原则：对学生的评价要注重校本课程的参与情况，作为学生学分考核的依据。

全面性原则：对教师的评价既要考虑到教师课程目标的实施情况、学生能力的提升情况，又要考虑到教材的编写质量。

2. 评价组织

由课程教学中心组织，委托学术委员会进行评价，每学年一次。

3. 评价标准

评价内容包括对课程目标和计划的评价、对课程准备和投入的评价、对实施过程的评价、对实施效果的评价等四大要素的内容。学校根据学生的入校成绩和进校后的变化情况，制订动态的学科教学目标和班级整体目标，以目标的完成情况为主，兼顾其他要素，对任课教师和班主任进行教学成绩的考核评价。

五、课程管理与保障

1. 完善组织机构，明确管理职责，保证课程顺利进行

学校建立以校长为组长、分管教学副校长为副组长的领导小组，全面规划学校课程的设置和开发；以教导处为主要负责人，负责学校课程的具体开展和实施、教师的分配和学生的选课等；以年级组为具体负责人，统筹各个年级学科开设的具体情况，并监督落实与执行情况。

2. 完善管理制度，规范常规管理

学校制定科学、合理的管理制度，加强教学常规管理，落实学生选课制度、学生学分制度、教师评价制度等。

3. 加强教师培训，保证师资力量

学校制订教师培训计划，定期组织教师研修，提高教师素质；加强备课组和教研组建设，提升教师教研能力、校本课程开发能力、课程整合能力等。

4. 物质保障

学校建设学科教室、实验室、功能室等，构建学生选课体系、综合评价体系、教师评价系统等，确保课程规划顺利实施。

深圳明德实验学校(集团)"1+N"课程体系

深圳明德实验学校(集团)是由福田区政府举办、腾讯等企业大力支持的新型公办学校,隶属于福田区教育局。学校以"建设自由开放的未来学校,培养引领时代的创新人才"为使命,以"打开边界,融通未来"为办学方略,持续推动体制变革、管理变革、技术变革、空间变革、课程变革和人才变革,探索了政企合作的新体制,开发了校企协同的新课程,构建了虚实融合的新课堂,建设了智能高效的新校园,重组了跨界融合的新团队,形成了集团办学的新格局。学校的办学活力不断被激发,取得了一系列令人瞩目的成绩,赢得了社会各界的高度认可,办学模式被称为中国公立学校改革的"明德模式"。

一、课程基础与背景

美国著名的课程学者威廉 F. 派纳(WilliamF.Pinar)认为,课程是一种特别复杂的对话,课程不只是一个产品,更是一个过程。它已成为一个动词、一种行动、一种社会实践、一种个人意义及一个公众希望。随着教育改革的不断深入,追求有品质的课程已然成为行进在"过程"中的"公众希望"。统一的课程标准,不同群体的学生,决定着国家课程校本化的必要性。细化课程标准,合理开发课程资源,使各个层面的学生,在共同的学力基点上,实现各有所长的发展,正是当下一种课程实施的趋势。

真正的教育公平,应当是在个体需求和现实水平的基础上,让每个人都能有所发展。国家课程校本化,校本课程多元化。动态发展、立体多元的学校课程文化,将为学生的选择性学习提供基础。在这样的理念下,分层教学、个性化辅导、精英专长教育都可以同时并存。

本文通过 SWOT 分析法对学校课程建设目前面临的优势、劣势、机会和威胁进行了分析。(表 1)

表 1 SWOT 分析

优势 (Strengths)	1.学校各校区均位于城区中心,是众多社会精英汇聚的地方,居民整体素质高,具有明显区位优势; 2.学校管理者教育思想、办学理念先进,符合时代发展的要求,卓越的领导智慧和高瞻远瞩的治校方略成为学校发展的基础保障; 3.学校教师团队年轻能干,充满活力,富有创新精神,有一股向上的动力,有利于学校实施素质教育,推进教育教学改革; 4.作为区政府和通信公司重点打造的实验学校,具有人力、物力、财力等方面的优越条件; 5.学校建校以来,课程与教学工作成绩突出,得到社会的普遍认可,具有良好的外部教育环境
劣势 (Weaknesses)	1.学校独特的管理体制,在一定程度上会导致教师有危机感; 2.目前学校校舍条件不足,硬件设施亟待改善; 3.教师队伍结构尚不合理,年轻教师过多,教学经验不足,缺少学科带头人; 4.目前办学规模不断扩大,生源质量不及从前,对教学质量的提高提出挑战; 5.因班级数量不断增加,中层领导工作量加大,超负荷的劳动强度,容易导致工作精细化程度不够、重点不够突出等问题
机会 (Opportunities)	1.政府、社会、家长对学校寄予厚望,教师、学生普遍对学校未来的发展充满期待; 2.教师的激励机制力度加大,教师工作富有激情、热情和创造力; 3.“集团化、人文化、信息化、生态化、自主型、创新型、智能型、服务型”的办学特色,使学校品牌战略发展成为可能; 4.课改力度大,个性化、多元化、特色化、国际化的课程利于各类创新人才培养; 5.集团化办学为学校的持续发展提供了广阔的空间,为干部教师的发展提供了更多的选择机会
威胁 (Threats)	1.办学方对学校发展的新期待——教学质量、办学特色、品牌打造都必须走在前列,实现预期目标会遇到许多困难; 2.生源数量和质量的双重压力,学生家长对教育需求多元化程度加深,学校教育难以满足学生和家长的多样化需求; 3.集团化办学是机遇,也是挑战,多校区、多学段的管理机制创新,文化认同,资源分配,成为焦点; 4.世界处于百年未有之大变局,大国之争日趋激烈,多元化交汇碰撞,对创新人才的培养提出新要求

　　学校坚持“顺应天性、自然生长、尊重差异、最优成长”的课程建设指导思想,聚焦人才培养目标,围绕学科核心素养,着眼学生发展需求,构建了由基础课程、

拓展课程、特需课程、活动课程等组成的"1+N"课程体系。

明德"1+N"课程结构彰显了明德课程体系的呈现形式。"1"是指明德的基础课程,也就是国家必修课程,"+"是指课程变革中承前与纳新的动力以及在必修课程基础上的课程张力,"N"则是指明德的拓展课程、特需课程、活动课程的多元化、特色化、生本化的学校课程。

"1"围绕基础课程聚焦了学科核心素养,"+N"则是将学校课程发展呈现相互交织立体的巢状,以多维联动和高选择性的课程体系为标志,将课程、教学、评价、管理、师生发展融为一体,逐步进入课程发展与文化创生阶段。

二、课程理念与文化

学校坚持"顺应天性、自然生长、尊重差异、最优成长"的课程思想,坚持实施小班制、分层制、模块制、选课制、走班制、导师制、书院制,着力构建小型、精致、个性化教学模式,促进学生最优成长。学校聚焦人才培养目标,围绕学科核心素养,着眼学生发展,积极开发由基础课程、拓展课程、特需课程等组成的"1+N"课程体系,使学校课程既体现国家意志,又凸显学校特色,符合学生需求,让学校课程既丰富,又聚焦,较好地处理了学业成绩和综合素养的关系。

(一)构建多元优质课程体系

聚焦学科核心素养,构建多元优质的"1+N"课程群,研发具有影响力的特色校本课程。学校创建开放主题学习空间,开发丰富多彩的实验室课程;强化学生信息素养的培育,开发信息技术课程,彰显"顺应天性、自然生长、尊重差异、最优成长"的课程特色,实现校内课程与校外课程、线上课程与线下课程、必修课程与选修课程的优势互补,实现国家意志、学校意志与学生意志的有机统一。

(二)拓宽课程研发渠道

拓宽校本课程研发渠道,发挥校内资源、校外资源、网络资源的优势,通过自编、改编、选用等多种途径,丰富学校课程门类,提升课程建设质量。学校积极开展综合实践活动,组织学生走进农村、走进企业、走进高校、走向世界,引导学生能从个体生活、社会生活及与大自然的接触中获得丰富的实践经验,逐步提升对自然、社会和自我之间内在联系的整体认识,培养价值认同、责任担当、问题解决、创意物化等方面的意识和能力。

(三)完善德育课程体系

强化德育课程建设,精心设计育人空间,不断优化"体育季""艺术季""人文季""创新季"四季课程;重视重大传统节日、纪念日活动,突出节日文化。学校大力开展优秀传统文化教育、爱国主义教育、理想信念教育、法治教育、生态环境教育、安全教育、生命教育、青春期教育、心理健康教育和生涯规划等专题性教育活动,深化管理育人、文化育人、课程育人、活动育人、实践育人、协同育人的全面育人机制,构建完善的德育课程体系。

(四)打造特色课程品牌

依据国家三级课程管理政策,结合学校的育人目标和学生核心素养的培育,不断优化课程体系,使基础课程校本化、拓展课程精品化、特需课程个性化、活动课程四季化、德育课程主题化、社团课程多元化、探究课程自主化、综合实践课程基地化。学校建立课程建设委员会,每年举行一次学校品牌课程评审活动,选出学生最喜欢的课程,更新学生不喜欢的课程,促进课程建设质量不断提升,全力打造明德优质厚重的"多维立休"课程体系,使其成为学校教育的亮丽名片。

三、课程设置与内容

明德实验学校把教育内容的总和作为课程,有层次、有梯度地构建满足学生个性发展的学校课程体系。学校为课程这一文化搭建丰富的实施平台,学校的每一位师生都在分享这种文化,同时也是这一特色文化的传播者。

明德实验学校课程建设的具体内涵:

1.课程即文化。对教师来说,课程意味着自我文化积淀的传播和智慧分享的超越;对学生来说,课程意味着一种或多种文化的获得。

2.课程即成长。也就是教师和学生的双重智慧成长。在课程文化的传播中,无论是教师还是学生,都能徜徉在知识、技能、情感态度与价值观的海洋中,每个人都能有自我发展的空间,轻松学习,培养个性,全面发展,智慧成长。

3.课程即分享。课程是分享的过程,文化的承续,知识的传承,能力的发展,积极、正确的情感态度与价值观的形成在经验分享、互助共进、智慧碰撞中得到和谐统一。学校的课程建设将师生的智慧进行有效的融合,分享智慧成果。

根据国家三级课程管理体系及学校课程理念,学校将课程分为语言与文学、数学与逻辑、人文与社会、科学与技术、艺术与审美、体育与健康、道德与伦理、实践与创新等八个学习领域来进行建设实施,同时将德育寓于各学科教学以及综合学科整合之中。德育是学校教育的重要内容,对落实立德树人根本任务,培养学生的理想信念、道德情操、法治观念、纪律作风、实践能力等发挥着重要作用。学校将德育与智育、体育、美育等相互联系,彼此渗透,密切协调,共同育人。

每个领域又分为下列课程类型来展开:

(1)基础课程——国家课程,必修。

(2)拓展课程——学校课程,选修。

(3)特需课程——学生课程,自修与生成选修相结合。

(4)活动课程——学校课程,选修。

拓展课程和特需课程为培养面向世界、面向未来的基础型人才设置了学习通道。拓展课程尊重每一个学生的成长经历和在发展过程中存在的差异性,关注每一个学生的个性和特长、兴趣和爱好、需要和追求。学校通过三类课程的设置,培养学生既有最基本的知识技能,又拥有广博的视野;既有共同的基础,又有发展自己个性、特长的不同基础;既有创造性的思维能力,又具备坚实的实际操作能力,进而形成可持续发展的能力。

基础课程强调促进学生基本素质的形成和发展,体现国家对各学段学生的基本要求。它由各学习领域体现共同基础要求的学科课程组成,是全体学生必修的课程,注重基础知识、基本技能、基本思想方法、基本活动经验、基本身心素质等。

拓展课程是以培养学生的主体意识,完善学生的认知结构,提升学生自我规划和自主选择能力为宗旨,着眼培养、激发和发展学生的兴趣、爱好,开发学生的潜能,促进学生个性的发展和学校办学特色的形成,体现不同基础要求、具有一定开放性的课程。其中,限定拓展课程是全体学生限定选修的,自主拓展课程可以由学生自主选择。

特需课程发端于学生的需求,生成于学生自主学习的过程中,根据学生的需求创设或生成课程,最终回归教育的本源——因材施教,这也是特需课程创设的逻辑终点。

活动课程聚焦面向全体、夯实基础,面向分层、开阔视野,面向个体、丰富个性,以学校独有的四季课程、实践课程、家长课程及书院课程为代表,融合有利于学校课程建设的各种资源,聚焦明德学子的发展。

明德"1＋N"课程体系的语言与文学、数学与逻辑、人文与社会、科学与技术、艺术与审美、体育与健康、道德与伦理、实践与创新等八大学习领域,便是一种课程统整的设计。明德课程并非"点状"的课程,也非单一"线性"的课程,而是多维并举,相互网状交融、动态发展,并将课程内容与学生日常学习、生活经验进行统整,重视超越科目的连贯,也重视科目间的统整、科目内外的关联。

以国家学科课程为基础,明德"1+N"课程体系将学校课程统整为八个领域,每个领域下整合多门学科,形成"1+N"课程群,其内涵互相延展验证,重视课程内容与日常生活之间、学科之间以及跨学科的互相统整。(图1)

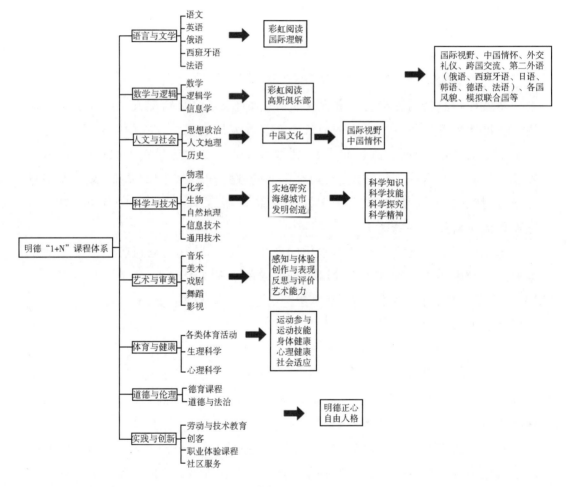

图1 明德"1+N"课程体系

目前,学校"海绵城市""趣味生物实践课""英语读者剧场""小实验家""小学经典悦读""英语趣配音""成语中的历史故事""会读书的小书虫"八门课程已完成福田区第二届"品牌课程培植对象"培植活动,被认定为"福田区品牌课程",为明德"1+N"课程体系锦上添花。

学校建设明德"1＋N"课程体系,努力使课程有特色、求品质、谋发展,为每一个学生的健康发展奠基。

四、课程实施与评价

(一)基础课程实施

(1)规范常规管理,保障教学秩序。

(2)开展校本教研,提升教学质量。

(3)加强课题研究,打造教学特色。

(二)拓展课程实施

(1)健全管理体系,为拓展课程的建设提供保障。

(2)丰富实践途径,为拓展课程的建设夯实基础。

做好前期学生的需求调查,拓展课程开设的指导与申报、筛选等工作;双向选择,自主性拓展与限定性拓展相结合。

(三)特需课程实施

扬长避短、取长补短、护长容短。制订好计划,做好针对性指导,研究好教学,做好评价总结。

(四)活动课程实施

学校每月的系列主题活动涵盖家国情怀、规则与法、习惯养成、感恩教育、责任培养、传统文化、生命意识、身心健康、艺术审美、创新能力等内容,以发展为目标,以实践为手段,以活动为载体,最终形成合力,促进学生发展。如1月的"寻'年味',忆家乡——品味春节习俗"寒假实践活动、2月的法治教育讲座、3月的"学雷锋"志愿服务、4月的明德科技节、5月的"纵贯古今——讲历史故事,评新闻时政"活动、6月的毕业季系列活动、7月的党史学习教育、8月的国内外游学活动、9月的庆祝教师节活动、10月的猜词朗诵会、11月的德育狂欢节、12月的"新年邮票"作品设计活动等。

(五)基础性评价与发展性评价相结合

1.学生学习评价(以过程性评价为主)

重视学生的学习经历,关注学生的体验感悟,允许学生在体验感悟上的不同。

中学阶段采用学分制评价。学分制是反映学生在学校课程方面发展履历的一种课程管理制度,也是衡量学生在课程方面的经历和发展水平的一种课程评价制度。它以量化的分值方式,通过学分来记录学生在相应的课程领域的成长经历,以及所达到的发展程度。学分制管理是以学分为量化学生在校表现的单位标准,它是学校给予激励和评价学生全面和谐发展的一种管理的方法和手段。学分制管理建立起一种激励的导向和管理的制约机制,有利于推动学校素质教育的实施。

2.教师评价(定性与定量相结合)

(1)开发、设计和实施课程的意识和能力。

(2)实施教学计划的合理性。

(3)课程内容的科学性、时代性、层次性和适切性。

(4)实施拓展课程的投入程度及发挥的创造性。

(5)每一个学生的关注程度。

(6)在开发、建设和实施拓展课程的过程中专业水平的提高程度。

(7)课程目标的达成度。

五、课程管理与保障

(一)组织机构

为适应集团课程建设的管理工作,学校成立课程建设工作领导小组。

课程建设工作领导小组由校长担任组长,其他校级领导担任副组长。课程建设工作领导小组成员由各学部主任、课程中心成员及教研组组长组成。课程建设工作领导小组常务工作由课程中心负责,包括召集、协调、保障等工作。

(二)制度管理

学校制定并完善课程改革相关的配套制度,如课程实施评价制度与奖励制度、学生课程选修管理制度等,通过一系列制度的建立与完善,保障课程改革工作的顺利进行。

(三)课程保障

学校课程体系的有效实施,不仅需要强有力的政策支持,还需要各方的条件保障和专业指导。因此需要:

(1)改革学校管理,为课程实施提供组织与管理保障。

(2)加大经费投入,改善办学条件,为课程实施提供后勤保障。

(3)重视师资培训,加强智力支持和专业指导,为课程实施提供业务保障。

华新小学"笔架山(B+3)通·达"课程体系

华新小学创办于 1993 年 8 月,为全国足球特色学校、全国少儿美术教育优秀教学单位、中华文化创新文学示范校、首批广东省一级学校、广东省绿色学校、深圳市教育系统首批文明学校、深圳市课程改革示范学校、深圳市书香校园、深圳市阳光体育先进学校、深圳市家校共育典范学校、深圳市儿童文学学会基地学校、首批深圳市红树林文学创作基地、深圳市艺术教育先进单位、福田区首批中小学德育示范学校,曾获福田区教育创新一等奖。

华新小学发挥得天独厚的地理环境和课程资源优势,与深圳市笔架山公园、深圳市绿色基金会、广东内伶仃福田自然保护区、香港米埔自然保护区建立了紧密的"在一起,了不起"的自然教育合作关系。2021 年,学校被评为深圳市自然教育示范校,荣获深圳市"2021 百部最美诗画献给党"优秀组织奖;校布艺社团获评为深圳市优秀学生社团;校童诗工作室在粤港澳大湾区自然教育嘉年华荣获"十佳参展机构"称号。

一、课程基础与背景

(一)课程发展的优势与经验

1. 地理环境得天独厚

华新小学地处美丽的笔架山脚下,是一所城市中的公园学校。学校充分利用得天独厚的地理优势,努力将笔架山公园作为学生接受生命教育的大课堂,深度发掘笔架山公园的教育潜能,建立"公园亦是课堂"的概念。

2. 自然资源包罗万象

华新小学坐拥笔架山天然资源"教材"。笔架山公园植被覆盖率 90% 以上,植物种类超过 400 种,野生动物资源也十分丰富。其中,蝴蝶、鸟、蛇、松鼠等数量繁多。笔架山公园管理处秉承资源共享、服务民众的大爱情怀,全力支持学校的教育。

3.校园文化积淀深厚

华新小学自1993年创办以来,已走过30多年的办学历程。华新小学的发展充分传承了历代华新人的教育智慧,如"以人为本""特色上台阶""质量强校"的办学策略,并通过不断地总结、反思、提升和积淀,形成了"为每一位华新人幸福健康成长"的文化核心价值观。

4.办学特色成效显著

学校的办学效益及社会影响力日益提升,赢得了家长、社会及教育部门的广泛认可。学校获得了"深圳市艺术教育先进单位""深圳市阳光体育先进学校""深圳市书香校园""深圳市中小学自然教育示范学校""深圳市少先队红旗大队""福田区教育创新一等奖""福田区首批中小学德育示范学校"等荣誉。

5.课程开发经验丰富

经过多年的实践探索,学校形成了绿色课程、公益课程、公民教育课程、社团活动课程、幸福节日课程、阳光体育课程、快乐阅读课程等丰富多样的课程群。经过多年的潜心研究,华新小学课程开发成果颇丰,并在实践中积累了一系列丰富的经验,为课程体系的建设提供了有力的保障。

6.家校共育先行示范

华新小学深知,要想通过家校共"营"实现家校共赢,关键在于构建家校学习共同体。学校通过建立共同价值观、建立家校合作新机制、建立育人合作共同体,成功破解了"家校共育"育儿理念有偏差、亲子陪伴有缺失、家校合力难形成三大难题,使得家长的育儿理念已有更新,共"营"机制和共赢局面也已形成。

(二)课程发展的机遇与挑战

1.国家与区域政策支持

国家政策为深圳教育发展提供了"双区驱动"重大机遇。深圳市教育发展"十四五"规划中提出,要建设一批课程教学改革示范校、学科示范基地。福田区"十四五"规划中,在教育方面提出了"创建国家优质教育示范区"的核心目标,强调"构建支持学生全面发展、个性发展、终身发展的素质教育生态,以及探索未来教育,打造AI赋能教育发展示范区"。国家及区域政策和举措为学校的课程建设与发展提供了有力保障。

2.教育现代化对办学提出新要求

《中国教育现代化2035》提出了"到2035年,总体实现教育现代化,迈入教育强国行列,推动我国成为学习大国、人力资源强国和人才强国"的目标。这对传统学习方式发起了挑战。华新小学需要对不同学习方式的本质进行深入的理解和分析,学会根据实际教学内容灵活变通,从而实现学习方式的当代革新。

3.教育高质量发展呼唤建设高质量课程体系

"双减"政策和"评价改革"的实施,为教育高质量发展提供了新的契机。为了实现这些政策的目标,我们必须专注于建设高质量的课程体系,强化学校的育人主体地位,并始终回归立德树人根本任务。义务教育不仅要点燃学生的求知欲,还要启蒙他们的思维、激发他们的潜力、照亮他们的未来。它应致力于学生的全面成长和终身幸福。如何提升教学质量、完善教育评价体系,是华新小学在课程建设中面临的重要挑战。

4.学校重建迎来发展新契机

华新小学于2021年9月开始重建,于2023年9月投入使用。高品质新校园的落成必将成为学校发展史上,甚至福田教育发展史上的标志性事件。在这个重要的历史转折点上,如何更好地传承学校文化,创新教育理念,落实素养育人,提升办学品位,打造学校品牌,做到高标准校园与办学的高水平、高质量相匹配,对于学校来说既是机遇,也是挑战。

二、课程理念与文化

(一)办学目标

华新小学致力于办一所都市中的森林学校,创设一片守护童心、通达自然的成长天地。

(二)办学理念

"为每一位华新人幸福健康成长。"

解读:"每一位华新人"包括每一个与华新相关的学生、教职工、家长。

华新小学属于每一位华新人,每一位华新人身上都体现着整个华新小学,这样一种局部与整体的关系,是华新小学办学的出发点。这个出发点,同样体现了"不同而相通"的"通·达"思维。整体由个体共同组成,同时,每一个个体也都反映了这个整体。整体因个体而存在、为个体而存在,这是指导华新小学治理方式变革的哲学导向,体现了学校教育面向全体师生,追求师生共同发展、双向成才的价值取向,这也是落实立德树人根本任务的要求,彰显了"以人为本"的办学思想。

（三）一训两风

校训：厚德自强，笃行日新。校风：向阳而生，各美其美。学风：学思践悟，知行合一。

（四）课程理念

在办学目标的引领下，华新小学将"通·达"二字作为高度凝练的课程核心理念，在"通·达"教育哲学的指引下，构建了"通·达"课程理念体系："天人合一"的发展观、"森林学校"的场域观、"守护童心"的学生观、"联通共创"的教学观、"激励成长"的评价观、"通情达理"的育人观。它们紧紧围绕"以通致达，达以立人"的教育思想，它们之间是互有你我、相辅相成的关系。

发展观——天人合一。华新小学在发展中秉持"天人合一"的哲学思想，坚持以人为本，为每一位华新人的发展而努力；坚定开放创新，与时俱进，做改革创新的先行者；注重全面协调，促进学校平衡而统一的发展；追求绿色共享，保障学校的可持续发展，让每一位华新人都能享受到学校发展、改革的成果，收获幸福与成长。

场域观——森林学校。学校借助得天独厚的地理优势，立足"通·达"理念，全面审视、顶层规划、整体布局，致力于办一所都市中的森林学校，并且真正成为一片守护童心、通达自然的成长天地。希望华新小学既是通往未来的智慧园地，也是抵达幸福的生命摇篮，在这里，心灵与万物相通，个性与自然共生。

学生观——守护童心。在华新教育者心中，学生就像森林中丰富多样的种子。每一粒种子都有它自己生长的基因与规律，这就是它的"天性"。华新教育者将"守护童心"作为珍视并顺应学生天性的教育导向。

所谓"童心"，包含好奇心、想象力、创造力、同情心等内涵的儿童心灵底色。学校坚持从儿童出发，以儿童为中心，顺应儿童天性，守护儿童心灵，促进身心的和谐发展，加强生命的内在联结，使生命与生命之间成为一个鲜活的有机体，构建儿童与自然、社会的生命共同体。

教学观——联通共创。知识应该是一种关系，是由学习者经由学习活动和生活经历所形成的一种智慧联结状态。因此，在教学中，教师要坚持"以学习者为中心"。学习是学生自主抵达的过程，学生是自我导向的学习者和知识的创造者，通过创造知识与他人联通。教师的责任在于给学生建立"通道"、扫平"通途"、引领"通畅"、"联通"资源。在此过程中，教师应以协助者、鼓励者和促进者的身份，关注学生的个性化需求,提供学习支持和资源保障,积极营造学习空间,促进学生的共创、交流与交互,从而促进学生自主且全面的发展。

评价观——激励成长。评价的逻辑起点是学生,华新小学将评价本身视为激励学生成长的教育过程。评价是"加油站",是为了激励和促进学生在原有水平上不断发展。评价的根本目的是激发学生的成长活力,促进学生全面发展、持续发展、自主发展。因此,评价要发现和发展学生多方面的潜能,要了解学生发展中的需求,要倡导肯定性评价,帮助学生认识自我、建立自信。

育人观——通情达理。"通达",出自《周礼·地官·掌节》:"凡通达於天下者必有节,以传辅之。无节者,有几则不达。"意思是只有具备高尚的品格和节操,才能通达天下、畅通无阻。教育的本质是育人,就是培养人成长,促进人的发展。

"通·达"理念,就是以"知识—能力—素养"闭环为育人目标的课程理念。以通致达,强调教育路径的创新;达以立人,强调素养育人的达成。这个达成的过程,是由以下"三通三达"来实现的:

第一,经由自然连通畅达知识,让学生回到知识产生的时刻。学校秉持"情境浸入,一切将成"的理念,关注学生的需求,尊重学生的发展规律,使学生的感受力和生命力、想象力和创造力、情感和意志,在自然的教育和环境中被唤醒、被激发、被滋养,让学生自然而然地回到知识产生的时刻,成为知识的生产者。

第二,借助学段贯通练达能力,让学生获得持续生长的可能。学校从当代及未来社会一个真正的人所需要的发展出发,让学生在六年的学习生活中获得长远发展所需具备的相应能力。而人的能力不是一朝一夕就能习得的,需要持续地培养。因此,学校打通学段衔接,坚持贯通培养,实现六年整体育人,让学生能够持续发展。

第三,依靠学科融通抵达素养,让学生走进问题解决的情境。学校打破学科间的壁垒,以项目式学习和综合实践学习为抓手进行学科整合,让学生真实地走进问题解决的情境,从而将学科知识、社会生活和学生经验进行融通,提高学生的综合素养。

(五)育人目标

华新小学育人目标为"情智共生、通情达理"。

华新小学致力于提供"情智共生"的培养过程,最终目的是培养"通情达理"的"通·达"之人。"通情"是"身心整全"的表现,是"乐善尚美"的表达;"达理"是"求真务实"的精神,是"学思践悟"的能力。

理性让人睿智,情感让人完整,"情""理"是不可分离的,是共生共存的。华新小学追求通情达理、情智共生,关注智能之习得,更重视情感之涵养,情智交融并进,螺旋递进。学生于情感熏陶中启迪思想,升华人生境界,最终幸福健康成长,成为人格健全、全面发展、生命充盈的完整的人。

三、课程设置与内容

(一)课程目标

学校以创设适合每一个学生发展的教育为追求,以"情智共生、通情达理"为育人目标,从"情"和"智"两大方面,即通过情感的培育和智慧的融合发展,让学生获得既能够适应个人终身发展所需,又能够适应社会发展所需的必备品格和关键能力。

"爱国、敬业、诚信、友善",是公民基本道德规范,是从个人行为层面对社会主义核心价值观基本理念的凝练,也是学校育人的情感、价值观培育目标,是华新学子的必备品格。

2017年9月,中共中央办公厅、国务院办公厅印发《关于深化教育体制机制改革的意见》,以培养"全面发展的人"为核心,强调学校在培养学生基础知识和基本技能的过程中,强化学生关键能力的培养,分别为认知能力、合作能力、创新能力、职业能力。以上四种能力是学校育人的"达智"目标,也是华新学子通过丰富的课程所应具备、面向未来的关键能力。据此,学校进行了系列课程设计。(表1)

表1　各年级课程目标

关键词	低年级(一至二年级)	中年级(三至四年级)	高年级(五至六年级)
爱国	升国旗肃立敬礼,会唱国歌;热爱祖国,文明有礼,尊敬师长,孝敬父母;学习中华优秀传统文化中的美德,形成品德意识	遵守公共规则,增强社会责任感;了解社会主义核心价值观的内涵,并在学习生活中践行;弘扬传统美德,能明辨是非,形成明确的是非观,恪守道德准则	养成勤劳、吃苦、节约的良好习惯;拥有积极的爱国情感,增强对社会主义的坚定信念和信心;增强传统文化素养、民族自信心和自豪感
敬业	主动参与集体活动,认真完成自己承担的任务;积极参与学校、家庭劳动,培养热爱劳动的习惯;对职业形成初步了解	学会自尊自律,尊重他人;树立责任担当意识,主动承担(做好)学习、生活上的事情;对职业形成初步认识	能主动作为,履职尽责,对自己和他人负责;履行公民义务,理性行使公民的权利;形成对职业的关注和对社会责任的认识,增强社会责任感

（续表）

关键词	低年级（一至二年级）	中年级（三至四年级）	高年级（五至六年级）
诚信	能够诚实不说谎，答应别人的事情，能够认真履行诺言，说到做到	能够做到言行一致、表里如一，不说谎，不作假，讲信用，守承诺，能够承担自己的义务	能够做到说老实话、办老实事，不弄虚作假，不隐瞒欺骗，不自欺欺人，言而有信，实事求是
友善	能用积极乐观的态度对待学习和生活；关心自己的生活环境；待人有礼、衣着整洁、举止文明、尊敬他人、有礼貌、懂规则	有积极乐观、坚强自信的生活态度，掌握表达情绪的正确方式；关心社会环境，能处理好个人与环境的关系，树立保护自然生态的意识；待人有礼、衣着整洁、举止文明、尊敬他人、有礼貌、遵守规则	有积极乐观、坚强自信的生活观，能正确面对负面情绪，可以有效管理自己的情绪；爱护大自然，具有环保意识，能理解人类与自然相互依存的关系，并且将意识落实在日常行动中；举止文雅、衣着整洁、尊敬他人、有礼貌、有修养
认知	具有积极的学习态度和浓厚的学习兴趣；养成良好的学习习惯，勇于接受挑战，面对问题积极动脑思考，并学会从中获取一定的科学知识	能够养成良好的学习习惯，寻找适合自己的学习方法；保持主动学习、快乐学习的态度，促进学习进步；善于总结经验并学会根据自身实际，调整学习策略和方法	突破个人学习的方法与途径，不断提升个人学习的兴趣与能力；形成自己的学习方法和学习技能，养成终身学习的习惯；能够运用所学知识对生活进行改进和创新
合作	能够主动结识新朋友，敢于表达自己的想法，乐于倾听；交往时学会礼貌待人，能够认真听取他人的意见，初步体验与人友好相处、合作共享的快乐，培养良好的交往和合作习惯	懂得基本的做人道理，掌握必要的处事能力；积极主动地与他人交往，学会尊重他人、平等待人、与人为善；学会宽容，能尝试着去合作交流，并从中获得成功与自信，掌握与人交往的基本能力	懂得为人处世的基本准则，处理好个人与集体、社会的关系；正确掌握人际交往的规则，学会欣赏他人、取长补短，掌握与人共处的技能，有乐于合作与交流的沟通意愿；能够表达自己的想法，形成良好的人际交往品质，不断提升交往与合作能力

(续表)

关键词	低年级(一至二年级)	中年级(三至四年级)	高年级(五至六年级)
创新	有好奇心,善于观察,对生活或自然中的问题有探究的兴趣,有独立思考的意识;具备初步的动手能力	能够独立思考问题,敢于质疑书本上的知识,坚守真理的相对性;想象力丰富,积极参与社会实践活动,在实践中发展创新思维	具有较强的创新意识和批判性思维能力;具备创造意识和科学思维;能够提出各种奇思妙想,并能够利用所学知识和外部资源,将自己的奇思妙想和精彩创意转化为实物作品
职业	了解"职业"的内涵,培养认真的态度、劳动的意识;崇尚敬业精神,培养认真做事的态度,在心中树立社会职业榜样,并向榜样学习	了解社会不同职业的特点及需求,学会求真务实,明确理想信念追求;认真对待学习及其他任务,能够积极参与社会实践活动	了解社会不同职业的能力需求,树立自己的职业理想,理解职业精神,在参与社会实践的过程中培养职业道德和能力

(二)课程结构

学校以"情智共生、通情达理"为核心,以课程领域、学科以及课程功能为基础,进行课程体系结构的搭建,得出了课程体系的纵向结构和横向结构。

1.纵向结构

学校将课程划分为四个课程领域:人文与生活、数学与科技、健康与艺术和国际与理解。其中,人文与生活、数学与科技和健康与艺术体现了义务教育的普遍性要求,而国际与理解作为学校的努力方向,显示了学校对未来教育发展的战略眼光,让教育接轨国际化的信心。

2.横向结构

学校按照课程实施和课程功能,将"笔架山(B＋3)通·达"课程体系的横向结构分为两个维度,即国家基础性课程和学校三大综合性课程。何为"B＋3"? 这是根据学校自身条件、办学实践以及未来发展目标确定的。

一是基于得天独厚的地理位置。学校坐落在美丽的笔架山脚下,是一所发展于自然生态与人工园林相结合的城市公园学校,巧取"笔架山"名称的谐音,结合课程维度,得出"B＋3"模式,"B"即"Basic literature",代表国家基础性课程;"＋3"代表三大课程序列,即以学科拓展课程为代表的自然连通课程序列、以探究课程为代表的学段贯通课程序列、以活动课程为代表的学科融通课程序列。

二是基于富含底蕴的文化内涵。笔架山公园是一片有十余座小山峰的丘陵起伏地。其中,三座主峰东西鼎立,形同笔架,充满书香气息,寓意深远,代表一种浓厚的学习氛围和强烈的文化追求,彰显"一笔一画写字"的办学特色。

三是基于面向未来的赋能行动。"+"与"添砖加瓦"中的"加"呼应,表达学校希望立足办学实际,采取多样化、多元化及系统化的育人途径,开展创新行动,为师生突破自我、全面成长赋能,凸显"一言一行立人"的育人追求。

四是基于办学实践的成果转化。"B+3"模式,"+"同音为"佳",表达办学实践的特色化、成果化的愿景。学校通过"B+3"模式,以丰富的课程内容为主要载体,为师生发展带来显著的变化,为学校发展带来新契机和新高度。

(三)课程图谱

学校根据课程体系结构图,结合现有课程,将课程体系图谱内基础性课程之外的校本课程填充完整,见表2。

表2 "笔架山(B+3)通·达教育"课程图谱

课程领域	课程内容		
	B	+3	
人文与生活	语文、综合实践活动、道德与法治	玩童诗、国学经典、文学社、阅读、自然语文、生命教育、养成教育	中草药、小课题研究	诗意市场、开学季、毕业季、期末评价、语文节、红领巾广播站、主持与朗诵
数学与科技	科学、数学、信息科技	自然数学、自然科学	航模、玩转发明、编程	数学节、科技节、魔方
健康与艺术	体育、音乐、美术、心理健康	布艺、作曲、水墨画、油画、书法、心理健康、自然写生	观鸟、红树林、笔架山探秘	落叶插画、阳光体育、冬季长跑、微爱行动、艺术节、体育节、戏剧、篮球、武术、国际跳棋、花样跳绳、合唱、尤克里里、少儿街舞、竹笛课程、葫芦丝、古筝、小提琴、琵琶
国际与理解	英语	自然英语		英语节

学校通过科学、合理的课程设置,使学生获得可持续发展的、终身受益的关键品格和能力,让情智共生,这也是学校"通·达教育"的核心价值。

四、课程实施与评价

（一）课程实施

1.进行"思维型课堂"教学改革

思维型教学的完整课堂，一般包括六大基本要素：创设情境、提出问题、自主探究、合作交流、总结反思、应用迁移。这六大基本要素皆与培养学生的思维能力、提高学生的学习动机、促进学生素养的形成有紧密联系。

2.构建多种学习方式

知识理解于顿悟（感受、建构），而能力形成于过程（体验、应用）。学习过程决定了学生能力，而学习过程的设计以学习方式为基本依据——探究能力源于探究型学习方式，设计能力基于设计型学习方式……可以说，学习方式主导了学生能力的形成，不同的学习方式会带来不同的"能力群"。

学校变革学习方式，把学生培养成为多方式学习者，把教师提升成为多方式学习的流程设计者、过程组织者。

3.引入治理思维，构建校本课程实施三大主体

治理的核心是"协同—授权—赋能"，学校在校本课程的实施过程中，引入治理思维，建立"人人有责、人人尽责、人人享有"的行动原则，构建校本课程实施三大主体，为三大课程序列的有效实施提供保障。

以学科拓展课程为代表的自然连通课程序列以备课组为实施主体；以探究课程为代表的学段贯通课程序列以学科组为实施主体；以活动课程为代表的学科融通课程序列以课程组为实施主体。

4.贯通学习时间，有效实施课后服务课程

学校严格按照国家有关教育政策精神，有效实施课后服务课程。课后服务课程包含自主学习类课程和校本特色类课程。

自主学习类课程：学校根据学生需求，组织开展课后作业辅导、经典名著导读、自主学习指导和自主合作探究学习等活动，不进行集体教学、统一补课或变相补课。

校本特色类课程：一是教师根据自身特长和技能开设的精品课程和特色课程，如布嵌画、观鸟、田径等；二是学校根据办学需求和育人目标，引入校外优质教育机构或个人开设的特色课程，如街舞、玩转发明、武术、机器人编程等。

(二)课程评价

在"激励成长"评价观的指引下,学校构建"通·达教育"评价体系——以激励性反馈为主的成长活力体系,积极发挥评价的诊断、导向和激励作用。(图1)

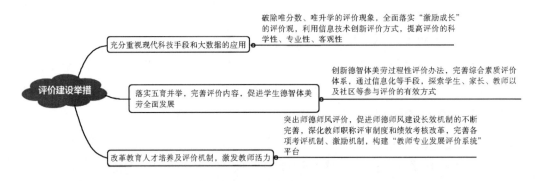

图1 课程评价建设举措

1.对学生成长的评价

学校以德育部门为首,联合教务、教学等多部门共同成立"通·达"能量加油站,对学生的学习、行为生活进行总体管理。在"通·达"表现兑换机制中,华新小学的每一个学生都可以获得一种虚拟能量币——"通·达"币。"通·达"币由"通·达"能量加油站统一发放,学生可利用自己获得的"通·达"币兑换学习用品、超市折扣券、展览门票、游学度假、职位体验等多种多样的奖励。

"通·达"卡是华新的特色评价工具,贯穿小学的整个阶段,记录了每个学生成长蜕变的点滴。在开学季、毕业礼、期末闯关、笔架山文化节、各个学科节、科技节、艺术节、诗意市场、微爱行动等各种活动中,学校都会设计相应的"通·达"卡,记录学生活动过程中的想法、照片、任务完成情况等,留下成长的印记。每一个学生毕业时,都会收到一份独一无二的礼物——"通·达"成长手册,里面收藏着他们在华新度过的美好时光,记录着他们一点一滴的成长与蜕变,也寄托了学校和教师对他们的无限关爱与期望。

表现性评价:针对不同的情境和不同的评价目的,根据学生丰富多彩的表现性任务完成情况进行评价。

过程性评价:建立学生成长档案袋,让学生自己收集学习过程中反映自己成长的资料,如学习时收集到的故事、照片、数据、视频,办的剪贴报,写的采访日记、调查报告,家长、教师、社会人士的评价等。

学校充分利用信息技术,构建学校智能评价系统,搜集、分析学生的过程性评价数据,发挥规模化的优教促学作用。在评价中,"信息化"只是手段,不是目的,信息化评价中收集的数据应为每个学生的多样化学习需求、个性化学习特点和可持续发展服务。

终结性评价:在学期结束时,对学生进行的全面评价,包括学业成绩、学习态度、学习方法、探究与实践能力、合作与交流能力等方面的评价。任课教师可根据课程设计选择笔试、口试、小论文等多种评价形式,主要目标是给学生的学业和其他发展评定成绩,提供及时、有建设性的成绩反馈,并对下一阶段的学习进行预测、评估,确定学生在后续课程的学习起点。

2.课堂教学评价

学校建立以学校行政人员、教研组长、备课组长为核心的三级听课制度,组织人员每周深入课堂听课,开展微调研活动,检查教师的教案、学生的作业,了解教师的教学情况及学生的学习困难、学业负担;当天将教学反思及评课笔记整理成报告,及时反馈整改。

教学是学生在教师的引导下,发挥教师的主导作用,以学生为主体开展的一种师生互动、生生互动的彼此学习、成长的过程。基于此,学校教师对课堂教学梳理出"明、俊、通、达"四个主要的评价要素。(图2)

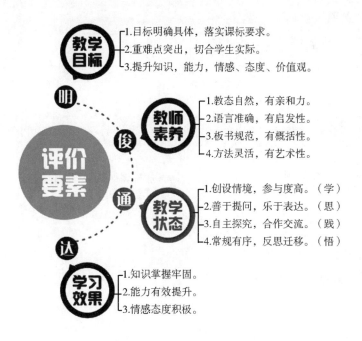

图 2　课堂评价要素

3. 教师综合评价

华新教师以教书育人为乐，追求"乐教善育，立身达人"的教学境界，积极践行新时代"四有"好老师标准，从课前、课中、课后不同的时间维度，促进高效教学，促进全面育人。

五、课程管理与保障

(一)课程管理

学校成立课程领导小组，由校长、副校长和各行政部门负责人、教研组长、年级组长等组成，统筹学校课程体系建设总体部署。

学校成立课程研发指导小组，由校长、副校长和教学部门负责人，以及校外专家团队组成，主要负责对国家课程校本化实施和校本课程开发进行指导。

学校成立课程实施执行小组，由分管教学副校长担任组长，相关部门负责人及教研组长、教师、家长组成，主要负责制订切实可行的工作方案，组织各科教师开展课程开发与实施的实践活动。

学校建立流程规范：

(1)课程立项

课程立项流程如图 3。

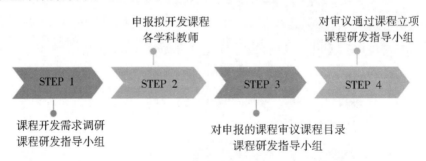

图 3　课程立项流程

(2)课程开发

课程开发流程如图 4。

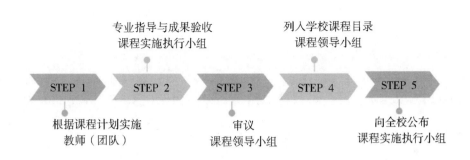

图 4　课程开发流程

(二)实施保障

学校搭建教师共研共享平台,促进教师协同教学。学校充分利用互联网技术,实现优质课程资源网络共享、有机衔接,积极搭建教师之间良性互动的平台,开展全方位、多层次、多形式的教学研讨活动。

学校加强教师专业培训,提升教学课程建设力。学校引进名师、专家,定期进行教师骨干课程开发培训,持续开展师徒结对、青蓝工程,积极开展"名师引领计划"和"青年教师成长计划"。

学校提升教师信息技术素养,增强课程实施的数据运用力。学校与教育部门、优秀企业机构等进行合作,促进智能技术与学校治理、课程、教学、评价等方面深度融合,开展智慧教育培训,提升教师信息技术素养,增强课程实施的数据运用力。

学校整合课程资源,加强家校社联合共育。学校通过家校共同开发校外课程、家长走进学校体验校内课程、开发家长课程、建设网络学习课程等多种形式,加强家校之间的联系。

福田区实验教育集团侨香学校"创感教育"课程体系

深圳市福田区实验教育集团侨香学校秉持"向生活求教,为未来育人"的办学理念,以"全纳、开放、多元、卓越"为校训,以"首善立德、远见树人"为育人使命,以"培养走向世界的、完整而有创造力的现代人"为育人目标,勇于实验、敢于实践、志于实现,致力于打造高质量、国际化、有特色的九年一贯制名校和面向未来人才培养的示范校。学校将"学校的价值用课程来表达"作为办学信念,创建"创感教育"课程体系,培养学生成为面向未来的社会主义建设者和接班人,为学生迈向世界、拥有幸福人生打下坚实的基础。

一、课程基础与背景

党的十九大报告提出:"建设教育强国是中华民族伟大复兴的基础工程,必须把教育事业放在优先位置,深化教育改革,加快教育现代化,办好人民满意的教育。"《深圳市教育发展"十四五"规划》提出,到 2025 年,立德树人落实机制进一步完善,各级各类教育实现高质量发展,基本建成优质均衡的教育公共服务体系,总体实现较高水平的教育现代化。2022 年,福田区发布了《福田区教育发展"十四五"规划》,提出建成"深圳领先、世界一流的现代化教育强区"的发展目标。在新时代教育事业发展的要求和区域发展背景下,学校必将主动作为,全力当好新时代教育改革的尖兵、创新发展的先行者,严格贯彻落实国家对于中小学课程建设的要求,打造基于福田教育发展目标、深圳"双区"建设需求的学校办学理念,整合国家课程、地方课程和校本课程的"创感教育"课程体系,为国家培养走向世界的、完整而有创造力的现代人,为深圳建设中国特色社会主义先行示范区提供不竭的人才保障和智力支持。

(一)SWOT 分析

通过 SWOT 分析,我们可以发现学校的课程建设具有以下优势、劣势、机会

及威胁。（表1）

表1　课程建设基础 SWOT 分析

优势	1.学校高度重视课程建设工作,学校领导具有先进的课程建设理念,亲自主抓课程建设; 2.学校的课程建设相关中层行政人员具有丰富的课程建设与开发经验; 3.学校负责课程建设的人员具有博士学位,具有扎实的课程理论基础和较高的科研能力; 4.学校在课程建设上拥有丰富的专家资源、人力资源、信息技术资源及经费资源
劣势	教师对于"创感教育"理念的理解具有一定的提升空间,在将"创感教育"理念融入课程实践的过程中需要更多的指导
机会	1.国家重视学校在课程建设与实施中的主体地位,鼓励学校结合实际与特色构建校本课程; 2.福田区致力建设"首善教育"品牌,推动课程建设基地学校的发展
威胁	各学校均重视课程建设工作,需要以先进的理念开发出具有特色和品牌的课程体系

(二)可获得的资源

1.专家资源

依托集团内全球首家创感教育研究院,学校积极组建课程建设校外专家团队,从"创感教育"理念实践和创感思维的培养等方面指导学校的课程建设工作。学校先后聘请黎加厚、陈金芳、吴岩、宋承昊、张巨河、赵明仁、杨志成、霍裕达、史子兴等国内著名教育专家作为学校专家和顾问,为学校的"创感教育"课程体系的建设与实践提供专业指导。

2.教师资源

学校教师团队正持续往年轻化和高学历发展,目前,学校有约 47.5％的教师的年龄在 35 岁或以下,近 30％的教师具有研究生学历。年轻化和高学历的教师团队素养较高,学习和研究能力强,具有较高的课程建设与开发意识,正不断探索"创感教育"理念的课程实践,推动学校"创感教育"课程体系建设工作的不断发展。

3.信息技术资源

学校于 2022 年顺利从中国教育科学研究院的"信息技术赋能学科教学与区域教研的实践研究"项目中通过结题鉴定,并从深圳市 100 所"基于教学改革、融合信息技术的新型教与学模式"实验校中脱颖而出,入选 40 所示范校。学校大力发展智慧教育，推动 5G 技术在教育教学中的运用，探索项目化混合式学习模式的应用与发展，推进信息技术与教育教学的深度融合，为"创感教育"课程体系建设工作提供坚实的信息技术支持。

二、课程理念与文化

(一)办学理念

办学理念：向生活求教，为未来育人。该理念突出了两大教育取向："生活教育"及"未来教育"。生活教育取向强调让教育回归现实生活，以幸福生活、有意义的生活为教育的彼岸，把教育实践扎根于生活的土壤，同时反哺美好的生活。未来教育取向强调面向人类正在步入的"未来时代"，契合"后信息化时代"的人类认知结构发展方向，培养符合未来社会发展要求的建设者、创造者。

(二)办学愿景

办学愿景：做有使命感的基础教育领跑者，提供有完整感、品质感、获得感的教育。办学愿景有两方面的内涵：一方面是带着使命感跑到最前面；另一方面是提供拥有三感(完整感、品质感、获得感)属性的教育。"完整感"关注的是面向人类社会新时代，培养"完整的人"，包含"完整的人格和完整的能力"；"品质感"强调从人的感受出发，创造美好的教育生活体验，同时，"品质感"教育也是面向未来生产方式的重要基石；"获得感"强调学习者主体价值的觉醒，只有以学习者为中心，强化学能学法培养，培育更具自我学习"元认知"能力的学习者，才能赋予师生充分的获得感。

(三)育人目标

育人目标：培养走向世界的、完整而有创造力的现代人。这是对立德树人根本任务的个性化诠释，要帮助学生立责任，培养责任担当之德、待人处世之德、自我健全之德，树全球视野之人、终身学习之人、实践创新之人，培养出面向未来的社会主义建设者和接班人。

"走向世界"：带着"世界视野、中国情怀"的考量，培养具有"中国心、世界眼"的侨香学子。希望侨香少年能怀着中国心看世界，行走世界。

"完整"：人不一定要完美，但一定要完整。思维结构不完整的人无法面对未来多变的挑战；人格不完整的人不可能获得有保障的幸福。人作为一个整体，每一方面的发展都不是孤立的,而是彼此相互联系、相互作用、相互影响的。"完整的人"是智力、能力、道德、情感、思维、创新等多维度的全面发展。教育要培养完整的人,学校应该提供有完整感的教育。

"有创造力":人工智能时代对人力资源的需求已经发生了质的变化——由以知识型体力劳动者为主转变为以创新型脑力劳动者为主。学校教育需要让受教育者的思维能力得到充分发展,培养具有创新意识、创新精神、创新思维、创新知识、创新能力并具有良好的创新人格的创新人才。

(四)课程理念

"创感教育",是基于后信息时代"高概念、高感性"认知特点的教育。"创感"二字中,"创"主要由创新意识、创新品质构成;而"感"则突出了人的感性认知、感受表达,包括人的共情能力、想象能力、讲述能力、交响能力、设计能力等。

"创感教育"是培养"创感智慧"的教育,而"创感智慧"是有强烈的人类精神特质的智慧过程,更加强调超越知识的情感直觉和超越认知的创意创造。

"创感教育"将人的道德品行与思维方式在更高阶的认知层面统一起来,是基础教育阶段落实立德树人根本任务与创新人才培养的有效路径,为中小学教育工作超越知识学习的束缚,培养人文精神与深思能力提供了新的方式依据。

(五)课程目标

"创感智慧"包括六大构成要素:设计思维、意义思维、统合思维、同理思维、故事思维、游戏思维。

设计思维强调不仅注重事物的功能,还要关注事物的创意;意义思维强调在做事情的同时,要注重事情对他人、社会及国家的意义、价值和影响;统合思维强调既要重视专业领域的知识和能力,还要聚焦多元智能的整合;同理思维强调一方面要重视个人的逻辑思考,另一方面要注意情感的共同体验和分享;故事思维强调不仅要注重信息的搜集,还要注重语言的表达能力;游戏思维则强调要关注过程的严肃性,同时要注意事物本身的娱乐性。

学校将培养创感六大思维作为基本的教育目标,结合"21世纪4C(Critical Thinking、Creativity、Collaboration、Communication)核心能力",提炼出三大未来核心能力的培养目标——洞察力、创造力、表达力,形成"六维三力"课程目标体系。

洞察力:学生基于对多元文化的理解和各领域知识的整合而迅速产生整体认

知与判断的能力,与同理思维、统合思维高度相关。

创造力:学生根据他人、社会及国家的需要进行创意设计和实践的能力,与意义思维、设计思维高度相关。

表达力:学生运用语言、工具、艺术、方案等多种手段精准表达思考、观点、创意的能力,与故事思维、游戏思维高度相关。

"创感教育"课程体系通过培养学生的"六维三力",让学生具有美感,富有创造力和丰富的情感,能将表面上毫无关系的事物结合起来,创造出新的东西;能理解他人,懂得人与人相互交往的细微之处,找到乐趣并感染他人,寻求生活的真谛。

三、课程设置与内容

(一)设置思路

学校以皮亚杰的认知发展阶段理论为依据设计"创感教育"课程体系,确保课程能够根据九年一贯制下不同年龄段学生的特点发展创感思维。"创感教育"课程体系分为三个阶段,分别是一至二年级、三至六年级和七至八年级。基于不同年级学生的思维发展特点,每个阶段的课程在创感思维的培养上有不同的侧重。

(二)课程结构

学校在已有课程体系的基础上,创建"通修+选修+精修+研修""四修"课程体系,整合国家课程、地方课程和校本课程,形成"创感教育""四修"课程,以进一步完善"创感教育"课程体系。

"创感教育""四修"课程将"全面发展"和"学有特长"完美统一起来,达到"通修"夯实学科创感基础、"选修"培养创感综合素养、"精修"促进创感个性发展、"研修"形成创感自主能力的目标,形成课程合力,系统培养学生的创感思维。

通修课程是指通过国家课程的校本化实施,夯实学生的学科素养,培养学生的创感思维。通修课程以学生素养培养作为学科课程的结合点和学科整合的贯通点,充分发挥学科课程整体育人的功能,将学生素养的培养融入、渗透至所有课程之中,推动学生学科素养和创感思维的萌发与成长。学校提出"六个一"工程的规划,打造通修课程。"六个一"工程是指在语文、数学、英语、科学、物理、化学、生物、地理、音乐、美术、体育与健康、信息科技等相关学科中开展一生阅读、一手好字、一门二外(包括日语、俄语、德语、法语和西班牙语)、一种乐器(口风琴)、一项运动(武术)、一件创作等六大门类的校本拓展课程,在各学科课堂随堂落实,由各学科组负责教研和管理。学校致力于通过"六个一"工程的开展,切实开发和实施通修课程,悉心培育学生的核心素养与创感思维。

选修课程是指特色社团课程的设置,供学生根据兴趣、爱好和发展需要进行菜单式选择,通过拓宽学生视野、拓展知识领域,综合培养学生各方面的创感思维。选修课程是学校特色课程的重要组成部分。选修课程的开发和设置需要体现均衡性和多样性,为学生提供多元、丰富的课程选择机会,从而充分满足学生主体性的需求。选修课程以大阅读、大艺术、大体育、大科技、大世界、大学科等六大课程门类为本体,以校内教师自主开发为主、购买校外优质课程资源为辅为方法,以活动课程为主要形式,以课后延时服务为着力点,着力为学生提供价值情感教育和实践精神教育。学生对不同选修课程的选择和学习,可有效地促进其创感思维的综合发展。

精修课程涵盖语言类、人文类、科技类、艺术类和体育类等精品课程的开发、设计和实施,主要面向在某些创感思维领域已经表现出较高素质并具有更高素养需求的学生,旨在推动学生的个性发展。精修课程包括精品课程和校队课程,以社团的形式运作,由教师根据一定的创感思维要求和标准考查、邀请学生,学生在充分考虑和自愿的前提下参与课程。精修课程的"精"具有三层含义:一是将课程与学生在创感思维所表现的特长精准匹配;二是对学生的创感思维特长进行精细化培养、发展;三是数量宜精不宜多,以保证整体课程体系的均衡性和选择性。精修课程为具备较高创感思维素养的学生提供了深造的平台,让学生的个性和特长得以充分地发展。

研修课程是通过研究型、项目化、合作式的学习促进学生创感思维发展的课程,包括各种校园文化节(如体育文化节、科技文化节、艺术文化节等)、学科文化周和学生探究性小课题。研修课程是充分发挥学生主体性的课程。学生是研修课程的主体,是课程的自主建构者,是课程的开发者和参与者,自始至终参与到课程的开发、设计和实施中。在研修课程中,学生根据课程主题,提出研究的问题,并根据问题自主进行课程规划和实施,包括自组学习小组、自行设计学习方案、开展调查研究、搜集分析文献、物化学习成果、相互交流、总结反思等。研修课程让学生从被动的"知识接受者"转变为主动的"知识探究者",通过体验和探索激发潜能、发现知识,建构出个性化的知识体系和创感思维方式。教师在研修课程中的职责是为学生的自主建构提供机会和条件,予以适切的指导,并对学生在这一过程中的成长进行记录与反馈。

(三)课程体系

学校基于上述课程设置理念与思路,围绕"通修＋选修＋精修＋研修"课程结构,构建"创感教育""四修"课程体系。(表2)

表2 不同阶段"四修"课程开设情况

阶段	六维三力	课程内容						
		通修课程		选修课程	精修课程		研修课程	
		国家课程	拓展课程	特色课程	精品课程	校队课程	活动课程	探究课程
一至二年级	表达力(故事思维、游戏思维)优先	语文、道德与法治	一生阅读、一手好字	小主持人、世界美景与美食(一至二)、"指尖上的梦"口风琴表演团、黏土社团、阳光跳绳社、男子篮球(一至二)、武术、足球(一至二)、乒乓球(一至二)、棒垒球(一至二)、跆拳道(一至二)、羽毛球(一至二)、围棋(一至二)、国际象棋(一至二)、中国象棋(一至二)、无人机(一至二)、手风琴(一至二)		经典诵读、合唱、足球、武术、国际象棋	读书文化节、体育文化节、艺术文化节、科技文化节、学科文化周	学生探究性小课题
		数学、科学、劳动、思维训练	一件创作					
		体育与健康、围棋、国际象棋	一项运动					
		艺术	一种乐器					
三至六年级	创造力(设计思维、意义思维)优先	语文、道德与法治	一生阅读、一手好字	综合绘画实践、巧手DIY、语言艺术教育、儿童诗赏析与创作、小记者社、趣味Scratch编程、科学创造营、德育电影课、少儿田径趣味运动、少儿体能、女子篮球、	魅力纸艺、版画绘本、油画基础、文学社(三至六)、科学探究与科幻文学、中国舞、思维训练	经典诵读、合唱、管乐团、手风琴、桥牌、棒垒球、男子篮球、啦啦操、健美操、	读书文化节、体育文化节、艺术文化节、科技文化节、学科文化周	学生探究性小课题
		数学、科学、劳动、信息技术	一件创作					
		外语	一门二外					

（续表）

阶段	六维三力	课程内容							
		通修课程		选修课程	精修课程		研修课程		
		国家课程	拓展课程	特色课程	精品课程	校队课程	活动课程	探究课程	
三至六年级	创造力（设计思维、意义思维）优先	体育与健康	一项运动	足球（三至六）、乒乓球（三至六）、跆拳道（三至六）、羽毛球（三至六）、围棋（三至六）、国际象棋（三至六）、中国象棋（三至六）、桥牌（三至六）、岭南文化赏析、世界美景与美食（三至六）、无人机（三至六）、趣味英语"悦"读课、朗诵与主持、日语（三至六）、西班牙语（三至六）、俄语（三至六）、法语（三至六）、德语（三至六）		足球、跆拳道、羽毛球、田径、武术、无人机、国际象棋		
		艺术	一种乐器					
七至八年级	洞察力（统合思维、同理思维）优先	语文、道德与法治、历史	一生阅读、一手好字	中国戏曲历史探索、物载春秋——历史文物复原社、主持与演讲、法语（七至八）、德语（七至八）、日语（七至八）、俄语（七至八）、西班牙语（七至八）、心理戏剧社团、中外电影精选、中外纪录片欣赏、生物摄影与作品赏析、软笔书法社、生物百科、	京剧社、音乐鉴赏与演绎、世界名画欣赏与创作、版画、舞蹈、	经典诵读、管乐团、棒垒球、桥牌、健美操、羽毛球、足球、跆拳道、田径	读书文化节、体育文化节、艺术文化节、科技文化节、学科文化周	学生探究性小课题
		数学、物理、化学、生物、地理、信息技术、劳动	一件创作					

127

（续表）

阶段	六维三力	课程内容						
		通修课程		选修课程	精修课程		研修课程	
		国家课程	拓展课程	特色课程	精品课程	校队课程	活动课程	探究课程
七至八年级	洞察力（统合思维、同理思维）优先	外语	一门二外	趣味生物、数学思维拓展、训练班、侨香幸福课、职业生涯规划、模拟法庭、物理俱乐部、计算机编程入门、无人机（七至八）、羽毛球（七至八）、男子篮球（七至八）、足球（七至八）、乒乓球（七至八）、跆拳道（七至八）、围棋（七至八）、国际象棋（七至八）、中国象棋（七至八）、田径体适能	文学社（七至八）			
		体育与健康	一项运动					
		艺术	一种乐器					

（四）课后服务活动

学校课后服务融入"创感教育"的理念，让学生通过"创感教育"课后服务课程体系发展创感思维。学校系统规划学科文化主题活动，丰富课后服务的形式与内容；积极整合艺体特长教育资源，提供个性化服务；积极拓展校外教育资源，提供更加丰富的生活化、体验化学习场景和优质的成长支持。（表3）

表 3 学科文化主题课程一览表

学科文化主题课程	活动形式	教育目的
创意科技节	科学小制作、机器人、3D 打印、创客空间等一切创意在这里绽放。展示、竞赛、评比、拍卖会、发布会等,形式多样	给学生一个彰显创意的平台,鼓励学生发展创新思维,着重培养学生的统合思维能力
创意读书节	一年一个主题,如"我与童话有个约会""名著人物大游行""脱口秀""我能行"等	开展系列创意活动,激发学生的阅读兴趣,唤醒其创作热情,着重培养学生的故事思维能力
创意体育节	举办创意体育嘉年华,每年组织创意运动会开幕式。创意入场式以"世界风情"为主题,各班选取一个国家进行入场式展示,班主任老师和家长也上场扮演角色。嘉年华里有创意篮球比赛、花样健美操比赛、创意跳绳比赛等,基于常规运动但超越常规运动的玩法	让学生在玩中感受体育的乐趣,锻炼强健的体魄,激发创新思维,着重培养学生的游戏思维能力
创意艺术节	为学生搭建才艺与梦想展示的舞台,如舞蹈、绘画、乐器、手工、戏曲、时装秀等,让学生脑洞大开,自编自导自演	激发全体学生对艺术的兴趣爱好,陶冶情操,丰富艺术生活,提升欣赏美、创造美的能力,着重培养学生的设计思维能力
数学文化节	开展"数学嘉年华""巧拼七巧板""数独大赛""速算 24 点"等富有挑战性和趣味性的竞赛活动	通过一系列好玩有趣的数学体验活动,让学生在参与中得到锻炼,在趣味学习中得到快乐,展现数学的丰富内涵和无穷魅力,从而让学生真正爱上数学
英语文化周	一年一个主题,如"世界美食派对""世界服装展演""世界电影赏析""世界地理大发现"等	在培养学生尊重和认同本民族文化的基础上,使学生具有全球意识和开放的心态,能尊重世界多元文化的多样性和差异性,积极参与跨文化交流,着重培养学生的同理思维能力
文史活动周	举办原创儿童诗配画活动、手抄报比赛、硬笔书法书写比赛、文史知识竞赛等	学习中华优秀传统文化,弘扬经典文化,浸润人文精神,着重培养学生的意义思维能力

四、课程实施与评价

(一)课程实施

为了推动"创感教育""四修"课程的有效实施,学校以"基于大概念的单元整体教学"为主题,全力推动课堂教学改革。同时,学校以入选中国教育科学研究院的"信息技术赋能学科教学与区域教研的实践研究"项目及成为深圳市"基于教学改革、融合信息技术的新型教与学模式"示范校为契机,全力推进信息技术与课堂教学的深度融合。

1. 课堂教学改革

学校积极贯彻新课程方案的要求,研究和推行素养本位的"大单元教学设计",在各学科开展以"基于大问题、大概念的单元整体教学"为主题的课堂教学改革活动,推动课堂以单元核心概念为统摄,减少事实性知识、碎片化技能的教学和机械性的反复操练,深化学科知识基础、主要探究方式和核心实践的探索,从而不断提升课堂教学的成效。

学校根据 GRASPS 构架模型,基于教师在"大单元教学设计"上的实践和经验,提炼出"人单元设计"校本教研模型。(图 1)

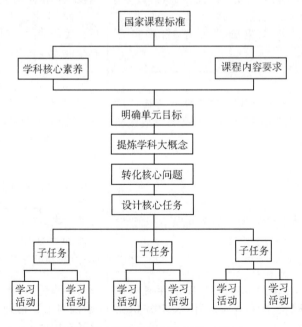

图 1 "大单元设计"校本教研模型

学校推动教师打破原有的单课教学模式,通过学科集体备课确定单元教学的大概念、大问题、大任务,以此为统摄促使单元设计主线更清晰统一,各子任务或子项目之间的关联更紧密、衔接性更强。此外,依托大问题、大任务,核心素养导向下的大单元设计使课堂的教学目标更多地从知识点的了解、理解、记忆转变为课程核心素养的关键能力、必备品格与价值观的培育,提升学生自主学习的意识和能力,推动学生的全面发展。

2.信息技术深度融合

学校以入选中国教育科学研究院"信息技术赋能学科教学与区域教研的实践研究"项目及成为深圳市"基于教学改革、融合信息技术的新型教与学模式"示范校为契机,开展基于大数据的高效教学模式实验与研究,积极探索融合信息技术赋能师生发展的具体措施,探究人工智能时代新一代信息技术促进教育改革发展的新路径,积极推进信息技术和教育教学的深度融合,建构信息技术引领下的高效课堂。

学校打造基于"创感教育"理念的学习场景、学习场域,形成联通、开放、敏捷、个性化的新型数字化教育形态;围绕"创感教育"理念构建"创感"数字化课堂模型,以感知化信息采集、故事化学习过程、创造性学习成果为"创感"数字化课堂的三大要素;依托感知型数据实施教学精准干预,利用表现型数据实现教学持续改进,基于成果型数据指导学生自我调整,有效提升了教育教学效能,促使课堂教学质量在信息技术的赋能下显著提高。

(二)课程评价

"创感教育""四修"课程包括通修课程、选修课程、精修课程及研修课程四种课程类型。各课程类型由于具有各自的特点,在课程评价上需要运用不同的评价方式。

1.通修课程

通修课程是指国家课程的校本化实施,通修课程的评价方式是终结性评价和过程性评价相结合。

(1)终结性评价

作为国家课程校本化实施的课程形式,通修课程可定期考查学生的学习结果,评价学生在相应课程中创感思维的发展情况,因此,可采用终结性评价方式。具体的实施方式以学期或学年为单位组织,以期末考查(包括笔试、口试或过关游戏等)的形式评估学生相关创感思维的发展是否达到相应学段所要求的水平,并对达标的学生颁发"过关证书",对未达标的学生,由相关学科根据学生的特点提供补充练习,并组织补测。

（2）过程性评价

学校为九年一贯制学校,因此,大部分学生自一年级入学开始至九年级毕业,需要在校接受为期九年的通修课程学习。因此,通修课程可采用过程性评价方式,让学生和家长使用学校提供的各课程成长电子档案模板,收集和记录在校九年间的学习与成长资料,反映学生在各课程九年的学习中的学习兴趣、学习态度、学习习惯的情况与变化及各阶段的学习成果,体现学生九年来相关创感思维的发展过程和成效。

2.选修课程与精修课程

选修课程是指特色社团课程的设置,而精修课程是语言类、人文类、科技类、艺术类和体育类等精品课程的开发、设计和实施。这两类课程是校本课程的主要构成部分,均以社团的形式运作,因而可采用相同的课程评价方式。选修课程和精修课程的评价方式包括表现性评价、终结性评价及问卷调查。

（1）表现性评价

作为校本课程,选修课程和精修课程均以培养学生的创感思维为重点,因此,可采用表现性评价方式,评估学生在经历一定阶段的学习之后创感思维发展达到的层次。表现性评价可在学期末进行,主要任务形式为现场表演（如特色课程会演）、作品展示、实物制作、竞技比赛、项目设计、对话交流等。教师可与学生一起对学生在完成任务中的表现和结果给予评价,从而得出学生在一学期的学习后相关创感思维发展所达到的水平。

（2）终结性评价

选修课程和精修课程是社团课程,学生在课程中所展现的学习兴趣、学习态度与学习习惯是重要的考查内容。教师可在学期末结合学生在期末考查、出勤、日常表现及获奖情况等方面的状况,对学生的学习兴趣、学习态度、学习习惯及学习结果进行"等级＋评语"的终结性评价。

（3）问卷调查

学生对课程的兴趣、态度和意见等是课程评价的重要指标,因此,学校可通过问卷调查收集学生在课程学习中的学习兴趣、学习态度、学习习惯、对课程效果的满意度以及对课程的意见和建议等作为评价课程开发与实施效果的主要依据。学校可于每学期末组织课程评价问卷调查,向学生和家长派发电子问卷,收集相关数据和信息,进行分析后向任课教师反馈。

3.研修课程

研修课程是研究型、项目化、合作式学习课程，是由学生自主建构、通过探究发现知识的课程。研修课程的评价方式是表现性评价和过程性评价相结合。

（1）表现性评价

研修课程是围绕学生的一项研究任务而展开的课程，学生在研修课程的学习结果通常是以研究成果的形式进行展现，包括研究报告、研究小论文、作品设计、实物展览等。因此，研修课程可就学生的研究成果开展表现性评价。教师可与学生一起就研究成果的设计性、创意性、实用性、表达性等方面进行评价，以此评估学生通过研修课程所达到的创感思维层级。

（2）过程性评价

研修课程是学生小组合作、开展研究的课程，因此，可围绕学生的小组合作研究过程开展过程性评价。学校鼓励教师、学生及家长在研究过程中及时收集学生的研究活动资料（包括照片、视频、研究记录等），并在研究报告或结题汇报中予以展现，以此总结和反思学生在课程中的学习与成长，评估学生相关创感思维的发展水平。

课程评价要改变原来以评价学生的知识水平为主的方式，而更加偏重于评价学生的综合素质，特别是对学生创感六大思维的形成的评价。

五、课程管理与保障

为了加强对"创感教育""四修"课程体系的管理，学校建立了课程管理体系，包括加强组织管理、制订流程规范、促进教师发展、集聚内外资源、创设课程空间以及完善评价体系等六个方面。

（一）加强组织管理

课程变革需要与之相适应的机制变革，变革学校组织机构，从行政管理走向专业引领；改变学校管理机制，从被动参与走向主动创造。

学校成立课程领导小组，由校长、副校长和各行政部门负责人、教研组长、年级组长等组成，统筹学校课程体系建设总体部署。

学校成立课程研发指导小组，由校长、副校长和教学部门负责人，以及校外专家团队组成，主要负责对国家课程校本化实施和校本课程开发进行指导。

学校成立课程实施执行小组，由分管教学副校长担任组长，相关部门负责人及教研组长、教师、家长组成,主要负责制订切实可行的工作方案,组织各科教师开展课程开发与实施的实践活动。

(二)制订流程规范

学校研究制订课程立项、课程开发、课程实施、课程考核等环节的流程与规范。

1.课程立项。基本流程:(1)课程研发指导小组进行课程开发需求调研;(2)各学科教师申报拟开发课程;(3)课程研发指导小组审议;(4)通过并立项。

2.课程开发。基本流程:(1)教师(团队)根据课程计划实施;(2)课程实施执行小组进行专业指导与成果验收;(3)课程领导小组最终审议;(4)列入学校课程目录;(5)向全校公布。

3.课程实施。基本流程:(1)教师向学生介绍课程;(2)学生自愿选择;(3)教师开展课程教学;(4)课程实施执行小组随机和定期检查。

4.课程考核。学校将课程开发与实施计入教师工作量,工作实绩记入业务档案,并将教师课程开发、执教能力与教师评优评先、奖教奖学等相结合。

(三)促进教师发展

学校启动教师梯队建设,开展"青年教师—骨干教师—名优教师—区、市级年度教师"的教师梯队混合式研修,推动聚焦学科核心素养的创感课堂研究与实践的教师主题发展活动;秉承和弘扬学校积淀的"创感教育"文化,形成以"价值引领的精神凝聚、团队共进的生态发展、做中学的实践研修"为核心的教师专业成长文化,以教促研、以研促教,打造教师全链条研训和管理体系,构建"创感教育"课堂教学模型,推动青年教师迅速站稳讲台、骨干教师赋能提质、名优教师创新增值。

(四)集聚内外资源

在课程构建中,学校充分认识到家长是一种重要的课程资源,将其纳入学校课程发展体系之内,予以开发和利用,发挥学校教育和家庭教育的合力作用。

1.家庭需求调研

学校在课程设置时,广泛征求学生和家长的意见,了解他们对课程的需求,在实施过程中,定期向学生和家长发放调查问卷,了解家长和学生对课程的意见和建议。通过听取意见和建议,学校对课程进行及时调整,从而提高学校课程开发的针对性和实效性。

2.家校联合课程

课程的开发和利用是家校联系的纽带，因此，学校和家庭可以加大力度开发和建设课程资源，让课程资源成为改变学生在教育活动中的学习方式的重要抓手。家校联合课程的形式可以是家校共同开发校外课程、家长走进学校体验校内课程、家校共同研究课程整合、建设网络学习课程等。

3.开发家长课程

家长课程包括家长微课堂、亲子阅读和志愿者课程，其基本模型为"输入＋输出"，如部分家长既要参加学校定期举办的家庭教育讲座（输入家教知识），又要来学校到孩子所在班级上一节课（输出家长专业领域知识）。

（五）创设课程空间

1.校内课程空间

学校打造"创感"校园环境，建立以学习者为中心的教育环境。学校对校园现有的功能场室进行科学布局和软硬件升级建设，强化课程空间观念，塑造和丰富课程空间，从教学场地式空间和文化展示型空间上升到学习方式适应性空间、学习生活场景性空间，营造处处皆可学的泛在学习环境和处处皆教育的育人环境，大力推动"校园课程化、课程场景化、场景人文化"。（表4）

表4　校内课程空间建设

课程空间名称		课程空间功能
故事思维空间	博物馆中心	图书馆、阅览室、藏书室
	故事演说中心	演播室、语音室、风采大舞台
	主题文化走廊	国学、科普、历史、地理、国际视野等
设计思维空间	创意设计中心	①美术室、陶艺室、油画室 ②缝纫室、纸艺室
	未来艺术中心	①音乐室（葫芦丝、陶埙、竖笛、古筝、扬琴等） ②舞蹈室
统合思维空间	未来探究中心	3D打印室、机器人室、无人机室、VR/AR课室、创客STEAM室、趣味编程室
	实验研究中心	化学实验室、物理实验室、生物实验室
同理思维空间	协同成长中心	心灵小屋、成长活动区（连廊）

（续表）

课程空间名称		课程空间功能
游戏思维空间	体能提升中心	①体育馆:羽毛球、乒乓球、网球等 ②架空层:健美操、踢毽子、跳绳等 ③户外运动:足球场、篮球场、儿童高尔夫球场
意义思维空间	未来畅想中心	屋顶花园:休闲畅想区
	生活体验中心	屋顶花园:水培、种植、花园等

2.校外课程空间

学校积极开发并合理利用校外各种课程资源空间,如可与腾讯、华为、科大讯飞等知名企业共建创新体验中心,与校外图书馆、科技馆、博物馆等场馆共建探究学习中心,与仙湖植物园、红树林等共建研学旅行基地,与气象局、消防局、超市、银行、医院等共建职业体验基地。(表5)

表5 校外课程空间建设一览表

资源性质	资源举例	合作形式
企业资源	腾讯、华为、科大讯飞等知名企业	共建创新体验中心
场馆资源	校外图书馆、科技馆、博物馆等场馆	共建探究学习中心
基地资源	仙湖植物园、深圳野生动物园、莲花山、红树林等	共建研学旅行基地
社会资源	气象局、消防局、超市、银行、医院等	共建职业体验基地

(六)完善评价体系

学校明确评价内容,制订详细的评价指标体系,改变以评价学生的知识水平为主的方式,而更加偏重于评价学生的综合素质,特别是对学生创感六大思维的形成评价。

课程评价主体多元化。学生、同伴、教师、家长、社会相关人士等共同参与课程评价,实现评价主体多元化。

评价工具多样化。学校采用行为观察评价、问卷评价、谈话评价、建立档案袋等多种评价工具进行评价。

学校分析和评价反馈结果,收集评价信息,使用计算机将评价结果数据化,形成本校特色的课程评价数据库,对评价结果进行分析并反馈给相应的评价对象,达到以评促学、以评促教、以评促建。

下 篇

品牌课程案例

玩童诗

品牌课程主持人：邓丽云
学校：深圳市福田区华新小学

"玩童诗"是深圳市福田区华新小学开发的跨学科、跨年级、跨区域、跨领域校本必修课程，是一门以"习童诗、育全人"为统领，以"赏童诗、创童诗、唱童诗、画童诗"为主要学习内容，以"守护童心，提升学生珍贵的想象力和创造力，引导其发现、欣赏、创造真善美，促进德智体美劳全面发展"为主要目标的课程。本课程潜心研究符合学生天性的童诗教学与实践的有效途径，拓展延伸国家课程，在面向全体学生的同时，发现和培养有特殊才能的小诗人、小插画家、小作曲家等，实现了全面发展与因材施教相融合的育人目标。

一、课程缘起

提升学生的想象力和创造力，培育学生立足未来的核心素养，对此，教育工作者责无旁贷。纵观中国历史，中华民族以诗化人，通过学诗、写诗进行道德启蒙和培养青少年的思维力、想象力、创造力等取得了巨大成就。学生喜闻乐见的童诗对其童年成长起到了不可忽视的作用。

华新小学与深圳名山笔架山仅一墙之隔，坐拥 1300 余种动植物资源，大胆践行"自然亦课堂"的课程理念，建立"笔架山（B＋3）通·达"课程体系，守护童心，厚植学生核心素养，为"玩童诗"课程提供了蓬勃生长的土壤。课程主持人邓丽云作为广东省童诗课题主持人，2019 年带领团队开始进行童诗教学研究。学校鼎力支持，成立了"邓丽云童诗工作室"。著名诗人高洪波、林焕彰先生还在华新小学"云水童诗间"专门开辟了"跟着大师，快乐成长"专栏，护航童诗教学研究。

二、课程性质

"玩童诗"课程遵循学生的身心发展规律,以"守护童心,提升学生珍贵的想象力和创造力"为课程理念,引领学生借由好童诗,在学中玩,在玩中学,学会发现、欣赏、表达真善美,学会美的想象和善的创意,发展核心素养。"玩童诗"课程旨在守护学生美好的童心,提升其珍贵的想象力和创造力,还学生一个充满创意的诗意童年,创建一套有完整课程体系,且行之有效的教学方法与实践途径。目前,"玩童诗"课程已经成为涉及语文、音乐、美术、科学、心理等学科的跨学科课程,被编入课表,走入课堂,由一开始的选修课变成了隔周一次的必修课。

三、课程目标

"玩童诗"课程通过用心寻找名家佳作、潜心原创,开发好的童诗读本,引领学生跨学科、跨地域地赏、创、唱、画童诗,守护其童心,提升其想象力和创造力,发展其核心素养,促进其审美能力、价值观日益提升,为其幸福人生奠基。(表1)

表1 "玩童诗"课程目标

学段	学习目标
第一学段	1.学习"云水童诗四步赏诗法",大胆想象,能独立四步口述赏童诗1~2分钟; 2.体会童诗中好玩的童真童趣、美好的情感,并能简单描述,大胆想象,用绘画表达其童真美好,给诗歌绘制简单插画; 3.感受童诗的节奏美、韵律美,喜欢唱跳童谣,能大胆想象,抒发童谣的童真美好
第二学段	1.学会"云水童诗四步赏诗法",能独立四步口述赏童诗2~4分钟,大胆创意,学习独立创作童诗; 2.品读童诗中好玩的童真童趣、美好的情感,并能具体描述,用绘画的形式大胆创意其童真美好,能给诗歌绘制插画; 3.品味童诗的音韵美、情感美,能比较具体地描述,喜欢唱跳童谣,并学习给童谣简单编曲,大胆创意,表达童谣的童真美好
第三学段	1.熟练掌握"云水童诗四步赏诗法",并能迁移到其他文体,能独立四步口述赏童诗5~10分钟,大胆创意,学习独立创作童诗; 2.鉴赏童诗中好玩的童真童趣、美的诗意诗境,并能创造性地描述,用绘画的形式大胆提升诗境,学会给诗歌绘制插画; 3.鉴赏童诗的音乐美、情感美、画面美,并能具体描述,喜欢唱跳童谣,并能大胆给童谣编曲,抒发内心的童真美好

四、课程内容

"玩童诗"课程坚持适用性、发展性原则,按照"守护童心、提升学生珍贵的想象力和创造力、让学生成为孩子本来的样子、还学生一个诗意童年"的思路进行总体设计,立足提升学生核心素养、促进学生健康发展,对童诗教学内容进行统筹规划。

该课程以"赏童诗、创童诗、唱童诗、画童诗"为主要教学内容。其中,各部分所占比例为3：3：2：2。每个年级的教学内容精选课程"云水童诗间"公众号上的童诗名作以及学生原创作品集《云水童诗》中的诗歌,编写成童诗教学读本《好诗欣赏》。童诗名作先行示范,起到了很好的引领作用;同伴的作品不仅贴合学生的世界,还可以激发其创作热情。(表2)

表2　"玩童诗"课程各年级童诗名作

年级	童诗主题	童诗名作
一年级	好奇的眼睛眨呀眨	《小猫》《整个黑夜都是它的》《影子》《猫和影子玩》《童话》《风铃说》《鸽子有五对翅膀》《虎年有福气》《日出》《妹妹的围巾》《那年》《孩子们都好玩》《公鸡生蛋》《变,变变变》《影子陪我去上学》
二年级	神奇的想象飞呀飞	《蜻蜓》《彩色的梦》《勇敢的小香鱼》《蚂蚁开了一条高速公路》《荡秋千》《妹妹的红雨鞋》《夏天》《斑鸠在叫》《妈妈,请您给我》《海,永远年轻》《图书馆附近的小麻雀》《一大早,请看》《牛,就是牛》《我常常会问我自己》
三年级	可爱的创意跳呀跳	《蜗牛背包客》《雾》《走向大自然》《雨人》《星子们都到海上去捕鱼》《春天怎么来》《向阳或背光》《不爱睡觉的小雨点》《神秘的诗人》《猫,我的窗外》《我一直想飞》《拖地板》《春天,春天——谁在呼唤春天》《有阳光,正好》《冬风》
四年级	好听的节奏蹦呀蹦	《稻草人和它的朋友》《想念的距离》《虎猫,有福气——大猫疼爱小猫》《爱唱歌的杨树叶》《热》《小猫走路没有声音》《想念的距离》《妈妈的脸》《我和波斯猫》《会散步的鞋》《戴红花》《流浪的中秋》《立春的味道》《不要理他》《不不兔》
五年级	美美的韵律乐呀乐	《我看到声音》《鸟和海》《大象洗澡》《窗外,绿色的早晨》《春天安好——我想远方的朋友》《我要到一个地方去》《我想》《爷爷的画眉》《桂花,爱想些什么》《骨螺之歌》《汲水的声音》《仙人掌》《老家的一扇门》《八八,最好》
六年级	纯纯的诗意悠呀悠	《会歌唱的伞》《春天,雨中行》《星星和风向仪》《我的童年在长大》《心中的小精灵》《钟声》《宁静的音乐会》《老虎》《十分水蓝的天空》《山里的雨》《春天的早晨》《月亮出走,我在流浪》《船之歌》

通过赏、创、唱、画童诗,学校相继编写了《笔架飞歌》《萌娃诗韵 红树画情》《童诗印记》等校本课程读本。

五、实施与评价

(一)实施路径

"玩童诗"课程遵循连续性、顺序性、整合性原则,跨学科、跨年级、跨地域,因地制宜,因材施教,实施童诗课程研究。

1. 跨学科立体学习,促进多元智能发展

本课程把语文学科的欣赏、创作,与美术学科的插画以及音乐学科的编曲、舞蹈,还有科学、心理等学科相结合,是文学、音乐、美术、人文、科学等素养的高度融合教育。多学科相互依存、相互促进,有效促进了学生多元智能以及个性化发展。

2. 走进大自然生活化学习,寻找创作的源泉

万顷碧波的笔架山与学校仅一墙之隔,福田红树林自然保护区是学校的合作单位。学生从校园"小教室"走进大自然"大课堂",眼到、耳到、心到之处都是唾手可得的诗意创作素材。当学生的好奇心得到自然满足,感恩心得到自然唤醒,其童诗创作、歌唱、绘画等灵感就会有源头活水,生长就会舒展而自在。

3. 普及与个性教育相结合,促进普惠适才育人

"玩童诗"课程既面向全体学生,提升学生的核心素养,又保护学生的天性禀赋,发现和培养有特殊才能的小诗人、小插画家、小作曲家等,从而实现全面发展、因材施教的育人目标。

(二)实施方式

"玩童诗"课程旨在帮助学生从童诗欣赏、大胆创作到跨学科自由创意的逐渐领悟、领会,逐步提升核心素养与价值观。

1. "四步欣赏"玩童诗,发现生活中的真善美

为了让欣赏童诗有效且易坚持,"玩童诗"课程开发了"云水童诗四步赏诗法",即"说感觉—品诗句—寻诗秘—谈收获",全过程口述完成。这四步法,简约却不简单。每一个环节都极具开放性,且因为是口述,无论是哪一个年龄段的读者,只要具备了阅读能力,都可以在自身知识储备与生活经验的基础上生发出不一样的感悟,只是深度和广度不同而已。在这个过程中,一是坚持,坚持鼓励学生大胆表达自己的想法;二是点赞,点赞学生的点滴进步,特别是独特的想法。童诗

里纯真美好的世界给了学生爱的滋养,教师、家长的信任与支持给了学生爱的能力。学生不仅提升了对诗歌等文学作品的鉴赏能力,还日益精进了对生活真、善、美的捕捉能力以及创造力。

2."创意原创"玩童诗,享受生活中创造的快乐

学习创作童诗,可以更好地提升学生的想象力和创造力。在这一过程中,教师和家长切忌顾虑重重,担心孩子写不出好诗,要做的就是鼓励、认可,鼓励孩子"我口说我心",说出与众不同的想法,肯定孩子哪怕是稚拙的"第一张板凳"。教师要善于做学生创意思维的"拾贝者",和学生一起享受创造的快乐。当学生在充分阅读、感悟、理解的基础上,有悟而写,有感而发,教师可以给他们在诗意、诗境上提出更高的要求,让学生体会"跳一跳摘桃子"的成就感。对于同主题的诗歌,教师更要激发学生独具匠心的思维,如以"蒲公英"为主题,可以鼓励学生从蒲公英的外形、习性等不同的角度与生活经验结合,大胆创意。(图1)

图1　同主题不同创意童诗创作

3."插画唱跳"玩童诗,感受生活中的诗意美好

童诗充满童真有趣的画面,学生用本心给童诗绘制插画,更能直达童诗的意境核心,既锻炼了绘画能力,也培养了自信。童诗插画不仅能帮助读者更好地理解童诗的意境美,还能激发读者阅读的兴趣,帮助其深入理解童诗。教师要鼓励学生绘制插画时大胆创意,丰富诗歌意境。如此,其画作就会充满诗意,充满童真和创意,学生也习得了用诗意的眼睛去阅读生活、描绘生活、创意生活的能力。

诗与音乐有着千丝万缕的联系,我国第一部诗歌总集《诗经》就是最好的证明。给原创童诗配乐,是对作品意境的再一次理解、升华,也是童诗传唱的最好途径。在谱曲时,学生还可以根据歌唱的需要再次完善童诗的创作,这是一次再创造的能力提升。当学生唱起自己或者同伴谱曲的原创童谣,美的感悟在亲切地哼

唱中传递开来,是多么美好!

(三)评价方法

"玩童诗"课程坚持科学性、操作性原则,运用科学、可行、操作性强的评价方法提高童诗教学的有效性。评价重过程、轻结果,重点放在提升学生的兴趣和能力素养上。线上线下混合式评价有助于童诗教学在课内外得以持续发展。

本课程通过线下开展诗歌节,鼓励全校学生进行童诗欣赏、朗诵、创作、插画、唱跳,进行等级评价。好的童诗、童谣、插画,被推荐在班级诗歌角、校园文化墙、每周一童诗午间广播、铃声童诗歌曲等进行展示性评价。学校开展"诗意市场"活动,进行童诗创意爱心义卖评价;积极参加各级各类童诗、童谣比赛,投稿各级报纸、杂志发表,获得权威评价。

本课程通过线上建立班级微信童诗欣赏、创作群以及童诗公众号,进行声频欣赏、视频欣赏、原创、插画、唱跳童诗等展示性评价。学生在线上平台互相评论、点赞,也有助于其学会鉴赏、反思、沟通,拓宽了思维,提升了素养。家长的线上评价也大大增进了亲子关系。

六、成效与展望

华新小学"玩童诗"课程,吸引了市内外教育界同行的关注和参与。课程团队多次受邀参加省、市、区各类文化教育活动,进行诗朗诵、配音、解说、讲座、授课等活动。《人民日报》《光明日报》、新华网、深圳广电集团都市频道"第一现场"等媒体相继对"玩童诗"课程的成效进行报道。

师生作品汇编成《笔架山飞出的儿歌》等 10 册读本。其中,《云水童诗》入选福田区青少年青春书系,全国出版发行,多次印刷,被著名文学家林焕彰、高洪波、沈石溪、吴思敬联袂推荐,深受全国各地教师和学生的欢迎。近年来,华新学子在国家、省、市、区各级各类童诗、童谣、美文、演讲、绘画等比赛中,获奖 300 余人次,在《人民日报》《诗选刊》等报刊累计发表诗歌 800 余首;课程团队多次承担市、区公开课和学术研究活动,在《语文教学与研究》上发表多篇论文。

"玩童诗"课程将秉承"遵循教育规律,坚持改革创新,培养德智体美劳全面发展的社会主义建设者和接班人"的教育理念,守护学生珍贵的童心、美好的想象力和创造力,不断提升学生的核心素养,送学生一个诗意童年,还学生本来的样子,为学生的幸福人生奠基。

南华诗词会

品牌课程主持人：禹玉珍
学校：深圳市福田区南华小学

　　"南华诗词会"是深圳市福田区南华小学开发的校本课程，针对小学六年全学段学生，基于儿童立场，以培育学生"诗心"为主要目标，以中华传统经典诗词为主要学习内容的课程。本课程通过读诗，理解诗意达到"因声求义"；通过作诗，让诗歌回到师生的生活中兴发感动、陶冶情操、塑造品格，实现"因声求气"，培养师生认同并借鉴中华文明优秀的诗词文化，坚定文化自信。

一、课程缘起

　　南华小学属于深圳市城中村学校，学生来源复杂，大多数学生家庭生存压力大，学习环境逼仄嘈杂，心浮气躁。基于此，学校进行"南华诗词会"校本课程研发。课程通过每周一诗，每日通过校园广播的形式展开诗教活动，以解读、吟咏、朗诵的方式营造浸润式学诗氛围，切实提升学生的文学素养，使学生的语文核心素养得到较好的发展。

二、课程性质

（一）课程宗旨

　　南华小学主张"隐形教育"，通过校园媒体每日熏陶感染，借助教师和谐亲切的诗词广播学习，结合生动有趣的定制诗词微视频，重点激发学生对古诗词的诵读兴趣和热情，使学生产生诵读经典诗词的渴望和求知欲。"南华诗词会"课程是一门洋溢着情感、想象和爱的课程，通过鲜活的生命力所体现出来的整体意蕴，让学生在诗词学习中自觉生长、自然生长、自由生长。

(二)课程理念

本课程理念为以"会"为机,共生学生之"惠""汇""慧"。

会:校园广播,每日诗会。通过校园媒体与传统诗词相会,学生日渐一日浸染,潜移默化涵养。

惠:普惠学习,广泛涵养。学生在广播、视频、书本中普惠"阅读",在丰富的诗词活动中亲近、实践、内化诗词。

汇:雅性生活,汇聚诗情。让诗词走进生活,培育学生爱好诗词,汇聚生活中的诗情画意。

慧:启迪智慧,培育诗心。学生跟着教师解读、感受、吟唱诗词,汲取诗歌中的智慧,培育诗心。

三、课程目标

学校引领师生继承和弘扬中华优秀传统文化,培养师生认同并借鉴中华文明优秀的诗词文化,坚定文化自信,在此过程中达成积累目标和"诗心"目标。

学校通过每天诗词会学习资料的屏幕展示,每周一首诗词集中沉浸学习,并设置诗词考级活动,为学生制订积累经典诗词的学习目标。学生在积累的过程中,产生诵读热情,加深对经典诗词的掌握程度。

"诗心"可帮助学生形成良好的气质、素养。通过诗词会丰富的活动,学生的"诗心"被唤醒,他们在诗词中聆听、感受、积累、实践、内化,逐渐优化生命质量,丰富生命体验,其语文知识、能力、修养、审美也在潜移默化中形成,并影响个体的性情与人格。(图1)

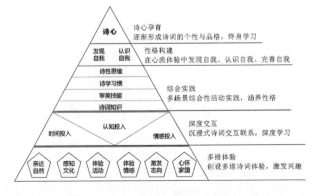

图1　学生"诗心"培育发展体系

四、课程内容

学校以统编版小学语文教材中的古诗词篇目为主体,同时适当从初中语文课本以及课外读物中遴选古诗词,最终选定了 280 首古诗词作为课程内容,并整合为 14 个主题,涵盖自然山水、亲情友情、民族精神、社会文化等领域。(表1)

表1　"南华诗词会""天天学诗"课程纲目

序目	主题	主题词	导语
第一季	涵养诗心	胸	胸藏文墨虚若谷　腹有诗书气自华
第二季	言志悟情	怀	怀古壮士志　忧时君子心
第三季	四季诗韵	天	天上人间何处去　四季风光无尽藏
第四季	咏物传情	下	下瞰波澜知海阔　仰观霄汉得天多
第五季	田园生活	家	家住苍烟落照间　丝毫尘事不相关
第六季	送别诗情	国	国韵天香映画堂　人间天地情意长
第七季	大旨谈情	情	情到深处无怨尤　人间沧桑却何求
第八季	儿童诗趣	放	放牛自呋草　双童且相嬉
第九季	家国情怀	眼	眼中战国成争鹿　海内人才孰卧龙
第十季	行旅思乡	世	世人若被明日累　春去秋来老将至
第十一季	感悟亲情	界	界窗犹有月徘徊　念畴昔分母兄在
第十二季	惜时如金	凌	凌寒强比松筠秀　叶艳空惊岁月非
第十三季	寄情山水	云	云去云来远近山　水深水浅东西涧
第十四季	传统佳节	志	志士悲年迅　重阳节又临

考虑到不同学段学生的认知能力和审美能力等的差异,在课程内容安排上,教师根据难易程度,又划分为三个阶段进行教学,具体如图 2:

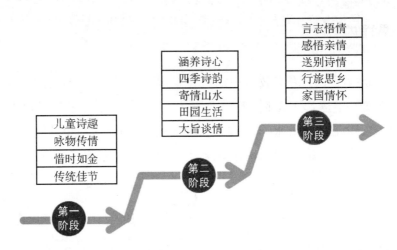

图 2 "南华诗词会"课程培育梯度图

五、实施与评价

(一)实施规划

"南华诗词会"课程规划表具体见表2。

表 2 "南华诗词会"课程规划表

课程阶段	细化目标	课程内容	课程路径	课时安排
第一阶段	感受儿童生活乐趣,激发学习兴趣	儿童诗趣	每日广播 班级诗教 诗词大会 诗词吟咏 书法比赛 吟唱表演	4学期 80课时
	感知诗词丰富意象,体会诗人传情	咏物传情		
	感受时间长短变换,懂得珍惜时间	惜时如金		
	体验丰富中华节日,感受传统文化	传统佳节		
第二阶段	透过诗词丰富表达,涵养诗歌意蕴	涵养诗心	每日广播 班级诗教 诗词大会 诗词吟咏 诗词话剧 诗词配画	5学期 100课时
	感受四季交替变化,品读诗歌韵味	四季诗韵		
	感受山水景色之美,体会山水寄情	寄情山水		
	感受田园生活美好,体会诗人精神	田园生活		
	透过诗歌微言大义,细品诗人情感	大旨谈情		

（续表）

课程阶段	细化目标	课程内容	课程路径	课时安排
第三阶段	充分感受诗人志气,体悟诗歌情感	言志悟情	每日广播 班级诗教 诗词大会 诗歌吟咏 诗词小课 题	5学期 100课时
	体会诗歌中的亲情,感受细腻情感	感悟亲情		
	体会离别时的不舍,感受深情厚谊	送别诗情		
	体验羁旅诗人生活,体会思乡之情	行旅思乡		
	透析诗歌意象主旨,体会家国情怀	家国情怀		

(二)实施要点

"南华诗词会"课程以"诗播"活动为托底路径,包括声频、视频和读物,在此基础上开展丰富的拓展活动,使学生"吃得饱",更"吃得好"。实施路径如图3:

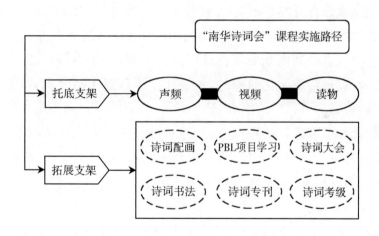

图3 "南华诗词会"课程实施路径

1.创编课程资源,丰富学习载体

（1）声频

整体观照统编版小学语文教材,结合学生的生活实际,遵循学生的身心发展规律,团队整理出14个诗词主题,并充分结合自身专业知识开发诗词赏析内容,形成了广播基本体例:

第一板块:关注诗词的社会背景和意义,引导学生从整体的角度理解感知。

第二板块:聆听美妙的吟唱,随着音律节奏和诗歌吟咏内容初步感知诗意。

第三板块:走进诗词意境,想象诗歌画面,抓住诗眼赏诗情,结合生活谈体会。

第四板块：跟着教师吟咏诗词，由听到仿，自由吟咏诗词，读出情感。

（2）视频

培育"诗心"，目的是让学生"亲切地体会"，通过开发动态视频，使诗境绘声绘色地再现于动画视频中。学生兴趣大增，更容易理解诗意，感悟诗情，在不知不觉中将其转化为自我的感受。这背后，是尊重阅读体验的"放手"，是提升阅读品位的"聚焦"，是唤醒"诗心"共鸣的"关联"。

（3）读物

读物主要为校本读本与诗词演示文稿。教师在演示文稿中展示与诗歌意境相适切的图画，使学生如临其境；在演示文稿中凸显诗眼，明晰注释，使学生结合广播一目了然，学得轻松。

2. 沉浸课堂诗韵，创新教学方式

（1）学校开展诗词特色公开课，基于教与学方式的变革进行创造性实施。教师基于新课标的要求和学生的发展需求，根据自身教学风格和学情再造诗词课堂的教与学流程，改进自身"教"的方式和引导学生改进"学"的方式，提高课堂教学效率和"诗心"培育效果。在古典诗词教学中，有效融入特色传统文化，即结合深圳特色本土文化，有计划地开展特色诗词公开观摩课，为教师间相互学习与交流提供了机会，在宣传传统文化的同时，也能让学生联系生活实际，体会诗意，深入理解古诗词的精髓。

（2）学校紧扣国家课程的资源特点，通过补充、拓展、重组和整合等方式对课程中的诗歌内容进行适当的处理，根据主题的适切性，完善补充统编版小学语文教材中的诗词教学内容，从而使课程实施与评价更加符合学生的素养发展需求和教师的教学实际状况。

（3）学校拓宽诗词教学的空间，充分利用学校、家庭、社区等教育资源，开展综合性学习活动，按照新课标的要求，深入社区和家庭的家校互动的平台。学校为此制订了古诗词阅读书目，呼吁亲子阅读，开展阅读比赛，让广大家长也参与到"南华诗词会"的校本课程中来。

3. 拓展活动途径，深化诗词涵养

（1）开展"诗播"活动

学校充分利用校园广播，在午读时播放由学校教师创编的诗词赏析课程，让学生耳濡目染地感受我国优秀传统文化，全方位地理解古典诗词，进而爱上古典诗词。古典诗词的教学，可以提高学生的个人修养，使校园内充满蓬勃的生机，使学生更加文明、勤奋、健谈、渴望学习，并且乐于助人。

（2）开展诗词综合实践活动

围绕古典诗词教学开展综合实践活动，能够提升教师和学生的实践运用能力。如：①开展班级主题诗教活动。如诵诗会、诗词接龙、诗文表演、诗歌主题活动、诗词知识知多少、诗词名人会、诗词典故趣闻、诗词创作大赛等。②举行古诗配画比赛。学生挑选自己喜欢的诗歌，配上相应的图画，让浓浓的诗情变成生动鲜活的画面。③综合实践PBL项目学习。由兴趣相投的学生组成一个个研究小组，自主依据主题查找资料，分阶段进行整理、汇报、演绎。④举办以"赏中华诗词、寻文化基因、品生活之美"为基本宗旨的诗词大会，分三关进行，分别是"腹有诗书气自华""天生我材必有用""春城无处不飞花"，形式多样，按照看诗名背全诗、诗句接龙、读诗说作者、看图猜诗、按条件猜作者、凭内容猜诗句等逐一进行。前两关积分前十名的学生，进入第三关，进行冠军争夺战。

（3）出版诗词专刊

编辑出版学生诗词专刊，作为向外宣传校内诗词的窗口。学校通过这种方式，有效提升学生的创作积极性，营造出浓厚的诗词创作氛围，带动更多的学生进行古典诗词的创作、仿写以及改写。同时，学校定期向相关刊物推荐优秀的诗词作品，以此激发学生的创作热情，增强其学习自信心。

（4）实施诗学考级机制

日常的诵读可以增加学生的积累，而丰富多彩的活动可以让学生保持对诗词的兴趣。学校每学期进行一次诗词考级，巩固学生的学习成果，彰显学生每一阶段的收获。考级内容包括经典名句的背诵默写、作者经历知多少、诗词主题自由品析、运用想象描述诗歌画面等。每一次考级后，教师都会根据取得的分数，给予学生相应的等级（每学期最高为2级，12学期共24级）。

（三）课程评价

"南华诗词会"作为一门不同于知识性课程的特殊课程，其评价更注重整体地、全面地、过程性地对学生的课前探索、课堂投入和课后深入进行评价。对于教师而言，课前的备课和预设、课堂的教学机智、课后的必要反思、对学生的发展性评价等多方面内容，都将成为评价标准。

1.对学生的评价

评价内容：诗歌态度评价——学生发现问题、提出问题、分析问题、解决问题等能力；诗歌积累评价——学生能清晰、连贯、有条理地表述自己的理解和观点；诗歌鉴赏评价——学生在善于倾听和批判性地接受同伴的观点与意见的同时，不断地修正和完善自己的观点;诗歌表达评价——学生对课程活动的参与和投入的程度。

即时评价:通过观察与谈话,采取教师点评、学生互评的方式。教师在拓展活动中,如诗词大会、诗词考级、书法比赛中给予及时的评价奖励。

阶段性评价:每个主题学习结束后的作品汇报与成果展示。学生需要在十四季的诗词主题学习中完成三项作业(一段演绎、一张导图、一份报告),由教师对作业进行评估。六年级结束前,学生可以在这三项作业中选择其中一项进行深入研究,并作为标志性成果参加毕业评估。毕业评估作业于六年级第二学期初提交,由学校组织教师或外聘专家进行评估。评估作业有两种形式,包括口头表达和研究小论文。评估成为支持学生深入学习的机会,帮助学生认识到他们的成就和错误,从而改进学生的诗词学习策略。

发展性评价:以"诗词成长卡"为载体,每个学期对学生学力的综合评价。发展性评价主要在于过程性材料和学习情况的记录,重在通过过程中即时的评价发展学生的初始理解能力。同时,在学习过程中,学生必须根据个人特点,确定两项必选和一项自选作业,开展有深度的诗词主题研究学习。

2.对教师的评价

评价内容:课程实施的科学性、层次性;教学过程对课程目标的达成度;实施中对每一个学生的关注程度;在实施"南华诗词会"课程中的投入程度;在开发和建设"南华诗词会"课程过程中专业水平的提高程度。

学校评价:学校课程指导专家通过听课、听取学生的反馈意见、检查课程开发与建设的情况、观测教学目标的达成程度等给教师作出一定的评价。

教师评价:教师在课程开发与建设以及教学活动的过程中,进行自我评价,以不断提升自己开发与实施"南华诗词会"课程的能力。

学生评价:在"南华诗词会"课程的教学过程中及完成后,学校可通过问卷调查、座谈、个别调查等方法了解学生对教师的评价,并以此了解学生的需求,以不断提升"南华诗词会"课程的质量,使之更加适合学生发展的需要。

六、成效与展望

"南华诗词会"课程实施成果丰硕,诗教之潮席卷全校,有效地促进了学生的成长。

"南华诗词会"课程共计十四季,每季 20 期,共计 280 首古诗,对象涉及 2000

多名师生,跨越学生六年的学习旅程。课程主要载体为"诗播"活动,课程开展两年以来,已经完成208首古诗共计约20万字的文稿撰写、两季40期古诗词的播放。为了丰富学生的学习方式,激活诗词趣味元素,激发学生的学习兴趣,依托学校信息技术,团队以广播诗词内容为基础,完成了100个动画视频的资源库建设。

在"南华诗词会"课程的陶冶之下,依托诗词品牌课程下的诗词大会、诗词考级、诗词配画、诗词书法等比赛活动,学生多次在校级活动上绽放精彩、挥毫诗兴,同时在深圳市的集体吟诵比赛中荣获佳绩。教师不断地通过课例研讨,在教学中提高诗词教学效率。除此之外,在2021年11月"'课堂革命 福田表达'之'双减'中的课堂新生态全国展示活动(小学语文红色文化专场)"中,该课程在全网范围内得到宣传和推广。

好诗天天诵

品牌课程主持人：张文强
学校：深圳市福田区文天祥小学、文天祥小学（岗厦）

　　"好诗天天诵"是在福华小学开发与实践，在新莲小学探索与优化，在福新小学申报并评定，在文天祥小学、文天祥小学（岗厦）两校完善并深入探索的跨年级、跨学校、可复制、可推广的校本特色课程。本课程以"诗书浸润"为核心理念，以唐诗宋词为主要载体，以"每日晨诵"为固定实施时间，以"学生领诵""诗书艺术节""诗词考级""诗词大会"等系列活动为拓展与评价，引领全校师生在唐诗宋词中开启智慧，在诗书活动中提升才情，在潜移默化和日积月累中彰显学校特色、传承中华文化、涵养中国精神。

一、课程缘起

　　古诗词是中华民族的文化瑰宝。自古以来，古诗词学习就是学生涵养性情、增长见识、解放心灵的重要途径。父母之爱子，则为之计深远；教师之爱生，亦是如此。2000年，课程主持人张文强老师初任福华小学校长，深感任重而道远，不敢懈怠，以自己的耕读之路和特长爱好为原点，组建诗书特色教育团队，编订校本学习材料，设置课程实施的基本框架，开始了长达二十余年孜孜不倦、精益求精的诗书课程探索与实践之旅。

二、课程性质

　　"好诗天天诵"课程遵循学生的身心发展规律与诗词教育的基本规律，以"诗书浸润，滋养终生"为课程理念，以新课标为统领，以《诗词天地》为学习内容，引领学生"听诗学诗—诵诗悟诗—爱诗写诗"，掌握诵读方法，感受诗词之美，传承中华文化，涵养中国精神，积极健康地成长和生活。学校有计划地组织安排，以长短课和单双周交叉推进的形式开展课程。

三、课程目标

"好诗天天诵"课程的宗旨在于唤醒学生对诗词的兴趣,让诗词成为滋养学生终身的养分。课程总目标:

(1)立足学生核心素养的发展,在诗词浸润中培养学生热爱祖国语言文字的情感,形成正确的价值观,培养良好的诗词学习品格与学习能力。

(2)积累、背诵合适数量的中华古诗词,拓展诗词知识边界并提升评析能力。

(3)学会诗歌诵读技能,掌握简单的诗歌诵读技巧,能从声韵、节奏等方面体会诗歌作品。

(4)能够在一定的情境中联想到诗歌的名句,适当运用并尝试创编诗歌。

(5)明是非、知荣辱、辨善恶、分美丑,在诗词文化的浸润中提升思想品格、指导生活实践。

"好诗天天诵"课程学段素养目标见表1。

表1 "好诗天天诵"课程学段素养目标

项目	第一学段	第二学段	第三学段
文化自信	1.喜欢中华古诗词,有主动学习古诗词、诵读古诗词的愿望; 2.乐于每天诵读古诗词,认可古诗词在中华文化中的独特地位,体会中华文化的博大精深	1.对学习中华古诗词有浓厚的兴趣,养成积极主动学习古诗词的习惯; 2.乐于与身边人交流沟通自己喜欢的古诗词,并有条理、有深度地分享自己喜欢的原因	1.有较强的独立积累学习古诗词的意识,感受中华古诗词的意象特点,体会古诗词中的智慧; 2.愿意承担传承优秀中华古诗词文化的责任并在学习活动及生活中积极传播中华古诗词文化
语言运用	1.学习用普通话正确、流利、有节奏地、有感情地诵读古诗词; 2.能简单说明古诗词的大体含义,理解语言背后的思想情感	1.能熟练地通过语调、韵律、节奏等体会古诗词作品的内容与情感; 2.能够准确、流利地口头或书面翻译诗文,总结作者的核心思想	1.能通过古诗词积累与身边人玩"飞花令""诗词接龙"等诗词游戏; 2.能优美地翻译古诗词,积极在学习生活中引用古诗词表情达意

（续表）

项目	第一学段	第二学段	第三学段
思维能力	1.能结合课本注释与教师的讲解理解古诗词的创作逻辑与情感的变化； 2.结合生活实际理解古诗词的意思，在诵读、积累古诗词中体会简单意象所表达的不同情感	1.能将自己学习的古诗词按照一定特征与逻辑联系在一起，归类记忆； 2.积累常见的诗词意象知识，感受不同意象在古诗词中的不同表达效果	1.能够根据学过的古诗词推测陌生诗词的涵义，分析诗词的特点； 2.积累较为丰富的意象知识，能区分同一意象在不同诗词中的内涵差异
审美创造	1.感受中华古诗词的语言美与韵律美； 2.能通过绘画、剪纸、拼图等形式展示自己对古诗词内容与情感的理解	1.体会中华古诗词的语言美与韵律美； 2.积极创造，勇于根据学过的古诗词尝试改编或自编有韵律的诗句	1.品味中华古诗词的语言美与韵律美； 2.大胆创作，勇于根据学过的古诗词尝试自编完整的短诗

四、课程内容

"好诗天天诵"课程建设按照以"诵"为主、"吟"为辅，以趣味为主、学理为辅，以常规活动为主、专题活动为辅的思路进行总体设计，全面体现新课标积累一定数量古诗词的要求，对低、中、高年级的教学内容进行统筹规划，分别确立了学段的具体内容和教学重点。

（一）课程主体内容

好的课程载体为课程效果的实现提供了最基本的保障。课程以 2021 年版校本教材《诗词天地》（第 4 版）为主要载体，分年级，设 6 册，每册精选 85 首古诗词和 10 首现代诗，共 510 首经典古诗词、60 首现代诗。

（二）课程拓展内容

为更好地推进"好诗天天诵"课程，课程组开发并编订了以《诗词天地》所学诗词为主要内容的校本教材《正气书法》，将诵读古诗词和书写古诗词相融合；从《诗词天地》中精选部分诗词，增设校本课程"诗词漫谈"，带领学生了解诗词背后的故事、走近作者的成长经历，引领学生探索诗词以外的故事。

五、实施与评价

"好诗天天诵"课程历经五所学校的不断改进与优化,目前已自成体系。"让孩子在潜移默化中传承和弘扬诗词经典"是"好诗天天诵"课程的基本理念。课程以长短课和单双周交叉的形式推进,每节课的教学时长在 10～20 分钟;核心词是"浸润",保证学生成长的校园充满诗词气息。目前,课程的实施主要包括三种类型:基础课程、活动课程和拓展课程。具体如下:

(一)基础课程的实施

1."每日晨诵"

学校编订了校本教材《诗词天地》,以此作为课程实施的载体。教师利用每天早晨十分钟的时间,带领学生进行"晨诵"。自 2004 年至今,《诗词天地》几易其稿,先后在五所学校实践,跟随学校、教师、学生的不同而不断改进,造福近万名学子,受到家长们的大力好评。最终形成 2021 年版校本教材《诗词天地》(第 4 版),分年级,设 6 册,精选了共 510 首经典古诗词、60 首现代诗。

2."晨间书法"

课程组在文天祥小学和文天祥小学(岗厦),推进"晨间书法"项目,组织学生用粉笔字书写具有历史和地域文化特色的《正气歌》。这是学校文化特质的彰显,更是诗词文化的浸润。

3.丰富课程学习资源

为了加大"好诗天天诵"时段的统筹力度,提供系统的教学指导,学校每月安排特色组核心教师录制一节诗词诵读教学微课,以"领诵教师广播站领诵＋各教师教室演示文稿协助＋各中层楼层巡视"的合作模式在全校开展。与《诗词天地》配套的教师指导用书《教师领诵》便在实践中积累而成,随之积淀的还有一批配套的教学资源,如教学设计、教学课件、相关教学视频等。

(二)活动课程的实施

课程的实施需要在活动中内化与提升。结合"好诗天天诵"课程内容,课程研发与教学团队开设各类特色活动,引导学生在活动中运用诗词,激发兴趣,展示自我。

1."学生领诵"——诗词诵读个人展示

每日学校广播站,每周一个班级,轮流开展"学生领诵"活动;每学期,教师精选10首优秀作品,制成"正气晨韵",每日8:15全校推送。在全员普及的基础上,教师给予学生展示的平台,并营造无声示范与引领的诗词氛围。

2."诗书艺术节"——诗词诵读集体会演

在"好诗天天诵"课程的长期积累下,学校举办"诗书艺术节"。全体师生或诵诗写字,或吟咏歌唱,乐在其中。社区群众和家长也深受感染,自发到学校共同沐浴书香墨韵。"诗书艺术节"已成为历任学校师生、家长共同期待的节日。

(三)拓展课程的实施

在课程推进和实施的过程中,课程研发与教学团队深感诗词教学内涵之丰富、任务之重大。为了进一步激发学生诵读古诗的热情,拓宽其诗词视界,加大诗词的影响力,团队将读诗、写诗、聊诗进行优化与整合,进一步拓展外延,开发出以下拓展课程:

1."正气书法"

诗词最直观可感的平仄韵律、对仗结构,不仅能通过诵读体现,还能在横竖撇捺的书写中表达。近年来,课程研发与教学团队以《诗词天地》里的古诗词为主要内容,辅以书法知识和书法佳作欣赏,编订了学习资料《正气书法》,成为"好诗天天诵"课程拓展与交融的一个重要部分。2022年2月,《正气书法》正式使用,分6个年级,上、下两册,共12册。在此基础上,学校设置"正气书法"时间,每周二、周四14:10—14:25进行诗词摹写训练。

2."诗词漫谈"

在学校皮琴静副书记的"品牌课程""和孩子们说'名句'"的基础上,课程研发与教学团队以诗词为核心开发"诗词漫谈"拓展课程,于每周一班会课的前20分钟以单双周交叉的形式和微课统一推送的方式开展。"诗词漫谈"拓展课程的选题从切合学生兴趣点或熟悉的诗人出发,将古诗的创作背景、作者的经历、诗中隐含的故事等娓娓道来,进一步激发学生对诗词的兴趣和探索的欲望。

(四)课程评价

针对学校"好诗天天诵"的内容,课程研发与教学团队构建了"日常评比"和"诗词考级""活动评价"相结合的三重评价体系。

1.指向习惯成长的"过程性评价"——"日常评比"

学校每周评比出班级"书法小明星""优秀领诵员";每天会对"好诗天天诵"表现好的班级进行记录留档,并与"周文明班"评比相结合;每月评选校级"书法小明星""优秀领诵员""优胜班级",润物无声,悄然生长。

2.指向诗书积淀的"阶段性评价"——"诗词考级"

为检测学校特色诗词教学成效,对学生《诗词天地》学习成果进行考核,课程研发与教学团队开展了基础性评价活动——"诗词考级",针对诗词等级的设定、诗词考级的步骤和方法、各等级须掌握的具体内容、奖励与表彰等具体细则等制订对应的《诗词考级方案》。学校成立诗词考级小组,精心设计"考级模拟卷";校长室、考级组集体讨论交流,明确命题方向及原则,确定题型、题量,建设"诗词考级题库"。教师在日常诗词教学中设置"接龙""九宫格""我说你猜"等游戏环节,将"诗词考级"前置和日常化。而在"诗词考级"之后的"校长伯伯签名会"更是空前热闹,成为很多学生的毕业梦想。

3.指向兴趣激发的"形成性评价"——"活动评价"

"诗词大会"是在学生诗词积累丰富、诗词学习氛围浓厚的情况下顺应生发的产物。作为学校检测诗词教学成果的拓展性活动,"诗词大会"开展以来获得了学生的极大青睐。活动以班级为单位,自下而上开展班级赛、年级赛和全校总决赛,各年级决出的冠军将在两校联赛的舞台上以诗会友、共展风华。

"诗词大会"比赛内容以《诗词天地》为主,结合课内古诗进行相关拓展,设置了如"诗情画意""一叶知秋""过目成诵""耳熟能详"等兼具基础性和趣味性的题目,也有如"飞花令""限时背诵""诗词知识问答"等考验诗词积累和理解的拓展性题目。

六、成效与展望

斯滕豪斯曾说,学校教育是由不同的过程构成的——技能的掌握、知识的获得、社会价值和规范的确立以及思想体系的形成。而一所致力于传承和发扬中华优秀诗书文化的学校,能带给学生的,远不止于知识的习得。

"好诗天天诵"课程为校园诗书氛围的营造、文化底蕴的积淀和人文精神的建设提供了巨大的能量,从根本上滋养了学校的发展与成长。"诗词"成为每一所学校不可磨灭的印记,甚至灵魂。在"好诗天天诵"课程的培养下,学校涌现出许多优秀学子。近两年,系统学习过"好诗天天诵"课程的学生中共有 79 人次获"诗词教育"相关奖项,其中,市级奖项 30 人次,区级奖项 49 人次。学校特色课程核心教师在诗书教学领域持续探索,其专业能力和综合素养得到极大提升。近两年,学校特色课程核心教师中共有 29 人次获"诗书教育"相关奖项,其中,市级奖项 12 人次,区级奖项 17 人次。

展望未来,课程研发与教学团队将继续探索一系列、分层次、可操作性强、带有"正气"特色的诗书课程与培养方案,促进学生在诗书文化方面的成长;建立一套完善的、激励学生诗书成长的管理机制与评价体系,最大限度地激发学生对诗书文化的内心认可;构建一个科学、成熟、优质、可推广的文天祥小学"正气"诗书课程体系,辐射深圳兄弟学校,擦亮学校的特色品牌,为学校后续的集团化发展助力。

英语趣配音

品牌课程主持人:卢婷
学校:深圳明德实验学校(集团)香蜜校区

"英语趣配音"是深圳明德实验学校(集团)香蜜校区开发的,针对小初衔接的六年级学生,以英语学科核心素养培养为统领,在英语电影资源的基础上,以配音学习为主要教学手段,以切实提升英语教学效果和学生综合语用能力为目的的校本拓展课程。该课程选取趣味浓厚、表达地道且易模仿的片段,引导学生在趣味英语学习中提升学习自信、提高口语表达能力、改善语音语调、创新思维方式、增强文化自信;同时,让学生在语言学习的基础上慢慢渗透对生活态度、生活习惯、亲情友谊、挫折困难等积极的情感目标。

一、课程缘起

近年来,人工智能、移动智能教育软件的应用使信息化教学实现了质的跨越。同时,培养学生的核心素养成为我国教育领域研究和探讨的热点话题。新课标强调,语言学习要有大量的输入,要充分发挥现代信息技术对英语课程教与学的支持与服务功能,利用丰富的互联网教学资源,拓宽学生的学习渠道。新课标在语言技能方面提出,在画面的提示下,为所学对话、故事或动画片段配音。

六年级学生学习英语的兴趣不高,不愿开口。传统的口语教学,忽视了语音语调,连读和发音技巧指导较少。提升学生的词汇量,帮助学生归纳单词、记忆单词,特别是在现实情境中运用英语,尤为重要。电影融合文本、字幕、语音、图像等多种信息传播介质,情境鲜活,为语用能力的改善、文化认知及学习自信的提升提供了抓手。"英语趣配音"校本拓展课程的开设,为学生创建了一个多维度的英语学习平台;同时,为英语教师提供了一个能够发挥自己教育智慧的空间。

二、课程性质

"英语趣配音"是一门语言听说课型的校本拓展课程。本课程探索如何在小初衔接阶段利用丰富有趣的影视资源,通过配音手段落实英语学科核心素养的培养。本课程以学生为中心,以语音为基础,通过多模态的语境输入,培养学生的语言能力,促进其创新思维和批判性思维的发展,提升其学习能力,发展其跨文化意识。

三、课程目标

在课程目标的确立上,综合英语学科核心素养的要求和日常英语教学中存在的问题,本课程目标设置如下:

(一)走进生活,提升语言能力

通过欣赏情节有趣、画面生动的电影或电视剧片段,学生能感受真实的语言交际情境。通过台词梳理、故事表演,学生能掌握地道的语言表达,从而做到厚积薄发。通过模仿经典原声,学生能逐渐形成良好的语感。教师提点发音技巧,让学生反复揣摩,感受语言之美、语音之美。

(二)探讨话题,聚焦思维品质

"英语趣配音"课程通过电影话题的讨论、电影人物的分析,活跃学生思维;通过观点碰撞,发展学生的批判性思维和创新思维能力,使学生创造性地表达自己的观点。

(三)开阔视野,关注育人价值

"英语趣配音"课程帮助学生理解、比较不同文化,汲取文化精华,增强文化自信。学生通过反复观赏经典影视,能更深入地体会剧中人物的情感、思想以及话题所涉及的文化内涵,发现和感悟影片中蕴含的人生哲理。

(四)合作表演,培养学习能力

"英语趣配音"课程通过模仿、表演和小组展示,提升学生的英语学习自信,使学生学会交流与合作,敢于开口,敢于说,乐于秀。

四、课程内容

本课程基于新课标的指导精神,结合沪教版英语的学习要求,充分利用英语电影资源,将语言习得与客观情境联系起来,引导学生在多元文化情境中通过视、听、说的有机联系,从整体上掌握语言,培养学生的语用能力;同时,引导学生在模仿影片的过程中感受不同的文化,发展多样的观点,形成自己的思考。

(一)以生为本,以趣为导

"英语趣配音"课程以电影选段为主要学习内容,立足明德办学特色,按照新课标要求,结合学生的实际情况,秉持从兴趣出发、难度递进的原则,对英语电影片段进行了严格的选材。六年级上册、下册共涵盖了 22 个电影片段,选材丰富;内容安排上,难度梯度上升,脉络清晰,主题多样,难易适中,尽可能地满足了学生的不同喜好和需求。

(二)以音为基,以词为辅

为培养学生对英语学科的浓厚学习兴趣,扩大词汇量积累,让学生在配音教学中感受语言、学习语言、操练语言、强化语言、运用语言,同时了解更多姿的社会生活、文化礼仪、风俗习惯等,本课程针对每单元的不同主题进行了知识拓展。(表 1)

表 1 "英语趣配音"课程单元主题知识拓展

上册教学内容	上册知识拓展	下册教学内容	下册知识拓展
Dance for Him	动词	Roll Hunters	单词的后缀
Thinking Bee	昆虫	Garfield II	猫
I Just Want You to Be Careful	介词	Rio II	鸟类
You Are Frightening the Food	形容词	Ice Age 5：Collision Course	介词
We Are a Team Now!	生命周期	Frozen	动词 ing 形式
Amazing Thing	中西恐龙	Kung Fu Panda II	安慰的方式

（续表）

上册教学内容	上册知识拓展	下册教学内容	下册知识拓展
She Thinks the Monkey Is the Sultan	国家名称	The Son of Bigfoot	单词的前缀
Ice Cream Snowball	食物	Akeelah and the Bee	拼词游戏
You Did It, Tinker Bell	职业	Lion King	感受
I Bet the Daddy's Eyes Sparkle	反义词	Toy Story Ⅲ	玩具
Maybe We Could Share	狗	Mulan	神话故事

五、实施与评价

（一）合理安排，张弛有度

在教学安排方面，本课程纳入学校课表，面向六年级学生开设，每周一课时，每学期各十八课时，两周完成一个单元的教学。上课地点在多媒体教室。该课程由学校安排专门的英语教师执教。学校要求教师上课前必须查阅大量资料、精心备课、制作课件，撰写校本教案，布置学生作业，写出授课心得或反思。

（二）模演配练，层层递进

"英语趣配音"课程以三段六步法展开教学。三段即为配音前、配音学习及配音后三个阶段。三个阶段的教学方式包括：（1）课前热身，初步赏析；（2）课中活动，沉浸式模演；（3）课后活动，拓展提升。具体而言，本课程以"赏、析、模、演、配、练"六步展开教学。

欣赏（赏）：播放电影片段，快速、高效地集中学生的注意力，激发学生的学习兴趣，让学生初步感知电影，在欣赏电影片段的过程中，接收影片中的信息，感受影片带来的间接经历。

分析（析）：学生默读影片配音文本，了解片段主题，找出关键人物，圈出生词，扫除语言理解上的障碍，重点分析角色的性格特征，体会角色的语言表达、心理和神情动作等。

模仿（模）：模仿练习由一个单词到一个词组，再到整个句子，力求发音准确。对于难度较大的语调、语速的模仿，学生需要在教师的指导下结合动作和神态，通过反复听音练习和技巧指导不断强化。

表演(演):学生自由组队进行练习并配音表演 PK 赛,由教师和学生共同参与评价。小组表演需要做到以下几点:(1)分好角色;(2)小组练习;(3)表演与评价;(4)再练习和表演,以达到练习的目的。

配音(配):配音时,学生看着画面,对上口形,配上英语,在兼顾语音、语速、语调三个方面的同时,通过声音合作完成对角色的演绎。这是对英语配音练习的综合检测。

练习(练):配音课不仅仅是为了好玩,而是要在玩中习得语言。为检测学生对知识的掌握情况,配音完成后,教师针对语音重点、基础词汇、常用句型和相关主题等进行相应的检测或拓展,帮助学生巩固所学、举一反三。

(三)多元评价,赋能促减

为激发学生的学习兴趣,促进学生自主学习,提高学生的语言学习自信,本课程采用多元化评价方式,评价学生综合语言运用能力的发展水平。同时,本课程关注学生在学习过程中的表现和进步,注重将形成性评价与终结性评价相结合。"英语趣配音"课程学业总成绩=学时成绩 15%+课业成绩 55%+期末成绩 30%。其中,期末成绩以小组汇报配音或个人单独表演的形式呈现,由教师和学生代表共同参与评价。短视频是课堂教学的主要内容,最终的汇报演出要求学生自选一个配音片段,提前以小组的方式练习,汇报当天面对画面现场同步配音。配音汇报的方式可以锻炼学生的协作能力,激发学生积极主动地进行口语实践。

六、成效与展望

本课程已开发完整的配套教学资源包,包括六年级上、下两册的学生手册,22个电影片段原音视频、消音视频、声频、图片、课件、教学设计等。此外,课题组教师积极参加教研和配音展示课,在教学实践中不断完善课程。学生在配音表演中感受角色特点,模仿语音语调,培养语感,提升学习自信。学生进行了丰富有趣的作品创作,包括纸质作品和视频。

"英语趣配音"课程以培养学生学科核心素养为宗旨,充分利用英语电影这一课程资源,以电影片段对话为主要学习内容,通过视、听、说多种感官,激发学生的兴趣和动力,力求在语言能力、思维品质、文化意识和学习能力等方面发展学生的核心素养,落实学科育人的根本任务。

走进博物馆

品牌课程主持人：冯文正
学校：深圳市福田区百花小学

　　"走进博物馆"是福田区百花小学冯文正老师主持开发的，针对小学高年级学生，以发展学生核心素养为统领，以了解深圳本土历史、拓宽知识视野、增强本土文化认同感为主要学习内容的综合性课程。本课程以学生既熟悉又陌生的深圳本土历史文化作为切入点，以个人学习和小组合作学习相结合，以学校学习与校外实践相结合，线上与线下相结合，不仅丰富了学校的课后服务课程，还使学校的艺术课程更加深入，建立了馆校合作的新模式。

一、课程缘起

　　近年来，国家高度重视博物馆青少年教育工作。教育部、国家文物局联合印发《关于利用博物馆资源开展中小学教育教学的意见》，对中小学利用博物馆资源开展教育教学提出明确指导意见，进一步健全博物馆与中小学校合作机制，促进博物馆资源融入教育体系。

　　在此背景下，冯文正老师在学校的支持下，充分发掘深圳博物馆丰富的馆藏历史文化资源，创新性地开展学校博物馆教学，通过趣味互动的课堂形式和选择性教学模式，帮助学生培养博物馆学习的兴趣和能力，了解本土历史，增强文化体验，拓宽知识视野，促进学生综合素质的全面提升。课程以"重过程、重体验、重参与"为原则，拉近博物馆与青少年的距离，激发学生的学习兴趣，提升学生的动手实践能力，着力打造小学生历史文化学习的"第二课堂"。

二、课程性质

　　"走进博物馆"是一门以发展学生核心素养为统领的综合性课程。课程以了解深圳本土历史、拓宽知识视野、增强本土文化认同感为主要学习内容,以培养学生的探索能力、实践能力和利用多种手段表达的能力为主要目标。课程具有探索性,强调学生在寻找问题的答案的过程中掌握探究方法,领会科学探究的精神;注重表达性,锻炼学生多种方式的表达能力;具有综合性,强调知识、兴趣、实践等多维度的发展;强调知识性,带领学生学习博物馆知识,了解深圳的历史与风俗,增强学生对深圳本土文化的认同感,增长学生见识,拓宽学生视野。

"走进博物馆"课程分为"博物馆知识课程""博物馆实践课程""博物馆创造课程"三大体系,按照"学习探究—创造表达"的思路进行总体设计,全面体现培养学生核心素养的要求。"博物馆知识课程"开设在学校的校本课或延时服务课,"博物馆实践课程"开设在节假日的社会实践中,"博物馆创造课程"则是在学习与探究博物馆的基础上,尝试用跨学科的方式进行创作,不定时地在学校开展。

三、课程目标

本课程将博物馆知识积累、实践与探究、创造与表达作为主要的课程目标。

(一)知识积累目标

(1)了解深圳历史,品味逝去的古城民风,感受深圳悠久的历史和深厚的文化底蕴,体会城市生活的美好。

(2)感受祖国和家乡的悠久历史、文化底蕴及祖国和家乡发生的巨大变化,增强主人翁意识,培养热爱祖国和家乡的民族情怀。

(3)能初步懂得观察展品,能够将所学知识与生活中的实物进行联想,提升思维能力。

(二)实践与探究目标

(1)激发参观各类博物馆以及文化展览的热情。

(2)掌握合作学习的方式方法。掌握同伴互助合作学习、小组合作学习、全员合作学习等丰富的学习方法,激发学习兴趣,增强合作意识,培养集体观念。

(3)提升多渠道获取信息的能力。能够通过合作学习,围绕一个主题,广泛查阅书籍、上网查询及咨询专家等,拓宽知识来源,培养对各种信息进行选择、加工的能力。

(三)创造与表达目标

(1)提升表达能力,包括演讲、美术、多媒体等创意表达,并发展表达思维,能够在信息化时代让自己的表达更加具有吸引力。

(2)提升创造力。通过一次次表达和创造的任务,能够更加懂创新、有创意,并将创造力带到日常的学习和处事之中。

四、课程内容

该课程建设按照"馆藏知识—探索实践—创造表达"的思路进行总体设计,全面体现培养学生核心素养的要求,对五、六年级的教学内容进行统筹规划,确立了学段的具体内容和教育教学重点。

该课程以深圳历史与本土文化的学习、探索与实践、创造与表达为主要教学内容。其中,探索与实践占40%,深圳历史与本土文化的学习占40%,创造与表达占20%。

(一)课程主体内容

课程主体内容具体见表1。

表1 课程主体内容

课程类型	课程名称	简要说明
博物馆知识 (在学校学习完成)	博物馆礼仪	根据深圳博物馆的展馆以及相关的历史、文化知识进行课程编排,引领学生了解相关知识,增强本土文化认同感
	古代深圳	
	近代深圳	
	改革开放史	
	深圳民俗文化	
	馆藏青铜器	
	深圳老照片	
	深圳方言文化	
	岭南饮食文化	
	岭南建筑文化	
	三星堆	
	……	

（续表）

课程类型	课程名称	简要说明
探索与实践 （到深圳博物馆完成）	博物馆探秘	学生根据学习单内容,利用周末和假期的时间,来到深圳博物馆完成探索和学习。一个学期开展两次参观活动,一次在学习完"博物馆礼仪"后,一次在课程的中后期
	穿越深圳四十年	
创造与表达 （在家和学校中完成）	我最喜欢的展品	参观完博物馆后,个人或者小组在班级进行分享与展示,约2课时
	旧时光博物展	在课程的后期进行,通过一系列的博物馆知识学习后,学生尝试自己创办博物展。学生自己收集家中有故事的老物件,准备参展资料,在教师的引导下创办博物展

（二）拓展课程内容

教师利用博物馆资源,将博物馆的知识融入语文、数学、美术等学科中,在潜移默化中渗透知识,增加学科教学的厚度。拓展课程内容见表2。

表2　拓展课程内容

课程名称	融合学科	内容
四十年前的开学季	语文	利用所学改革开放史,创作一篇"假象日记"作文,假如回到四十年前,你的开学第一周是怎么过的
深圳的变化	数学	利用深圳变化的人口、经济等数据,计算深圳的增长数据,对百分数、统计图的学习进行巩固
古代深圳绘画	美术	利用博物馆展品的美术元素进行美术创作
窗花制作		
青花纹绘画		
······		
客家山歌	音乐	学习深圳民间音乐,同时欣赏用中国古代乐器来演奏现代音乐
编钟狂想曲		
展品卡制作	信息技术	学习利用电脑软件,制作博物馆的展品卡
小视频课程		学习制作小视频,并且对博物馆和展品进行介绍与宣传
······		

五、实施与评价

(一)课程实施

课程主要对五、六年级开设,常规课安排在每周周三第二节兴趣课及课后服务时,由课程团队的教师或者邀请深圳博物馆的教师在教室或者线上授课;部分实践课程在周末及寒暑假期开展,以线上或线下等各种形式进行展示交流活动;拓展课程结合学校的艺术节等活动进行融合与开展。

"线上博物馆"课程是本课程的一大特色,在学习完小视频制作课后,教师会布置一些主题任务,引导学生根据主题在生活中探寻展品,制作解说视频,并且在线上开展交流与互动活动。例如,"旧时光博物展"就是让学生搜寻家中的老物件,发掘其中独特的价值和故事,并且通过小视频的方式分享。

(二)教学方法

1.讲授法

教师通过简明、生动的口头语言,同时出示相关博物馆知识,向学生传授知识,拓宽学生的视野。教师通过讲授法引导学生学习深圳本土历史、民俗文化,引导学生分析和认识问题。

2.讨论法

在教师的指导下,学生以全班或小组为单位,围绕博物馆学习的中心问题,各抒己见,通过讨论或辩论活动,获取知识,巩固知识。教师通过讨论法培养学生的合作精神,激发学生的学习兴趣,提高学生学习的独立性。讨论法一般用于展示之前。

3.参观法

教师布置学习单,组织学生到博物馆进行实地考察、研究,从而在实际中获取新知识,巩固、验证已学知识,进而更加直观地认识与感受深圳历史的变化。

4.实践活动法

实践活动法主要用于"旧时光博物展"的开发。教师布置开班展览的任务,培养学生解决实际问题的能力和多方面的实践能力。在实践活动中,学生是中心,教师是学生的参谋或顾问,学生在教师的指导下完成任务。

（三）课程评价

课程从"考试试卷评价""实践表现评价""成果展示评价"三大维度对学生的学习成果进行评价,分别对应"博物馆知识课程""博物馆实践课程""博物馆创造课程",除了检验学生的学习成果以外,还激励学生对本课程的兴趣与热爱。（表3）

表3 课程评价

评价方式	评价内容	评价标准
考试试卷评价	对课堂所讲授的深圳历史文化知识的掌握情况,包括古代深圳、近代深圳、深圳民俗文化等。以选择题与判断题为主,控制难度为0.8	根据试卷所得分数进行等级评价: A. 85～100 B. 70～84 C. 60～69 D. 0～59
实践表现评价	语言表达:在汇报展示、交流分享时学生的语言表达能力	根据以下参考分值对学生进行评价,满分100分: 仪表形象(15分); 发言内容(50分); 语言艺术(35分)
	实践探索评价:对学生参观博物馆、完成合作学习、开展"旧时光博物展"进行评价。本次评价包括师生评价和生生评价,各占50%	根据以下参考分值对学生进行评价,满分100分: 参与合作态度(25分); 发现探索问题(25分); 收集、处理信息态度(25分); 完成作业态度(25分)
成果展示评价	主要指向成果:对"旧时光博物展"展品及介绍,美术作品、音乐作品、信息技术作品进行评价。本次评价包括师生评价和生生评价,各占50%	根据以下参考分值对学生进行评价,满分100分: 基本完成目标成果(20分); 作品富有创意(40分); 作品富有思想内涵,具有历史性与文化性(40分)

六、成效与展望

本课程作为百花小学典型课程案例,先后向各区各校交流经验,其中的融合美术的"深圳民俗文化"课程成果在中国版画博物馆展示。课程开发过程中,该课程的研发与开展情况先后被新闻媒体报道了 12 次。2022 年,结合本课程申报的项目"融合博物馆资源的校本课程开发与研究"获深圳市福田区教学成果奖。

　　回顾课程实施的整个过程,课程由通过博物馆了解历史知识,逐渐变成线上线下相结合,拥抱科技,面向未来的思维、表达、创造。相信未来会有更多的学校重视与博物馆的合作,更多的教师参与到博物馆资源的开发与利用中来。本课程具有可操作性、可复制性,有一定的参考借鉴意义。课程组的开发成员会持续开展活动,不断关注当前教育的改革和转型,分享经验,带动其他学校参与到馆校合作的行列中来,成为促进馆校合作的一股推动力。

新生起始周

品牌课程主持人：王新哲

学校：深圳市福田区文天祥小学

　　"新生起始周"是文天祥小学开发的，针对小学一年级入学第一周的新生，以培养他们良好的行为规范为主要目标的课程，旨在让新生顺利完成幼小衔接，更快、更好地适应小学教育。本课程是一门综合性课程，遵循学生的身心发展规律，以立德树人为教育理念，以生活为基础，融合学校文化特色，打破学科壁垒，以全课程形式整合学习内容，将新生入学阶段所要学习的行为规范教育的各方面内容囊括其中，注重课程的情境化、游戏化、生活化。

一、课程缘起

　　针对如何让小学一年级新生顺利进行幼小衔接，愉快地开启小学生活这一问题，文天祥小学自 2017 年开办以来便一直在思考、尝试与实践。2017 年 9 月，学校进行了为期三天的一年级新生入学教育，每天安排了相应的行为规范训练，取得了良好的效果。基于学校的新生起始教育已经打下了良好的基础，学校要继续做精做实，使其更加切合学生的学习和发展需求。课程团队在 2018 年暑假整合语文、数学、英语、音乐、美术等学科，采用儿歌、绘本、绘画、游戏等形式，研发"新生起始周"课程。课程实施后，取得了良好的成效。此后每一年新生季，课程团队不停地实践、反思、总结，"新生起始周"课程也在不断地更新迭代。

二、课程性质

　　"新生起始周"是小学一年级新生入学后第一周的课程，课程科学合理，设置有寻宝闯关游戏，在活动实践中培养学生良好的行为规范，让学生能顺利完成从幼儿园小朋友到小学生身份的角色转变，适应新的校园生活，树立集体观念和纪律观念,初步养成良好的学习行为、生活习惯,开启愉快的小学生活。

三、课程目标

本课程目标是让学生从思想上、心理上、学习上、生活上和行为方式上适应小学生活,顺利完成从幼儿园到小学的过渡,成为一名阳光自信的小学生。

(1)学生能消除对新环境的畏惧、恐慌心理,快速熟悉校园,认识班主任及任课教师,初步建立良好的情感。

(2)学生能认识新同学,和同伴友好相处,学会交朋友。

(3)学生能在活动中了解学校文化,建立学校归属感,进而喜欢学校、喜欢上学。

(4)学生能在实践中熟悉并适应小学上课的模式和各项行为规范。

(5)学生能独立应对小学学习生活,拥有阳光的心态。

四、课程内容

"新生起始周"是一门综合性课程,以"全课程"的形式,整合语文、数学、英语、音乐、美术等学科,采用儿歌、绘本、绘画、游戏等多种形式,让学生和文天祥小学吉祥物"文文"一起历险寻宝,开启新生开学第一周校园寻宝生活之旅。课程有六个主题(学习板块),分别为"我是小学生啦""文天祥真赞""有正气多棒""有礼貌多酷""有静心多靓""有朋友多甜",让学生在"文天祥博物馆""正气学堂""礼仪之都""安静城堡""朋友王国"学习的过程中获得坚守信念和理想,懂礼仪、有教养,和同伴友好相处,学会安静阅读,充满自信等人生宝藏。课程以培养学生良好的行为规范为主要学习内容,以培育具有良好行为习惯、正气、阳光、自信的儿童为目标。(表1)

表1 "新生起始周"课程内容

学习板块	主题	学习内容
板块一	我是小学生啦	学生完善基本信息、录取通知书、开学第一天全家福、家长寄语、寻宝攻略
板块二	文天祥真赞	绘本《小魔怪要上学》、文天祥简介、文天祥小故事、文天祥诗词《过零丁洋》《正气歌》、文天祥书法、文天祥象棋、游戏(寻找文天祥小学校名)、画画我心中的文天祥、认识文天祥小学

（续表）

学习板块	主题	学习内容
板块三	有正气多棒	正气教育理念、正气课程、正气评价
板块四	有礼貌多酷	绘本《你别想让河马走开》、*Lunch at School*；入校礼仪、课堂礼仪、升旗礼仪、就餐礼仪；儿歌《礼貌歌》《上学歌》《写字歌》《升国旗》；做游戏"课堂礼仪我知道"、中英文"我说你接"、"我会摆整齐"；歌曲《义勇军进行曲》
板块五	有静心多靓	绘本《好安静的书》《好大声的书》；读书礼仪、排队礼仪；儿歌《安静歌》《排队歌》《看书歌》；歌曲《小鼓响咚咚》
板块六	有朋友多甜	绘本《我的兔子朋友》、*Yo！Yes？*；歌曲《你的名字叫什么》《拉勾勾》；破冰游戏；给朋友画个像

五、实施与评价

"新生起始周"课程适用于一年级新生，安排在新生入学第一周，由一年级全体教师担任授课教师。课程共 28 课时，分六个板块：板块一"我是小学生啦"为课前亲子家庭作业，由学生和家长一起完成；板块二"文天祥真赞"3 课时；板块三"有正气多棒"3 课时；板块四"有礼貌多酷"12 课时；板块五"有静心多靓"5 课时；板块六"有朋友多甜"5 课时。

为了保障课程有效实施，学校从课前提要求、课中有指导、课后有总结等方面进行课程保障，取得了良好的效果。

（一）课程实施特点

1. 突出课程趣味性

著名教育家陈鹤琴先生说过，小孩子是生来好动的，是以游戏为生命的。学校吉祥物"文文"造型可爱，萌味十足，深受全校学生的喜欢。针对学生喜欢玩游戏的特点，教学时，教师要把"文文"卡通形象和课程紧密结合。课堂上，教师带领学生跟随"文文"在"文天祥博物馆""正气学堂""礼仪之都""安静城堡""朋友王国"一起探险寻宝，完成一个个任务，增加课程的趣味性，让学生在愉悦参与的状态下养成习惯，形成能力，以温暖、有趣的方式，快乐地开启小学生活。

2. 突出儿童主体地位

教学时，教师要把儿童放在主体地位，关注儿童的生理发展和心理感受，尊重儿童的权利和参与性，适应儿童的认知水平，密切联系儿童的经验世界和想象世界,以激发儿童的学习兴趣。

3.突出学校文化特色

文天祥小学是以著名将领文天祥命名的学校,文天祥是学校鲜明的文化符号。文天祥小学的学生一定要了解文天祥这个人物。教学时,教师通过学习文天祥的小故事、诗词、书法等,使学生初步感受文天祥的爱国精神和崇高的民族气节,对正气教育寻根溯源,初步了解学校文化,在心理上对学校有认同感、归属感。

4.突出课程故事性

针对儿童喜欢听故事的特点,教学时,教师要通过生动有趣的故事引领学生走进课程。每个主题单元学习都以绘本故事引入,"文文"穿插在整个故事中。教师通过《好安静的书》《好大声的书》《你别想让河马走开》《我的兔子朋友》等绘本故事,让学生感受到阅读的美好、学习的快乐。

5.突出课程系统性

教学时,教师要突出课程系统性,保证课程每个主题学习单元中"寻宝过关密令""和爸爸妈妈一起做"环节和本单元主题教学紧密结合。

6.突出课程生活性

杜威认为,教育即生活,学校的教育应该和现实的生活情境相结合,并作为主要内容。因此,"新生起始周"课程以学生的现实生活为课程内容的主要来源。教学时,教师紧扣学生行为习惯培养要求,以正确的行为习惯引导学生开展行为习惯养成的实践活动。

(二)课程实施保障

1.培训会。为了保障"新生起始周"课程扎实、有效地开展,开学前,学校会对一年级全体教师进行"新生起始周"专题培训,让一年级教师对课程有全面、深入的了解。

2.课程表。教导处制作开学第一周课程表,为"新生起始周"课程提供课时保障。

3.进度表。班主任会根据临时课表制作班级教学进度表,保证主题板块教学的系统性与完整性。

4.总结会。"新生起始周"课程结束后,一年级教师会对课程的实施情况做总结,以帮助课程作进一步研发与升级。

(三)课程评价

课程组把一、二年级期末游考评价体系与"新生起始周"相结合,"你真棒""过关啦""加油哦"等评价小印章让学生兴趣盎然。

课程组在每一个主题单元中都安排了不同的评价方式,将整体学习任务分解成若干个小任务,降低了学习难度,使学生在轻松、愉快的氛围中完成一个个挑战。

每一主题单元结束后,课程组设有任务考验"寻宝过关密令"。通过考验的学生将获得教师奖励的一个印章。这种评价方式激励学生学习兴趣的同时,也检验了学生的学习效果。

自我评价、教师评价、校长评价、家长评价四种评价方式相结合,能客观、公正地对学生作出评价,让学生直观地看到自己的成长与进步。

六、成效与展望

"新生起始周"课程实施以来,已取得显著成效。学生经过一周的入学起始教育,有显著变化,能更加安静有礼,能更加遵守学校各项行为规范,能有良好的学习习惯,能迅速适应小学课堂、小学生活。《晶报》、"读特"等新闻媒体对"新生起始周"课程予以报道,《南方都市报》、新华网等也对此进行专题采访报道。

"新生起始周"课程将在不断地升级改进中,继续以课程育人,以活动育人,做到知行合一,积极落实立德树人根本任务,培养德智体美劳全面发展的社会主义建设者和接班人。

家庭阅读套餐

品牌课程主持人：杨岭
学校：深圳市福田区福新小学

"家庭阅读套餐"是福田区福新小学开发的，针对小学一至六年级学生，以激发阅读兴趣、培养良好阅读习惯、学会多种阅读方法、提升整体认知能力、丰富精神世界为主要目标，以各年级"家庭阅读书单"推荐书籍的整本书阅读为主要学习内容的课程。课程不断探索有利于学生高质量、持续性开展家庭整本书阅读的有效策略和科学方法，拓展、延伸语文课内阅读，引导学生爱读书、读好书、善读书，对学生核心素养的发展、全民阅读的推广和书香社会的建设等具有重要意义。

一、课程缘起

阅读是小学生获得文化滋养的重要途径，新课标对小学阶段的阅读提出了新的要求，倡导"多读书，好读书，读好书，读整本书，注重阅读引导，培养读书兴趣，提高阅读品位"。深圳是"全球全民阅读典范城市"，福新小学一直致力于打造"书香校园"。在阅读教学和阅读推广实践中，我们发现小学生家庭阅读仍然存在不少问题和困难。基于此，学校决定开发"家庭阅读套餐"课程，引导和帮助更多学生从小爱读书、读好书、善读书，让更多家长成为学习型家长，更多家庭成为书香家庭。

二、课程性质

"家庭阅读套餐"是一门以新课标为统领，以"引导学生爱读书、读好书、善读书"为课程理念，以各年级"家庭阅读书单"推荐书籍的整本书阅读为主要学习内容的课程。课程针对学生课内阅读时间不足、阅读量少，课外阅读缺乏指导、不持续等突出问题和困难，通过探索实施六个"一"有效阅读策略和科学评价方式，即一次"家庭阅读现状问卷调查"、一份"家庭阅读书单"、一处"家庭阅读角"、一个"家庭阅读礼包"、一节"家庭阅读指导课"和一个"家庭阅读记录袋",激发学生的阅读兴趣,培养其良好的阅读习惯,使学生学会多种阅读方法,提升整体认知能力,丰富精神世界。自主性、阶段性、开放性、趣味性和创造性是本课程的基本特征。

三、课程目标

(一)总目标

"家庭阅读套餐"课程旨在引导学生在家庭阅读实践活动中,根据阅读目的和兴趣选择合适的图书,制订阅读计划,养成良好的阅读习惯;综合运用多种方法阅读整本书,用自己喜欢的方式分享阅读心得,交流、研讨阅读中遇到的问题,积累整本书阅读经验,提升整体认知能力,丰富精神世界。

(二)学段目标

"家庭阅读套餐"课程学段目标具体见表1。

表1 "家庭阅读套餐"课程学段目标

学段	学习目标
第一学段	1.学习默读,借助读物中的图画和拼音阅读,养成爱护图书的习惯; 2.阅读富有童趣的图画书等浅显的读物,体会读书的快乐; 3.阅读、朗诵优秀的儿歌集,感受儿歌的童趣和语言的优美; 4.阅读自己喜欢的童话书,想象故事中的画面,学习讲述书中的故事
第二学段	1.学习略读,学习圈点、批注等阅读方法,养成每天阅读的习惯; 2.阅读表现英雄模范事迹的图书,讲述英雄模范的动人故事; 3.阅读儿童文学名著,感受作品传达的真善美,用自己喜欢的方式讲述故事大意; 4.阅读中国古今寓言、中国神话传说等,学习其中蕴含的中华智慧,口头或书面分享自己获得的启示
第三学段	1.学习浏览,尝试使用多种媒介阅读,不断拓宽阅读面; 2.阅读反映革命传统的作品,讲述自己感受到的家国情怀和爱国精神; 3.阅读文学、科普、科幻等方面的优秀作品,学习梳理作品的基本内容,针对作品中感兴趣的话题展开交流; 4.梳理、反思小学阶段的阅读生活,运用口头或书面方式,与同学分享自己整本书阅读的经历、体会和阅读方法

四、课程内容

(一)主体内容

本课程以各年级"家庭阅读书单"推荐书籍的整本书阅读为主要学习内容。推荐书籍共计 162 册,其中,共读书籍 54 册,占总册数的 33％;自主阅读书籍 108 册,占总册数的 67％。寒暑假另设专项推荐阅读书目。书籍推荐从学生的身心发展需求出发,尊重学生语言学习、情感发展、心智成长的规律,充分考虑到学生年龄特点、认知水平和阅读能力的差异,以"社会主义核心价值观"为出发点,以"对真、善、美的认知和追求"为主题,择选对学生文化自信、语言运用、思维能力和审美创造等核心素养有影响的作品,帮助学生在阅读中学习,提升整体认知能力,丰富精神世界。书籍的类型主要包括文学、艺术、自然科学、人文社科四大类。其中,文学类作品以优秀儿童文学作品和现当代经典文学作品为主,并选择一定数量的图画书。

(二)不同年级课程内容

"家庭阅读套餐"课程不同年级的学习内容具体见表 2。

表 2 "家庭阅读套餐"课程学习内容

年级	时间	分类	共读书籍	自主阅读书籍
一年级（上）	9 月	人文社科	《五星红旗》	《读图识中国》 《第一次去图书馆》
	10 月	文学	《大卫上学去》	《猜猜我有多爱你》 《小马过河》
	11 月	文学	《我有友情要出租》	《萝卜回来了》 《和大人一起读》
	12 月	文学	《吃黑夜的大象》	《一园青菜成了精》 《团圆》
一年级（下）	2 月	文学	《蚯蚓的日记》	《鸡同鸭讲》 《手套》
	3 月	文学	《小巴掌童话》	《爷爷一定有办法》 《大树上的书》

（续表）

年级	时间	分类	共读书籍	自主阅读书籍
一年级（下）	4 月	文学	《儿歌 300 首》	《蝴蝶·豌豆花》 《读读童谣和儿歌 200 首》
	5 月	自然科学	《来喝水吧》	《我们去看鹤》 《一粒种子的旅行》
	6 月	文学	《没头脑和不高兴》	《青蛙和蟾蜍》 《文具的家》
二年级（上）	9 月	文学	《小狗的小房子》	《一只想飞的猫》 《小鲤鱼跳龙门》
	10 月	文学	《弗朗兹的故事》	《笨狼的故事》 《一年级大个子二年级小个子》
	11 月	文学	《成语故事》	《"歪脑袋"木头桩》 《三个强盗》
	12 月	自然科学	《小彗星旅行记》	《冰箱放暑假》 《趣味数学百科图典》
二年级（下）	2 月	文学	《神笔马良》	《阿凡提的故事》 《云朵工厂》
	3 月	人文社科	《中华先锋人物故事汇》	《当世界年纪还小的时候》 《家是一扇窗》
	4 月	文学	《七色花》	《一起长大的玩具》 《我想养一只鸭子》
	5 月	文学	《愿望的实现》	《长大以后做什么》 《属鼠蓝和属鼠灰》
	6 月	文学	《大头儿子和小头爸爸》	《火鞋与风鞋》 《了不起的狐狸爸爸》
三年级（上）	9 月	文学	《格林童话》	《木偶奇遇记》 《爷爷变成了幽灵》
	10 月	文学	《稻草人》	《三毛流浪记》 《孙悟空在我们村里》
	11 月	艺术	《父与子》	《地球的红飘带》 《其有瓷理：从颜色看瓷器》

（续表）

年级	时间	分类	共读书籍	自主阅读书籍
三年级（上）	12月	文学	《安徒生童话》	《绿野仙踪》 《爱的教育》
三年级（下）	2月	文学	《中国古代寓言》	《木偶的森林》 《中国传统节日故事》
	3月	文学	《伊索寓言》	《克雷洛夫寓言》 《水妖喀喀莎》
	4月	文学	《宝葫芦的秘密》	《拉封丹寓言》 《长袜子皮皮》
	5月	自然科学	《盘中餐》	《万物简史》（少儿彩绘版） 《这就是二十四节气》
	6月	文学	《小布头奇遇记》	《洋葱头历险记》 《亲爱的汉修先生》
四年级（上）	9月	文学	《夏洛的网》	《小鹿斑比》 《吃六顿晚餐的猫》
	10月	文学	《中国神话故事集》	《山海经》 《中国古代人物故事》
	11月	文学	《世界神话故事》	《希腊神话故事》 《纳尼亚传奇》
	12月	人文社科	《林汉达中国历史故事集》	《儿童哲学启蒙绘本》 《小狗钱钱》
四年级（下）	2月	文学	《时代广场的蟋蟀》	《小狐狸买手套》 《蓝色的海豚岛》
	3月	自然科学	《十万个为什么》	《看看我们的地球》 《细菌世界历险记》
	4月	文学	《森林报》	《虫子旁》（儿童版） 《帽子的秘密》
	5月	人文社科	《雷锋的故事》	《小英雄雨来》 《周恩来寄语》（青少年版）
	6月	文学	《铁路边的孩子们》	《埃米尔擒贼记》 《爱德华的奇妙之旅》

（续表）

年级	时间	分类	共读书籍	自主阅读书籍
五年级（上）	9 月	文学	《中国民间故事》	《民间文学里的中国》 《狐狸打猎人》
	10 月	文学	《列那狐的故事》	《一千零一夜》 《非洲民间故事》
	11 月	文学	《城南旧事》	《寄小读者》 《童年河》
	12 月	人文社科	《给孩子的汉字王国》	《写给孩子的哲学启蒙书》 《罗大里写给孩子的人类简史》
五年级（下）	2 月	文学	《呼兰河传》	《草房子》 《柳林风声》
	3 月	文学	《西游记》	《红楼梦》（青少版） 《天蓝色的彼岸》
	4 月	文学	《水浒传》	《三国演义》 《彼得·潘》
	5 月	文学	《小兵张嘎》	《可爱的中国》（单行本） 《闪闪的红星》
	6 月	自然科学	《昆虫记》	《寂静的春天》 《太空的故事》
六年级（上）	9 月	文学	《童年》	《雾都孤儿》 《念书的孩子》
	10 月	文学	《驯鹿六季》	《西顿动物记》 《狼王梦》
	11 月	文学	《小王子》	《绿山墙的安妮》 《男生贾里全传》
	12 月	文学	《故乡》	《你是我的妹》 《追风筝的人》
六年级（下）	2 月	文学	《鲁滨逊漂流记》	《尼尔斯骑鹅旅行记》 《格列佛游记》
	3 月	文学	《海底两万里》	《永远讲不完的故事》 《毛毛》

（续表）

年级	时间	分类	共读书籍	自主阅读书籍
六年级（下）	4 月	文学	《假如给我三天光明》	《少年的荣耀》 《钢铁是怎样炼成的》
	5 月	文学	《汤姆·索亚历险记》	《哈利·波特》 《7 号梦工厂》
	6 月	人文社科	《习近平讲故事》（少年版）	《重读先烈诗章》 《思考世界的孩子》

五、实施与评价

（一）课程实施

"家庭阅读套餐"课程实施主要由六个"一"组成：

1. 开展一次"家庭阅读现状问卷调查"

课程实施前，教师先在班级开展一次"家庭阅读现状问卷调查"，重点了解学生家庭阅读的基本情况、面临的困难和存在的问题，并认真分析其成因，便于后期有针对性地开展家庭阅读指导。

2. 提供一份"家庭阅读书单"

教师以学生的年龄特点为经、以阅读核心价值为纬，遵循儿童性、经典性和教育性三个基本原则，精选能为他们精神奠基的基础性图书，含共读和荐读书籍，并分年级编写了"家庭阅读书单"。

3. 布置一处"家庭阅读角"

教师提倡每个家庭根据实际情况布置一处"家庭阅读角"或是一个"家庭书架"，藏书不少于 100 册，倡导简单温馨、方便实用、功能齐全的创建原则，分年级编写了《"家庭阅读角"创建指南》，并提供了多套设计参考方案。

4. 发放一个"家庭阅读礼包"

为避免浅表阅读，学生每读一本必读书，都可以领到教师精心准备的一个"家庭阅读礼包"。这是"家庭阅读套餐"课程的核心部分，既是教师的教案、学生的学案，也是家长的指导手册。"家庭阅读礼包"里面是根据学生年龄特点、学段阅读要求，结合书籍具体内容，精心设计的一系列学生喜闻乐见的家庭阅读辅助资料和阅读活动，具体包括：

（1）阅读导读单：详细介绍作者、创作背景、地位及影响、主要内容和精彩片段等,帮助学生在阅读前对整本书有初步的了解,消除阅读障碍,激发阅读兴趣,产生阅读期待。

(2)阅读轨迹卡:引导学生详细记录自己的阅读旅程,既养成每天阅读的良好习惯,也感受到阅读的仪式感和成就感。

(3)阅读采蜜本:鼓励学生在阅读过程中随时随地记录,做到阅读、思考、积累并举。

(4)阅读串串烧:根据不同年龄、不同书籍的特点,设计内容丰富、形式多样、创意十足的阅读活动,引导学生用适合自己的方法进行深入阅读、个性阅读和创意阅读,并分享阅读成果。

(5)阅读加油站:为学生提供丰富的拓展资源,便于完成整本书阅读后加深阅读理解,使阅读回味无穷。

5.上好一节"家庭阅读指导课"

教师每周上一节"家庭阅读指导课",含新书导读、方法指导和成果分享三种基本课型,重在指导学生掌握多种阅读方法,带着思考阅读和体验,乐于分享阅读感受,还分年级编写了《"亲子阅读"指南》,指导和帮助家庭开展亲子阅读活动。

6.配备一个"家庭阅读记录袋"

"家庭阅读记录袋"主要收集学生家庭阅读的过程性资料,包括阅读轨迹卡、阅读采蜜本、阅读作品集、家庭阅读报告单等,既是学生的家庭阅读成长档案,也是本课程评价体系的重要组成部分。

(二)课程评价

本课程在实施过程中,逐步构建了具有自身特色的评价体系,坚持过程性、激励性、多元化的评价原则,以定性评价为主,定性和定量相结合。评价内容侧重阅读态度、阅读能力和阅读方法。具体评价方式包括:

1.诊断性评价

在课程开展伊始和实施过程中,教师通过观察、问卷、调查、访谈等方法,对学生的阅读基本情况、学习准备情况或特殊困难等进行评价。

2.形成性评价

每个学生配备一个"家庭阅读记录袋",即家庭阅读成长档案。教师有意识地将家庭阅读过程中每一本书的阅读记录、积累、感悟、作品等资料都收集起来,定期展示交流,采用自评、家长评、学生互评、教师评等多种评价方式进行分析和作出星级评价,并形成整本书的"家庭阅读报告单",以评价信息促使学生反思与改进,进而调整阅读行为。

3.终结性评价

学期结束后,教师会收集每个学生这学期的整本书"家庭阅读报告单",并根据完成的阅读量和星级评价成绩进行学期总评价,发放"家庭阅读学期总报告单",并颁发奖状。

六、成效与展望

本课程自开发和实施以来,不断探索和完善,积累了《课程指导纲要》《小学生家庭阅读现状问卷调查报告》《小学生家庭阅读指导手册》《亲子共读指导手册》《"家庭阅读角"创建指南》《福新小学学生家庭阅读分级体系》《教师研究成果集》《学生优秀作品集》等大量课程资源。课程团队中多位教师的优秀课例、教学设计、作业设计等在市、区级教学竞赛中荣获一等奖,10余篇教学论文在国家级、省级期刊上发表,两项课程相关科研课题在市、区立项。课程吸引了省内外教育同行的关注和参与,课程团队也多次受邀赴省内外开展交流分享活动。《学校品牌管理》杂志、"福田教育"公众号都对木课程进行过专题报道。

得益于"家庭阅读套餐"课程的全面实施,全校学生都拥有了自己的"家庭阅读角"或"家庭书架",每学年至少完成 12 本共读书籍和 25 本自主阅读书籍的阅读任务,参加多项丰富多彩的阅读分享活动。中高年级学生积累近 50 篇阅读笔记和 10 余份特色阅读作品。学生的阅读兴趣大增,阅读能力和语文素养不断提高,阅读数量和质量明显提升。学生家长积极参与亲子阅读,其阅读素养和家庭阅读指导能力不断提升,成长为学习型、智慧型家长。家庭阅读环境和氛围良好,越来越多的家庭成为书香家庭。

"家庭阅读套餐"课程建设之路任重而道远。今后,课程团队将继续探索小学生家庭整本书阅读的有效策略和评价体系,进一步将阅读从学校拓展到家庭,再从家庭拓展到社会,尝试利用社区图书馆、网络平台等多种资源,开展社区阅读活动、线上读书活动,为学生开拓更广阔的阅读天地,主动服务学习型家庭、学习型社会的建设。

城中村小学亲子共读

品牌课程主持人：吴雅晴
学校：深圳市福田区绿洲小学

"城中村小学亲子共读"是以"促进学生全面发展"为宗旨，依循"改变一个学生，影响一个家庭，辐射一个社区"的思路进行总体设计，以培养城中村学生的阅读兴趣、提高城中村学生的阅读能力、提升城中村学生的语文素养为旨归，通过多策略"亲子共读"推广活动，紧密联系学校教育和家庭教育，改变城中村学生的家庭教育生态，从而达到提升城中村学生语文素养的最终目的的课程。课程对全校各学段的课外阅读活动进行统筹规划，并确立具体阅读内容与活动，制订了各学段课程实施计划。

一、课程缘起

福田区绿洲小学是典型的城中村学校，学校与家庭教育生态严重脱节，家庭教育在一定程度上抵消了学校教育的效果。为了解决这一难题，结合学校实际，学校以"亲子共读"为抓手，提炼出"改变一个学生，影响一个家庭，辐射一个社区"的指导思想，开发以改善家庭教育生态为目的的"城中村小学亲子共读"课程，构建家校阅读共同体，力求以课外阅读为突破口，形成家校教育共振，促进学生全面、健康地发展。

二、课程性质

"城中村小学亲子共读"课程是一门课外阅读推广课程，是课内语文阅读教学的重要补充，是学校课程的校外（家庭、社区）延伸，是改善城中村教育生态，特别是家庭教育生态的辅助手段，同时也是大德育课程的重要组成部分。

三、课程目标

课程终极目标:改善城中村学生的家庭教育生态,促进学生全面发展。

课程阶段性目标:

第一阶段:营造学校阅读氛围,改善学校阅读生态,培养学生的阅读兴趣。

第二阶段:任务式"亲子共读"推广,更新家长教育观念,提高家长对家庭教育的认识,营造家庭阅读环境,改善家庭阅读微生态。初步开发出适合本校学生"亲子共读"分级书目。

第三阶段:家庭、学校形成自发式"亲子共读"风气,家庭教育生态得到改善。"亲子共读"分级书目编撰完成。(表1)

表1 "城中村小学亲子共读"课程学习目标

学段	"亲子共读"目标	阅读素养目标
第一学段	家长:懂得家庭教育相关政策法规,认识家庭教育的重要性,学习先进的教育理论;学习"亲子共读"的方法并主动落实。 学生:喜欢读书,养成爱护图书的习惯。 共读:热爱"亲子共读",家长尝试用所学的阅读方法进行"亲子共读",创新互动方式	1.喜欢阅读,借助读物中的图画阅读,感受阅读的乐趣; 2.阅读浅近的童话、寓言、故事,获得初步的情感体验,感受语言的优美; 3.尝试阅读整本书,用自己喜欢的方式介绍读过的书。养成爱护图书的习惯
第二学段	家长:理解家庭教育相关政策法规,更新教育观念;从教师处和孩子处学习"亲子共读"的策略,与学校结盟支持"亲子共读"。 学生:学习阅读的方法,并尝试教给家长阅读的策略。 共读:喜欢"亲子共读",并且能对阅读内容提出疑问,亲子间乐于讨论、交流	1.爱上读书,学习各种阅读方法,如朗读、粗读、默读、复述等; 2.能初步把握文本的主要内容,体会内容情感。学习圈点、批注等阅读方法; 3.阅读整本书,初步理解文本的主要内容,主动分享自己的阅读感受
第三学段	家长:了解家庭教育相关政策法规,改变传统教育观念,从孩子处学习"亲子共读"的方法,配合学校完成亲子阅读任务。 学生:掌握阅读的方法,并教会家长阅读的技巧。 共读:享受共读乐趣,亲子间乐于讨论、交流,敢于提出看法,作出自己的判断	1.阅读成为生活习惯,阅读有一定的速度,学习浏览,拓宽知识面,根据需要搜集信息; 2.阅读不同类型的书,学会抓要点,提取有价值的信息; 3.阅读整本书,把握文本的主要内容,积极向家长推荐并说明理由

四、课程内容

该课程体现学校、家庭、社会"三位一体"的教育原则,对全校各学段的课外阅读活动进行统筹规划。

(一)课程内容结构与要求

(1)课程必读内容:统编版小学语文教材中"和大人一起读"和"快乐读书吧"的推荐书目。

教师充分发挥"快乐读书吧"的召唤和导向作用,从低年级开始,注重打开学生的阅读视野,教授一些基本的整本书的阅读方法,引导学生初尝阅读快乐,通过亲子阅读,达到融洽亲子关系、培养学生的阅读兴趣、提升其阅读思维品质的目的。

(2)课程拓展内容:文学作品阅读＋跨学科阅读。

文学作品是"城中村小学亲子共读"课程拓展阅读的核心内容。小学生生活在自己构想的童话世界,因此,将文学作品视作小学阅读课程的核心内容,是顺应儿童心性的做法。跨学科阅读,打破学科间的壁垒,并引导学生将不同学科的知识进行融合与学习,达到提升综合素质的目的。

(二)不同年级课程内容与要求

教师根据年级特点推选出分级阅读书目,根据不同书目内容设置阅读要求(学习单)。(表2)

表2　"城中村小学亲子共读"课程内容

年级	学期	"亲子共读"必读内容	"亲子共读"拓展内容(根据实际情况更新、选读)
一年级	上	"和大人一起读"	绘本:《小石狮》《一园青菜成了精》《我们去看鹤》《大卫上学去》《逃家小兔》《一寸虫》《蚯蚓的日记》《蜉蝣的一生》 整本书:《青蛙和蟾蜍》《小巴掌童话》《小鸟念书》《爱说话的兔子和不爱说话的兔子》《大树上的书》《巧克力战争》《最会偷东西的大盗贼》《流星花》《小狐狸打灯油》《很久很久以前》《我的外婆在乡下》《我和小姐姐克拉拉》
	下	"读读童谣和儿歌"	

（续表）

年级	学期	"亲子共读"必读内容	"亲子共读"拓展内容（根据实际情况更新、选读）
二年级	上	《一只想飞的猫》《孤独的小螃蟹》《小狗的小房子》《小鲤鱼跳龙门》《"歪脑袋"木头桩》	绘本：《门兽》《爷爷一定有办法》《第一次上街买东西》《三个强盗》《疯狂星期二》《勇气》《石头一动也不动》《家是一扇窗》 整本书：《没头脑和不高兴》《小狗的小房子》《我想养一只鸭子》《弗朗兹的故事》《属鼠蓝和属鼠灰》《小熊维尼》《火鞋与风鞋》《兔子坡》《阿凡提的故事》《大头儿子和小头爸爸》
	下	《神笔马良》《七色花》《愿望的实现》《一起长大的玩具》	
三年级	上	《安徒生童话》《稻草人》《格林童话》	绘本：《苏丹的犀角》《小真的长头发》《有个性的羊》《爷爷变成了幽灵》《石头汤》 整本书：《宝葫芦的秘密》《木偶的森林》《月光下的肚肚狼》《水妖喀喀莎》《木偶奇遇记》《长袜子皮皮》《孩子们和野鸭子》《绿野仙踪》《时节之美：朱爱朝给孩子讲二十四节气》《五千年良渚王国》
	下	《中国古代寓言》《伊索寓言》《克雷洛夫寓言》	
四年级	上	《中国古代神话》《世界经典神话与传说故事》	绘本：《团圆》《朱家故事》《大黑狗》《吃六顿晚餐的猫》《在肯尼亚种树》《三月风》 整本书：《夏洛的网》《小鹿斑比》《乌丢丢的奇遇》《我是白痴》《虫子旁》《我的妈妈是精灵》《小狐狸买手套》《时代广场的蟋蟀》《建座瓷窑送给你》《易中天中华经典故事：庄子》《林汉达中国历史故事集》
	下	《看看我们的地球》《灰尘的旅行》《细菌世界历险记》	
五年级	上	《中国民间故事》《列那狐的故事》《非洲民间故事》《小羊倌》《伊凡王子和灰狼》	绘本：《迷戏》《雪花人》《活了100万次的猫》《铁丝网上的小花》 整本书：《柳林风声》《西顿动物故事》《城南旧事》《耗子大爷起晚了》《雪地寻踪》《巴颜喀拉山的孩子》《红色羊齿草的故乡》《听月亮的女孩》《大地的儿子——周恩来的故事》《每个生命都重要》《罗大里写给孩子的人类简史》
	下	《西游记》《三国演义》《水浒传》《红楼梦》	
六年级	上	《童年》《爱的教育》《小英雄雨来》	绘本：《爱心树》《点灯人佩佩》《如果你是第一个登上火星的孩子》 整本书：《小王子》《绿光芒》《银河铁道之夜》《驯鹿六季》《绿山墙的安妮》《毛毛》《不老泉》《诸神的踪迹》《孔子的故事》《野蜂飞舞》《时间机器》《记忆传授人》《呼兰河传》《跟小元谈中国建筑》《给孩子的历史地理》
	下	《鲁滨逊漂流记》《骑鹅旅行记》《汤姆·索亚历险记》	

五、实施与评价

(一)实施要点

(1)整本书阅读:内容整体化。

(2)教学主体(学生、家长):在"亲子共读"过程中,更加强调的是家长与学生在活动过程中的互为主体性,这决定了其"双适应、双发展"的目标假设。

(3)教学时空的灵活性:"亲子共读"不能仅停留于某一时间或空间,学生随时随处都可进行学习活动。

(二)实施主要形式

(1)通过成系列的活动来实施课程。

(2)拓宽阅读方式,激发阅读兴趣。

有声朗读:绿洲小学申请与中华文化促进会朗读专业委员会合作,为有声朗读培养试点学校,将有声朗读作为学校阅读推进的全新方式,有效激发学生的阅读兴趣,增强学生的阅读信心,在专业人员的指导下,精准提升学生的语言表现力、感染力。

聆听国学:聆听课程是以作品聆听为途径的综合体验,是亲子阅读的延伸与发展,与亲子阅读的随意性、自发性相比,它更具有计划性与自觉性。在低年级,识字量的限制与学生的阅读渴求是一对矛盾。聆听课程可解决这一问题。教师选择国学经典小常识、小故事、古诗词等,声情并茂地讲述或诵读,除常见的配合文字声音的音乐,还可有画面的介入、文字的视读等,使聆听效益最大化,满足学生的阅读渴求,有效激发其持续聆听的欲望。

表演性阅读:表演性阅读是对文本深度开发的过程,是对文本最本真的理解和再创作,强调故事的相对完整性,重在参与的过程与投入的兴趣,对结果的完美度不作过高要求。参与表演的多是有较强故事性和形象性的叙事性作品,如童话、小说,一般经历"阅读—改编—排练—表演"的过程。这一过程其实就是一次再创作的过程,是不断想象、体验、内化、表现的过程。

(三)实施路径

"城中村小学亲子共读"课程主要通过"家长培训""活动引领""课题研究"三

条路径来实施。

1.家长培训

学校开办家长学校,分年级培训家长。

培训目标:更新观念,鼓励描摹家庭教育愿景;签订"亲子共读"协议,引导家长履行义务;提供亲子沟通技术,解决项目推进障碍;组建家长讲师团,发挥家长队伍自我教育功能,实现家长队伍自我成长。

2.活动引领

(1)立足语文学科,推进"城中村小学亲子共读"课程。

(2)围绕阅读专题,拓宽"城中村小学亲子共读"课程。

学校通过各种专题活动,探索跨学科之间的资源整合,打破学科界限,优化知识结构,培养学生的创新思维,提升其实践能力,激活其发展潜能。

(3)寻求阅读支点,完善"城中村小学亲子共读"课程。

①起跑点——任务式"亲子共读":起步阶段推着走。以任务式"亲子共读"为起点,推动项目启动。

②加速点——激励式"亲子共读":发展阶段扶着走。评选"阅美家庭",增加阅读的激励效应,加速项目推进。

③聚焦点——主动式"亲子共读":提升阶段规范走。推进"有深度、有收获"的聚焦式亲子阅读,倡导"亲子表达",物化"亲子共读"成果,实现亲情互润,促进生态改善。

④着重点——推广式"亲子共读":收获阶段开拓走。组建"亲子说书团",发掘典范家庭,"反哺"校园教育。

3.课题研究

学校成立"小学生课外阅读有效策略的实践研究""基于'教育生态'改善的'亲子共读'推广策略研究"课题组,研究"学生课外阅读"指导方法和策略、"城中村小学亲子共读"课程内容、改善城中村家庭教育生态的路径等,并将研究成果运用到实际操作中去。

(四)评价方法

1.评价要素

可量化要素:家长、学生的每一本共读书相对应的学习单,班级综合记录表,表现学习收获或体会的作品,所收集的与主题相关的资料,学习任务的完成情况等是可量化的。

非量化要素:学生的学习态度、言谈、举止,与人交往、合作的技能等方面的进步;家长教育素质的提高,家庭教育观念的改变,支持教育的态度等。

2.激励性评价工具

"城中村小学亲子共读"课程主要是以"'亲子共读'课程纲要"为依托,形成三级评价主体(学生评价、家长评价、教师评价)、三维观察内容(阅读能力、阅读过程、阅读兴趣)、二元评价目标(过程评价、结果评价)、两种观察对象(学生的阅读行为、家长的阅读行为)相结合的立体评价体系。所有评价的结果将会通过"阅读·悦美"小程序呈现。"阅读·悦美"小程序以评价引领提高阅读的质量,营造阅读生态。"阅读·悦美"小程序的设计是基于阅读评价,突破评价瓶颈,为本校学生量身定制的小程序,有"海量荐书""共读时光""拾级而上""书式生活"四大模块。其中,平台会在每本书的里面设置几道题目,学生在读完书后可以进行答题。系统会依据学生的答题情况、活跃度、阅读量、分享量等多个维度进行等级积分评比,最终通过排行榜(晋级)激发学生的兴趣,提高学生阅读的积极性。

3.评价结果呈现方式及运用

学校通过展示评比(每学期两次)、亲子现场分享评比等多种表现性评价方式,结合过程性评价,得出综合评定结果,评出班级最美阅读家庭,再报送到全校进行表彰。

六、成效与展望

经过几年的探索与实践,"城中村小学亲子共读"课程逐渐成熟,也取得了一定的成绩:"阅读·悦美"小程序上线,出版《"亲子共读"指南(Ⅰ～Ⅲ)》《绘本故事分享课》学习资料等。近三年,"城中村小学亲子共读"课程走进城中村社区,先后为各社区家庭贡献出20多场亲子阅读公益讲座及活动,受到一致好评,进一步扩大社会影响。

通过本课程的开发和实施,绿洲小学的学生在阅读兴趣和阅读能力方面取得了长足进步,在浓浓书香的熏陶之下,在良好学校教育氛围和和谐的家庭教育浸润之下,提高了各方面的修养,成为一个个乐读书、善读书、知书达理、积极向上的绿洲少年。本课程开发和实施过程中,也培养了一批青年教师。教师掌握了一套有效的阅读推广策略,能够在今后的阅读推广活动设计中多角度地思考,有意识地争取多方面的收获。

绿洲小学的学生在"亲子共读"活动和研究活动中成长,家长们也在活动中进步,城中村家庭教育生态在活动中得到改善。学校将继续优化课程,拟将阅读数字化——用数据推动阅读,精准提升,为阅读增效;同时,开展持续性阅读策略研究,将研究的主要方向对准城中村家庭亲子阅读的策略,争取在此基础上取得更多的创新、更大的突破、更有效的提升。"亲子共读"活动也将继续走出学校,走出家庭,走向社区,与各社区服务站、各图书馆等联系,借助社会各方力量,进一步扩大活动规模,将亲子阅读的理念推向社区,推广到整个城中村,让更多的家庭参与,让更多的学生受益,同时希望通过学校的努力,改变城中村的文化环境,给学生创造出一个现代的文明成长环境。

单元主题式创意写作

品牌课程主持人：林楚涛
学校：深圳市福田区红岭中学（集团）石厦部

　　"单元主题式创意写作"是以单元主题写作为体，以创意写作路径为用，以培育学生不同文体写作能力、激发学生言语建构创新能力为主要目标的课程。课程的最大特色是依托统编版初中语文教材单元主题学习模式，在单元主题整合下，运用拼贴、模仿、想象、翻转、重构、再现六种写作思维路径，激发学生的写作兴趣，在多样化形态中引导学生进行创造性语言表达。课程的实施有效激发了学生的写作兴趣，提升了学生的创意表达能力，培养了学生的创新思维。

一、课程缘起

　　2017 年，林楚涛老师在"四季美景"为单元主题的课堂上，让学生玩一个"文字拼贴"的游戏：为丰子恺先生的一幅描绘春天的漫画配一段文字，要求从不同的文章中各选若干句子重新组合成文。这一写作任务在课堂上引起了学生的积极响应。学生心无旁骛地阅读文章，兴高采烈地讨论选句，匹配成文后修改润色，争先恐后地积极展示。2018 年 9 月开始，林楚涛老师要求学生以分组形式每天轮流进行写作训练，根据教材的单元学习主题设计相应的写作题目，不断创新写作内容，将写作变为一种思维训练的"游戏"，受到学生的喜爱。

　　随着主题的日渐丰富和创意的不断激发，林楚涛老师结合长期实施的语文主题学习，在写作任务的创新设计中有意落实写作思维培养，最终形成写作教学体系。林楚涛老师融入当前流行的创意写作理念（创造性思维培养、写作坊模式、作家可教等），寻找理论支撑；同时，将写作教学模式变为小组成员在课堂上的写作交流与共同创作，在写作任务的创新设计中有意落实写作思维培养，融入创意写作理念，每学期开展 12 节以上的写作课，成功开发了"单元主题式创意写作"课程。

二、课程性质

"单元主题式创意写作"课程本质上属于综合语言实践课程。"单元主题"可以理解为在统编版初中语文教材单元主题的统摄下进行学习资源整合,通过任务驱动学生创作。"创意写作"是指通过新颖且富有创意的写作任务,驱动学生采取不同形式进行创作,最终创作出具有创意作品的创作活动。

(1)以单元教学为依托,在单元主题统摄下开展写作教学,在深度阅读的基础上追求深度写作,具备读写一体化的特性。

(2)注重写作思维的培养,通过思维路径提升学生的创意表达能力,本质上是学生创造性思维的训练课程。

(3)创新写作形式,追求写作活动化,通过创设真实的写作情境,让学生在真实情境中提升写作能力。

(4)强调写作教学的过程化,注重课堂即兴写作,体现学生构思语言的过程。

三、课程目标

(一)总体目标

培养学生的创造性思维,激发学生的言语建构创新能力,提升学生的多文体创作能力。

(二)具体目标

(1)以新课标为参照,提升学生的创意表达能力。

(2)激发学生的写作兴趣,使学生感受写作的多样化形态,有效调整学生面对写作产生的畏难情绪。

(3)强化写作思维训练,激发学生思维的创造性因素。本课程关注写作思维的提升,重视写作中的逆向思维、发散思维等智性因素,激发学生的想象力,实现有创意的语言表达。

(4)有效提升学生的语文素养。本课程注重以写促读,其活动化与综合性的特征决定了语文素养的整体提升。

四、课程内容

(一)主体内容

教师根据单元主题设计与主题相关的创意写作任务,构建六种创意写作学习模式。每种学习模式分别指向不同的写作思维路径,创意写作思维的培养同时渗透在单元主题统摄的群文阅读中,从而构建初中语文"写作—阅读"一体的学习课程。

(1)拼贴写作:指的是在阅读文本中积累有益的写作资源,通过摘抄、引用、借鉴、糅合等方法灵活运用写作资源完成写作任务的学习模式。

(2)模仿写作:指的是创作者在写作过程中通过重复、仿照优秀作者的写作行为来提升自己的写作水平。

(3)想象写作:指的是通过发挥联想和想象,激发学生写作的欲望和创造力,在超越现实的语境中完成写作任务。

(4)重构写作:指的是通过扩写、缩写、改编、变体重写、人称变换等方式对文本内容进行的重新书写,让学生在不同视角、立场下更深入地体验文本的一种学习模式。

(5)翻转写作:指的是在创作过程中充分调动逆向思维,从出人意料的角度提出观点、构思角色、设置情节,使之发生变化或出现反差,达到耳目一新、引人入胜的创作效果。

(6)再现写作:指的是创作手法上偏重于写实和逼真,即追求感性形式的完美和现象的真实;创作倾向上偏重于认识客体,再现现实。

(二)学段内容

在整个课程实施过程中,写作思维的方法路径贯穿于课程始终。但根据不同学段的差异,教师对七、八年级的课程内容作了一定程度的区分。

(1)七年级:以陈述性写作知识为主,初步进行创意写作思维路径的理论知识学习,体现创意思维的基础性。教师根据创意写作思维路径的难易程度作教学内容的区分,上学期以拼贴写作、想象写作、再现写作为主,下学期以翻转写作、重构写作、模仿写作为主,结合主题写作设计一些简单的写作活动。

(2)八年级:以程序性、元认知写作知识为主,重在对创意写作思维路径的运用,在七年级基础上适当提升难度,发掘思维深度,如模仿写作由七年级的仿句到八年级的仿文等。在教学过程中,教师通过自我认知等方式强调学生对创意写作思维路径的综合运用和灵活选择。

五、实施与评价

课程在教学过程中经历了不同的实施模式,最初只是学生以分组的形式轮流进行的写作训练,目的是通过完成单元主题写作任务训练不同的写作思维。随着主题的日渐丰富和创意的不断激发以及创意写作理论的融入,林楚涛老师将写作教学模式变为小组成员在课堂上的写作交流与共同创作,使创意写作课堂的实施变得有序、有趣。在一次网课中,林楚涛老师以模仿写作为思维路径,通过设计任务情境要求学生写作。真实的任务情境引起了学生在网络评论区的"表达狂欢"。学生借助网络平台,共同完成了写作、发表、评论的整个过程,体现了写作教学的过程化。网络平台为即时写作、快速发表、师生共评等提供了更为便捷的操作空间。

课程实施主要体现为以下形态:

(1)写作坊:小组合作写作。任务驱动,小组合作,以小组写作坊形式推动学生完成阅读和写作任务。

(2)活动化:情境写作与项目学习。教师设置真实的学习情境,以写作实践为目标,以任务驱动为引领,以活动开展为载体,将写作与语文活动相结合,激发学生的表达欲望和学习兴趣,通过自主学习、合作、探究,促使学生在语境刺激下进行言意转换与编码。

(3)跨媒介:基于网络的写作课堂。教师借助信息技术手段呈现学生言语编码程序,并利用互联网社交平台完成发表、共享、探讨、评价的全过程。

在课程实施过程中,教师采取了多种评价方式。

首先,教师建立多元化评价体系,由教师、学生、小组成员、家长等参与写作评价,在多元评价中力求突出学生的学习主体地位。

其次,过程性评价。教师重视对学生课堂即时创作的指导和点拨,同时引入"写作坊"理念,关注学生的小组合作写作,强调学生成员之间的互相点评。在引入跨媒介写作后,过程性评价更加开放。通过评论区发言、跟帖留言等形式,师生共评更具有操作空间。

最后,多方式评价,既有传统的"一对一"面批面改的方式,又有通过记录袋将学生作品结集成册的方式。自制小书中的记录袋可以看到学生写作的成长轨迹。

学生在自制小书中为自己的作品写序,邀请教师或家长写序。这些也属于习作评价的一种方式。此外,评价量表是写作评价最为常见的方式。本课程同样充分利用评价量表功能,根据不同的教学内容,设置不同的评价量表的项目及方式。

六、成效与展望

"单元主题式创意写作"课程因其创新的写作模式和具有吸引力的写作内容激发了学生的创作欲望。课程实施以来成效显著,无论是学生还是教师,都在课程实施过程中获得成长。学生的优秀作品不断涌现,比如,结集成册的《同窗速写》自制小书和优秀的科幻与童话作品。一些学生的作文被发表在不同平台,还有一些学生的优秀作文在各级创作大赛中获奖。在课程实施过程中,林楚涛老师的多篇教学课例在各类竞赛中获奖,其撰写的论文,如《让初中记叙文写作多点理性》《"具体而微"教写作》等发表于《语文教学通讯》《内蒙古教育》等刊物。

华罗庚说过,人之可贵在于能创造性地思维。写作的过程即思维的过程,因而,创意写作的本质就是教学生进行创造性思维。未来,本课程将以新课标"创意表达"理念为指导,通过改进课程实施方案、完善课程评价体系、修订课程教材、提升教学设计等方面重新构建,充分落实新课标"创意表达"的要求,期待在课程完善的过程中结出更为丰硕的成果。

用审辩思维读《论语》

品牌课程主持人：王自成
学校：深圳市福田区梅林中学

　　"用审辩思维读《论语》"是福田区梅林中学开发的，以传承中华优秀传统文化、培养审辩式思维、发展学科核心素养为主要目标，以《论语》经典为主要学习内容的高中语文校本课程。课程以"思想观念主题词"之"学、仁、义、礼、智、信、孝、省、志、政、和、乐"等为焦点，整合《论语》中的相关内容，将《论语》学习与学生的生活体验联系起来，将学习继承与审辩创新结合起来，运用审辩思维对《论语》经典进行现代审视，让经典焕发出新时代的生命力。

一、课程缘起

　　党的二十大报告指出，要"传承中华优秀传统文化""增强文化自信""增强实现中华民族伟大复兴的精神力量""不断提升国家文化软实力和中华文化影响力"。高中语文课程标准也明确指出：要让学生"通过研习增进对中华优秀传统文化的理解，提升对中华民族文化的认同感、自豪感，增强文化自信。""促进深刻性、敏捷性、灵活性、批判性和独创性等思维品质的提升。"高中生的思维正在走向高阶，思想走向深邃，渴求更高水平、更有深度的学习，以期获得更好的生命成长——"止于至善"。在这样的背景下，本课程充分挖掘中华优秀传统文化的思想精华，弘扬《论语》传统文化，用中华文化中的"仁义礼智信"等价值观，引领学生成为具有精神之根的中国人，同时培养学生的审辩思维等素养，从而实现培根铸魂、增智启慧、立德树人的目的。

二、课程性质

　　"用审辩思维读《论语》"课程是一门以高中语文课程标准为统领，以《论语》经典核心思想为主要学习内容,用传承中华优秀传统文化培养学生的审辩式思维,以发展学科核心素养为主要目标的高中语文经典阅读校本课程。它是高中语文课程的聚焦、拓展、深化,体现了语文课程的人文性、实践性和综合性。这里的"读《论语》"不同于一般散点式的《论语》阅读,而是以"仁"等多个"核心思想观念关键词"为焦点的梳理、整合式阅读;不同于一般了解《论语》意思和思想的阅读,而是对其思想内容进行思考辨析的审辩式阅读。其目的是最终实现学生言语素养与思想精神的双重建构。

三、课程目标

(一)总体目标

本课程主要在于培养学生具有"仁爱"等中华传统文化思想精神,提升学生的审辩思维能力,同时提升学生的语言素养和审美素养。

(二)具体目标

参照《高中语文课程标准(2017 版,2020 年修订)》,结合课程实施的背景,制定以下课程目标。

1. 语言建构与运用。积累关于《论语》的语言材料和言语活动经验,围绕"思想观念"这一关键词,梳理整合相关语言材料,建构《论语》的相关知识系统,将《论语》的思想观念置于当下时代情境和历史文化情境中理解、分析和评价,并在语言实践中创新运用。

2. 思维发展与提升。运用审辩式思维学习《论语》的思想内容,增强学生思维的深刻性、敏捷性、灵活性、批判性和独创性,培养学生的审辩思维能力。

3. 审美鉴赏与创造。通过演讲、辩论、写作等方式表达自己对《论语》思想精神的审美体验,表达自己的情感、态度和观念,塑造心中的美好形象。

4. 文化传承与理解。通过学习《论语》,热爱、理解、认同、弘扬中华优秀传统文化,体会中华文化中的"仁义礼智信"等核心思想理念和人文精神,增强文化自信,增强为中华民族伟大复兴而奋斗的使命感。

四、课程内容

课程内容见表1。

表 1　课程内容

年级	课程题目	思辨主题	相关内容
高一	印象孔子	思辨一：印象中的孔子与真实的孔子有何不同	天之木铎； 孔子的生平及教育理念； 孔子的思想在所处时代及当今社会的影响
	金句妙语	思辨二：《论语》金句的当代意义	德不孤，必有邻。己所不欲，勿施于人。 君子坦荡荡，小人长戚戚。文质彬彬，然后君子。 知者不惑，仁者不忧，勇者不惧……
	动人故事	思辨三：《论语》故事的当代意义	瑚琏之器，富人子贡，子路强辩，子路请祷，子见南子，子入太庙，子语鲁大师乐，孟懿子问孝……
	孔门群贤	思辨四：那些伟大形象的时代意义	颜渊：贤哉，回也。子路：不忮不求，何用不臧。 仲弓：雍也可使南面。子贡：君子不器。 冉有：小子鸣鼓而攻之可也。子游：君子学道则爱人。 闵子骞、宰我、子夏、子张、曾参、公西华……
高二	《〈论语〉之"学"》	思辨五：《论语》观念"学"的时代意义	有道而正：就有道而正焉，可谓好学也已。 终身向学：吾十有五而志于学……不逾矩。 主动求知：不愤不启……则不复也。 知行合一：德之不修……是吾忧也。 团队成长：三人行……其不善者而改之
	《〈论语〉之"仁"》	思辨六：《论语》观念"仁"的时代意义	何为"仁"？自爱，爱人，忠恕，温良； 为何"仁"？与己，与人，与国，与世； 如何"仁"？爱己，亲亲，仁民，悯物； 仁为己任，克己复礼，力行近仁，至善成仁
	《〈论语〉之"义"》	思辨七：《论语》观念"义"的时代意义	义以为质：不义而富且贵，于我如浮云。 以义取利：见得思义……其可已矣。 见危授命：志士仁人……有杀身以成仁
	《〈论语〉之"礼"》	思辨八：《论语》观念"礼"的时代意义	礼之于己：不叛，中正，礼立，君子。 礼之于国：和贵，君礼臣忠。 达礼之径：孝亲，敬人，言谨，怀仁
	《〈论语〉之"智"》	思辨九：《论语》观念"智"的时代意义	知己：子使漆雕开仕。识人：举直错诸枉，能使枉者直。 识势：天下有道则见。知命：不知命，无以为君子也。 明是：知之为知之。辨善：众好之，必察焉。 知务：务民之义

（续表）

年级	课程题目	思辨主题	相关内容
高二	《〈论语〉之"信"》	思辨十：《论语》观念"信"的时代意义	于己：人而无信，不知其可也。 于人：与朋友交，言而有信。 于君：子路问事君……勿欺也。 于国：子贡问政……民无信不立
	《〈论语〉之"孝"》	思辨十一：《论语》观念"孝"的时代意义	孝以为本，养而有敬，相互关爱，承欢膝下，言行一致，孝慈而忠，为国谋利，治平天下
	《〈论语〉之"省"》	思辨十二：《论语》观念"省"的时代意义	反省之因：不思则罔。 反省之理：为人，交友，为学。 反省之径：见贤思齐。改进之径：择善而从。 反省之果：何忧何惧
	《〈论语〉之"志"》	思辨十三：《论语》观念"志"的时代意义	大同之志：天下为公，修齐治平。 矢志之径：吾十有五而志于学；博学而笃志……仁在其中矣。躬行君子。志于道……游于艺
	《〈论语〉之"政"》	思辨十四：《论语》观念"政"的时代意义	政者正也，修己安人，以身作则，以民为本，选贤任能，尊美屏恶，德主刑辅，尚中贵和，居安思危
	《〈论语〉之"和"》	思辨十五：《论语》观念"和"的时代意义	和谐自然：礼之用，和为贵。 求同存异：君子和而不同。 和睦团结：均无贫，和无寡，安无倾。 声音相应：子与人歌而善……而后和之。 和之境界：与己，与人，与社会，与国家，与自然
	《〈论语〉之"乐"》	思辨十六：《论语》观念"乐"的时代意义	向学：学以致其道。交友：乐多贤友。 教育：诲人不倦。礼乐：立于礼，成于乐。 生活：智者乐水，仁者乐山。君子：曲肱枕之，乐在其中

五、实施与评价

（一）课程实施

1. 学习内容

聚焦观念：用"仁、义、礼、智、信"等核心观念关键词整合《论语》的相关条目。

整理词句：参考《论语译注》等多种版本的书籍，整理词句注释、翻译、点评。

多元补充:查询古今中外与课程内容相关的素材,选择适合的内容作为补充材料,供学生多元思考。可以结合语文课本中的《论语》作品拓展相关内容,结合《论语》校本教材拓展相关课外读物,结合传统文化经典拓展相关时事评论。

问题导学:根据每个主题课程的具体内容设置导学问题,引领学生深入学习课程,为问题寻求依据,联系现实生活思考当下人生。如课程《由文及心,融入生命——〈论语〉之信》的问题设计:

何为"信"?(人言并立,言行一致;在己为诚,待人以信;契约精神,精神追求)

为何"信"?(立身之本,齐家之道,交友之基,经商之魂,为政之宝)

如何"信"?(推诚而不欺,守信而不疑)

思考"今日之信":存在哪些问题? 如何改变? 如何光大?

反观"我之信":如何?

"信"之新思:人在任何情况下都要"信"吗?

2.学习策略

课程学习主要采用主题审辩阅读。学习的形式如下:

聚焦学习:聚焦"仁"等核心词,整合《论语》相关精华思想,语句学习。

任务学习:闱绕特定的任务,驱动学习。

关联学习:广泛联系相关的资源,迁移学习。

切己学习:贴近当今的时代与学生当下的生活,具身学习。

思辨学习:学习中不懈质疑,包容异见,力行担责。

生命学习:回归生命成长本身,引发学生对生命终极追求的深刻思考。

如学习《〈论语〉之"孝"》对"孝"观念的思辨:初感孝之本义,理解《论语》之孝,深识《论语》之孝,思辨今日之孝,反观我之孝,总结孝之深意,生发孝之新思。

3.课时安排

高一年级 12 课时,共 4 个主题,每个主题 3 课时;

高二年级 24 课时,共 12 个主题,每个主题 2 课时。

(二)课程评价

评价分数 85 分以上为优秀,得学分 2 分;60～85 分为良好,得学分 1.5 分;40～60 分得学分 1 分,40 分以下无学分。

1.过程性评价

课堂教学评价:根据"课堂表现""对本课的喜欢程度""活动参与次数",给出分数,划分出优、良、差三个等级。

晨读评价：每周二、周四诵读时间，组织检查打分，在次周晨会反馈情况，期末以班级为单位，给出分数，划分出优、良、差三个等级。

2.终结性评价

参照过程性评价，通过定量和定性两种方式，经学生自评、同伴互评、教师评价给出分数，划分出优、良、差三个等级。

课程结束写一篇小论文，从引用《论语》文句语言积累数量、材料联系广度、思辨力深度等维度评价写作质量，划分出优、良、差等级。优秀者推荐到校刊《梅苑》或福田校园文学刊物《遇见》发表，给予加分。

3.激励性评价

按照《论语》专题，指导经典课程小组举行《论语》诵读及演讲比赛、读书征文比赛等，比赛设立奖项，获奖者在综合素质考核和期末语文成绩上给予加分。在校内、校外刊物发表相关文章或获得相关奖项的给予奖励，并在综合素质考核上给予加分。

以上加分计入总成绩，但总分不得超过最高分100分。

六、成效与展望

本课程在开发实施后富有成效，学生和教师都在课程实施中获得进步和成长。

"用审辩思维读《论语》"课程，因其聚焦中华文化的重要观念，紧密联系学生的生活，对思想文化进行审辩式思考，极大地调动了学生的学习兴趣，激发了学生对中华优秀传统文化学习的热情。学生在演讲辩论、论文写作过程中，实现了自身思维品质、思想精神的有效提升。多名学生的相关文章在公开刊物上发表或被学术资料收录。王自成老师在中文核心期刊《中学语文教学》上发表《走在成为君子的路上——以写为径学〈论语〉》。学校申报的深圳市规划课题"用审辩式思维学习中华优秀传统文化思想理念的实践研究"已经取得初步研究成果，并开发实施了"讲仁爱""崇正义"等15个专题课程。

"用审辩思维读《论语》"课程与高中语文课程标准强调中华优秀传统文化的传承创新及审辩思维培养是一致的。今后，本课程将以《中国教育现代化2035》的"基本理念"及高中语文课程标准为指导，在实践过程中根据学情反思改进，通过修订课程方案、内容及评价标准等完善课程，以取得更好的成果。

小学英语 CSTE 绘本阅读

品牌课程主持人：郑晴菊
学校：深圳市福田区福田小学

"小学英语 CSTE(Chinese Stories Through English 中国故事，英语表达)绘本阅读"是福田小学针对三至六年级学生开发的，以涵养家国情怀、坚定文化自信、发展学生核心素养及综合语言运用能力为主要目标，以中国故事英文绘本为主要学习内容的课程。本课程依据学生语言能力发展的年龄特征，在绘本内容的挑选上遵照了话题契合、语言匹配和情感对应等原则，在遵循学生语言能力发展规律的基础上，匹配了大量语言丰富、难度适宜、内容有趣的中国故事，满足不同学段学生的学习需求。课程建构探讨如何用英语讲好中国故事，培养学生的全球胜任力，帮助他们真正成为拥有中国根基和全球视野的国际化人才。

一、课程缘起

《义务教育英语课程标准(2022 年版)》指出，学习和运用英语有助于学生了解不同文化，比较文化异同，汲取文化精华，逐步形成跨文化沟通与交流的意识和能力，学会客观、理性看待世界，树立国际视野，涵养家国情怀，坚定文化自信，形成正确的世界观、人生观和价值观，为学生终身学习、适应未来社会发展奠定基础。英语课程如何培养具有跨文化沟通与交流能力的社会主义建设者和接班人？如何发展学生核心素养，帮助学生用英语讲好中国故事，培养新时代人类命运共同体的建设者和推动者？基于以上问题，课程组作了有益的探索。

二、课程性质

"小学英语 CSTE 绘本阅读"是一门链接国家课程的拓展性课程，充分挖掘英语学习的工具性和人文性，通过发展学生的语言能力、培育文化意识、提升思维品质、提高学习能力,促进其全面、健康发展。

通过开发及教授与现行深圳市小学英语三至六年级教材主题内容相适切、图文并茂、语言地道、体裁多样、主题鲜明的中国故事系列主题绘本,拓展学生的词汇量和阅读量,帮助学生养成良好的学习习惯和阅读素养;让学生在用英语讲中国故事的过程中了解中国、读懂中国,提高学生的综合语言运用能力和人文素养;让学生在用英语讲中国故事的过程中增强文化自信,培养能向世界传播中华优秀文化、具有全球胜任力的中国少年。

三、课程目标

(1)通过学习中国故事英语绘本,拓展词汇量和阅读量,巩固相关句式,掌握中国故事的有关代表词语;

(2)能够通过自读和小组合作的方式自主开展英语学习,逐步掌握英语阅读技能;

(3)体验和感悟中华传统文化精华,增强民族自豪感,初步形成国际视野和跨文化交流意识;

(4)能够运用英语创造性地进行中国故事的语言表达,并通过不同文本形式进行输出。

四、课程内容

结合深圳市小学英语现行教材,按照模块设计和分年级螺旋式建构思路做好总体设计,以单元教学目标为统领,依托单元主题进行拓展创编,围绕单元学习的知识点和语言点对中年级(三、四年级)和高年级(五、六年级)的教学内容进行统筹规划,并结合学生的年龄特征和生活经验,对单元内容进行必要的整合或重组,建立中国故事与单元语篇育人功能之间的联系。见表1。

表1　课程内容安排及要求

年级	课程内容	
	故事主题	英文绘本
中年级 (三、四年级)	中国(历史)人物 中国传统节日	1. *Si Maguang Saves a child*(司马光砸缸) 2. *Kong Rong and the Pears*（孔融让梨） 3. *A Wise mother*（孟母三迁） 4. *Dragon Boat Festival*（端午节） 5. *Dragon Head-raising Day*（二月龙抬头） 6. *Chang'e Flies to the Moon*（嫦娥奔月）
高年级 (五、六年级)	中国成语(寓言)故事 中国名胜古迹	1. *The Farmer and the Rabbit*（守株待兔） 2. *The Tiger and the Fox*（狐假虎威） 3. *Houyi, a Hero*（后羿射日） 4. *Guilin and the Li River*（桂林漓江） 5. *The Great Wall of China*（长城） 6. *The Ancient Folk Villages of China*（中华民俗村）

五、实施与评价

(一)课程设置及课时安排

通过学用结合、学思结合、学创结合的方式,在体验中学习、在实践中运用、在迁移中创新,倡导学生围绕真实情境和真实问题,参与指向主题意义探究的学习理解、应用实践和迁移创新等一系列相互关联、循环递进的语言学习和运用活动。采用"四个1"的课程实施模式,即"1节外教课＋1节中教研讨课＋1节提高课＋1次展示活动"。见表2。

表2　课程实施安排

课型	执教人	对象	课时	目的
普及课	外国教师、 中国教师	三至六年级所有学生	每周1课时	普及
研讨课	中国教师	三至六年级所有学生	每学期每个教师1课时	普及
校本特色课	外国教师、 中国教师	三至六年级有兴趣、 学有余力的学生	每周五四点半课堂 每周2课时	提高
展示活动课	外国教师、 中国教师	全校所有学生	每学年1个星期	展示

（二）教学方式及资源开发

1.多维度课堂阅读教学，讲好中国故事

课程组把英语阅读看作语言和思维交互的过程，把阅读教学作为培养学生思维品质的重要载体和手段。在设计阅读教学时，教师注重梳理故事主线，优化阅读教学活动，关注课堂提问质量，搭建思维训练平台。教师在阅读教学中设计有趣又有思维含量的阅读活动，如预测、图片环游、故事表演等，在读前、读中和读后活动中利用不同层次的问题，关注语言的学习，重视激发学生的思维，使阅读课堂成为促进学生思辨能力发展的园地。阅读教学的主要环节和流程如图1。

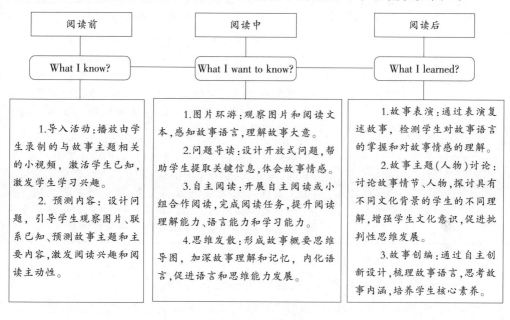

图1 阅读教学流程

2.多样化活动创设，丰富中国故事体验

通过开展形式多样的英语综合实践活动，促进学生核心素养的全面发展，把学生的学习从书本引向更广阔的现实世界。如：在低年级开展形式多样的游园活动，让学生在游戏中感受中国故事的魅力；中年级学生参加中国故事主题拼读秀，在比赛中提高阅读技巧，夯实阅读基础，涵养家国情怀；高年级的学生进行中国故事演讲比赛，在表达中理解与感悟中华优秀传统文化的内涵，增强文化自信。

3.多学科融合运用，推动中国故事创新

将课程与戏剧表演、音乐、美术、信息科技等学科融合，注重阅读拓展，培养学科能力，提升综合素养。如：在低年级开展中国故事的创意图文活动，让学生感受

阅读乐趣;在中年级指导学生制作故事主题阅读卡,拓展阅读思维;在高年级指导学生创作中国故事系列连环画,提升阅读素养。

(三)课程评价内容及方法

课程评价对课程的实施起着重要的导向和质量监控的作用。评价的目标、体系和方式等各方面都直接影响着课程培养目标的实现、课程功能的落实。根据学生心理认知特点和阶段性阅读教学的内容、目的和重点设计具体评价内容。见表3。

表3　课程评价目标与内容

年级	故事主题	课程评价
中年级 (三、四年级)	中国(历史)人物 中国传统节日	学生能在教师指导下,通过绘本图片、配图故事等获取简单的文化信息;能观察、辨识中国典型饮食及重大节日,能用简单的单词、短语和句子描述与绘本故事有关的图片和熟悉的具体事物;能在教师的帮助下,讲述和表演所学绘本,基本理解绘本所传达的中华文化价值观
高年级 (五、六年级)	中国成语(寓言)故事 中国名胜古迹	学生能在问题引导下,获取绘本故事中有关人物、时间、地点、事件等关键信息;学生对进行跨文化沟通与交流有兴趣,能在教师引导下,注意到在跨文化沟通与交流中彼此的文化差异;能够理解并表达故事中所包含的道理与相关中国文化中的精神内核

借助评价表,在评价中做到了以下几点:

1.基于有意义的学习素材,发展学生的语言能力

课程将中国故事这些具有“真实”情境的课程资源引入教学过程后,进一步打开了学生的学习空间,让教学真正“活”起来。学生在课程学习的过程中也参与了中国故事绘本教材的开发与创作,由被动的“知识接受者”转变为主动的“知识参与者和共建者”,这不仅大大激发了他们学习的主动性和积极性,还使得自主性和探究性的学习成为可能。

2.关注不同的学习需求,强调学生的全面发展

课程通过中国故事系列主题设计英语综合实践活动的学习内容,并引导学生通过实践与探究,融合英语学科和其他课程所学知识解决问题。如:在对学生用英语演讲、用戏剧表演中国故事等综合实践活动的过程性评价中,既实现了对学生的英语知识技能的评价,也将问题解决、同伴合作、创造性思维等方面纳入了评价范围,全面地评价了学生在学习过程中的实际获得,有效促进了实践活动目标

的达成。

3.改变单一的课堂学习,形成"泛在学习"

课程在将中国故事资源与英语教学有机融合的同时,为学生营造了良好的英语学习环境,拓宽了学生英语语言输入和输出的渠道。以课堂学习带动课外学习,以课外学习促进课堂学习,两者相辅相成、相得益彰,促进了学生英语素养和英语能力的全面提升。

六、成效与展望

目前,"小学英语 CSTE 绘本阅读"课程的实施方式已在区内、区外多所学校推广和实践,并得到广泛的认可和称赞。课程组边研边思,物化了丰硕的研究成果:主持人郑晴菊老师的论文《例析"小学英语 CSTE 绘本阅读"课程的建构与实施》发表在《教育科学与研究》上;课程组成员以及学生积极参与省、市、区各级各类比赛活动,教师和学生多人次荣获区级以上奖励;课程组编制了教学电子用书16 本、故事电子书 8 本,录制了微课、示范课课例 11 节,同时为教师提供了教案参考和故事阅读数据收集的模板。

"小学英语 CSTE 绘本阅读"课程深度挖掘了中华传统文化的精髓,激励学生多参与、多思考、多思辨、多表达,帮助学生涵养家国情怀,坚定文化自信。"讲好中国故事,传播中国声音",在向着第二个百年奋斗目标迈进之际,进一步讲好中国故事,是实现课程育人的重要途径,也对中国走向世界、世界了解中国具有重要意义。

绘本悦读(Reading is for fun)

品牌课程主持人:曾力
学校:深圳市福田区园岭小学

"绘本悦读(Reading is for fun)"是深圳市福田区园岭小学针对一年级至六年级学生开发的,以发展学生良好的阅读素养为主要目标,以共读英文绘本为主要学习内容的课程。该课程始终秉持"和学生一起玩转英文绘本阅读"的教育理念,致力于以满足学生的阅读需求为主导,以培养学生的核心素养为目的,依托阅读延伸活动,提升教学的多元化与趣味性,突出"面向全体学生,注重素质教育"的课程理念。

一、课程缘起

在教学中,发现传统的英语教材虽然比较科学化、合理化和系统化,但教材的部分主题缺乏新鲜感,内容趣味性不够,容易让学生产生厌倦情绪。单一的教学资源对语言的学习尤其是英语阅读能力的提高,有着相对的局限性。课程开发以课程主持人曾力老师于 2016 年结题的福田区规划课题"以英文绘本教学培养小学生英语阅读兴趣的研究"为载体,将绘本阅读活动融入英语教学中,在一定程度上丰富课程资源,激发学生对英语阅读的兴趣,以及对英语学科知识思考、分析和探究的主观能动性,从而提高小学英语课堂教学的有效性。

深圳市福田区园岭小学在"为每个学生幸福人生奠基"的办学理念引领下,一直坚持从学生自主发展需求出发,建构园岭"幸福课程体系",福田区品牌课程"绘本悦读(Reading is for fun)"就是园岭小学"幸福课程体系"中的一门课程。

二、课程性质

"绘本悦读(Reading is for fun)"课程抓住儿童爱听故事的天性,通过整合立足于教材又高于教材的绘本资源,提供不同体裁和题材的语言材料给学生,让学生在有趣的情境中感受语言和文化,从而引发学生自愿阅读的动机,提高对英语阅读的兴趣。

本课程将小学英语教材与英语绘本阅读进行有效融合,促使学生丰富阅读体验,发展阅读素养。学生通过开展丰富多彩的阅读延伸活动,在合作探究中扩大国际视野,坚定文化自信,课程最终达到落实英语学科立德树人根本任务的育人目标。

三、课程目标

通过阅读英语绘本,在感知、体验、积累和运用等活动中,逐步形成语言意识进行沟通和交流。学生在阅读中感受中外文化的异同,发展跨文化的交际能力,形成正确的情感态度和价值观。此外,学生在绘本阅读教学中,思维品质得到有效提升,能够对故事的情节、人物等进行辩证的思考,形成逻辑思维、创新思维和批判性思维。课程核心素养目标见表1。

表1 课程核心素养目标

核心素养	课程目标
语言能力	1.学生通过阅读绘本,学习单词和句子的基本结构,掌握简单词汇和句子的基本用法; 2.学生能使用绘本中的词汇和句型进行简单的交流与沟通,学习正确的英语表达方式; 3.学生通过阅读绘本锻炼听、读、说、写的能力,能进行简单的对话表演和故事创作等
学习能力	1.学生通过阅读绘本中的故事,学会观察生活、感悟生活,提高将英语知识学以致用的能力; 2.学生能在教师的引导下感受绘本中有趣的情节和生动的画面,体验阅读的乐趣,养成阅读的习惯; 3.学生通过绘本阅读中的各项活动,锻炼与他人交流、沟通的能力
思维品质	1.学生能够在阅读绘本的过程中勤于思考、辩证思考、创新思维,形成自己的想法和观点,提高思维品质,发展创造力与想象力; 2.学生能够在阅读绘本的过程中感受故事人物的优良人格,在阅读中进行反思,将故事与生活相结合; 3.学生能在阅读活动中,通过与他人的交流、自我的表达等,提升自身素质

（续表）

核心素养	课程目标
文化意识	1.学生在英语绘本阅读活动中拓宽视野,感受不同文化之间的差异与思想的碰撞; 2.学生在阅读过程中感受不同语言差异,了解异国文化的特色,感悟中国文化的魅力; 3.学生在绘本阅读小组活动和绘本表演活动中,可以提升综合运用英语的能力

四、课程内容

依据现行教材中的主题语境、语言特点和育人功能,精选与其单元话题、语言、级别相匹配的绘本资源,提供科学的阅读指导和教学支持。

课程主要以《典范英语》(牛津阅读国内版)、"大猫英语分级阅读""攀登英语"和其他精选分级英语绘本为教学内容。为了优化课程结构,依据各学段教学目标、教学内容和学段特点,将以上列举分级阅读材料与深圳牛津版教材1～12册进行整合,在原有教材内容的基础上作一定的补充和拓展,让学生能够在绘本阅读的过程中深化对教材内容的理解。同时,帮助学生拓宽文化视野,进一步加深对中国传统文化的认识和热爱,落实核心素养。

下面以一年级课程为例,具体内容见表2所列。

表2 一年级课程内容节选

年级	学期	模块主题	单元主题	课程内容(绘本故事)
一年级	上学期	Getting to know you	Unit 1 *Hello*	*Nice to meet you*
			Unit 2 *My classmates*	*My noisy schoolbag*
			Unit 3 *My face*	*The Robot*
		My family, my friends and me	Unit 4 *I can sing*	*I Can Help*
			Unit 5 *My family*	*My Family Tree*
			Unit 6 *My friends*	*My friend*
		Places and activities	Unit 7 *Let's count*	*How Many Animals*
			Unit 8 *Apples, please*	*We Like Fruit*!
			Unit 9 *May I have a pie?*	*The Farmer's Lunch*
		The world around us	Unit 10 *On the farm*	*Farm friends*
			Unit 11 *In the zoo*	*In the Forest*
			Unit 12 *In the park*	*Colour Bears*

（续表）

年级	学期	模块主题	单元主题	课程内容（绘本故事）
下学期		Using my senses	Unit 1 *Look and see*	*The Pond*
			Unit 2 *Listen and hear*	*Make a call*
			Unit 3 *Taste and smell*	*The Ostrich*
		My favourite things	Unit 4 *Toys I like*	*Maya's Yo-yo*
			Unit 5 *Food I like*	*A Day with Monster Toon*
			Unit 6 *Drinks I like*	*I Have an Idea*
		Things around us	Unit 7 *Seasons*	*Seasons scrapbook*
			Unit 8 *Weather*	*Weather Report*
			Unit 9 *Clothes*	*A Special Guest*
		Things we enjoy	Unit 10 *Activities*	*Elephant's Friends*
			Unit 11 *New Year's Day*	*A box for me*
			Unit 12 *A boy and a wolf*	*A Wolf or a Sheep*

五、实施与评价

（一）课程实施

课程研究经历了"确定课程目标—搜集课程资源—确定研发内容—完成设计实施—完善评价体系"五个环节，课程实施过程如下。

（1）教师通过整合教材与绘本，利用希沃白板平台和 CLASSIN 平台进行智慧课堂教学和管理，优化英语课堂。在课时分配上，除了常规课堂上的绘本教学，也利用早读时间进行趣味导读，校本课时间来指导开展读书会，激发学生的阅读热情。按照课程结构，每学期学生能够在教师的引导下，有目标、有步骤地阅读完 12 册绘本，分别匹配教材的 12 个单元，每个单元一课时＋期末汇报 2 课时，每学期共计 14 课时。

（2）为了进一步丰富绘本阅读资源，给学生更多的途径接触英语绘本，相关实验班级也开展了英文绘本漂流活动，通过绘本漂流的形式，形成班级小型英文绘本区。此外，除了实体绘本，学生课外还通过各种 APP 来进行电子绘本阅读。现代信息技术使得学生的认知活动从文字走向图像、从无声走向有声、从单一走向多元，大大提升了学生的阅读兴趣，逐步形成了从学校到家庭、从课内到课外、从书本到网络相结合的英语绘本阅读模式。

（3）品牌课程实施过程十分注重每个学生个体的参与程度，课程输出采用了多种多样的形式，如编创绘本、绘本朗读周打卡、讲述绘本故事、期末绘本阅读汇报、绘本戏剧表演等。通过给学生提供精彩的舞台,让每个学生都能有深度参与课堂的机会,促进了学生语言内化能力的培养。与此同时,通过编创绘本、讲述绘本故事和绘本戏剧表演等精彩纷呈的活动,有效地提高了学生的综合素养。

(二)课程评价

课程评价以学生核心素养的全面发展为出发点和落脚点,充分发挥学生的主体作用,并贯穿本课程教与学的全过程。

1.检测学生的阅读技巧和能力水平

在阅读教学中测试学生的英语阅读理解能力是课程不容忽视的评价方式之一,教师根据精准的数据评价有针对性地记录学生的学习情况,根据学生的学习情况及时调整阅读教学策略,改进教学行为,提高教学效率。其次,通过科学有效的测试,有助于学生阅读能力的提升。

2.日常考核

阅读习惯的培养,需循序渐进。为了让英文阅读成为学生快乐的享受,日常考核形式分成两种:一是每周周末共读绘本打卡;二是填写假期阅读记录表。

教师通过周打卡或假期阅读记录表,及时了解学生的英文阅读情况,对学生进行适时的监督和引导。

3.汇报表演活动

按照课程结构,每学期学生能够在教师的引导下,有目标、有步骤地阅读完12册绘本。为了调动学生的积极性,分别采用班级与校级汇报表演活动的方式,激发学生展示自己的别样阅读成果的热情。儿童天生喜欢表演,绘本剧不仅能让学生大胆地开口说英语,还能激发他们的兴趣和阅读的积极性,另外也能提高他们的自信心,培养团队的协作意识和共情能力。汇报表演这种评价形式,可以不同的方式促进学生在学习与发展中产生新的认知,也为学生提供了一些自由的空间去相互交流与沟通,肯定学生的教学主体地位,让学生在生动的戏剧表演中提升自身的英语综合能力。

六、成效与展望

阅读是运用语言文字获取信息、认识世界、发展思维、获得审美体验的重要途径。新课标指出,要指导学生坚持开展课外阅读,注意培养和发展阅读素养,帮助学生在阅读中得到全方位的发展。"绘本悦读(Reading is for fun)"课程通过近几年的实施,已取得一定的成果。园岭小学学生的语言素养、阅读素养和综合语言运用能力在逐步提升。学生通过阅读,结合生活及实际认知,在提升跨文化交流能力的同时,也增强了他们的民族自豪感,以及对民族文化的认同感。通过本课程的研究,课程团队成员的教科研意识和自身整体素质在得到提高的同时也获得了理论与实践的双丰收。

新课标提出,发挥核心素养的统领作用,践行学思结合、用创为本的英语学习活动观,推进信息技术与英语教学的深度融合。信息技术赋能教育,在未来的课程发展中,将注重信息技术与绘本教学的深度融合,创新使用在线教学平台,促进教与学方式的改变。

小实验家

品牌课程主持人：李丹
学校：深圳明德实验学校（集团）碧海校区

　　"小实验家"是深圳明德实验学校（集团）碧海校区针对小学高年级的学生开发的，以培养学生科学观念、发展科学思维、提高探究实践能力为主要目标，以趣味性的科学探究和家庭实验为主要学习内容的课程。"小实验家"课程是小学科学的补充性校本课程，课程通过选取贴近生活的学习资源，构建真实的科学实验场景，有效地帮助学生理解科学观念。课程不局限于小学阶段所要求的基本知识和基本技能，同时涉足了初中阶段的物理学、生命科学、化学等领域。该课程已开发了配套的课程资源，收获了丰富的学生学习成果和教师教学成果，取得了良好的成效。

一、课程缘起

　　21世纪以来，科学技术渗透在生活的方方面面，当代的资源重新配置，生产方式发生变革，创新产品层出不穷。在科技迅猛发展的今天，关注学生的科学素养变得尤为重要。新课标提到，科学学科的核心素养包含科学观念、科学思维、探究实践、态度责任四个方面。

　　深圳明德实验学校（集团）围绕核心素养，构建了由基础课程、拓展课程和特需课程构成的立体课程体系。在拓展课程开设上，学校赋予教师较大的自由度。基于校情、学情、师资和课程资源，深圳明德实验学校（集团）碧海校区李丹老师开设了"小实验家"课程，对小学科学课程起到重要的补充作用，该课程亦是明德课程体系的组成部分。

二、课程性质和课程理念

(一)课程性质

"小实验家"课程是一门以培养学生科学观念、发展科学思维、提高探究实践能力为宗旨的课程。"小实验家"课程具有以下基本性质:最大限度地将科学探究活动过程呈现在课程内容中;有效地综合自然科学各个领域(物理、生物、化学)和技术领域中最基础的知识和技能。同时,"小实验家"课程还要为学生初中的分科课程如物理、化学、生物课程的学习打下良好的基础。

(二)课程理念

在课程开发过程中,确立课程理念:

(1)生活教育的理念:培养学生的科学素养,应从学生的认知特点和生活经验出发,选取他们生活中熟悉的资源或场景进行科学探索,促使学生提高发现、分析及解决问题的能力,同时让学生感受科学探究的实用性及乐趣。

(2)科学探究的理念:在"小实验家"课程中,教师作为引导者,注重引导学生主动观察、探究,亲历科学探究的过程。学生作为课程主体,将探究式的学习与其他方式的学习充分结合起来。该课程每节课均以学生探究活动的形式展开,让学生在做中学,力求提高学生的观察、思考以及动手能力。

三、课程目标

"小实验家"课程旨在培养学生的核心素养,为学生的终身发展奠定基础。通过学习该课程,学生能掌握关键的基础实践知识和技能,具备科学探究的兴趣和思维习惯;了解科学探究的基本过程和方法,并能将其应用于力所能及的科学探究活动;了解自身所处的生态环境,增强爱护环境及生物的意识。

(一)科学观念

熟练运用常用的实验器械,并能尝试用于解决身边的实际问题;通过对生活中常见科学问题的探究,掌握相应的科学知识;通过对生命科学有关知识的学习,了解生命世界的相关知识,了解生物世界的规律。

(二)科学思维

通过分析、比较、抽象和概括等方法,能抓住事物的本质特征;能针对具体问题提出假设,基于交流情境提出观点;能分析科学实验中的变量控制。

(三)探究实践

能提出可探究的科学问题和研究假设,制订较为完整的探究计划,设计控制变量的实验方案;能运用观察、实验和案例分析等方法获取信息;能用科学语言、概念图、统计图记录整理信息;能清晰表述探究结果,初步具有交流探究过程和结果的能力,能进行实验评价、反思和改进。

(四)态度责任

初步理解科学、技术、社会和环境之间的关系;具有生态文明意识;初步形成热爱自然、珍爱生命、节约资源、保护环境的意识和社会责任感。

四、课程内容

"小实验家"课程内容包括五个部分,分别为学会观测、探究实验、家庭实验、动手实践和主题单元。其中,学会观测部分选取小学生常用和常见的一些测量工具和观察工具展开学习;探究实验、家庭实验和动手实践部分选取与科学课程相关、与生活紧密结合的实验或活动展开探究;主题单元部分依托学校课程资源,分为关于动物、关于植物展开实践。见表1。

表1 课程内容

类 别	课程内容	
	上 册	下 册
学会观测 (测量与观察仪器)	长度的测量——刻度尺 体积的测量——量杯和量筒 温度的测量——温度计 时间的测量——秒表	质量的测量——台秤、电子秤和天平 力的测量——弹簧测力计 观察工具——放大镜 观察工具——显微镜

（续表）

类　别		课程内容	
		上　册	下　册
科学实践	探究实验	鸡蛋的沉与浮 糖果中的学问 变色魔王 色素层析	两个著名的膨胀实验 热冰实验 水中花园 好玩的气球
	家庭实验	超酷的色彩实验（一） 超酷的色彩实验（二） 超酷的色彩实验（三） 神奇的乒乓球（一） 神奇的乒乓球（二）	鸡蛋的特技（一） 鸡蛋的特技（二） 趣玩蜡烛（一） 趣玩蜡烛（二）
	动手实践	酸奶的观察与制作 米酒的观察与制作 简易提取DNA 营养成分的检测 从牛奶中提取酪蛋白	建筑的结构（一） 建筑的结构（二） 模拟火山喷发
主题单元 （生命科学类）		菌类 关于酵母 关于霉菌 认识动物 对虾 金鱼 青蛙 变色龙 兔子 动物与我们	藻类 苔藓植物 蕨类植物 裸子植物 被子植物 植物与我们

　　课程团队在设计以上教学内容时，编制了对应的课型分类表，按探究类型将学习内容分为三种课型——观察类、实验类和活动类，并且梳理出每种课型的基本环节和学生探究切入点，使授课过程尽可能规范。见表2、表3、表4。

表2　观察类探究活动的基本实施过程

环节	学生探究的切入点
兴趣引入	对观察对象的质疑
实践观察	观察方法，观察角度，观察顺序
总结方法	观察方法的质疑、比较，观察过程中产生问题的解决
再次实践	再次实践中发现问题、尝试解决问题
信息处理	信息的整理、比较、筛选、归纳等方法，对观察结果的质疑
交流展示	交流展示记录的内容、结论，对结论的质疑
总结评价	评价方法

表3　实验类探究活动的基本实施过程

环节	学生探究的切入点
激发兴趣　提出问题	发现问题　提出问题
提出假设　设计实验	实验结论的推理、假设 实验过程的设计 实验记录单的设计 小组实验操作的分工
实验验证　收集证据	实验材料、工具的准备 实验操作方法 实验观察方法 实验数据采集方法 实验现象与数据的记录方法
分析解释　形成结论	实验现象解释 实验数据整理、统计、分析 实验结果与设想的对比、反思
交流分享　总结评价	以事先的预想与实验结果作比较

表4　活动类探究活动的基本实施过程

环节	学生探究的切入点
情境创设中激发愿望	提出问题、进行猜想
思考设计中产生方案	对自身能力和实验材料加以评估，明确活动设计的思路
自主合作中开展活动	人员分工，细节设想，小组合作方式
交流展示中实施拓展	展示活动内容、程序、形式的设计，小组合作方式
总结提炼中进行评价	对整个活动的回顾、反思 对自我、他人的评价 对探究内容的生成性问题的思考

五、实施与评价

(一)课程实施

"小实验家"面向小学五、六年级开设。课程内容分为上下两学期，每学期初由教师向课程处提交课程规划，经审定后在选课系统中发布课程信息，学生进行自主选课，每周1个课时，每学期20课时。上课地点是科学实验室，学校在教研指导、经费提供、课程资源和师资配备等方面提供支持。

1.联系生活,培养科学观念

课程内容设置上选取了如"酸奶的观察与制作""米酒的观察与制作""从牛奶中提取酪蛋白"等常见的制作活动;在实验素材的选择上,选取了鸡蛋、气球、乒乓球、蜡烛、糖果、盐等常见物品;在主题单元(关于动物、关于植物)的研究对象选取上,选取了学生熟悉的生物,如金鱼、青蛙、兔子、海带、紫菜、银杏等。这些贴近生活的课程资源让"小实验家"课程十分生活化,构建了真实的科学实验场景,有效地促进了学生理解科学观念。

2.渗透方法,发展科学思维

"小实验家"不局限于小学阶段所要求的基本知识和基本技能,同时涉足了初中阶段的物理学、生命科学、化学等领域。教师授课时根据学生情况作进一步拓展,与初中分科课程对应章节联系,渗透科学探究的基本方法,注重发展学生的科学思维。如学会观测部分,涉及8种仪器的认识和使用,在小学和初中阶段都会涉及,但是每个学段所要求的能力水平有所不同。在实际教学过程中,教师要做到既兼顾小学生的思维能力水平,又渗透初中阶段常用的实验方法。这样能帮助学生从现象和理论出发,思考科学规律,提高科学思维品质。

3.实验操作,提高实践能力

"小实验家"是一门以实验为基础的课程。教师以小组合作为载体,以探究活动为主线,通过引导学生亲身体验实验过程,以自主学习、合作学习和探究学习相结合的方式,充分发挥学生的主动性,落实教学目标。授课时教师为学生准备"小实验家"学本、实验记录册。在探究过程中,教师强调严谨的实验设计、细致的科学观察、规范的科学操作和清晰的科学表达。

4.德育浸润,履行社会责任

注重科学态度和履行社会责任是"小实验家"课程的核心价值之一。为此,教师在编制"小实验家"学本时加入了"科学趣谈"和"科学史话"两部分内容,如时钟的发明、DNA双螺旋结构的发现、人类的起源等内容。再如主题单元部分,特别加入了《动物与我们》《植物与我们》两节内容,力求让学生了解生物的现状、自然和人类的关系,提升学生对于生命本质的认识,更好地履行社会责任。

(二)课程评价

评价的主要目的是全面了解学生的学习历程,更好地促进学生的发展。本课程侧重过程性的评价,将学生的自评和互评、教师评价相结合,用发展的眼光去评价学习成果,纵向地评价学生的发展和提高。见表5。

表5　课程评价方式

评价类型	评价维度	评价内容	评价者
过程性评价	科学思维、探究实践	课堂表现	教师
	科学观念、科学思维	实验报告	教师
	探究实践、态度责任	实验探究（小组互评）	学生
终结性评价 （三选一）	科学观念、科学思维、态度责任	纸笔考核	教师
	探究实践	实验操作	教师
	探究实践	成果展示（小组互评）	学生

六、成效与展望

"小实验家"课程实践取得了良好的效果，每学期初选修课报名时，该课程在选课系统中受到学生的热情追捧和家长的一致好评。该课程满足了学生个性化的学习需求，激发了学生的科学学习兴趣，有效地培养了科学观念、发展了科学思维、提高了探究实践的能力。对于教师来说，该课程的开展则有效地提升了教师的专业水平和研究能力。开发一门课程，教师需要充分了解学生的学习现状、把握学生的教育需求，同时还要分析相关的课程资源以及教师的知识储备和相关条件。另外，教师还需要进行课程设计、编制课程纲要、筛选课程内容、编写相关学本、提出课程实施建议和评价建议。本课程组多名教师的优质课例获奖，其论文在公开刊物发表。

课程团队还编制了"小实验家"课程标准，确保教师授课时有据可依，保持不同教师授课的协同性和一致性。回顾该课程的开发历程，是一个持续的动态的过程，反复经历"开发—实施—反馈—调节"。未来，课程研究团队将根据新课标精神，继续开展"小实验家"课程研究，进一步丰富课程资源，尤其是线上教学资源的建设与整合。在此过程中，课程团队将持续改进，不断完善课程方案，推进课程发展，进一步彰显课程价值。

儿童智造

品牌课程主持人：周伟明

学校：深圳市福田区荔园小学（荔园教育集团）

"儿童智造"是荔园小学（荔园教育集团）针对小学中高年级学生开发的，以培养学生的创新想象、动手实践、展示表达等综合能力，发展"实践创新"等核心素养为主要目标，以"学习 Match UP（火柴头）可视化编程软件及开源硬件"为主要学习内容的实践创新综合课程。在培养学生实践创新能力方面取得了显著成效。

一、课程缘起

2015 年，荔园小学被深圳市教育科学研究院评为第一批创客实践学校。学校打造的"全面素养融合的人"的多元课程体系，促进学生德智体美劳全面发展，在智育方面，为了启发学生的创造性思维，倡导学生主动参与、乐于探索、勤于动手，提高学生的动脑和动手能力。基于以上背景，学校从学生的认知特点和生活经验出发，开发了符合时代需求和具有学校教育特色的创客教育类的校本课程"儿童智造"。

二、课程性质

"儿童智造"是一门从学生的真实生活和发展需要出发，从生活情境中发现问题，以"可视化编程和开源硬件"为基础的具有实践创新性的跨学科的综合课程，旨在引导学生从简单的"造物"开始，逐步提高学生的实践创新等核心素养。本课程以解决生活实际问题为切入点，从激发学生的想象力和学习兴趣出发，在基于项目的学习过程中，培养学生的创新想象、动手实践、展示表达等综合能力。本课程面向小学中高学段的全体学生，以学习编程和开源硬件为基础，分为基础知识、入门应用和进阶应用三大板块，形成进阶的有序的课程结构，按照从简单应用到综合运用的思路进行总体设计,从日常学习生活、社会生活或与大自然的接触中提出具有教育意义的学习主题,提倡主题的真实性,激发学生的学习兴趣,让学生主动参与、积极思考和体验、经历实践探究,养成自主学习和合作学习的习惯,从而促进学生的全面发展。本课程的每个案例都需完成设计制作一个能解决生活实际问题的智能作品,既具有与时代和学校需求相适应的特色,又具有项目式学习中"在做中学,在学中做"的以学生为本的教育理念特色。

三、课程目标

"儿童智造"课程目标旨在通过学习 Match UP(火柴头)可视化编程软件及常见的开源硬件等知识,立足于学生核心素养的发展,体现课程性质,反映课程理念,为学生适应新时代发展奠定基础。核心素养是课程育人价值的集中体现,是学生通过课程学习逐步形成的正确价值观、必备品格和关键能力。本课程要培养的核心素养,主要包括课程涉及的基础知识、编程思维、实践创新、态度责任。

(一)基础知识

熟练运用生活中的常见工具(如热熔胶枪、剪刀等);了解 Arduino 主控板和多种常见传感器(红外线传感器、超声波传感器等)的工作原理;掌握生活中常见材料(如木板、塑料、金属等)的特征,并会组合利用;掌握一种可视化图像编程软件的使用(以 Match Up 为例)。

(二)编程思维

所谓"编程思维"并不是编写程序的技巧,而是一种解决问题的思维方式。它包括分解(把一个复杂的大问题,拆解成可执行、易理解的小步骤)、抽象(聚焦重要的信息,忽视无用细节)、计算(设计分步骤的解决路径,从而解决整个问题)。通过这三步,一个复杂的问题先被拆解成一系列小问题,对每一个小问题进行单独思考,再抽象出重要信息,寻找解决问题的思路和方案,并设计出可执行的步骤,最后能尝试验证解决问题的过程,反思、优化解决问题的方案,并将其迁移运用于解决其他问题。

(三)实践创新

实践创新是指学生在日常学习和生活中通过选用合适的资源,开展探究性学习,创造性地解决问题。本课程主要体现在以下几个方面:了解技术与工程实践的一般过程和方法;能利用简单的工具和材料进行加工;启发创新性思维,提高动手、动脑能力,从而提高综合素养。

(四)态度责任

本课程的态度责任主要体现在:通过"造物",激发学习热情,感受到学习生活的快乐,并逐步提高科学素养和创新精神;鼓励合作和分享,在合作和分享中享受成功的喜悦;形成成本意识,养成节约资源和注重环境保护的良好习惯。

四、课程内容

"儿童智造"课程从学生的认知特点和生活经验出发,按照从简单应用到综合运用的思路进行总体设计,以学习编程和开源硬件为基础,开发了18个案例,每个案例都需完成设计制作一个能解决生活实际问题的智能作品,具体课程内容如表1(节选)。

表 1　课程内容(节选)

课题	内容	目标	综合能力
1.基于开源的智造硬件	认识器材盒中的 Arduino 主控板和 Base Shield 扩展板,认识器材盒中的 10 种输入传感器,认识器材盒中的 8 种输出执行器,了解创意电子作品是如何工作的	认识常见的电子硬件并每人准备一份,了解创意电子作品工作原理	观察和理解能力
2.可视化图形编程软件	认识 Match UP(火柴头)软件中的硬件模块拼接界面,认识 Match UP(火柴头)软件中的逻辑模块拼接界面(程序编写界面),试用 Match UP(火柴头)软件编写"Hello, World"程序	认识并安装好 Match UP(火柴头)软件,尝试编写简单的程序从而进一步熟练软件的使用	思维和操作能力
3.点亮LED 灯	"LED 灯"模块介绍,"高低电平"逻辑模块介绍,如何在 Match UP(火柴头)软件中编写程序点亮 LED 灯	了解 LED 模块;掌握"高低电平"逻辑模块的使用,学会如何在 Match UP(火柴头)软件中编写程序点亮 LED 灯	制 作 和 编 程能力

（续表）

课题	内容	目标	综合能力
4. SOS 国际求救信号	什么是"SOS 国际求救信号"； "等待"逻辑模块介绍； "重复多次"模块介绍； 如何在 Match UP（火柴头）软件中编写程序控制 LED 灯的亮灭； 如何在 Match UP（火柴头）软件中编写"SOS 国际求救信号"	了解"SOS 国际求救信号"； 掌握"等待"逻辑模块、"重复多次"模块的使用； 学会如何在 Match UP（火柴头）软件中编写"SOS 国际求救信号"	制作和编程能力，创新能力
5. 闪烁的霓虹灯	"变色 LED 灯"模块介绍； 如何在 Match UP（火柴头）软件中编写程序实现霓虹灯的效果	掌握"变色 LED 灯"模块的使用； 学会如何在 Match UP（火柴头）软件中编写程序实现霓虹灯的效果	制作和编程能力，创新能力
6. 呼吸小夜灯	什么是"呼吸灯"； "for 循环"逻辑模块介绍； 如何在 Match UP（火柴头）软件中编写程序实现"呼吸灯"的效果	了解什么是"呼吸灯"； 掌握"for 循环"逻辑模块的使用； 学会如何在 Match UP（火柴头）软件中编写程序实现"呼吸灯"的效果	制作和编程能力，创新能力
7. 调光小台灯	"旋转电位器"模块介绍； "赋值（定义变量）"逻辑模块介绍； 如何使用 Match UP（火柴头）软件编写"调光小台灯"程序	掌握"旋转电位器"模块的使用； 掌握"赋值（定义变量）"逻辑模块的使用； 学会如何使用 Match UP（火柴头）软件编写"调光小台灯"程序	制作和编程能力，创新能力
8. 电子温湿度计	"温湿度传感器"模块介绍； "LCD 彩色显示屏"模块介绍； 如何使用 Match UP（火柴头）软件编写"电子温湿度计"程序	掌握"温湿度传感器"模块的使用； 掌握"LCD 彩色显示屏"模块的使用； 学会如何使用 Match UP（火柴头）软件编写"电子温湿度计"程序	制作和编程能力，创新能力

（续表）

课题	内容	目标	综合能力
9. 超声波测距仪	什么是超声波；"超声波测距传感器"模块介绍；"4 位数码管"模块介绍；如何使用 Match UP（火柴头）软件编写"超声波测距仪"程序	了解什么是超声波；掌握"超声波测距传感器"模块的使用；掌握"4 位数码管"模块的使用；学会如何使用 Match UP（火柴头）软件编写"超声波测距仪"程序	制作和编程能力，创新能力
10. 电子门铃	"按钮"模块介绍；"蜂鸣器"模块介绍；"条件选择执行"逻辑模块介绍；"布尔判断"逻辑模块介绍；如何使用 Match UP（火柴头）软件编写"电子门铃"程序	掌握"按钮"模块的使用；掌握"蜂鸣器"模块的使用；掌握"条件选择执行"逻辑模块的使用；掌握"布尔判断"逻辑模块的使用；学会如何使用 Match UP（火柴头）软件编写"电子门铃"程序	制作和编程能力，创新能力

五、实施与评价

目前，本课程主要用于创客社团培训，三至六年级学生均可参加。每学年两学期共计 32 节课，每次课程时长为 1 小时左右。课程实施初期，只在通新岭校区的创客社团课上进行，利用更符合小学生年龄特点的 Match UP（火柴头）可视化编程软件进行"造物"教学。最后发展到荔园教育集团的各个校区都开设了这门课程，不断在教学过程中修改和完善本课程。

课程实施过程中，本课程团队成员积极落实学校校本课程的教研制度，每学期开学初制订课程开展计划，严格按课程开展计划按时开课，不占用及挪用本课程的时间，保证开足课时。为了检验课程开展情况，每年 9 月举行的荔园教育集团校园科技节增加了校区间的"智能造物"比赛，每个校区选拔学生集中到一个校区进行现场比赛。几年来，本课程已经实现了从集团的一个校区到多个校区的辐射，甚至还有部分其他学校的教师也在使用本课程进行教学。

在每节课的课堂教学中，教师以学生生活中熟知的项目为主题，以项目式学习方式开展教学活动，引导学生相互协作并发现问题，主动思考并交流，学会调用各种资源进行自主探究,并能分享经验和成果,完整经历聚焦问题、明确目标、计划实施、评价改进的学习过程。"儿童智造"课程教学流程见图1。以"制作坐姿提醒器"这课为例,从"造成近视的原因"这个学生面临的生活中的实际问题出发,激发学生"制作坐姿提醒器"的兴趣,然后从设计(画设计图)、制作(搭建外观、编写程序、组合美化)、展示(小组汇报作品的优点、演示作品功能)、评价(自评、学生互评和教师评价)和改进(迭代优化作品)等方面引导学生进行"造物"。

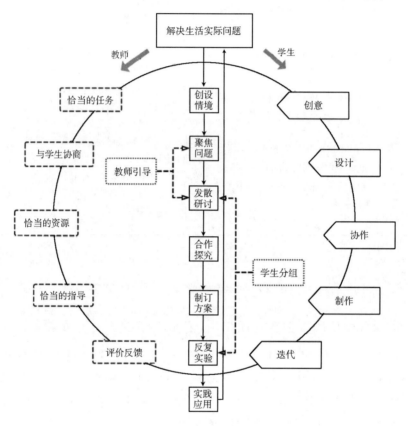

图1 "儿童智造"课程教学流程

本课程评价以课程目标和学习内容为依据,树立正确的评价观念,坚持以评促教、以评促学,坚持评价的方向性、指导性、客观性、公正性等原则,引导教学顺应时代发展、技术创新和社会变革,推进教与学方式改革,着重发展学生实践创新等综合素养。

评价过程中特别加强了过程性评价,过程性评价侧重反映日常教学中学生表现出来的学习进步情况;终结性评价侧重反映学生阶段性学习目标达成度,比如最终作品的完成度等。评价需形成电子档案,便于教师、家长等随时了解学生的学习情况。

除此之外，评价的主体多元化，开展以学生自评、学生互评和教师评价，甚至家长课后评价相结合的方式，引导学生针对学习过程进行反思，与他人相互评价，关注学习任务是否清晰、学习动机是否明确、学习方法是否得当、学习目标是否实现、作品是否完整等。

六、成效与展望

得益于"儿童智造"课程的全面实施，学生的实践创新等核心素养得到全面提升，学校科创工作取得优异成绩。近几年，学生在科创方面获国家、省、市、区级的奖项多达几百项，申请并获得国家专利 10 余项，学校连续多年被评为福田区科技与创客教育先进单位，课程主持人连续多年被评为福田区"优秀科技辅导教师"，多次被评为深圳市"优秀科技辅导员"，中央广播电视总台等多种媒体对学校科创教育所取得的成果进行多次报道。2019 年，在由南方日报社、中国科学院深圳先进技术研究院主办的"智育未来"2019 深圳科技创新教育大会上，"儿童智造"校本课程被评为深圳市"科技创新实践优秀项目"。

未来，学校将以课题研究为抓手完善课程建设。课程团队在目前课程只有 18 个案例的基础上，计划再增加部分案例，整理成适合小学低中高年级的学习内容，使课程更符合学生的认知规律，更有利于学生系统地学习编程"造物"知识，从而进一步全面提升学生的实践创新等核心素养。

AI 启蒙

品牌课程主持人：胡晓璇
学校：深圳市福田区荔园外国语小学（天骄）

"AI 启蒙"是荔园外国语小学（天骄）胡晓璇老师主持开发的，针对小学中高学段的学生，围绕"人脸识别""文字识别""语音识别""自然语言处理技术"等常用的人工智能核心技术展开，让学生在小学阶段就能够接受人工智能教育，学会运用人工智能相关技术思想来分析和解决问题，提高动手实践能力以及创新能力的课程。本课程根据"感知体验—项目实践—融合创新"的思路进行总体设计，开发了 12 个案例。课程实施后，有效激发了学生学习人工智能的兴趣，在培养学生的信息意识、计算思维、创意表达等方面取得了显著成效。

一、课程缘起

作为引领未来的战略性新兴技术，人工智能正在影响着社会的方方面面，也将改变人们的生产生活方式。2017 年 7 月，国务院印发的《新一代人工智能发展规划》明确指出，我国应该实施全民智能教育项目，在中小学阶段开设人工智能相关课程。2018 年 4 月，教育部印发《教育信息化 2.0 行动计划》，强调要完善课程方案和课程标准，充实适应信息时代、智能时代发展需要的人工智能和编程课内容。然而，目前指导小学人工智能课程开发的课程标准尚未出台，关于人工智能的只是内容极少量地渗透在信息科技教材上。如何在小学阶段开展与中学相衔接的人工智能教育课程，形成自下而上的教育体系，帮助学生了解人工智能技术给世界带来的深刻变革，在头脑中播下人工智能的种子是新时代信息科技教师的使命。

基于以上背景，学校从学生的认知特点和生活经验出发，开发了符合智能时代需求和具有学校教育特色的创客教育类的校本课程"AI 启蒙"。

二、课程性质

本课程遵循"关注前沿、立足课程、提升素养"的设计理念,让学生在小学阶段就能够接受符合其认知发展规律的人工智能教育,提高运用人工智能相关技术思想分析和解决问题的能力、动手实践能力以及创新能力,旨在为培养符合智能化社会需求的、具备良好计算思维和编程能力的创新人才奠定基础。

(一)结合学生的生活实际进行选题

小学阶段的人工智能课程主要目的是让学生感悟人工智能给生活和学习带来的影响。在设计相关课程时,结合该年龄阶段学生的生活实际选择课程主题。例如,在《智能门禁》一课中,先让学生思考设计的实用性,这样学生才会觉得他们学习的内容与生活如此紧密,探究出来的成果才更有实用价值。

(二)设计学生感兴趣的主题活动

在课程设计时,着重抓住学生的兴趣点设计主题活动,激发学生的求知欲。例如,设计了"语音台灯""电子警察""无人驾驶"等一个个学生感兴趣的小主题,在课上结合学生多种想法和创意,进行具体的主题活动设计,从而调动学生的学习兴趣,提高课堂学习效率和学习效果。

(三)以任务驱动式开展学习过程

主要采用任务驱动学习方式,结合学习内容由易到难设计不同的任务,学生在完成任务的过程中提升创新意识。如果学生在完成任务过程中遇到困难,教师则顺势给予引导,鼓励学生尝试多种方法解决困难;学生在发现问题并想办法解决问题的过程中,能够获得成就感,思维也能够得到锻炼,实践操作能力、解决问题能力也能够得到提升。

三、课程目标

(一)总体目标

从各年龄段学生的认知水平入手,通过"感知体验、项目实践、融合创新"等内容设计,培养学生的计算思维与逻辑思维,提高学生的创新能力、动手实践能力以及综合设计能力;通过一系列的人工智能学习经历,提升学生信息素养,以及在丰富的学习体验中培养在生活中发现问题、应用技术手段创新性解决问题的能力。

(二)具体目标

在感知体验部分,学生通过感知、体验人工智能,了解人工智能技术对人们学习生活产生的影响,了解人工智能工作流程,培养对人工智能的学习兴趣。

在项目实践部分,学生通过自主编程和搭建人工智能,解决较复杂的问题,提升分析问题、解决问题的能力,发展创新精神、探索精神和形成人工智能的思维方式。

在融合创新部分,学生通过应用人工智能技术创新性解决问题,提高创新能力,激发对未来信息生活的追求和向往。

四、课程内容

本课程按照"感知体验—项目实践—融合创新"的思路进行总体设计,主要围绕"文字识别""人脸识别""语音识别""语音合成""自然语言处理技术"等人工智能常用核心技术展开。见图1。

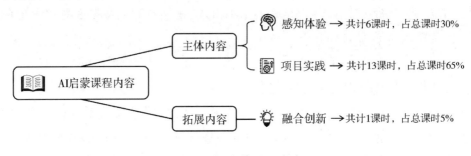

图1 AI启蒙课程内容

在"感知体验"部分(第一课至第六课),重点在于了解、接触、体验人工智能技术,让学生通过不同功能的软件应用体验,充分感受人工智能具有的"可看""会听""能说""会想""会写"等本领,帮助他们明白"人工智能是什么",初步感知"人工智能能做什么",从而激发学习、使用人工智能技术的兴趣,为下一步如何通过人工智能技术解决实际问题打下基础。具体教学 内容见表1。

表1 "感知体验"教学内容

课题	主要内容	目标
第一课:初识人工智能	1.观看 AlphaGo 战胜围棋冠军的视频,对人工智能展开"头脑风暴",讲解人工智能的概念; 2.体验用一种常见的人工智能技术去解决生活中的某个问题; 3.小组分工,选择至少一个领域去搜索人工智能的应用,并记录; 4.阅读材料,通过完善人工智能发展趋势图来深入认识人工智能的发展史	认识人工智能的概念及发展史
第二课:文字识别	1.观看车辆进地下停车场的视频,思考车闸系统运用的人工智能技术; 2.分享文字识别技术在生活、工作中的应用; 3.选择两种平台去识别同一份印刷文字,比较其速度与准确度; 4.通过对两份不同手写签名的识别,感受文字中的重要特征并分析识别过程	认识人工智能常用的五种技术,了解其应用、影响、过程和原理
第三课:人脸识别	1.通过手机人脸识别解锁,了解什么是人脸识别; 2.运用百度 AI"人脸识别"功能识别表情,体验人脸识别、解析人脸识别的过程和原理; 3.概括人脸识别、文字识别的共同点,了解它们都是属于图像识别; 4.交流讨论人脸识别的应用,解决身边的问题	
第四课:语音识别	1.体验与"天猫精灵"聊天,思考"天猫精灵"为什么能听懂我们说的话; 2.分享语音识别技术在学习、生活中的应用; 3.采集不同学生的声音波纹,分析声音的特点从而破解语音识别的奥秘; 4.体验语音识别技术,了解语音识别技术的优点与弊端	
第五课:语音合成	1.播放高德地图中"郭德纲"导航语音,思考其中蕴含的人工智能技术; 2.交流分享,上网搜索更多语音合成技术的应用; 3.探究用"讯飞开放平台"体验语音合成技术;4.利用一个多音字组词,体验是否能读出正确的读音,从而分析语音合成的过程	

（续表）

课题	主要内容	目标
第六课： 自然语言处理	1.展示"微软小冰"机器人写作的诗集,思考蕴含的人工智能技术; 2.体验百度 AI 的文本分析功能; 3.体验与机器对话,用百度翻译实现中英文之间的翻译; 4.思考:未来自然语言处理技术还可以用在哪些方面	

在"项目实践"部分(第七课至第十三课),展示生活中常见的人工智能应用场景,通过项目式学习的方式,将图形化编程语言与人工智能套件相结合,带领学生一同探索解决问题的方法,让他们在动手实践中感受人工智能的魅力,并形成相应的实物成果。具体教学内容见表 2。

表 2 "项目实践"教学内容

课题	主要内容	目标/场景
第七课： 听写小能手	1.编写一个可以报英语听写的小程序,思考可能用到编程平台中的哪些人工智能拓展模块; 2.自主学习,经历人工智能程序编写三部曲:①分析问题,找到需要的模块;②设计流程图,将模块和流程图内容相对应;③编程并调试; 3.讨论希望利用人工智能模块编写什么程序,实现哪些功能	项目实践流程初体验
第八课： 语音台灯 （2 课时）	1.演示语音台灯,明确学习任务——制作语音台灯; 2.搭建模型,编写程序; 3.作品展示,交流分享	基于家居场景
第九课： 智能门禁 （2 课时）	1.播放"智能门禁"演示动画,思考人工智能技术给生活带来的便利; 2.搭建模型,编写程序; 3.作品展示,交流分享	
第十课： 智能交通灯 （2 课时）	1.播放"智能交通灯"新闻视频,思考背后蕴含的人工智能技术; 2.搭建模型,编写程序; 3.作品展示,交流分享	基于交通场景

（续表）

课题	主要内容	目标/场景
第十一课： 电子警察 （2课时）	1.播放视频，思考"安防系统"是通过什么技术快速锁定嫌疑人的； 2.搭建模型，编写程序； 3.作品展示，交流分享	
第十二课： 果蔬采摘机器人 （2课时）	1.展示果蔬机器人； 2.认识、讲解颜色识别； 3.搭建机械臂模型，编写程序； 4.作品展示，交流分享	基于农业场景
第十三课： 工业检测机器人 （2课时）	1.展示工业检测机器人； 2.认识、讲解形状识别； 3.搭建模型，编写程序； 4.作品展示，交流分享	

在"融合创新"部分（第十四课），重点是人工智能项目的设计。课程通过展示项目式学习案例引导学生从"知道什么是人工智能"到"怎么用人工智能"，提升创意表达的能力。具体教学内容见表3。

表3　"融合创新"教学内容

课题	主要内容	目标
第十四课： "AI刺绣" 项目式学习	展示"人工智能"与"刺绣"相结合的项目式学习案例，刺绣结合AI套件中的声、光、电，让刺绣活灵活现，体验传统文化与技术的特色结合	从"知道什么是人工智能"到"怎么用人工智能"

五、实施与评价

（一）实施过程

"AI启蒙"课程经过前期的精心设计，实施过程经历了两个阶段。

1.组建人工智能社团

在学校五年级组建社团，每周1节课。通过开展多个主题的学习活动，比如智能风扇、停车系统、自动循迹机器人等，学生不仅对常用的人工智能技术有了较为深刻的理解,还激发了对人工智能课程进一步学习的兴趣。

2.人工智能与信息科技课程整合实施

基于人工智能社团开设课程的效果,学校又逐步在五年级每周的信息科技课上实施,让更多的学生能够了解、体验、学习人工智能的相关知识。在课上,学生围绕教师设计的主题活动充分发表想法与创意,教师进行归纳总结,最后通过人工智能课程去实现。学生在了解人工智能基本原理的基础上,真切地体验到人工智能为人们生活带来的便利。

(二)评价机制

本课程建立"以人为本,促进发展"的评价机制。

1.对课程的评价:学校教导处针对参与的学生人数、参与情况、学生问卷调查结果、家长反馈等方面综合考虑,形成最终评价。

2.对教师的评价:以教师自评为主,学校领导、教师、学生、家长共同参与评价,每节课要有教学计划、教学设计、课件、考勤记录等。

3.对学生的评价:每节课针对知识点内容均有设置评价量表,并推选优秀项目作品进行交流、展示,评价学生课堂表现和作品完成情况。

六、成效与展望

经过对课程的探索与实践,取得了较为显著的成效。每一位课程团队的教师都能深入研究、善于思考、及时总结,开展课题研究、撰写论文,积极承担市、区的公开课和讲座,起到了良好的示范引领作用。学生越来越多地了解到人工智能的魅力,提升了人工智能意识、创新思维、应用实践能力。学生结合课程中学习的技能,充分发挥创意,设计出了很多人工智能相关的创意作品,并在国家级、省级、市级、区级等科技竞赛中获奖。

"人工智能时代"已经悄然到来,社会将需要大量创新型的人才。小学人工智能课程可以让学生快速接触到简单的人工智能技术,激发学生的学习兴趣,有效破解了因人工智能课程晦涩难懂,造成学生难以入门的局面。未来,本课程将继续深入研究,开发更多符合学生发展需要、顺应现代信息社会的人工智能课程学习案例,为培养学生的创新意识和创新思维不懈努力,期待在课程完善的过程中结出更为丰硕的成果。

智绘创玩

品牌课程主持人：江丹
学校：深圳市福田区益强小学

"智绘创玩"是小学数学教研团队开发的，以发展学生核心素养为主要目标，着重培养学生的数学思维能力、语言表达能力、创编能力、审美绘画能力、表演能力等的一门跨学科综合课程，以游戏化双语数学绘本为主要学习内容，同时又融故事、创作、写绘、表演于一体。课程面向一至六年级学生，分为启蒙、初级、中级、高级四个阶段，以绘本阅读、绘本创编、课程活动为主线贯穿整个课程。目前，本课程已经开发了以动漫、历史人物故事等为主题的学生创编的数学绘本，并进行了数学绘本展示、课程跨校交流以及市区级绘本公开课等各项活动。

一、课程缘起

核心素养的提出，标志着课程改革从"知识本位"走向"核心素养"时代，为深化课程改革指明了新的方向。江丹教师及数学科组教师基于"学生数学学习的兴趣较低，解决真实问题的能力较弱"这一现象，聚焦数学绘本阅读，将其作为切入点，开发和实施"智绘创玩"课程，依托数学绘本，引导学生研读数学绘本，发现和提出数学问题，进而分析和解决数学问题，再把生活中的故事和数学知识融合一起创造属于自己的数学绘本，以此来提高学生的学习兴趣，提高学生解决问题的能力。

二、课程性质

"智绘创玩"课程从儿童视角将数学知识巧妙蕴含在生动、有趣的绘本故事中，激发儿童主动探究的渴望和需求，让儿童积极主动地参与数学学习活动。课程借助绘本故事，深入研思数学绘本所呈现的问题和如何提高解决实际数学问题的能力,提升学生的数学思维和创编能力。

三、课程目标

(一)课程总目标

(1)学生通过数学绘本阅读,加深对数学知识的认识,积累对现实问题的解决经验,提高数学学习的兴趣。

(2)学生通过数学绘本创编,经历发现、思考、体验、创造的过程,发展数学思维,培养动手实践能力、想象能力、表达能力、欣赏美的能力,增强获得感和成就感。

(3)学生通过数学绘本分享,学会用数学的语言表达数学问题,内化对数学知识的认识,增强数学学习的自信心。

(二)课程分段目标

启蒙、初级阶段(一、二年级):学生在教师的引导下进行绘本阅读,能提出数学问题,会进行简单的2~4页的绘本故事创编,以此提高阅读、表达的能力。

中级阶段(三、四年级):学生经历填写绘本研读单,进行绘本分享,学会提取数学知识,能分析、解决、表达问题。学生在创编绘本的过程中,能将数学知识和绘本故事融为一体进行绘本创编,以此发展数学思维,培养综合能力,增强获得感和成就感。

高级阶段(五、六年级):学生能创编完整高质量的数学绘本故事,通过一系列绘本分享活动,能将自己创编的双语绘本在班级或年级进行展示,能对绘本故事进行个性化展演,以此内化对数学知识的认识,增强数学学习的自信心,发展跨学科融合的创新能力。

四、课程内容

该课程按照提升学生核心素养的思路进行总体设计,对不同年龄段的教学内容进行统筹规划,分别确立了学段的具体内容和教学重点。根据学生的年龄特征和学科素养能力的培养设计了"智绘创玩"的课程能力图谱。见图1。

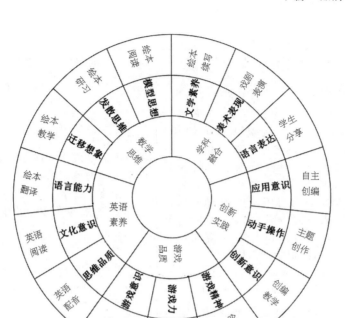

图 1　课程能力图谱

根据学生各年龄学段的特点和不同阶段的能力素养目标,将课程内容分为启蒙、初级、中级、高级四个阶段。见表 1。通过"读出方法""说出理解""绘出创意""展出点滴""演出精彩"等开展绘本学习活动。

表 1　课程各阶段学习内容和活动

	绘本阅读(5 本/学期)	创编教学(5 课时/学期)
启蒙 (一年级)	《过去的人们是怎么数数的呢?》《阿呆数牛》《超级眼镜》《旦旦数鸡蛋》《寻找消失的爸爸》《摇滚数学日》《小熊一家和吵吵闹闹的怪物们》《黑暗银行》《熄灯时间到》《甜甜的糖果屋》	1.认识数学绘本 说一说这本绘本讲了一个什么故事; 说一说这本绘本中蕴含了什么数学知识。 2.数学绘本初创 我能接着讲一讲。(绘本故事续讲) 我能接着画一画。(接着画一张)
	绘本阅读(5 本/学期)	创编教学(5 课时/学期)
初级 (二年级)	《周末农场的有趣故事》《帕鲁奶奶的服装》《谁会成为新酋长?》《冒失鬼魔术师的最棒助手!》《小木匠马鲁》《角国和角工厂》《我到底是谁?》《聪明女儿的礼物》《手巧的朝乐朱先生》《木木和爷爷的蝴蝶》	1.认识数学绘本 写一写这本绘本讲了一个什么故事; 写一写这本绘本中蕴含了什么数学知识。 2.数学绘本初创 我能接着写一写。(绘本故事续写) 我能接着画一画。(接着画一幅四宫格的绘本作品)

（续表）

	绘本阅读（5本/学期）	创编教学（5课时/学期）
中级（三、四年级）	《忙碌先生的一天》《宠物的新家》《好想变成人啊!》《我们是奥运会小小志愿者》《奇异王国的约利》《丽塔的奇幻之旅》《约德和迈尔的美丽宫殿》《新年换新装》《收养意外》《谁是国王》《猜礼物》《圣诞联欢会》《去梦幻庄园度假》《小鸡搬家》《来自夏令营的信》《漫长的等待》《游戏日》《到点啦,麦克斯! 上车喽!》《山姆的脚印格子》	1.编写数学故事 2.编写绘本脚本 将故事分割成几个连续的场景。 根据关键词绘制图画。 3.创作绘本故事 结合数学故事框架、图画,给每一幅图配文。
	绘本阅读（5本/学期）	创编教学（5课时/学期）
高级（五、六年级）	《回收中心包装盒的变形记》《阿伯比的油壶了不起》《达达的方糖工厂》《图书馆里的神奇密码》《米特博士的快速测量》《开往蓝之星球》《寻找藏在金字塔里的宝物》《画家爷爷的魔法毛笔》《遇见帕斯卡叔叔》《露露和丽丽的柠檬果汁》《小工匠造大王陵》《女神泰美斯的天平》《小老鼠的梦想实现了》《丛林深处的恐怖餐厅》《胆小鬼琪琪和负数幽灵》《疲劳的图形们》《坏博士的疯狂计划》《小狼托尔和小猪保尔》《最聪明的小指挥官》《点点蚂蚁盖房子》	1.编写数学故事 2.融入趣味游戏 3.梳理思维导图 用思维导图将故事梳理出来。 根据关键词绘制图画。 4.创作特色绘本 结合数学故事框架、图画,给每一幅图配文。 创作形式多样的数学绘本,如立体绘本、电子绘本等。

五、实施与评价

（一）课程实施

1.绘本教学

数学绘本中蕴含着十分具有吸引力和感染力的诸多元素。绘本教学主要分为绘本阅读、绘本分享、完成绘本研习单、绘本译读与展示四大部分。

（1）绘本阅读

绘本阅读教学主要是抓住"儿童天生就喜欢听故事"这个特点,在课堂教学中根据教材内容选择与其相配套的数学绘本,让学生融入有趣的绘本故事情景中,有意识地发掘数学问题,进而主动地去解决问题。

（2）绘本分享

学生在阅读绘本的基础上,由教师或学生利用早读、课余时间与大家一起分享绘本。社团成员利用社团课阅读、分享自主创作的绘本故事。

（3）完成绘本研习单

为了提升学生研读绘本的能力,课程团队教师共同商讨制作出绘本研习单,以"这本书讲了一个什么样的故事""通过阅读知道哪些数学知识""追问一个数学问题""用学到的知识可以解决生活中的哪些数学问题""用学到的知识结合你喜欢的人物或情境创编一幅画"五个问题串,让学生在看绘本、读绘本、玩绘本的基础上,对绘本知识进行梳理、总结,拓展想象与创新思维能力。

（4）绘本译读与展示

课程组英语教师将学生的优秀作品翻译成英文。在早读时,英语教师引导学生简单地用英语分享他们自创的绘本,也带领学生用英语朗诵有趣的绘本。在这样的活动中,学生能够有更多的机会运用和开口说英语,有益于锻炼学生的英语表达能力和提升英语语音水平。让学生更多地进行英语阅读,有益于学生英语阅读素养的发展。同时,有趣的故事,也在双语的形式下激发了学生的英语学习兴趣,自然地帮助学生克服对英语的陌生感和畏难感。在学校的戏剧节活动中,选择学生改编或者创编的数学绘本进行双语表演。

2.学生自主创编绘本

利用学生喜欢的动漫人物情境,把数学知识融入绘本故事中去,自主创编故事,并以作品形式呈现。学生创编的绘本堪称佳作,绘画惟妙惟肖,故事妙趣横生、内容融合贴切,每个班创编的绘本整理成册,在各班进行传阅和分享。

3.创建数学绘本社团

学校成立了绘本创编社团,在每周的社团课进行绘本创编教学。创编课堂分为以下部分:认识数学绘本、编写数学故事、编写绘本脚本、创作绘本故事。学生以小组为单位,历经确定主题、编写故事框架并画出思维导图、绘制图片、为图配文,甚至为自己的绘本加入可操作的游戏元素,从而完成数学绘本的创编。

（二）课程评价

课程评价采用了多种评价方式,具体如下:

1.注重过程性评价。在课程教学过程中,对学生的绘本阅读和表达、创编的数学绘本、数学的思维品质、数学的情感价值进行量化评分。

2.重视动态化评价。对学生的学习过程给予多次评价机会,评价主体互动化。学生完成自主创编的数学绘本后,家长、同伴、教师同时对学生给予评价,评价时注重多元化,关注学生从启蒙到高阶的过程性、动态性发展,各阶段都给予不同层次的发展评价。

3.评价方式多样化。在各班评出"最佳绘本奖""最佳绘图奖""最佳创意奖",在社团内评出"最佳社团小明星"。教师给学生的绘本作品写上评语,鼓励、指导学生形成完整的作品。

六、成效与展望

本课程将学生的绘本作品整理成册,在班上进行传阅和分享,让学生能够读到自己的作品,体验当作家的乐趣。目前,学生创编了四册数学双语绘本,在学校进行了数学绘本展示。班级成立了数学绘本创编社团,通过数学双语绘本课程的学习和活动,学生形成了良好的数学思维品质,启蒙阶段绘本的阅读和分享,提升了学生的表达能力。教师通过对数学绘本故事的分析,培养学生发现和提出问题、分析和解决问题的能力,通过对数学问题深入思考和追问,提升学生的逻辑推理能力。学生通过创编绘本,跨学科融合知识和故事,培养创造能力。分享、表达、表演自创的绘本,让创编数学绘本的成就感激发学生学习数学的兴趣,从而真正提升学生的核心素养。

课程主持人江丹老师执教的"小王子的星球之旅""搭配中的学问"公开课分别在福田区、深圳市展示,学生将自己创编的绘本作为教材上课。论文《巧用数学绘本——提升学生的核心素养》《数学游戏化双语绘本》分别获奖和发表。课程团队教师的绘本课也在东海实验小学、福田小学等多所小学进行交流和展示。

海绵城市

品牌课程主持人：莫峻
学校：深圳明德实验学校（集团）香蜜校区

"海绵城市"课程是深圳明德实验学校与深圳市福田区海绵办合力打造的一门改革示范课程，是一门数字赋能的跨学科整合式课程，是一门创新实验室建设与深圳本地政策、特色软硬件相结合的校本课程。本课程适用于小学三年级至高中二年级学生。它以深圳市的海绵城市建设及改造为载体，以数字、智慧及工程等现代技术为工具，以 PBL 项目式学习为课程主要实施方式，把课程与创新实验室建设相结合，将数学、生物、地理、物理、化学、小学科学等学科知识进行融会贯通，改变传统的学科模式，打破学科界限，全面发展学生发现问题和解决问题的能力。

一、课程缘起

2015 年，《国务院办公厅关于推进海绵城市建设的指导意见》部署推进我国海绵城市建设工作。深圳市于 2016 年成为我国海绵城市第二批试点城市。同年 9 月，《深圳市推进海绵城市建设工作实施方案》出台，深圳将以最高标准、最高质量开展海绵城市的规划和建设工作，将深圳打造成为国际一流的海绵城市。到 2030 年，深圳建成区域 80％以上的面积达到海绵城市要求。未来十年乃至数十年海绵城市依然会是深圳乃至中国城市建设的重要主题。"海绵城市研究"作为一门跨小学、初中和高中的多学段整体性综合课程，三学段之间的课程呈阶梯性。小学的学习内容及技能为初中的学习作铺垫，初中的学习内容及技能为高中的学习作铺垫，高中的学习内容及技能则为学生将来在大学学习生态设计或建筑设计作铺垫。

二、课程性质

海绵城市课程是一门跨学科的整合式课程,是深圳明德实验学校全力打造的一门改革示范课程,是一门拓展选修课程。它以深圳市的海绵城市建设及改造为载体,将数学、生物、地理、物理、化学等学科知识进行融会贯通,以信息及工程技术等现代技术为工具,改变传统的单学科培养模式,打破学科界限,改变学生看待事物的视角,提升学生发现问题并综合利用知识和技术解决问题的能力。

三、课程目标

小学学段(三～六年级):科普适合小学学生掌握的海绵城市知识;培养学生观察、动手做实验的能力,增强学生的想象力和创造力。

初中学段(七～九年级):科普适合初中学生掌握的海绵城市知识,增强学生的想象力和创造力,发展学生团队合作能力;让学生通过团队合作习得科学研究的方法和态度,培养学生制作模型及设计模型的能力。

高中学段(十～十二年级):注重发展学生的生态文明意识,渗透可持续发展的理念;增强学生的想象力和创造力;让学生掌握海绵城市英语关键词汇,培养在海绵城市的场景内使用英语的基础能力;培养学生多学科结合、多角度思考问题的能力;提升学生 STEM(科学、技术、工程和数学)理工综合素养。

四、课程内容

课程从科学普及的角度告诉学生,海绵城市是什么,以及海绵城市的历史、深圳与海绵城市的关系、海绵城市建设标准、海绵城市与传统城市的区别等内容。课程内容分为十个章节:

第一章 海绵城市;第二章 水多,内涝;第三章 水少,干旱;第四章 水脏,水污染;第五章 渗透与滞留;第六章 蓄存与净化;第七章 利用与排放;第八章 故宫海绵城市;第九章 深淘滩低作堰;第十章 人工湿地污水处理系统植物的选用。

课程也支持学生进行 PBL 小课题研究,并精选了一部分学生作品作为学生做小课题的范例。如"初探国内外海绵城市""基于海绵城市的城市生态改造与修复""城市的立体海绵墙""关于在深圳建设生物通道的设想""深圳湾海水入侵研究报告""福田区中康社区公园的多功能设想"。

五、实施与评价

(1)适合对象:小学三年级~高中二年级。

(2)课时安排:每周一节,小课题一学期外出调研 2~4 次。

(3)实施方式:

深圳明德实验学校香蜜校区是深圳市为数不多的涵盖了小、初、高 3 个阶段的十二年一贯制校区。本课程跨度从三年级到十二年级,共 10 个年级,呈现阶梯性,都采用数字赋能的 E-PBL 项目式学习来进行课程实施。小学阶段的课程内容着重于"调查"与"调查+"式(对文献、网络或者实地调查结果进行后期加工的项目,如路演、科学论文、舞台剧、短视频等)的项目式学习,初中阶段聚焦于"调查+"或者"发明创作型"的项目式学习,高中阶段则专注于环境改善综合工程类或者专业性发明类研究。

E-PBL 小课题实施的一个重要抓手是评价量表的制订,它让学生明白各种行动的评价标准,怎么样才是做得好,怎么样是不好。通过评价量表,学生很容易就掌握了怎么去做才是最优选择,也彰显了公平。表 1 就是小课题研究项目的评价量表,它从 3 个维度、10 个素养指标,分 4 个层级(初始、发展、熟练和专精)来评价学生在课题实施过程中各个素养的培养情况。它能引导学生规范自己在课题研究过程中的行为。另外,在评价小组其他成员乃至其他小组的时候,掌握评价的技能。

表 1 海绵城市研究小课题研究评价量表

序号	大类	课题素养项目
1	海绵城市项目设置与效果(30 分)	海绵城市项目设置(满分 10 分)
2		海绵城市项目管理(满分 10 分)
3		过程评估(满分 10 分)
4	个人能力与素养(30 分)	好奇心(满分 10 分)
5		个人能力和需求(满分 10 分)
6		基础沟通(满分 10 分)

（续表）

序号	大类	课题素养项目
7	合作协商（20 分）	个人工作到团队工作的转变（满分 10 分）
8		过程和谐（满分 10 分）
9	项目 成绩 评价（20 分）	进步和改变（满分 10 分）
10		在海绵城市具体项目上的贡献和整体感觉（满分 10 分）

六、成效与展望

在课程的实施过程中，海绵城市课题组的教师以及参加 E－PBL 海绵城市项目式研究的学生一道取得了一系列的成果。2020 年，福田区海绵城市科普教育与示范研究双基地落地在明德学校。海绵城市双基地包括海绵广场、海绵篮球场、海绵汇水广场和中庭汇水空间等海绵城市雨水设施，还包括两座创新实验室即海绵城市实验室与河道治理实验室。截至 2022 年底，在明德海绵城市课程团队与明德发明社的一道努力下，共获得 6 项与海绵城市相关的专利。这些专利生动地体现了课程对学生创造力的培养。

2020 年，明德学生赵鹤至的小课题"福田区中康社区公园的多功能设想"，受到了福田区人大代表的关注，并以此为基础提炼后形成区人大议案，最终成为福田区两会的重点建议，并由福田区领导领衔督办。议案提出以社区公园为单元，建立海绵城市、青少年运动场地、历史角以及自修学习室等网络，让福田人的生活幸福感大大提升。

在课程组教师的共同努力下，《海绵城市》校本教材在 2021 年 10 月定稿。2022 年 10 月课程主持人莫峻在全区做了课程分享，获得与会专家和教师的好评。2022 年 11 月，在福田区举行的"湾区有福，深爱您来"全球招商引资直播会上，课程主持人莫峻博士作为教育界的代表，向全球 3000 万线上观众介绍明德的生态文明教育，以及海绵城市双基地建设和海绵城市研究课程。

实验大师

品牌课程主持人：欧颖贤
学校：深圳市福田区红岭中学（集团）深康学校

"实验大师"是红岭中学（集团）深康学校针对初二年级学生开发的，以提高学生的探究能力、加深学生对物理知识的理解、增强学生物理学习兴趣、培养学生科学素养为主要目标，以物理实验为主要学习内容的课程。课程自开设以来，曾在福田区进行了多次公开课展示，取得了一定的成效，产生了一定的示范效应。

一、课程缘起

科学探究是物理课程的核心素养，物理实验对学生核心素养发展具有重要价值。加强学生实验学习，培养学生的科学探究能力，是当今中小学教学改革和发展的重要环节。"实验大师——初中物理趣味实验"（下文简称"实验大师"）校本课程，期望借助物理实验来提高学生的动手能力，培养学生的物理核心素养。

2018年，欧颖贤老师从物理学科特点出发，以实验为抓手，以学生的实验操作技能为落脚点，开始构思"实验大师"社团课的内容、实施、评价等，并向学校申请在每周三下午开设校本课，由此填补了基础教育长期以来存在"实验操作技能培育"的空缺，为学校提高学生实验操作技能提供了途径和方案。此外，为了使课程内容更符合学生的特点，欧颖贤老师对学生的兴趣、认知情况、实验能力现状等问题进行问卷调查，并依据调查结果开发课程内容。

2019年，得益于福田区教育科学研究院"福田区品牌课程"培植活动的开展，"实验大师"课程的课程目标、课程内容、课程实施、课程评价等得以细化、优化，构建了更为完整的课程体系。课程进一步与信息技术相结合，构建了"实验大师"课外的分享评价系统。2020年，"实验大师"校本课开始了第二轮实施和改革，并进一步推进跨界融合，课程团队开发了与音乐相结合的自制乐器系列课程、与社会生活相关的创客课程。

二、课程性质

"实验大师"是一门以初中物理趣味实验为学习内容,以提高学生的探究能力、加深学生对物理知识的理解、增强学生物理学习兴趣、培养学生科学素养为主要目标的校本课程。

三、课程目标

"实验大师"课程的目标是依据《义务教育物理课程标准(2022年版)》提出的四大核心素养进行设置的。在物理观念方面,学生能了解科学知识在生产、生活中的应用,会运用图表和文字描述实验结果;在科学思维方面,学生能形成提出问题、分析问题、解决问题的能力,并逐步形成创新意识;在科学探究方面,学生要在课程中学会科学探究的方法,并参与实践活动;在科学态度与责任方面,学生能够形成实事求是的科学态度和运用知识解决生活、社会问题的能力。具体要求如下:

(一)物理观念
(1)通过进行趣味小实验,初步认识声、光、热、力、电、磁等基础知识;
(2)学生了解自然界的相互作用规律及其在生产、生活中的应用,为后续的实验课程和物理知识的学习打下基础;
(3)学生有初步的实验操作技能,会使用简单的实验仪器,能利用身边的材料制作一些小模型,能在教师指导下开展物理趣味小实验,并能自己设计简单的实验。

(二)科学思维
(1)知道简单的数据记录和处理方法,会用简单的语言、图表、文字等描述实验结果;
(2)在开展趣味物理实验的过程中,认识多种实验方法,提升实验探究技能,强化理论联系实际的思维能力。

(三)科学探究

(1)经历观察物理趣味实验的过程,能简单描述所观察的物理现象的主要特征,能在观察和学习中发现问题,并具有初步的观察能力和提出问题的能力;

(2)通过参与科学探究实验活动,能收集证据,有初步的信息处理能力,尝试根据现象和数据得出结论,有初步的分析能力;

(3)能口头或书面表述自己的观点,能与同伴、教师交流,有初步的信息交流能力;

(4)通过小组合作,培养学生团队协作精神,掌握沟通合作技巧,提升小组互助和合作学习能力。

(四)科学态度与责任

(1)有学习物理的兴趣,有对科学的求知欲,保持对自然界的好奇,乐于探索生活中的自然现象;

(2)有将物理知识应用于日常生活、社会实践的意识,乐于探究日常用品中的物理学原理,乐于参与观察、实验、制作等实践活动,富有团队精神;

(3)在面对实验失败时,有克服困难的信心和决心,能总结成功经验,分析失败原因,能享受解决问题时的喜悦;

(4)养成实事求是的科学态度,不迷信权威,勇于创新,有将自己的发现和创造与他人交流的勇气,勇于表达、修正、放弃自己的观点。

四、课程内容

课程以初中物理趣味实验为主要教学内容,按照系统规划、分层设计、有机衔接、有效推进的思路进行总体设计,全面体现"由浅入深、循序渐进、知行合一"的要求。"实验大师"课程结合初中物理人教版教材设置了三大模块的内容,分别为:模块一——声光热,该模块以知识要求较为简单的"制作性实验"为主;模块二——力与电,该模块以"利用知识"的竞技类比赛和创新实验为主;模块三——物理与生活,该模块强调生活与物理的联系,如把学生带去深圳科学馆,让学生寻找科学馆中的物理实验,并撰写报告。具体的课程内容结构与要求见表1。

表1　课程内容结构与要求

学段	课程内容	主题	要求
八年级（上）	模块一：声光热	1. 物理魔术表演 2. 交响音乐会——声音的三要素 3. 自制温度计——热胀冷缩 4. 看谁跑得快——热传导 5. 潜望镜制作——光的反射 6. 黑猫变白猫——光的全反射 7. 自制照相机——凸透镜成像规律 8. 简易投影仪——凸透镜成像规律 9. 挖掘机比赛——液压传动 10. 微小形变的放大——物理研究方法简介	1. 使学生了解物理实验的重要性，明确课程的地位、作用和任务； 2. 能在教师指导下顺利完成课程实验； 3. 培养学生养成良好的实验习惯，实验以后自主收拾仪器； 4. 教师应事先准备课程有关的实验材料
八年级（下）	模块二：力与电	11. 倍力桥——力 12. 鸡蛋撞地球——重力、阻力 13. 空气大力士——大气压强 14. 吹不开的纸——流体压强 15. 诺亚方舟大赛——浮力 16. 浮沉子——浮力 17. 水果电池——电压 18. 汤勺变磁铁——电磁铁 19. 电动机 20. 发电机	1. 能够掌握基本的实验操作技术，熟悉物理实验中基本实验方法； 2. 能独立完成实验，并尝试开发与课程有关的趣味小实验； 3. 对自己感兴趣的实验，能主动在家搜集素材，带来学校进行尝试； 4. 教师可以布置适当的家庭实验任务
	模块三：物理与生活	21. 科学馆中的物理 22. 体育中的物理 23. 自行车中的物理 24. 成语中的物理 25. 家庭中的物理	1. 使学生了解生活处处有物理，认识物理对人类生产生活的影响； 2. 能独立撰写报告汇报相应的物理应用

五、实施与评价

（一）教学方法

1. 探究式教学法

"实验大师"课程不同于日常的物理课，它的学习任务较少，教师可以把时间充分留给学生，让学生真正进行探究式学习。通过创设一定的探究情境，激发学生的探究欲望。例如，通过引入生活实例，设计认知冲突，使学生带着疑问、充满好奇地开展科学探究活动。

2. 小组合作学习法

课程坚持以学生发展为本的理念,教师作为支持者、合作者、指导者,努力为学生创造良好的科学探究环境和条件,为学生搭建多样化的物理实验交流平台,密切联系学生的生活实际,增强学生主体学习体验,调动学生自主学习的积极性。例如,在实验课上,让学生提出问题、分析问题,并让学生组成小组,共同研究提出解决方案。

3. 教师讲授法

"实验大师"课程虽然是趣味实验课,但是脱离了物理知识,学生做实验时,就不能深刻体会实验背后的物理学之美,更加不会激起对物理的热爱之情。因此,在实验课中教师也应在原理讲解、实验分析的环节中进行讲授式教学,让学生清楚课程中的基本物理知识,这将有助于他们理解实验、进行实验、感受实验。

4. 实践体验

教师要重视课程中各个实验主题比赛活动设计的整体性、序列性、开放性、灵活性,以实验比赛、参观科学馆、展示等活动为载体,开展趣味物理实验教学活动,让学生获得亲身体验和感受,促进认知领悟,进一步激发他们学习物理的兴趣。

(二)评价方法

1. 多种评价方法相结合

根据不同评价对象、不同学习主题或学习方式,开展有针对性的评价。主要包括:观察法评价,即通过对实验现象、实验习惯、操作应用、活动状态等方面的观察,进行综合性评价,并填写《课程评价表》(自我评价和教师评价);实验作品评价,通过实验记录册记录实验现象、结果,并在实验作品展示过程中学生自己、学生之间、师生之间对作品进行打分;信息技术即时评价,使用希沃白板5中的"班级优化大师"对学生进行实时评价;访谈及问卷评价等。重视评价主体的多元化,鼓励学生自评、小组互评、教师评价、家长评价、专家评价等。

2. 关注学习过程

重视学生活动过程的评价,对学生实验现象分析、问题处理和实验精神生成过程中的表现,所取得的成绩以及所反映出的情感、态度、策略等方面的发展作出评价。

3. 关注学习成果

重视学生的实践体验和领悟,重视学生实验习惯的养成,重视学生将所学物理知识转化为解决实际问题的能力培养,重视学生科学观念的形成和物理核心素养的提高。引导学生把在课堂上形成的素养运用到现实社会生活实践中去,利用实验知识改善生活。

另外,在每学期期末,学校根据学生平时实验作品的评分汇总,评选出本学期的"实验大师",并颁发荣誉奖章。

(三)资源开发与利用

1.发掘生活小实验的资源

物理知识在生活中有极其丰富的应用,光学、声音、力学、电学、磁体以及最新的前沿科技等知识在生活中都有不同程度的实验素材。教师要引导学生发掘生活小实验资源,组织学生定期接触前沿知识并体验、交流,增强对物理实验的认知与理解。

2.发掘学生资源

教师要善于将学生的生活经验、灵感创意等作为重要的课程资源,对课程进行再开发、再创造,不断丰富课程的内容和形式。

另外,教师还可以将学生在学习过程中的问题转化为课程资源,并将这些资源作为案例,帮助学生纠正错误,引导其正确进行物理趣味实验。

3.利用学校和社会资源

开展各种校园文化活动,丰富校园文化生活,提升校园文化品位;利用博物馆、科技馆、图书馆、教育机构等各类社会性教育资源,发挥社会资源对学生科学精神的引领作用。

4.利用互联网资源

充分利用互联网等各类媒体,搜集生动、有趣的物理小实验、小制作并整理成教学资料,为学生提供可选择的、丰富多样的学习资源。

六、成效与展望

课程自开发和实施以来,不断实践和迭代更新,逐步积累了丰富的校本课程资源。截至目前,该课程已经开发了校本教材《实验大师(教师用书)》和《实验大师(学生用书)》,自制了系列教学课件、教学素材、教学评价量表,收集了大量的学生作品,并在学校理科活动周中开展了"实验大师学生作品成果展""生活中的物理手抄报比赛"等活动,极大地丰富了学生的学习生活。与课程相关的论文《基于思维发展的初中物理趣味实验校本课程的开发与实施》《基于实验的跨学科实践教学设计》等在深圳市、福田区获奖；《交响音乐会——声音的三要素》和《诺亚方舟大赛——浮力》两节课均在福田区教学观摩研讨会上进行展示，获得同行的一致好评；同课异构《凸透镜成像规律》在福田区和罗湖区的物理实验交流活动中进行展示，同样获得听课教师的一致好评。品牌课程主持人欧颖贤在"福田区品牌课程创建交流与分享会"上，对"实验大师"课程进行了展示和推广，获得与会教师的高度评价。

新课标的出台，使得"实验大师"课程必将继续深耕核心素养的内核，不断调整课程目标、课程实施与评价体系，争取在课程的架构上、实践上与时俱进，不断融入与时代发展相适应的综合性、实践性物理实验活动，力求达到培养学生核心素养的目标。

一起玩科学

品牌课程主持人:邱山红
学校:深圳市福田区荔园小学(荔园教育集团)

"一起玩科学"依托于学校开展的科技节活动,是面向一至六年级的 STEM 课程。课程采用项目式学习方式,内容涉及物质科学、生命科学、地球与宇宙科学三个领域。此课程聚焦科技活动,以新课标为指引,围绕 STEM 课程的目标,让学生在玩中学,将科学知识运用在生活中,提升学生解决问题的能力,发展审辩式创新思维、沟通与合作能力,掌握基本科学方法和科学态度,提升探究实践能力,形成正确的价值观和社会责任感。

一、课程缘起

科技节作为荔园小学(荔园教育集团)每年固定的"三周三节"活动之一,能够吸引学生充分参与科技活动,在提高动手实践能力的同时,激发对科学学习的热爱、对科学知识的探索。"一起玩科学"旨在使学生在科学教学中有"亲身参与"的体验,让学生在充分自主探索实践的基础上感受事物发展、变化的全过程。引领学生在发现问题、探究问题、解决问题的过程中感受科学的无穷魅力,从而激发对科学探索的浓厚兴趣。荔园小学(荔园教育集团)对于科技节的开展具有丰富的实践经验,为了让此类活动更深入地走进学生的心灵,培养学生的创造力、提升科学素养,因而开发了这一校本课程。

二、课程性质

"一起玩科学"是一门从真实情境出发、基于校内科技节活动、旨在培养学生科学创造力和创新思维的 STEM 课程。该课程现由"多彩的生命""神秘的宇宙""运动的物质"三大板块构成,每个板块均设计有一至六年级的主题项目。课程采用项目式学习的方式,基于以学习活动为中心的教学设计理论进行构建。每年科技节期间,学生根据具体课时进行课上学习、集中比赛、成果展示等。课程通过贴近生活的项目载体,聚焦真实问题,形成并强化科学观念。

三、课程目标

本课程要培养的核心素养,主要包括科学观念、科学思维、探究实践、态度责任等,通过进阶的学习活动,引导学生思考,并逐步培养其独立思考、积极创新的学习态度。

(一)科学观念

通过对科技活动中涉及的科学基本概念、原理、方法的了解和认识,建立科学知识体系。

(二)科学思维

培养探究、发现和解决问题的能力。通过各单元不同的主题项目,让学生能主动参与科学实践和项目设计等活动,提高实验探究和问题解决能力;发展科学思维,引导学生通过实践活动来探索科学规律和现象。

(三)探究实践

发展合作、沟通和交流的能力,在小组内合作,分享经验和成果,增进团队意识和集体协作能力。

(四)态度责任

树立保护环境、珍惜资源的意识,探索可持续发展的科学思路,增强环保意识;提高对科学的兴趣,积极参加各种科学竞赛、科普活动等,拓宽视野,激发潜能。

四、课程内容

"一起玩科学"课程基于荔园小学(荔园教育集团)历年来开展科技节的实践经验、各年级学生的特点及新课标的要求,最终确定了三大板块共十八个主题项目。见表1。

表1 课程内容及教学目标

课程板块	主题项目	适用年级	课时分配	教学目标
多彩的生命	亲子树叶贴画制作	一	2	认识常见树叶的形状,了解树叶的基本结构; 掌握树叶贴画的方法技巧,鼓励学生运用多种思路、多种方法完成作品; 根据自己的构想合理使用不同的树叶完成作品; 会利用景物前后遮挡的层次关系,让画面富有立体感
	食物在体内的"旅行图"	二	2	初步认识人体的内部器官,知道消化系统中不同器官的作用; 能够按照从上到下、从外向里的顺序观察,会收集整理与研究内容有关的资料,学会记录,并根据所得信息完成消化系统的绘制; 能用文字、画图等形式记录和呈现观察结果,并学会与同学交流,相互评价观察结果; 学会使用工具更好地绘制消化系统
	观鸟识鸟比赛活动	三	2	能先识别学校周边常见的鸟儿,再到红树林识别深圳市常见的鸟儿; 试着欣赏鸟儿的色彩之美、姿势之美、神态之美,给鸟儿画像; 学会熟练使用望远镜观看鸟类; 能简单快速描述、交流鸟儿所在位置,选择恰当的观鸟时间与地点
	绘制校园生物分布图	四	2	了解校园生物分布图的功能,知道不同的环境中生活着不同的生物; 掌握绘制校园生物分布图的基本方法; 明确绘制校园生物分布图的基本流程,并在完成校园生物分布图后整理信息,展示成果; 学会使用工具更好地绘制校园生物分布图
	自然笔记	五	2	知道不同的环境中生活着不同的生物,能够对感兴趣的生物进行细致的观察调查,加深认识; 学会做自然笔记,学会发现问题、思考问题、解决问题,全面提高综合能力和科学素养; 走进自然,培养关注自然生物、保护自然的意识; 培养收集、整理、分析资料的能力

（续表）

课程板块	主题项目	适用年级	课时分配	教学目标
	临时装片的制作及观察	六	2	认识显微镜的构造及其各组件功能用途； 学习制作动植物细胞装片标本，掌握正确使用显微镜的方法； 初步了解显微镜等观察工具在日常生活中的应用； 使用显微镜观察标本，用图画记录观察到的细胞结构
神秘的宇宙	用橡皮泥制作地球仪	一	2	了解地球的概貌和各大洲的位置； 掌握制作地球仪的原理，会设计草图并按照设计图制作； 掌握制作地球仪的基本流程； 学会使用工具测量并画出经纬线，意识到测量是人们认识世界的基本方法
	环保服装秀	二	2	了解服装设计和制作的基本方法； 能将废弃材料进行合理的加工制作，通过折叠、裁剪、粘贴等方式制作成服装； 能按照设计的服装草图进行制作，并改进自己的作品； 学会根据设计的草图对物品测量后加工
	废报纸的"重生"	三	2	了解废报纸的不同用途，懂得很多东西能变废为宝，了解建筑的基本结构和支撑要点； 能将废报纸进行合理的加工制作，通过折叠、裁剪、粘贴等方式制作成能稳固站立的建筑物； 能按照设计的建筑物草图进行制作，学会测试建筑的稳固程度并改进自己的作品； 学会根据设计的草图对废报纸测量后加工，测量建筑物的长高宽，并判断是否在要求的尺寸内
	设计制作火箭模型	四	2	了解宇宙各种天体的结构和特征； 掌握制作天体模型的原理，会设计草图并按照设计图制作； 掌握制作天体模型的基本流程； 学会使用工具测量并画出所需要的模型图，意识到测量是人们认识世界的基本方法
	智能灯光秀	五	2	了解宇宙中有关星座和星系的知识，知道星座或星系中天体的排列； 掌握简单的编程知识，会设计星座或星系，会变换灯光效果； 掌握制作作品的基本流程，能按编程设计制作，并进行测试和改进； 学会使用编程软件制作星座灯带，意识到编程是当代人必备的一个基本技能

（续表）

课程板块	主题项目	适用年级	课时分配	教学目标
运动的物质	空气火箭	六	2	理解反冲力的基本知识,了解火箭发射的过程和基本原理; 理解尾翼倾斜是为了使空气火箭飞行时旋转; 学会制作空气火箭,调整安装尾翼来调节飞行的方向; 发射空气火箭时,能像投标枪一样调整箭头与地面呈 45°夹角,以便达到最远距离
	纸飞机	一	2	了解纸飞机能飞起来的基本原理; 会利用一整张 A4 纸,设计飞机的折法; 掌握制作作品的基本流程,能按设计图制作; 理解起点与终点的概念,了解距离的概念
	看谁跳得远——纸青蛙	二	2	了解青蛙跳远原理,会根据起点终点测量跳远距离; 会设计纸青蛙草图并根据草图制作纸青蛙,会改进纸青蛙让它跳得更远; 能按设计图制作纸青蛙,了解青蛙跳中蕴含的工程原理; 善于使用工具测量起点和终点的距离,意识到比较和测量是人们认识世界的基本方法
	停不下来的铁丝陀螺	三	2	知道陀螺的基本构造,了解优秀陀螺的特征; 会自己动手设计铁丝陀螺草图并根据草图制作陀螺,会改进铁丝陀螺让它转得更久; 能按设计图制作铁丝陀螺,了解陀螺旋转起来的工程原理; 善于使用各类工具制作铁丝陀螺,体会工具的使用可以使制作过程更科学、准确、便捷
	自制抛石机	四	2	了解抛石机的结构知识、杠杆原理,以及影响抛石机射程和精度的因素; 会设计抛石机草图,会使用皮筋绑扎、连接,会用美工刀对材料切割,会用剪刀裁剪等; 能按设计图制作抛石机,能理解抛石机的结构原理; 能使用工具测量并计算抛石机结构参数,计算抛石机的射程

（续表）

课程板块	主题项目	适用年级	课时分配	教学目标
	自制落体缓降装置	五	2	知道什么是落体缓降装置,了解几种常见的落体缓降装置类型,能解释其原理; 会自己动手设计落体缓降装置草图并根据草图动手制作,会改进装置让小球在装置中停留得更久; 能按设计图制作缓降装置,使设计图尽可能物化为实物,学会处理小球运动过程中的特殊情况; 善于使用各类工具动手制作,能将数学思维运用到装置图的设计之中
	螺旋桨风力小车	六	2	了解反冲力的基本知识,知道螺旋桨风力小车的工作原理; 掌握简单电路的连接,会画螺旋桨风力小车草图并根据草图制作风力小车,会改进螺旋桨风力小车让它跑得更快; 掌握制作作品的基本流程,能按设计图制作,并进行测试和改进螺旋桨风力小车; 学会使用工具测量螺旋桨风力小车的速度,意识到比较和测量是人们认识世界的基本方法

五、实施与评价

"一起玩科学"课程体系基于以学习活动为中心的教学设计理论进行构建,并将教学活动分为四部分:第一部分设计思想,介绍项目背景,聚焦待解决的问题;第二部分准备活动,引导学生观察身边类似的现象,思考其中所蕴含的原理;第三部分动手实践,引导学生进行结构设计,并介绍所需材料及制作步骤;第四部分调试修改,引导学生对自己制作的作品进行优化。以上教学活动的设计层层递进,符合学习进阶理念,便于学生掌握。同时,通过灵活的个性化设计,提升了学生参与度、教学多样性,在师生、生生互动中切实地实现 STEM 教学目标。

三大板块的教学内容根据主题实现三年一循环,课程主要实施时间为每年 9 月中旬至 9 月底。除此之外,还在对应年级的科技社团和课后延时服务时间段进行常规化开展。课程开设期间,课程团队教师积极落实荔园小学(荔园教育集团)校本课程的教研制度,每学期开学初制订课程开展计划、组织并确定研究资料,课程实施的全体教师共同参与教学研究活动,进行课例展示、教学工作总结等。

"一起玩科学"课程设计了完整的评价体系,用质性、量性评价贯穿始终,最终促进学生的全面发展。课程强调过程性评价,侧重问题分析解决能力、实践创新能力等方面,对学生的学习效果进行多角度、多层次的测评,实现对学生的及时反馈。每节课的评价分为过程性评价和最终评价。过程性评价是指在教学过程中,教师根据学生对引导问题的回答、数据记录表格、最终学习成果等综合表现作出评价,这样的评价方式趋向多元和公平;最终评价环节,学生需填写自我评价表和他人评价表,完成自评和互评。

六、成效与展望

在校本课程开设期间,学生的创新核心素养得到全面提升,荔园小学(荔园教育集团)教师和学生取得了科创工作的优异成绩。学校连续多年被评为福田区"科技与创客教育先进单位"等。近三年,荔园小学(荔园教育集团)学生申请并获得国家专利 10 余项。在品牌课程创建期间,该课程获得福田区品牌课程论文一等奖。

未来,学校将继续完善课程建设,加强课程应用和推广。课程团队在目前课程只有 18 个案例的基础上,计划再增加"工程与技术"板块 6 个案例,整理成一套涵盖小学全年级、符合学生年龄特点的基于荔园小学科技节活动的 STEM 课程,并进行普及化教学,培养学生创新能力,从而进一步全面提升学生的实践创新核心素养。此外,学校计划与相关学校或企业合作,提升课程的知名度和影响力,并通过多种渠道对课程进行宣传,如学校官网、微信公众号等,为更多的教师提供教学思路及资源。

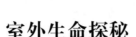

室外生命探秘

品牌课程主持人：谢宝凤
学校：深圳市福田区外国语学校福保校区

"室外生命探秘"是深圳市福田区外国语学校福保校区针对初中学生开发的，以培养学生的生命观念、科学探究能力和发展学生核心素养为主要目标，以室外生物探寻为主要学习内容的课程。课程立足课堂、立足生活，以学生为主体，促使学生在更大的学习场域做中学，推动项目式的跨学科学习。课程学习案例《一米阳台》获得广东省教育厅组织的项目式学习案例一等奖。

一、课程缘起

通过探索自然改变学生被动的学习状态，改变教师的工作状态，培养学生热爱自然的生命观念，培养学生的科学探究能力，培养学生的科学思维，激发教师感受课程的乐趣和教育工作的意义和价值，以及提升师生的生活质量，是团队开发和实施这门校本课程的初衷。深圳这座花园城市具有开展室外探秘课程得天独厚的优势。从学校的层面来看，福田区外国语学校福保校区的屋顶花园、学校后门的菩提路绿道，以及学校附近的红树林生态公园，为课程的开发和实践研究提供了条件。

二、课程性质

"室外生命探秘"是一门以生命探秘为统领，以人与植物、人与动物、人与微生物为主要学习内容，以培养学生的科学探究能力和科学思维，进而促使学生形成热爱自然的生命观和社会责任感为主要目标的校本课程，也是一门以生物学科为主的活动形态课程、探究形态课程。该课程主要培养学生运用所学知识和工具发现问题、解决问题的能力，课程具有延续性、生活性、趣味性、生成性、交叉性、多样性。

三、课程目标

运用科学思维,观察人与生物,探寻生命之美;培养科学探究能力,形成尊重自然珍惜万物的生命观,会承担社会责任。七年级课程目标:提升学习原动力,促进自然探索、身体动觉等智能,提高对自然的喜爱之情。八年级课程目标:提升思维能力、表达能力、合作能力以及探究能力,激发自觉保护环境之原动力。

四、课程内容

该课程以人与植物、人与动物、人与微生物为主要教学内容。按学期划分为以下板块:生物和生物圈、生物体的结构层次、生物圈中的绿色植物、生物圈中的人、人类对生物圈的影响、生物圈中的其他生物、生物的多样性及保护、生物圈中生命的延续与发展、健康地生活。在每个板块的主题项目下面设计子项目3~6个课时。见图1~图4。

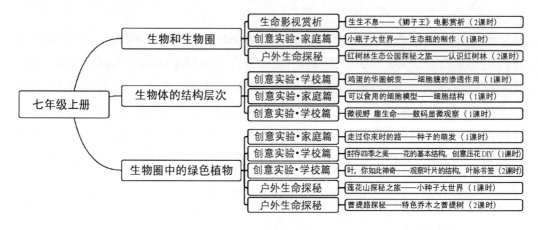

图1 七年级上册课程内容

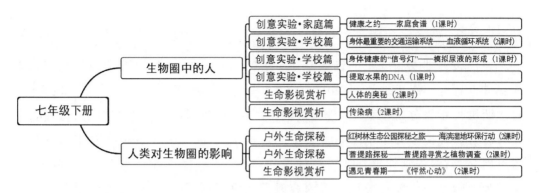

图 2　七年级下册课程内容

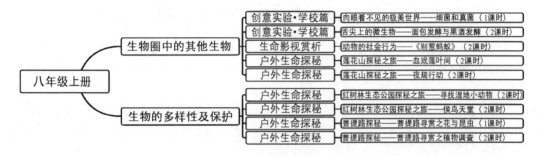

图 3　八年级上册课程内容

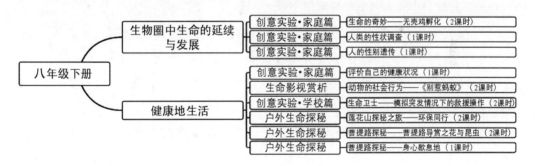

图 4　八年级下册课程内容

五、实施与评价

(一)实施原则

课程实施遵循项目学习原则、安全性原则、实践性原则、体验性原则、多元化评价原则、导师制原则。

（二）实施方法与场所

学校教务处发布统一的选课系统，七、八年级的学生自由选课。参照国家课程安排设置七年级上册、七年级下册、八年级上册、八年级下册四个学期的课程。每学期每个年级分别设置一个班，每班由三位教师带领 35 名学生开展自然探索。如需进行户外探索另申请一名保安陪同。每学期 14～16 个课时。其中包括校本课每周一节，课程延伸户外亲子活动 3 次，学生课程优秀作业展 3 次。教学组织模式为教师简单讲解每节课课程内容以及注意事项，随后学生带着学习单进行分组实践探究和成果展示交流。课程所用器材主要包括显微镜、放大镜、望远镜、自然笔记等。观察对象包括但不限于花、鸟、鱼、虫等生物和非生物环境。

七年级、八年级周 1 课时。实施场所校园天台、学校门口菩提绿道、红树林生态公园（部分用周末、节假日时间，亲子教育）、学校及家庭实验室。

（三）教学方法

本课程实施主要围绕"做中学"的教学方法。

（1）在观察中学：指导学生做自然观察笔记，记录并绘制每一次户外观察的时间、地点、天气、植物、动物等简单信息。

（2）在实验中学：参考同期生物课学习内容，同步进行花的解剖、分类等实验。

（3）在调查中学：指导学生对各项专题作相关问卷调查，给予数据支撑。

（4）在游戏中学：带领学生做亲子互动游戏、团队互动游戏、声音辨别游戏、植物认种游戏等。

（5）在阅读中学：布置阅读任务，在书中寻找大自然的奥秘。

（四）评价方法

评价方法使用 360 度多维互动评价的方法，评价主体多元化。如：学生自评、生生互评、教师评价、亲子评价。每个课时、整个课程都有完整的评价方案。如：学生活动评价表。关注课程目标的达成，培养生物核心素养；重视评价的参与性、过程性、激励性。

注重过程性评价，培养学生的核心素养。通过自我评价，诊断学习过程与效果，如课例《校园探绿之旅》的评价表，见表 1。

表1　校园探绿之旅评价表

内容			自评（画√）		
			优秀	良好	合格
安全		1.不靠近、攀爬围墙 2.轻声说话，不跑、闹、跳 3.注意地面不平，小心别摔倒			
环保		1.爱护公物，不采摘植物 2.观察植物根部时保护好根部，观察后恢复原状			
学习目标	生命观念	1.观察校园屋顶植物，探寻校园屋顶花园之美 2.养成尊重自然万物的态度，学会与万物和谐相处			
	科学实践	1.以五官观察探索校园屋顶植物的种类特征 2.了解校园屋顶植物与周边环境的关系			
	科学思维	1.尝试运用自己观察所得提出改造屋顶花园的建议 2.能专注聆听与探索并注意秩序、保护自己的安全			
	社会责任	乐意以行动关爱环境，成为美丽校园的建设者			

同时，开展学生互评、教师评价；促使评价主体和评价内容多元化，以评促学。具体如下：

（1）组内分享交流后，带队教师和每个学生将拿到5张点赞贴纸，按照每小组探索成果给予认真（1个贴纸）、良好（2个贴纸）、优秀（3个贴纸）评价。

（2）组间分享交流后，每位教师和评委，按照各组的探索成果给予个性化评价。

比如，优秀学员奖、最佳动手奖、最佳表达奖、最佳创意奖、最佳观察奖、最具潜力学员奖。

六、成效与展望

"室外生命探秘"课程激发了学生参与学习的主动性，学生用严谨的科学思维进行探究实践，在"做中学"中不仅收获了良好的学习体验，而且潜移默化地掌握了生物学基本知识，促进了核心素养的提升。

本课程未来发展和提升的设想是加强基于生活情景核心素养视角下的室外生命课程的开发和实践。对系列课程的结构与内容进行优化调整，以增强系列课程的系统性、课程间的衔接性和凸显课程的形态特征，更好地发挥系列课程的整体育人功能。

趣味生物实践

品牌课程主持人:林周华
学校:深圳明德实验学校(集团)香蜜校区

福田区品牌课程"趣味生物实践"是深圳明德实验学校(集团)香蜜校区针对七、八年级学生开发的,以培养学生科学思维,提高实验设计、操作能力,发展生物学学科核心素养为主要目标,以趣味性的生物学实验等相关活动为主要学习内容的课程。本课程特色鲜明,通过与国家课程教学同步的校本课程的学习,激发学生对生物学的兴趣,在实践活动中增强对自然现象的好奇心和求知欲,培养实验科学的理性思维,掌握一定的科学探究思路和方法,提高科学探究和实验能力,树立热爱生活、保护环境的情感态度,自觉利用所学知识和方法解决生活中的问题。本课程已开发了配套的课程资源和收获了学生丰富的学习成果,取得了良好的效果。

一、课程缘起

深圳明德实验学校自建校以来一直推动课程体系重构,聚焦人才培养目标,围绕学科核心素养,以基础课程、拓展课程、特需课程等构建课程谱系,提升课程的系统性和科学性。校园内打造了 18 间多学科融合创新实验室,为学生提供优质的校本课程活动平台。"趣味生物实践"课程拓展课在明德良好的课程改革"土壤"中"生根发芽",在近年的实践和探索过程中逐步完善。

二、课程性质

"趣味生物实践"课程是一门以国家课程生物学为统领,以趣味性的生物学实验等相关活动为主要学习内容,以培育具有一定实验技能和科学探究能力的初中生为主要目标的课程。"趣味生物实践"是对国家课程初中生物学的巩固、拓展和延伸,体现生物学的趣味性、实践性,能够促进学生掌握生物学基础概念和知识,提高科学探究和实验能力。

三、课程目标

"趣味生物实践"课程旨在完成国家课程的基础上,为明德学子提供课外拓展平台,增加实践机会,拓宽学生视野,培养学生科学思维等生物学核心素养。

本课程的总目标:通过对与国家课程教学同步的校本课程的学习,学生对生物学的学习兴趣提高,在实践活动中对自然现象的好奇心和求知欲增强,掌握一定的科学探究思路和方法,具备科学性、创新性的实验科学理性思维,具备较强的科学探究能力,具有热爱生活、保护环境的情感态度,能够自觉利用所学生物学知识和方法解决生活中的问题。

七年级课程目标:掌握生物学基础知识,形成基本的生命观念,以及科学思维习惯和能力,具有一定的实验工具使用能力和科学探究能力,能树立健康意识和社会责任感。

八年级课程目标:能够基于生命观念探讨和阐释生命现象和规律,独立或团队合作发现生活中遇到的生物学问题并解决问题,乐于探索自然奥秘,关注生物技术发展,积极保护环境。

四、课程内容

该课程对七、八年级的教学内容进行统筹规划,分别确立了具体活动内容和教学重点。见表1。

表1　"趣味生物实践"课程结构及活动内容

年级		国家课程一级主题	课程活动主题	具体内容
七年级	上册	科学探究	1.调查校园内的生物种类	在校园的植物园内进行生物种类的调查,设计调查方案和调查表,调查结果在班级内展示
		生物体的结构层次	2.显微镜的使用练习; 3.制作校内植物、动物的装片,观察细胞	巩固显微镜的使用技能 利用黄瓜、西红柿等材料制作装片并观察; 利用田鸡残留在水缸中的表皮细胞制作装片并观察

（续表）

年级	国家课程一级主题	课程活动主题	具体内容
七年级	上册	生物与环境	4.生态系统的组成	制作生态瓶、缸，并说出该小型生态系统的组成，并对生物与环境之间的关系进行分析与讨论
		生物圈中的绿色植物	5.认识孢子植物——水藻、葫芦藓、华南毛蕨	观察校内现有的孢子植物，了解孢子植物的特点
			6.认识花的结构——火焰木 7.认识果实和种子——豌豆荚与豌豆种子	火焰木的解剖：利用校内植物火焰木，认识花的结构并进行解剖观察 豌豆果实和种子的观察：利用植物园内种的豌豆，观察其果荚和豌豆种子
	下册	生物圈中的人	8.人体八大系统的认识	观看纪录片认识人体八大系统，并结合纪录片的内容对生活中所遇到的问题或生活习惯进行分析。绘制八大系统思维导图或制作器官模型
			9.“从受精卵到婴儿”专题讨论	观看胚胎发育视频，结合视频内容学习人的生殖系统和生殖过程、胚胎发育过程
			10.设计学校午餐食谱	研究学校午餐食谱，从营养方面分析其科学性和合理性，讨论如何改进
			11.“抗生素旅游历程”	写出注射抗生素后，抗生素在人体血液循环系统内所经过的地方，绘制成图，展示并交流
八年级	上册	动物的运动和行为	12.研究一种动物的行为——小鼠走迷宫获取食物的学习行为	小组合作制作迷宫，制订实验方案，对小鼠进行饥饿处理，训练小鼠通过尝试与错误获得觅食的学习行为。学期末完成实验报告，课上展示实验结果
		生物的多样性	13.植物的多样性与植物分类	采集校园植物并制作蜡叶标本、对植物进行分类、初步鉴定（学习使用“识花君”APP、植物科属检索表、植物图鉴等工具），写鉴定标签。学期末将蜡叶标本收集成册，汇编《明德校园植物标本集》
		生物技术	14.细菌、真菌的接种与培养 15.超净台无菌操作与菌种分离技术 16.酸奶的制作	细菌、真菌的接种与培养：利用培养基对不同环境下的细菌、真菌进行接种、培养、观察 超净台无菌操作与菌种分离技术：在超净台无菌环境下对培养的细菌、真菌进行划线分离，培养出单克隆细菌菌落 酸奶的制作：学习制作酸奶的方法，在家制作酸奶并和家人品尝，整理制作过程的照片和文字说明

(续表)

年级	国家课程一级主题	课程活动主题	具体内容
八年级	下册 生物的生殖、发育和遗传	17.家蚕的生殖与发育	家蚕的饲养与观察:从蚕卵开始,观察卵的孵化、幼虫的发育变化、蜕皮、结茧、羽化、雌雄蛾交配、产卵等过程
	健康地生活	18.流感的来袭	在班级内模拟一场流感病毒传播的过程,讨论在该模拟中的病原体、传染源、传播途径和易感人群情况

五、实施与评价

(一)课程设置与课时安排

学生根据年级进行选课和走班。学习内容与国家课程同步,分为七年级上册、七年级下册、八年级上册和八年级下册四个学期的内容。课时安排为每周一至周五其中一天的16:20～17:00拓展课时间段,每周1课时,每课时40分钟,一个学期约17课时。活动场所主要在基因生物实验室,可容纳30人以上,配备希沃教学平台,每人一台光学显微镜、每人一套实验操作工具、四人小组合作实验操作工具。另外,配备具备摄像功能的显微镜若干台、体视镜两台。

(二)教学方法

(1)观察法:组织学生对植物组织器官、动物结构进行观察,探究生物的特征和习性,了解结构和功能之间的关系。

(2)演示法:如教师在学生面前演示显微镜的操作、超净台的使用方法、播放关于人体内部结构的模型视频等。

(3)自主探究合作学习:以小组合作和同伴互助合作的方式完成小组的实验、调查、探究活动等。

(4)问题驱动教学:教师创设问题情境,设置问题链,学生生成、探究、交流的问题。

(5)讲授和训练:精讲主题活动涉及的核心知识。

(三)课程评价

评价应以学生的发展为本,评价内容围绕生命观念、科学思维、探究实践和态度责任等核心素养进行,评价方式采取多元评价。

1.学习成果评价

如对小鼠走迷宫实验报告、显微镜观察结果照片、腊叶标本、课上分享成果PPT等作品的评价。

2.学习过程观察评价

如对小鼠走迷宫实验数据和录像效果,师生互动、小组组员互动情况,活动参与程度表现等的观察评价。

3.练习和测验

对学生阶段性的知识性学习效果的检测。

六、成效与展望

本课程已开发和利用的校内资源有创新实验室、明德植物园、明德动物园,教学资源有学生制作的植物腊叶标本、动植物装片、细胞模型,还有纪录片、自编教学课件资料、活动过程所记录的图片和录像等。《小鼠走迷宫获取食物的学习行为》实验教学荣获深圳市教学基本功大赛二等奖、福田区特等奖,相关论文荣获广东省论文评比一等奖,论文发表在教育部主管的核心期刊《中学生物教学》上。

学生本课程的学习成果十分丰富,学生的合作探究能力、动手能力、信息技术技能得到很好的提高。学生的许多作品如滴胶标本、生态瓶已在学校科技节上展示和评比,还作为教学资源在学校的生物课上作展示,为下一届选修校本课程的学生当范例学习。现阶段学生进行小组内小课题探究,对校园的花坛、实验室的生态缸、家庭的无土栽培设备等主题进行探究,做到了做中学、学以致用。学生在经历了本课程的学习后表现得更为喜爱生物学科,热爱动脑思考、动手操作,增强了在学习上和同学交往上的自信心,也变得更为热爱校园。本课程将继续优化课程内容,创设综合性、实践性活动,增加生物学学科新成果,体现课程时代性。

5R 环保生态课程

品牌课程主持人:葛凤
学校:深圳市福田区莲花小学

"5R 环保生态课程"是深圳市福田区莲花小学针对小学中年级学生开发的,以激发学生环保意识、培养学生环保习惯、提升学生环保素养为主要目标,以通过理解"人与自然和谐共生"、践行环保 5R 理念为主要学习内容的课程。课程通过有趣的实验,让学生深刻理解"人与自然和谐共生"的理念,注重学生的环保社会实践,培养学生良好环保行为习惯,形成优秀品格。课程实施以来,培养出一大批热爱环保的学生,营造了浓厚的社区环保氛围,构建了家校社环保联动的有效机制,有力地推动了生态文明建设。

一、课程缘起

"5R 环保生态课程"在莲花小学长期的环保活动中不断迭代改进,不仅深受本校学生喜欢,还具有较强的推广价值和示范效应。课程面向全体学生,让学生深度参与,让学生在"做中学"。课程经历了一个漫长的过程,在"做中思,学中做"中逐步得到提升和发展。

二、课程性质

(一)课程宗旨

"5R 环保生态课程"是一门集思想教育和环保素养教育于一体的综合实践类课程。"5R"表示的是 5 个国际通用环保原则,具体为 Refuse(拒绝原则),Reduce(减量化原则),Reuse(重复用原则),Recycle(重置再用原则),Resource Allocation(资源分类原则)。课程通过丰富的环保课程体验,让学生认识、理解和内化 5 个环保原则,并在日常生活中把这 5 个原则时时外显在行动中,不仅注重垃圾分类习惯的培养,而且注重环保意识、素养的培养,引导学生懂得尊重自然、敬畏自然、爱护自然,与自然和谐共生,坚定"人与自然和谐共生"理念,形成良好环保行为习惯,培养优秀品格。

(二)课程性质

"5R 环保生态课程"是莲花小学特色校本课程,通过课堂讲解、实验、观看影像资料,以及动手操作等多种活动组织教学,授课时长一般为 40 分钟。此外,课程也以多种方式在不同场景下组织实施,如每周"环保站"的大自然课堂,每学期的环保班会课和同伴课程,每年的环保月课程等。总之,课程力求通过多种渠道渗透环保教育,通过多种形式让更多的学生了解保护环境的重要性,主动加入环保行动中来。

三、课程目标

(1)初步理解环保"5R"理念,体会自然环境变化与人们生活的息息相关。

(2)通过课程体验学会科学的思考和研究方法,提高分析和解决问题的能力,认同环保"5R"理念,自觉采取对环境友善的行为。

(3)能把环保"5R"理念运用于日常生活中,坚定环保意识,深刻理解"人与自然和谐共生"的理念,形成环保的行动自觉。具体目标见表 1、表 2、表 3、表 4、表 5。

表 1 "5R 环保生态课程"第一单元"不用"目标

单元内容	主题	目标
本单元通过引导学生对动物生存现状进行了解,激发学生对大自然的珍爱,同时以"不用"的原则反观日常生活,审视日常生活中的不合乎环保的东西,并对之采取拒绝的态度与行动	"白色污染"	1.认识白色污染下海洋生物的命运; 2.了解白色污染对人类的影响,通过实际行动减少白色污染
	"一次性筷子"	1.认识一次性筷子,明白使用一次性筷子的利弊; 2.了解一次性筷子的历史由来,辨别一次性筷子的优劣; 3.探究把废弃的一次性筷子"变废为宝"的好方法; 4.养成少用、不用一次性筷子的好习惯,同时带动身边的人少用、不用一次性筷子
	"由一个口罩引发的思考"	1.口罩的分类及正确佩戴; 2.通过蝙蝠的自述、大自然的自白等活动,学生能深入地思考,懂得敬畏自然,与自然和谐共生的道理

表 2 "5R 环保生态课程"第二单元"少用"目标

单元内容	主题	目标
本单元通过对环境现状的了解,让学生知道现在很多地区的人是处于缺水、缺粮的,激发学生的同理心,做到在生活中勤俭节约,在生活中践行节约、"少用"的原则	"小水滴的诉说"	1.了解水的珍贵以及缺水给人们带来的严重后果; 2.思考节水的现状,并从自身做起珍惜水资源; 3.了解水污染的现状及水污染治理的方法,强化人与自然和谐共生的理念
	"节约粮食"	1.认识粮食危机; 2.了解导致粮食危机的原因; 3.从小养成节约粮食的良好生活习惯
	"节约纸巾"	1.纸巾制造对环境的污染; 2.废纸重塑美好生活
	"节约用水,设计节水标志"	1.水资源的重要性及现状; 2.节约用水从我做起; 3.设计节水标志
	"制作环保手帕"	1.设计环保手帕的标志; 2.制作环保手帕

表 3 "5R 环保生态课程"第三单元"重复用"目标

单元内容	主题	目标
本单元通过对环境污染现状的了解,让学生知道从"源头减量"的重要性,并在生活中智慧地践行"重复用"原则	"随身带'五宝'"	1.通过本校自制微电影,让学生反思当下便捷生活方式对自然的危害; 2.养成朴素的生活习惯,随身带"五宝"

表 4 "5R 环保生态课程"第四单元"改造用"目标

单元内容	主题	目标
本单元通过对酶素环保皂等的了解,让学生知道"绿色生活,变废为宝"好处多、乐趣多,积极"改造用",不断创造更加美好的生活	"认识酶素"	1.了解环保酶素的知识; 2.环保酶素对人类生态环境的作用与影响
	"制作酶素"	1.制作环保酶素; 2.使用环保酶素
	"制作净水器"	1.了解净水器的构造; 2.制作净水器
	"环保皂的妙用"	1.认识环保皂; 2.了解环保皂的用处和功能

（续表）

单元内容	主题	目标
	"制作环保皂"	1.了解环保皂的制作过程和方法，能独立制作环保皂； 2.宣传和呼吁周围的朋友和家人一起保护地球并掌握宣传海报的制作方法
	"制作爱心本子"	1.设计爱心本子； 2.用废旧纸张制作爱心本子

表5 "5R环保生态课程"第五单元"资源分类"目标

单元内容	主题	目标
本单元通过对环境污染现状的了解，让学生知道垃圾分类的重要性，在日常生活中做好垃圾分类投放	"垃圾分类"	1.了解垃圾围城的现状； 2.知道垃圾分类的重要性； 3.垃圾如何正确分类

四、课程内容

环保课程开设了"珍爱大自然"（"不用""少用""资源分类"）、"生活好习惯"（"重复用"）、"变废为宝"（"改造用"）以及"心灵养育"（环保手语）四大环保专题，包括垃圾分类、变废为宝（环保酵素和环保皂的制作等）、粮食危机、节约资源、一次性筷子、海洋污染、环保手语学习等内容。如图1。

第一课时：学习手语《一个干净的地球》，学生在优美的歌声中净化心灵，并了解环保"5R"理念。

第二课时：了解全球暖化和深圳垃圾围城的现况以及由此产生的环境危机，学习为什么要进行垃圾分类以及深圳四大垃圾分类。

第三课时：观看一次性筷子制作过程的视频，了解一次性"毒"筷子的危害，在日常生活中杜绝使用一次性筷子。

第四课时：了解全球暖化导致粮食减产，学习《节约粮食》，在生活中做到吃多少拿多少，餐餐都光盘。

第五课时：学习《台风山竹来袭》，让学生了解自然灾害频发的原因。

第六课时：学习《海洋白色污染》，倡导学生保护海洋生物，少用一次性塑料制品。

第七课时:观看学校制作的《你的方便习惯正确吗?》微电影,深入了解塑料泡沫杯、泡沫饭盒、一次性筷子等物品的危害,让学生随身携带"三宝"——杯、碗、筷;观看全球砍伐森林的视频,知道回收 50 公斤纸相当于拯救一棵 20 年树龄的大树,意识到节约用纸的重要性。

第八课时:学习"小水滴的诉说",了解水污染的状况,思考水污染的治理。

第九课时:学习"节约用水,设计节水标志",了解地球生生不息的水循环,了解水资源分布,认识节水的重要性,学习日常节水的方法。

第十课时:学习塑料的七大类,了解塑料的各种特性以及用途,做到少喝或不喝饮料,坚决贯彻禁塑相关法律法规,积极回收塑料制品,节省能源。

第十一课时:环保酵素的作用。

第十二课时:环保酵素的制作。

第十三课时:环保皂的制作。

第十四课时:学习"由一个口罩引发的思考",让学生形成"敬畏自然,与自然和谐共生"的理念。

第十五课时:学习"5R"原则和环保"六化"。

第十六课时:欣赏并学习手语《蓝色的星球》,锻炼学生专注能力以及培养爱家爱地球的感恩心。

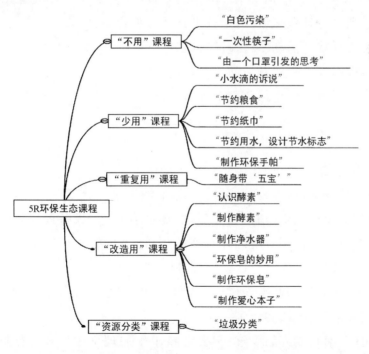

图 1　课程内容

五、实施与评价

(一)实施路径

新课程方案提出,要优化课程内容结构,设立跨学科主题学习活动,加强学科间相互关联,带动课程综合实施,强化实践要求。"5R环保生态课程"既重视课程内容构建,又探索实施方式,从小学生的认知规律出发,不断改进与丰富教学方法,让学生在具体的情境中积极主动地完成项目学习的具体任务,寓学于乐。在实施5R课程项目教学的过程中,与美术课、科学课、道德与法治课等进行融合,采用多种教学方法,如讲授法、演示法、实验法、视频教学法等。充分尊重学生的主体性,发挥学生的主动性,引导学生开展环保活动,并有效地使用现代信息化教学资源与设施设备。

(二)实施方式

(1)通过校本课环保社团实施。

选课:学生每学期开学可通过校园网"校本课"进行自由选课。课时:16课时。

(2)每学期设有环保班会课,全校进行环保教育。

(3)通过每周社区活动"环保村"实施。

(4)通过校内环保主题月活动、环保节实施。

(5)整合校外资源,环保创意作品展,以及科创环保小发明小制作等助力实施。

(三)评价方法

课程主要从室内室外两方面对学生进行考核。

室内课程成绩评定要素有:学习态度、团队合作、完成各项目训练的质量、各项环保活动中所起的作用。室外环保实践评价:手机扫码精确登记环保"服务时间";科技导航智能回收屋"称重";量化激励。

平时表现:从学生的课堂表现与日常行为中获得评价数据,主要考核学生的学习态度、精神面貌、团队协作等。

技能掌握情况与能力的考核:主要考核学生的理论知识和技能操作能力等,在具体情境的实际操作考核中展开。

六、成效与展望

莲花小学开设"5R 环保生态课程",学生和家长的参与度很高,学校环保教育氛围浓厚,学校也因此被评为全国生态文明特色学校。每周五下午,学校在校门口定期开展"环保村"大自然课堂活动,邀请校园周边社区居民参加。在 2013—2020 年间,共回收纸类 6539.15 千克,玻璃 9.52 千克,塑料 841.08 千克,铁 49.91 千克,铝罐 30.25 千克,参与人数 3834 人。该课程项目先后被评为深圳最具社会影响力的公益项目和百佳市民满意项目。《南方都市报》等媒体相继进行了报道。

课程团队撰写相关的论文 4 篇,开展专项课题研究 1 项,出版发行环保读本 1 本。教学论文《浅谈如何在小学综合实践活动课程中渗透环保教育》被评为广东省优秀作品。环保课例《带着"绿色"去旅行》荣获 2021 年广东省中小学劳动教育优秀课例二等奖。"5R 环保生态课程"在教育学生敬畏自然、与自然和谐相处的过程中,不断发展学生知行合一的良好品质,助力学校立德树人根本任务的落实。深受"5R 环保生态课程"所影响的学生,从"他律"不断走向"自律",不断将环保"5R"观念内化于心、外显于行,朝着"人与自然和谐共生"的美好向阳而生、全面发展。

F1A 航空模型运动

品牌课程主持人：刘军
学校：深圳市福田区华新小学

"F1A 航空模型运动"是深圳市福田区华新小学针对小学生开发的，分为初、中、高级水平，以航空模型基础理论知识、模型飞机设计制作、飞行竞赛为主要学习内容，培养学生观察思考、动手实践能力和工程思维意识，发展创新意识和探索精神的课程。课程具有科技性、实践性、竞赛性等特点，在促进学生知识迁移运用，解决真实问题，培养综合能力素养方面有显著成效。

一、课程缘起

华新小学是福田区科技特色学校，历任领导高度重视学校的科技教育工作，在狠抓国家课程的同时，积极开发不同类别、不同能力层次的校本科技课程以促进学生的发展，满足学生多样化的成长需求。学校在党和国家方针政策的指引下，依据现有师资力量特开设这门课程，为国家培养有理想、有抱负的航空好苗子，为实现中国梦贡献一份力量。

二、课程性质

开展航空模型运动的主要目的是向广大青少年普及航空知识，进行爱国主义教育，引导青少年热爱航空和航空事业，为国防培养强大的航空后备力量打下初步基础。同时，通过航空模型运动激发青少年爱学习、爱科技、爱运动、爱劳动，促进青少年全面发展。

"F1A 航空模型运动"既有科技实践创新活动的特征，又有竞技体育运动的特征，是一项科技体育运动，是学校校本社团课程。参加航空模型运动，不但要学习模型基础理论、空气动力学、气动设计、结构力学、材料学、制作工艺、机械制作、气象等知识,还要运用这些知识,设计、制作模型飞机,通过反复试飞调试,不断改进提高模型飞机性能。全面掌握模型飞机性能,达到人机合一,在复杂的自然环境中,捕捉有利的气象条件,创造最佳竞赛成绩或飞行纪录。

三、课程目标

(一)课程总目标

通过本课程的学习,学生将掌握和应用航空基础理论知识、机械电子知识、材料知识、气象知识、制作工艺;拥有设计、制作、调试牵引模型滑翔机技能;具备在不同气象条件下放飞模型参与竞赛和创纪录的能力;具备沉着、冷静的心理素质,培养严谨求实的科学精神,吃苦耐劳、拼搏进取的品质;发展集体主义和爱国主义精神,树立报效祖国的远大理想。

(二)课程领域目标

1. 理论知识:航空模型理论知识是必须掌握的基础知识,用以指导实践。

(1)了解航空和航空模型运动史;

(2)掌握飞行基础理论;

(3)掌握牵引模型滑翔机飞行特点、结构、各部分功能;

(4)了解翼型性能,根据飞行任务选择合适翼型;

(5)掌握模型飞机气动外形和结构设计原理。

2. 模型制作:在制作实践过程中加深对基础力学、材料力学和结构力学知识的理解,在运用知识解决实际问题的过程中,培养学生工程思维、创新思维和动手实践能力。

(1)了解各类材料性能及用途,掌握各类工具使用方法及制作工艺;

(2)会根据制作的需要选择适合的工具,优化制作工艺确保制作质量;

(3)会制作各级牵引模型滑翔机;

(4)掌握测试翼型性能的方法。

3. 飞行与竞赛:每种模型制作完成后都要组织开展飞行,熟知模型飞机性能,掌握飞行技能。竞赛和创造纪录是推动活动向前发展的重要方法,是提升学生活动热情和技术水平的有效手段。

(1)会寻找和利用上升气流;

（2）通过试飞，调试出牵引模型滑翔机最佳技术状态；

（3）掌握牵引模型滑翔机放飞方法；

（4）知行合一，努力创造最佳成绩。

4.**情感态度**：开展爱国主义和远大理想思想教育是航空模型活动的灵魂，是落实立德树人根本任务的重要举措。

（1）热爱航空模型运动，对航空模型运动有浓厚的兴趣；

（2）具备问题解决意识、理性思维、批判质疑、勇于探究、严谨求实的科学精神；

（3）发展克服困难的坚强意志品质、努力拼搏进取的体育精神；

（4）既有独立活动能力，又有团结协作集体主义精神，树立报效祖国的远大理想。

四、课程内容

课程内容分为三个层次，分别为初级水平、中级水平和高级水平，适合不同年龄阶段、不同认知水平的学生。以初级水平教学内容为例，见表1。

表1　初级水平教学内容

单元名称	理论学习	设计制作	飞行训练和竞赛
1.先导课	1.航空模型史、航空常识、基础知识； 2.名人话航模		
2.弹射模型滑翔机	1.弹射模型滑翔机的飞行特点、结构、各部分功能； 2.弹射模型滑翔机各部件的制作方法	1.弹射模型滑翔机机身、尾翼制作； 2.弹射模型滑翔机机翼制作	1.弹射模型滑翔机调试飞行； 2.弹射模型滑翔机飞行训练及竞赛
3.一级牵引模型滑翔机（杆身式）	1.一级牵引模型滑翔机的飞行特点； 2.怎样看工作图； 3.机翼、机身、尾翼及附件的制作方法； 4.机翼蒙皮方法； 5.一级牵引模型滑翔机的装配、校正方法； 6.飞行中各类问题成因及调整方法	1.制作机翼； 2.制作尾翼和配件； 3.制作机身； 4.机翼蒙皮； 5.各部件装配、校正	1.一级牵引模型滑翔机调试飞行； 2.放飞牵引训练； 3.飞行测试评价及竞赛

五、实施与评价

课程分室内和户外两部分。室内进行理论学习和模型制作，户外进行模型调试、飞行技能学习、竞赛或创纪录飞行。初级水平学习先是模型制作、户外飞行，然后是维修、改进模型，最后是室内理论学习。如此让初学者在实践中积累直观表象认识，体验飞行乐趣，为以后的学习作铺垫。由于在初级水平积累了一定的实践经验，后面中、高级水平学习就从室内理论、模型制作开始，再开展户外飞行，以提高整个学习效率。

（一）教学原则

直观性原则，对模型飞机各部功用、结构、原理讲解结合实物、挂图、照片、录像进行。实践性原则，用所学知识解决飞行中出现的问题，在"观察—判断—调整"的循环中，将模型飞机调整到最佳状态。此外，还遵守循序渐进、巩固提高和区别对待原则。

（二）教学方法

航空模型运动涉及德育、智育、体育三个方面。在学习过程中，学生不但主动建构知识体系，还知道如何习得知识，并在现实情境中知道如何应用知识解决问题，促进迁移的发生。制作和训练是程序性知识，主要以巴甫洛夫高级神经活动学说即"泛化过程—分化过程—巩固过程"理论为依据。练习是形成技能的基本途径，采用多种练习方法提高技能水平，同时运用反馈等措施促进动作技能形成。展开思想道德教育，除了教师的言传身教、榜样引领外，更重要的是引起价值共鸣，理解并认同中国文化、家国观念，从而树立报效祖国的远大理想，思想道德教育渗透在整个教学过程中。

"F1A 航空模型运动"课程用二维分析法评价学生在知识、技能和思想三个类型四个领域教学前后发生的变化和达到的能力层次。对三个类型知识评价各有侧重。对知识的评价，侧重对基础概念、基本原理、规则的理解，知识体系的建构。对技能的评价，侧重对现象的归纳分析、问题的解决，模型制作水平和飞行成绩。对情感态度的评价，侧重对学生在过程中表现出来的规范、纪律、态度和品德的评价。最重要的评价手段是竞赛，综合凸显学生将知识运用于实践，解决真实情境下实际问题的能力和行为价值取向。评价类型上采用过程性评价和终结性评价相结合,定性评价与定量评价相结合,师生评价与生生评价相结合。评价方式有纸笔测试、观察、交谈、问卷调查、作品收集、活动记录等。评价载体有书面文字、录音录像、行为量表、实物作品。

(三)课程资源的开发利用

一是专业团队的支持。2018年,课程主持人加入了中国自由飞联盟,该联盟聚集了各型模型飞机及航模爱好者。他们有着精湛的技艺和丰富的经验。在这里能获得专业的技术解决方案。

二是创建技术资料库。收集到国内外航空模型书籍159册、杂志410册、模型图纸2085份,建立了17万字的图书目录库。内容涵盖优秀模型飞机图样、结构设计、制作工艺说明以及新材料新技术运用等。

三是建立网站资源。收录了国际航空联合会(FAI)等主流网站42家。下载38094份文件,共计155G的文字、图片及视频资料。

四是设有高规格飞行训练场和赛事。学校位于福田区中心公园附近,有日常训练所需要的飞行场地,还可带队前往江西吉安国家航模队训练基地,获取专业指导。春秋季的省、市、区各级竞赛,每年夏季全国青少年锦标赛等高端赛事,提供了学习机会和交流平台。

五是利用深圳国际无人机展览、深圳国际民用航空航天展览会、珠海国际航展、海南文昌发射中心等社会教育资源,学习航空文化,增强爱国意识和爱国情感。

六、成效与展望

2021年,“F1A航空模型运动”被评为福田区“品牌课程”。《伯努利原理》公开课在全区展示,并获得好评。论文《F1A航空模型运动》在《学校品牌管理》发表,并在“第二届福田区品牌课程培植对象培训会”上进行了课程的展示和推广。2022年,课程主持人被国家体育总局航空无线电模型运动管理中心、中国航空运动协会评为“优秀辅导员”。在2022年全国青少年纸飞机通讯赛总决赛中,学校5名队员参加弹射飞机比赛,4人次获一等奖,1人次获二等奖。

未来,学校将不断完善课程体系和充实教材内容,创新发展素质教育的有效途径;不断完善初级、中级、高级水平课程,使课程体系更加完善健全;进一步扩展课程资源,丰富学习教材,促进学生将学习、观察、实践同思考紧密结合起来,着力培养学生思维能力、创新精神和实践能力。

像科学家一样探究

品牌课程主持人：刘露琳
学校：深圳市福田区实验教育集团福龙学校

"像科学家一样探究"是福田区实验教育集团福龙学校针对小学高年级学生开发的，采用项目式、STEAM 学习方式，以发展科学核心素养、培养观察分析能力、设计思维能力、创造创新能力，运用科学知识和科学技能去理解身边的科学现象并解决一些实际问题为主要目标的课程。本课程内容源于生活中的科学，以当前的小学科学教材为蓝本，充分发掘原有教材内容中的科学知识、工程与技术领域内容，共开发设计了 8 个项目。本课程已开发了配套的课程资源和收获了丰富的教学成果，取得了显著的成效。

一、课程缘起

福田区实验教育集团福龙学校是一所新建九年一贯制学校。学校以培养"走向世界的、完整而有创造力的现代人"为目标，着力建构面向未来人才培养的"创感教育"。当代社会，人工智能时代对人力资源的需求已经发生了质的变化——由知识型体力劳动者为主转变为以创新型脑力劳动者为主。人工智能的兴盛要求教育必须跟上时代步伐，学校教育需要让受教育者的思维能力得到充分发展，以培养具有创新能力的新型人力资源为核心，为学生走向世界和幸福人生奠基。基于此，刘露琳老师结合实际情况开发了这门课程。

二、课程性质

"像科学家一样探究"课程是基于小学生年龄特点和认知规律，运用科学知识和科学技能去理解身边的科学现象并解决一些实际问题为主要目标的课程。所有的案例皆以当前的小学科学教材为蓝本，充分发掘原有教材内容中的科学知识、工程与技术领域内容,也参考了初中物理、化学、生物、地理等教材,力求在学会创新解决问题的基础上注重学生的动手操作以及探究能力的培养,提高学生对科学的兴趣,体验科学探究的基本过程,培养良好的学习习惯,发展科学探究能力、学习能力、思维能力、实践能力和创新能力以及运用科学语言和他人沟通交流的能力,进而激发学生积极创新的动力。

三、课程目标

"像科学家一样探究"课程目标旨在通过各种源于生活的项目式活动和学习,立足于学生核心素养的发展,体现课程性质,反映课程理念,以培养走向世界的、完整而有创造力的现代人。具体目标如下:

科学目标(S—Science):

(1)通过 STEAM 课程的学习,保持和发展对自然的探究热情,在科学课程的基础上进一步深化相关的科学知识。

(2)体验科学探究的基本过程,培养良好的学习习惯,发展科学的探究能力。

(3)发展学习能力、思维能力、实践能力和创新能力以及用科学语言和他人交流和沟通的能力。

技术目标(T—Technology):

(1)观察自然,研究各种想象产生和变化的原因而产生科学,科学的核心是发现;对科学加以巧妙运用以适应环境、改善生活而产生技术。

(2)利用技术的核心进行发明创造,使人们的生活更加便利和舒适。

(3)综合各方面的知识,体验科学技术对个人的生活和社会发展的影响。

工程目标(E—Engineering):

(1)工程即人类为实现自我需要,对已有的物质材料和生活环境加以系统性地开发、生产、加工、建造等。

(2)能运用科学和技术进行设计、解决实际问题和制造产品活动。

艺术目标(A—Art):

(1)通过产品设计,发展学生的想象力、观察设计能力、创造能力。

(2)增进学生对音乐知识的理解,增强音乐感知力。

数学目标(M—Math):

(1)能运用工具准确记录数据和实验现象,并通过统计分析得出科学结论。

(2)能用数学工具对物理量和物理规律进行测定和猜想,同时提高学生总结归纳的能力。

四、课程内容

"像科学家一样探究"课程采用项目式学习,其共分为 8 个项目,每个项目 4 课时,共计 32 课时。课程体系科学合理,内部逻辑清晰,符合学生认知规律,生动活泼,趣味性强。具体内容见表 1。

表 1　课程内容及要求

探究项目	学习内容	要求
《漂浮的胡萝卜》	用胡萝卜实验研究浮力	能准确记录实验数据,掌握浮力规律,能运用浮力进行更复杂的悬浮状态的实验
《神奇的植物》	分小组实验探究植物的趋光性	自主设计实验方案、设置对照组,记录实验数据验证植物具有趋光性这一现象
《遮风挡雨》	认识身边不同材料的特性,探究材料透性,设计制作雨伞	了解材料性能的概念,熟悉科学家进行科学实验的方法,运用文字记录实验数据和实验现象,并作出分析
《设计游乐园》	通过引导,引起学生对游乐场及其活动设施的兴趣,发挥想象力进行游乐场的项目设计和模型建设	通过构建游乐场,培养学生对日常生活的关注意识,以及观察设计能力,关注工程设计和实际生活的联系
《液体与固体》	了解常规的固体和液体的性质,观察非牛顿流体,感受其与生活中常见液体的区别	通过研究非牛顿流体的特别之处,培养学生跨学科学习的意识,并能用数学工具对物理量和物理规律进行测定和猜想
《水乳交融和油水分离》	分小组探讨不同物质相溶或不相溶的现象,并对实际情况进行描绘	通过油漂浮于水上的物理模型,以及深入浅出的解释,培养学生对日常生活的关注习惯,提高学生解决问题的能力
《你听我说》	了解空气也是一种介质,通过制作"声音管道",了解声音在固体、液体和气体介质中的传播	通过实验"土电话",培养学生团结协作的精神以及解决实际问题的能力
《盒子吉他》	通过制作乐器,让学生了解制作乐器的原理,增进对音乐知识的理解,增强音乐感知力	同时提高学生的动手能力、艺术鉴赏力

五、实施与评价

(一)课程设置与课时安排

"像科学家一样探究"课程教学对象为五年级学生,每周1~2课时,每课时40分钟,共32课时(一学期)。通过对问题的探究,培养学生发现问题、解决问题的能力,从而让学生达到"做中学、玩中学"的教学目标。实施场地建议选择科学实验室或探究室。

(二)教学方法

1.项目教学法:以实际应用为目的,通过师生共同完成教学项目而使学生获取知识、能力的教学方法。其实施以小组为学习单位,步骤一般为:咨询、计划、决策、实施、检查、评估。项目教学法强调学生在学习过程中的主体地位,提倡"个性化"的学习,主张以学生学习为主,教师指导为辅,学生通过完成教学项目,能有效调动学习的积极性,既掌握实践技能,又掌握相关理论知识,既学习了课程,又学习了工作方法,能够充分发掘学生的创造潜能,提高学生解决实际问题的综合能力。

2.任务驱动法:教师给学生布置探究性的学习任务,学生以小组合作的形式查阅资料,对知识体系进行整理,再选出代表作讲解,最后由教师作总结。任务驱动教学法可以让学生在完成任务的过程中,培养分析问题、解决问题的能力,培养学生独立探索及合作的精神。

3.合作探究法:通过与研究相类似的认知方式来进行学习。以小组合作和同伴互助合作的方式完成小组的实验、调查、探究活动等。并在研究过程中主动地获取知识、应用知识,最终解决问题。

(三)评价方法

学校课程评价制度由谁来评、评什么、如何评三个问题构成,这涉及评价主体、评价内容和评价方法。

"像科学家一样探究"这门课程有完整的课程评价方案,包括评价对象、评价内容、评价主体、评价方式和结果表达等。采取的评价方式包括形成性评价和总结性评价。形成性评价偏向于使用量表、行为观察和知识测验等形式了解阶段性的教学成果和存在的问题，及时对教学实施方案进行修改、完善。总结性评价一般安排在教学活动告一段落后，为检验学习效果是否达到预期的教学目标而进行的评价。重视评价的参与性、过程性、激励性。

六、成效与展望

课程自开发和实施以来，学生的科学素养、探究能力、创新思维得到全面提升，课程团队教师积累了丰富的课程教学经验，师生都收获了一系列有形、无形的丰硕成果。学生在科学探究方面兴趣浓厚、成绩优异、成果丰富，积极参加市、区科技节，获得奖项共计上百人次，团队教师多次被评为福田区"优秀科技辅导教师"。课程主持人和成员积极参加区级及以上公开课、跨校线上或线下教学教研交流活动，其中课程主持人执教市级线上公开课《通过观察来比较》一课，全市上千人在线上观课，点赞率破万，广受好评。

新课标提出，坚持创新导向，进一步深化课程改革，强化课程综合性和实践性，推动育人方式变革，着力发展学生核心素养。在未来发展上，本课程团队计划在目前课程的基础上，再增加案例，研发出适合小学每个年级的学生和教师用书，设置好难度梯度，使课程更符合学生的认知发展规律，课堂更加重视综合化、跨学科、自主、合作、探究的教学方法，从而进一步全面提升学生核心素养。

3D 打印与科技创新

品牌课程主持人:谭智
学校:深圳市福田区景鹏小学

"3D 打印与科技创新"是福田区景鹏小学开发的,基于 3D 打印技术,结合 STEAM(科学、技术、工程、艺术、数学等方面)知识及技能开展的一门综合实践类课程。课程立足教育教学的实际,以新课改为要求,以学生为主体,以人的发展为核心,以"激发 STEAM 兴趣、培养创新意识、增强实践能力"为目标,积极发展学生个性,探索校园科技创新之路,全面落实素质教育。

一、课程缘起

福田区景鹏小学作为深圳市首批中小学创客实践基地、福田区科技特色学校,一直以来注重培育学生的综合素养。"3D 打印与科技创新"课程是景鹏小学科创教育向纵深发展的又一力作。该课程不同于传统课堂教学,不仅仅是知识的传递,答疑解惑,而是通过真实的设计创造体验架起了沟通抽象知识和真实世界的桥梁,使得学生的学习内容、学习方式和学习结果都具有现实意义。通过"3D 打印与科技创新"课程的学习,学生可以掌握如何应用 3D 设计软件来表达头脑中的创意,并通过操作 3D 打印机等最新的制作设备,把自己丰富多彩的创意变成千姿百态的物品。

二、课程性质

"3D 打印与科技创新"课程是一门以科学发展观为统领,以 3D 打印设计和科创发明为主要学习内容,在校内外开展的综合实践类课程。它是以培育学生科技创新能力、创新思维、实践操作能力为主要目标的课程,引导学生体验 3D 打印技术,学会观察生活、改造生活,探索一条"科创小能手"的培养之路,实现自主创作

3D打印作品。优秀的有创意的学生可通过3D打印实现创作发明专利产品。该课程历经几度开发与实践，已初步形成全面和谐发展的"科创小能手"的培养模式。

三、课程目标

课程立足学生核心素养的发展，体现课程性质，具体目标如图1。

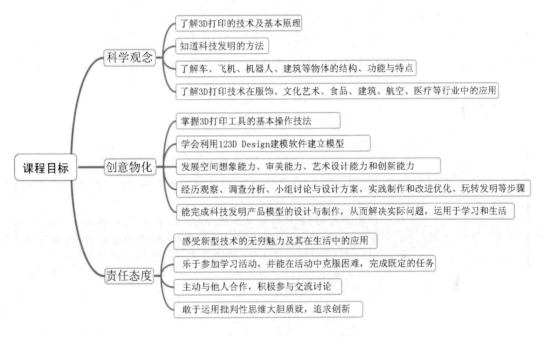

图1 "3D打印与科技创新"课程目标

四、课程内容

课程共分为上、下两册，各三个章节。课程中的每一课一般都由"探索与发现""鹏鹏教你学""一起来挑战""分享总结"四个板块组成。在实际教学中，这四个板块并不是截然分开、机械使用的。板块划分的目的在于强调它们在探究活动中的功能和在意义联结中的作用。这四个板块，分别由"景景""鹏鹏""小小""学学"四个不同性格和能力特点的虚拟角色人物来阐述学习内容。

课程与生活紧密联系，可读性强。每一课都以生活中的经验或身边的事例为切入口，引发学生的求知欲望。始终贯彻科学性与实用性相结合的原则，为学生和教师的积极活动提供空间和可能。课程内容既有基本知识和基本理论的学习，又有动口动手动脑的实践；实例清晰，做法明了，可操作性强。

1.课程主体内容

课程主体内容见表1、表2。

表1　"3D打印与科技创新"（上册）课程主体内容

章节内容		学习内容
第一篇： 3D打印 艺术	艺术的启迪	1.了解3D打印技术的起源、概念、种类、技术原理，认识3D打印技术在艺术设计中的表现及在生活中应用的领域； 2.调查、分析3D打印艺术设计资料，分类归纳总结分享
第二篇： 3D创意 定制	logo （标志）定制	1.了解logo标志的特点、设计理念、构成元素，设计构思logo（标志），学习平面构成中点线面的关系。设计制作方案，运用图形对称、平移等知识，绘制标志草图； 2.使用3D打印笔制作出logo（标志）
	七巧板	了解认识中国传统七巧板智力游戏，使用3D打印笔打印制作
第三篇： 3D创意 改造	我的车	1.了解车的结构，认识车的基本功能与作用； 2.以"创作我的车"为主题，设计改造或添加车的外形、功能，绘制出草图； 3.学会运用123D Design软件建模，了解3D打印机的基本结构、耗材选择、安装方法和操作流程。运用软件中的长方体、圆柱体和球体的模型，通过组合、拼插等方式制作模型并打印； 4.玩转发明：增加什么装备可以让汽车在行驶过程中保护路人的安全，减少车祸的发生
	我的飞机	1.了解空气动力学知识和马达的原理； 2.以"创作我的飞机"为主题，设计改造或添加飞机的结构、功能，绘制出草图； 3.运用123D Design软件组合建模、打印制作并组装飞机； 4.玩转发明：改变飞机的造型与结构，结合生活中常见物品进行组合创作新作品
	我的 机器人	1.了解机器人的定义、结构与种类； 2.以"创作我的机器人"为主题，设计改造或添加机器人的结构、功能，绘制出草图； 3.运用123D Design软件建模、打印制作机器人的零件； 4.玩转发明：增加机器人的功能，使人们的生活更加便利与舒适
	创意 总动员	1.举办创意总动员挑战赛； 2.玩转发明：运用3D建模软件创建多功能交通工具模型

表 2　"3D 打印与科技创新"(下册)课程主体内容

章节内容		学习内容
第一篇: 3D 打印 未来	创意生活	1.了解 3D 打印技术在服饰行业、文化艺术、食品行业等方面的应用,发现能够改造升级的相关主题产品。设计主题项目产品的概念、功能,描述在未来生活中的作用; 2.设计制作方案及绘制草图,利用 3D 打印工具制作,试用后优化再改造; 3.玩转发明:利用日常生活中的常见物品和机械物件,使用 3D 打印工具,在已制作出来的模型基础上,升级改造发明更多功能的作品
	创意建筑	1.了解建筑的结构、功能与特点和 3D 打印技术在建筑行业的应用,发现需要改造的主题建筑。设计项目主题建筑的基本功能、结构造型,描述在未来建筑行业中的作用; 2.设计制作方案及绘制草图,利用 3D 打印工具制作,试用后优化再改造; 3.玩转发明:利用日常生活中常见的木条、吸管等材料,使用 3D 打印工具,在已制作出来的模型基础上,升级改造发明更多功能的作品
	创意航空	1.了解 3D 打印技术在航空行业中的应用,发现需要改进的航空设施设备。设计项目主题航空设备的基本功能、作用与造型,描述在未来航空行业中的作用; 2.运用所学的知识,设计制作方案及绘制草图,利用 3D 打印工具制作,试用后优化再改造; 3.玩转发明:使用 3D 打印工具,在已制作出来的模型基础上,升级改造发明更多功能的作品
	创意医疗	1.了解 3D 打印技术在医疗行业中的应用,发现需要改进的医疗产品,设计项目主题医疗产品的基本功能与作用,描述在未来医疗行业中的作用; 2.设计制作方案及绘制草图,利用 3D 打印工具制作,试用后优化再改造; 3.玩转发明:使用 3D 打印工具,在已制作出来的模型基础上,升级改造发明更多功能的作品
第二篇: 3D 狂想 发明	探索生命	1.了解植物、动物与人体的主要组成部分与生命周期。网上下载相关主题模型源文件,分解制作的步骤顺序,小组讨论作品的结构功能与作用; 2.奇思妙想:利用 3D 打印工具,创造纳米机器人的模型,并描述作品的生命周期与特点

（续表）

章节内容		学习内容
	探索宇宙	1.了解宇宙中的星际关系与人类探索宇宙中使用的工具。网上下载相关主题模型源文件,分解制作的步骤顺序,小组讨论作品的结构功能与作用; 2.观看人类探索宇宙的相关视频; 3.奇思妙想:利用3D打印工具,创造人类探索宇宙使用的科学工具模型,如飞船、人造卫星等,并描述作品的功能与作用
第三篇:3D汇总展示	创新维护与成果、创新成果应用	1.查询网络资料和阅读设计说明书样本,组内思考讨论选定展示的作品,根据选定作品的具体情况,撰写规范、条理清晰的设计说明书; 2.展示小组创作的作品,以师评、互评、自评的方式进行评价

2.课程拓展内容

拓展内容主要从三个方面来全面激发和培养学生的创新能力:讲授发明方法;精选发明案例,引导学生从中寻找创新的突破点,碰撞创新灵感;积极动手实践,运用3D打印技术将创意变成实物作品,让学生从中获得创新的乐趣和成就感。在这些过程中,学生的思考能力、想象能力、动手能力等都在不断地提升。

五、实施与评价

（一）课时安排、实施场所要求

1.适用对象:小学五、六年级。

2.课时安排:每周1课时。上、下学期各16课时,共32课时。

3.场地要求:创客教室或计算机教室。

4.设备要求:学生分成四人小组,每组配有1台3D打印机、4支3D打印笔、4台电脑,配备充足的打印材料。

5.课程资源要求:利用网络上的资源,检索网络资料、图片、模型库,或下载网络上已有的模型进行优化与改造。

（二）教学方法

课程教学力求改变单一的教学,努力构建活动课程的思路方法,让学生在活动中学习,在做中学。该课程教学方法主要有教师主导型(讲授法、演示法等)、师生互动型(情景法、参观法等)、学生自主型(小组合作法等)。

基于学生的心理年龄特征以及学习行为分析,借助互联网、云计算等信息化手段,构建新型教学流程,见图2。将以教师传授知识为主的传统课堂教学改变为以学生主动学习为中心的教学,把学生的探究和协作能力的培养作为重点,有利于学生对所学内容的意义建构,促进知识的深挖和内化。

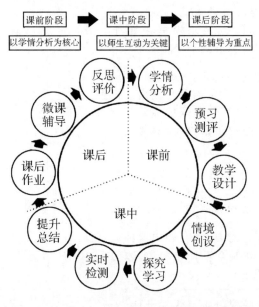

图2　"3D打印与科技创新"课程教学流程

(三)课程评价

1.坚持评价内容的多维化。对学生的评价,不仅关注结果,还重视学生的学习过程和学习态度,尤其是实践能力和创新思维的进步与变化,关注课程目标的达成。

"3D打印与科技创新"课程对学生的评价,由过程性评价和终结性评价两部分组成。以百分制呈现,活动过程性评价占40%,终结性评价占60%。具体见表3。

表3 "3D打印与科技创新"课程评价

评价项目	评价要素		等级			
	一级指标	二级指标	A(优秀)	B(良好)	C(及格)	D(待及格)
过程性评价(40%)	学习态度(10%)	积极参与课堂活动,大胆思考,态度认真,按要求操作,按时上交作品。体会到学习的乐趣	10分	8分	6分	4分
	展示表达(10%)	积极思考教师提出的问题,主动举手发言,并能有条理地表达自己的想法。有质疑精神。善于总结一些有价值的创新问题	10分	8分	6分	4分
	合作交流(10%)	能倾听别人的意见,并与之交流。愿意沟通合作。综合考虑小组各成员的意见。形成集体的观点或作品	10分	8分	6分	4分
	追求创新(10%)	乐于采用多种方法、利用多种材料,完成创意设计与制作,体会创新乐趣	10分	8分	6分	4分
终结性评价(60%)	作品评价(50%)	能用3D打印建模软件设计,表达自己的创意与构想,并将自己的创意转化为模型或实物	50分	40分	30分	20分
	反思评价(10%)	能对自己的学习过程、方法和作品进行反思,作出自我评价与调整	10分	8分	6分	4分

2.坚持评价主体的多元化。主要采用教师的评价、学生的自我评价、学生之间的互评、家长评价相结合的形式。根据阶段要求或活动特点,可以采用一种评价形式,也可以采用多种评价形式。要在学习活动的情境中评价学生,根据不同学生的实际背景进行个性化评价,同时帮助学生学会自我评价。

3.坚持评价方式的多样化。将过程性评价与终结性评价、定性评价与定量评价结合起来。采用成长记录袋的评价方式,搜集能反映学生在该课程实施过程中的表现资料。如:学生的设计图、创意金点子、实物作品、自我学习的反思、师生的评价和家长的信息反馈等。做到定性评价与定量评价相结合。评价应遵循激励性原则、多元性原则和参与性原则。

(四)资源开发与利用

1.科技创客室的建设与管理。学校应配备满足 3D 打印和科技创新教学要求的设备、器材、场地,保证耗材的经费。有条件的学校,可以在科技创客室增设图书角、材料角、工具角、成果展示角和专题研究中心等,使创客室发挥更多的学习功能。

2.校园资源的开发与利用。学校和教师应当充分利用校园环境中与其有关的资源,让校园成为学习的大课堂。如图书馆、科普宣传区、探索实验区等。

3.校外资源的开发与利用。可聘请科学技术领域的有关专家作科学技术报告,参与教师培训和课堂教学活动,也可以直接向学生进行科普活动。发挥社区科普场馆的作用,并利用学校周围的社会环境,以补充校内资源的不足。报纸杂志、电视广播和网络等媒体,常常会提供许多贴近时代、贴近生活的有意义的话题,教师要利用好社会媒体,将这些话题作为学习的重要载体。

4.网络资源的开发与利用。充分利用网络资源,运用合适的方法(在线学习、专题研讨、微课、资料查询等)促进学生的学习,为教学服务;可以把网络资源作为教师教学研究的重要资源,也可以利用网络技术开展学习评价。

六、成效与展望

近五年,学习该课程的学生积极参加各级组织的科技竞赛类活动,并获得优异的成绩。有 6 名学生的 6 项科技创客作品被国家知识产权局授予"实用新型专利"。《安全插头的设计与制作》等"3D 打印与科技创新"的教学案例,被《STEM＋教学设计与案例分析》一书录用,并于 2016 年 1 月由东北师范大学出版社出版。在市、区的科技展评中,"3D 打印与科技创新"课程的开展情况和效果受到专家和外校教师的一致认可。课程主持人谭智教师为"国培计划"小学科学研修班教师详细阐述了"3D 打印与科技创新"课程的开展情况,受到好评。

在互联网时代,"3D 打印与科技创新"课程让教育现代化变得不再遥远。该课程将坚持以国内外先进的教育理念为指导,融合 STEAM 教育核心学科,在实践中激发学生的学习兴趣和创造力,培养学生分析问题、解决问题的能力,鼓励学生将所学知识和原理应用在生活中,并在模仿中创新,在创新中提升思维能力,全面培养学生的综合素质,真正实现寓教于乐,助力学生赢在人工智能时代!

人工智能与科技创新

品牌课程主持人：赵晓东

学校：深圳市福田区红岭科技中学

　　"人工智能与科技创新"是福田区红岭科技中学自主研发的系列校本课程（1门必修课、7门选修课），以科技创新为重点内容，针对初中七年级、八年级学生，以培养学生创新思维和动手能力，发掘学生的创新潜质为主要目标。学生通过本课程学习创新的技能和方法，训练创新的思维和品质，并通过综合实践活动加深理解，培养动手实际操作能力。该系列课程除必修课学会创新外，还包括科技发明、编程、VEX（EDR）机器人、VEX（IQ）机器人、BDS机器人、无人机操作、场地赛车等校本选修课程、训练课程及研究课程，有效提高了学生的科学素养。

一、课程缘起

　　2019年，学校科技创新教育以《福田区科技中学创建一流品牌学校发展规划（2019—2022）》为蓝本，探索"一二三"实施策略："一"是以建设一流的科技创新品牌学校为目标，"二"是以科技创新、科学普及为基础，"三"是以课程建设、实践活动、教师发展为途径。注重全面培养学生的实践创新、劳动意识、问题解决和技术运用等核心素养。如何将这一规划付诸实践，形成一种持久、稳定的学校文化传统？经过调查研究，学校领导达成了共识，决定在原有的学会创新校本课程基础上开设"人工智能与科技创新"系列校本课程，推动学校创新教育办学特色的形成。

二、课程性质

　　"人工智能与科技创新"是福田区红岭科技中学自主研发的系列校本课程（包含1门必修课、7门选修课），以科技创新为重点内容，以激发人的创新潜能为前提,以学习现代科学知识,训练创新思维,学习创造技法为内容,培养学生的创新精神和实践能力,促进学生整体素质的提高。

三、课程目标

1.形成创新意识与态度:了解创新的意义、作用,端正动机、培养兴趣。

2.学习创新的知识与技能:学习创新思维与创造技法的知识、技能,初步形成能从自己生活中主动地发现问题,并创造性地解决问题的能力。

3.参与创新活动与实践:运用创新思维与创造技法,积极参与由学校、社区组织的活动。在活动中体验,在创新中发展,不断提高自己的创新思维能力、运用科学方法的能力、实践操作的能力。

4.形成创新的行为与习惯:逐步养成时时、事事、处处勇于创新的习惯,养成爱动脑、会动脑的科学思维习惯和灵活地运用科学方法的习惯。

5.形成创新的精神与人格:树立起自己能够成为创新人才的坚强信念,敢于探索、创新,敢于坚持真理,善于公平竞争与积极合作。课程具体目标见表1。

表1　课程阶段学习要求和教学目标

阶段	学习要求与目标
初一年级	1.通过学习中外科技发展史,激发学生学习兴趣和爱国热情; 2.通过学习科技创新中的发现问题和解决问题的方法,培养学生创新思维; 3.通过学习科技制作和机器人,培养学生的动手能力; 4.通过学习编程语言,培养学生的技术运用能力; 5.通过学习科技论文撰写,使学生了解相关科技知识,培养科学精神
初二年级	1.通过学习科技发明,让学生了解当代中国重大科技进步,使学生掌握相关科技知识,进一步培养爱国主义情怀; 2.通过学习机器人、无人机等编程和搭建,培养学生的实践创新能力; 3.通过学习训练课程内容知识,进一步培养学生的技术运用能力; 4.通过学习竞赛课程内容知识,进一步培养学生的团队意识和自主发展意识

四、课程内容

"人工智能与科技创新"校本课程适用于初一、初二年级,初一年级必修课每周1课时(正课)、学期课时数20课时;初二年级选修课每周4课时(课后延时服务),学期课时数80课时。

采用项目式学习方式指导学生通过"发现问题、研究问题、解决问题"等环节开展小组合作学习,教会学生把知识问题化,再把问题课题化,让学生通过自己的课题研究,一步一步地探究知识形成的过程,实现合作学习、探究学习、自主学习,最终实现"解决问题",课程内容如表2。

表 2　课程内容

内　容		学时	备　注
思维训练:			
建立团队		1	
思维流畅性 A	思维流畅性 B	2	
思维灵活性 A	思维灵活性 B	2	
思维求异性 A	思维求异性 B	2	A:针对个体进行训练
思维推理性 A	思维推理性 B	2	B:针对团队进行训练
思维持久性 A	思维持久性 B	2	共 18 学时
思维形象性 A	思维形象性 B	2	
思维系统性 A	思维系统性 B	2	
思维辩证性 A	思维辩证性 B	2	
期末考查		1	
实践:			
创作、设计、改编或完成一道异想天开的题目(社会实践)		14～80	
发明创造:			
参观学校创新教育成果展览		10	
发明创造步骤		3	
需要法		3	
设问法		3	
缺点列举法		3	共 34 学时
组合法		3	
头脑风暴法		3	
移植法		3	
变废为宝法		3	
创新活动:			
沟通		3	
协作		3	
应变		3	
激励		3	共 43 学时
创新		10	
编程		20	
期末考查		1	

（续表）

内　容	学时	备　注
机器人： 理论 编程 搭建 操作 单机训练 对抗训练	4 10 6 4 8 8	共40学时

五、实施与评价

课程遵循"助力每个学生学会创新，让每一个学生都能成为更好的自己"的理念，结合学校科创教师团队多年创新教育服务经验及认知，倡导学生在玩中学、玩中创，务求将科技创新教育、创客文化、创客活动带入校园，切实培养学生的创新精神和实践能力。

课程采用项目式学习方法，引导学生自主开展科学考察和研究。课程分为分组、选题、讨论定题、知识和技术储备、材料准备、设计制作和展示等七个环节。

对学生的评价采取多维化、多元化、多样化原则，着重培养学生的科学素质，关注学生的成长过程。

该项目在评价方式上，采用评价要素的多维化，评价内容不是单一的而是多维的，包含对参与学习的学生项目的评价、研究报告评价、学习过程评价、收获展示评价、竞赛活动评价等内容，既关注学生知识与技能的理解和掌握，又关注他们情感与态度的形成和发展，帮助学生认识自我，建立信心。

实施多元评价，在现有初中学生综合素质评价的基础上，加入科学基础素养、学习发展能力、科技创新素质、动手实践能力评价要素。具体包括学生的领悟程度和探究能力、思维逻辑性和严谨性、资料获取与掌握能力、表达能力、创造能力、想象能力以及系统分析能力，通过网络电子平台评价、实践评价、建立档案评价来完成。项目评价的特殊之处在于拥有著名科创导师和学科教师组成的教师团队，并在学校微信群建立专家教师互动平台，保证学生、教师、专家在网络上的沟通联系。项目学生的主体评价包括班主任评价、任课教师评价、年级组评价、导师评价、毕业生导师评价、学生自主评价、学生之间评价、家长评价等。

六、成效与展望

自 2019 年以来，接受"人工智能与科技创新"校本课程学习的学生超过 3000 人，获国家专利作品 10 项，参加科技竞赛获国际级奖励 30 人次、国家级奖励 100 余人次、省级奖励 150 余人次、市区级奖励 300 余人次。其中，获世界发明展金奖 20 余人次，取得全省最好成绩。学校科技教育特色每年吸引国内外慕名前来参观人数超过 1000 人次，相关经验在中央广播电视总台、广东省电视台等各大媒体播出，被采访报道 30 多次。学校科技创新教育品牌影响力已拓展至全国，先后获得全国科学教育实验基地、全国青少年创新教育学校、全国百强特色学校、广东省青少年科学教育特色学校、广东省科技创新教育实验学校、广东省 STEM 教育种子学校、广东省中小学校长培训实践基地等荣誉 100 余项。学校多次承办深圳市知识产权大奖赛等活动，进一步拓展了科创教育的影响力。

对"人工智能与科技创新"校本课程的反思与重建是对课程本身和课程开发中蕴含的理念加以系统、全面、深刻的审视，这也是自我超越的过程。通过自觉、理智的反思，寻找解决问题的办法，以达到不断发现、认识、理解、重建、发展和完善的目的，扎扎实实地创建特色学校、特色课程、特色课堂，为学生终身学习和可持续发展打开基础。

创客学院的魔法之旅

品牌课程主持人：曹丹

学校：深圳市福田区梅林小学

"创客学院的魔法之旅"是福田区梅林小学创客教师团队针对三至六年级学生开发的，以培养创新精神、创新意识、创新思维以及创新能力为主要目标，以乐高机器人、3D 打印、源码编辑器、GoC 编程、EXCEL 和 Power Point 等为主要学习内容的课程。本课程以创客教育理论、STEAM 教育理论以及课程开发理论为指导，历经萌芽阶段、初创阶段和发展阶段，已经初具规模，形成了独具特色的梅林小学创客课程校本实施范式和创客教育校本课程体系。

一、课程缘起

创客教育旨在培养学生的创客精神，让学生在动手创作的过程中掌握知识和技术、提升思维和能力，这恰好弥补了传统教育的缺憾。开展创客教育后，一系列问题和挑战接踵而来：如何依托本校特色和实际情况开展创客教育，建立创客课程体系；如何打造创客师资队伍，变革传统教学方式；如何组织创客教育活动，培育推广创客文化；等等。2018 年 9 月，学校成立了跨学科创客教师团队，开启了探索之路。

二、课程性质

"创客学院的魔法之旅"课程旨在培养学生的创新精神、创造意识与动手能力，课程为学生提供适宜创造的环境、资源与机会，尤其是借助技术工具与资源让学生能够将学习过程融于创造过程，实现基于创造的学习，培养学生的批判性思维、创新思维与解决问题能力。

三、课程目标

"创客学院的魔法之旅"系列课程,既有面向全体学生的基础课程,也有面向优秀学生的社团课程。学生在不断尝试的过程中亲身体验创造的乐趣,发现科学、数学、技术、艺术等学科知识的魅力和价值,主动探究能力、问题解决能力、创新创造能力得到持续提升。

国家信息课程创客化目标:利用源码编辑器、GoC 编程、EXCEL 和 Power Point 等软件创作作品,体会数字创作的乐趣。

乐高机器人课程目标:在拼装和编程过程中,逐步接触智能制造,理解机器人思考问题和解决问题的逻辑及局限,进一步展开创造力和想象力,创造出更方便的智能机器人,帮助人们改善生活。

创客工坊课程目标:以现实问题或科幻模型研发为出发点,进行奇思妙想,利用各种智能制造工具和材料,如 3D 打印机、激光切割机、开源电子平台 Arduino Uno 等,实现自己的小创作、小发明、科幻模型制作,并具有一定的声光电效果。

四、课程内容

"创客学院的魔法之旅"课程由基础课程和社团课程组成。基础课程是将创新、创造及 STEAM 的理念融入课堂教学,与原有课程体系融合,包括文档创作(办公软件)、图形化编程、GoC 编程等课程。社团课程是针对少数优秀学生开发的创客课程,包括乐高机器人、创客工坊等课程。基础课程就像树根一样源源不断地滋养每一个学生,提升他们的创新创造能力,而社团课程则是创新之树结下的丰硕果实,两种创客课程蓬勃发展,既覆盖了全体学生,又发掘了优秀创客人才,形成了学校独特的创客文化。课程具体内容和安排见表 1。

表1　课程内容与安排

主题	内容简介	具体安排	课程性质
电脑绘画	围绕学生喜欢的主题开展绘图教学，引导学生形成规范的创作意识：确定主题、绘制草图、修改完善。这个过程鼓励学生自由创作，画出心中所感、所悟；鼓励学生勇敢展示创作思路，为自己的作品拉选票；鼓励学生积极当评委，评选出优秀作品	1.认识电脑及其基本操作； 2.美丽的家乡； 3.魅力深圳； 4.自由创作	基础课程
EXCEL软件	围绕学生感兴趣的主题开展EXCEL软件教学，让学生在完成任务的过程中了解表格、数据和图表的意义，能根据任务需求，对数据进行简单的计算、分析，完成分析报告	1.制作奥运奖牌榜； 2.分析三年级学生的身高体重； 3.综合任务； 4.自主评价	基础课程
Power Point软件	围绕学生感兴趣的主题开展Power Point软件教学，让学生在完成任务的过程中了解Power Point软件的作用和优势，能根据实际需求，完成PPT制作和美化	1.制作《我最喜欢的歌》Power Point； 2.制作《美丽的深圳》Power Point； 3.综合任务； 4.自主评价	基础课程
源码编辑器	围绕学生喜欢的主题开展源码编辑器教学，引导学生利用源码编辑器创作有趣的作品，体验创作的流程和乐趣：游戏策划、角色设计、编程实现、调适完善	1.魔术表演； 2.幸运大转盘； 3.猫抓老鼠； 4.小火龙大冒险； 5.吹泡泡； 6.打砖块； 7.飞机大战； 8.综合比赛	基础课程
GoC编程	围绕学生喜欢的主题开展GoC编程教学，引导学生利用GoC创作有趣的作品，体验编程的规范流程：草图绘制、算法设计、编程实现、调适完善	1.认识GoC软件； 2.我的GoC家园； 3.画长城； 4.美丽的GoC手链； 5.猜数字游戏； 6.童年的棒棒糖； 7.美丽的摩天轮	基础课程

（续表）

主题	内容简介	具体安排	课程性质
乐高机器人课程	以积木式教育组件为活动载体，以学生主动参与、亲身体验为主要学习形式，给学生一个自主探究的学习氛围，让他们在贴近生活的任务情境中学习有关系统知识、获得技能、提高技术素养	1. 乐高机器人元件介绍； 2. 我的椅子——结构搭建； 3. 风扇——齿轮转动； 4. 回力小车——齿轮转动； 5. 机械夹子——齿轮转动； 6. 大型车搭建； 7. 程序设计——机器人的大脑和初步编程	社团课程
创客工坊课程	从现实问题出发，引导学生奇思妙想，并带领他们利用各种现代化的智能制造工具，如3D打印机、激光切割机等，实现自己的小创作、小发明。这一过程鼓励学生综合应用科学、数学、技术、工程、美术等学科知识，创造性地解决问题，不断促进学生核心素养和综合能力的发展	1. 发明方法简介； 2. 创意乐园（1）环保卫士——垃圾桶； 3. 创意乐园（2）易拉罐——变变变； 4. 创意乐园（3）太阳系模型制作； 5. 创意乐园（4）小小徽章设计师； 6. 创意乐园（5）3D打印送给学校的生日礼物	社团课程
DI项目课程	以DI比赛为契机，组织学生进行一系列创客活动探索，活动中学生利用身边常见的物品（如卡纸、泡沫纸、彩带、胶纸、彩笔、铁丝等）进行创造，体会创新和分享的乐趣	1. 初次接触； 2. 纸牌奥秘； 3. 正中目标； 4. 逃脱艺匠	社团课程

五、实施与评价

（一）课程实施

创造型STEM教育应用基本步骤如下：(1)情境引入；(2)创新引导；(3)协同设计；(4)制造验证；(5)应用改进；(6)分享反思。在此基础上，课程组教师在实践中逐渐探索形成了独特的创客课程实施范式——四阶段循环飞轮课程实施。该范式中，课程实施分为四个步骤：情境引入、创新引导、设计创作、分享反思。通过这四个步骤，教师有计划、有目的地一步步引导学生在创造中学习、在实践中成长，实现能力的螺旋式上升。下面以GoC在线学习为例，对这四个步骤展开说明。

1.情境引入

教师围绕学生生活和时代背景确定了一系列有趣的学习主题,如"我的 GoC 家园""画长城""美丽的 GoC 手链""猜数字游戏""童年的棒棒糖"等。课程内容围绕学习主题有序开展。

2.创新引导

使用 GoC 创作作品,需要历经四个环节:(1)草图绘制;(2)算法设计;(3)编程实现;(4)调试完善。于是,教师精心录制微视频,微视频中教师不局限于 GoC 编程语句的教学,还不断地向学生呈现从草图绘制到编程实现的作品编创全过程。

3.设计创作

当学生获得了必要的技术支持和思路引导后,就可以开始独立进行作品设计和创作了。GoC 在线教学,主要依托 QQ 班级群和腾讯课堂进行。以 QQ 班级群为学习主阵地,每节课教师将微视频、学习任务单和问卷二维码发放到 QQ 班级群,供学生自行下载完成学习任务。

4.分享反思

学生完成创新作品后,教师通过腾讯课堂进行创意作品展示,在线分享各班优秀作品,通过分享可以让学生喜欢上创新,也可以促进作品的进一步改进。

课程实施的四个步骤中,分享反思环节尤其重要,它促进了师生互动、生生互动,把一个个项目活动衔接起来,推动学生的创新能力不断从低阶向高阶跃升。

课程对象和课时安排见表 2。

表 2　课程对象、课时安排

主题	课程对象	课时安排
电脑绘画	三年级全体学生	每周 1 课时
EXCEL 软件	四年级全体学生	每周 1 课时
Power Point 软件	四年级全体学生	每周 1 课时
源码编辑器	五年级全体学生	每周 1 课时
GoC 编程	六年级全体学生	每周 1 课时
乐高机器人课程	三、四年级社团学生	每周 1 课时
创客工坊课程	四、五年级社团学生	每周 1 课时
DI 项目课程	三、四年级社团学生	每周 1 课时

(二)课程评价

1.将学习状态评价与课程评价有机结合

本课程特别重视学生的学习状态,并以此作为课程调整和完善的重要依据。主要收集以下三方面的学习数据来评价课程:上课时,学生是否能认真思考、积极回答问题;课后作业,学生是否积极提交、是否能大胆创作完成独具创意的作品;学期末或课程结束时,学生是否能很好地完成本门课程的综合任务。

2.将学生评价和教师评价有机结合

当学生从创作者向评价者转变时,创作的热情更加高涨。在创客课堂上,教师经常创造机会让学生去评价他人作品。在作品对比分析中,他们领略到了不同的创意思路,感受到了别人作品的美。

3.将过程性评价和结果评价有机结合

课程结束时,教师通过问卷测试、综合创作任务以及平时表现等多方面综合评定学生的课程表现,其中问卷测试占 20％,综合创作任务占 40％,平时表现占40％。问卷测试重在考查学生知识、概念的形成情况;综合创作任务重在考查学生即兴运用技术进行创新创造的能力;平时表现重在考查学生在学习过程中的表现,有利于客观公正地评价学生。

六、成效与展望

自 2018 年起,梅林小学"创客学院的魔法之旅"课程历经萌芽阶段、初创阶段和发展阶段,已经初具规模,形成了独具特色的梅林小学创客课程校本实施范式和创客教育校本课程体系。学生参加国家级、省级、市级、区级比赛 100 余人次,获得国家级荣誉 11 人次,省级荣誉 3 人次,市级荣誉 25 人次,区级荣誉 71 人次。基于 STEAM 理念的创客教育系列校本课程,已经形成了学校鲜明的教育品牌特色,学校在第七届"深圳教育改革创新大奖"评选活动中获评"科创教育特色学校"。2021 年 12 月,《南方都市报》刊发特别报道《梅林小学:"基于 STEAM 理念的创客教育,让师生共同成长"》。

未来将在新课标的指引下,继续聚焦创新思维和创新能力,与时俱进,不断更新课程内容,注重对学习过程的观察、记录和分析,创新评价方法,不断完善课程体系,让更多的学生享受创造的快乐、感受学习的魔力。

会造房子的小数学家

品牌课程主持人：康黎
学校：深圳市福田区荔园外国语小学（狮岭）

　　"会造房子的小数学家"是深圳市福田区荔园外国语小学（狮岭）康黎教师主持开发的一门基于"在生活中学习和应用数学"理念的项目式学习课程。本课程以"数学到底有什么用"为主要驱动问题，以"帕特农神庙复原记"为主要内容，以合作学习、探究学习、混合式学习、做中学为主要学习方式，以数学和建筑融合为知识主线，同时关联语文、英语、地理、历史、科学、美术等学科。主要解决学生"不知道为什么学习数学""学习数学没有兴趣""对数学与生活的紧密联系体会不深"等问题，帮助学生在真实的情境中体验数学对生活的作用，感受数学与生活的联系，打破对学数学比较枯燥抽象的刻板认知，从而激发学习数学的兴趣和提高学以致用的能力。

一、课程缘起

　　课程团队对深圳市福田区域内的 8 所学校 3036 名学生进行了问卷调查，发现学生在日常数学学习中面对的大多是虚拟问题，多以解题的方式呈现学习和运用知识的过程；教材及教师提供的资源中缺乏与实际生活相关联的内容，学生非常渴望有在真实情境中学习数学、运用数学解决问题的体验。为有效解决这两个问题，教师团队把数学和建筑进行整合，开发了具有现实情境、可动手操作教具及明确驱动任务的"会造房子的小数学家"项目化学习课程。

二、课程性质

　　"会造房子的小数学家"是一门基于项目化学习理念的实践课程。项目化学习主要围绕一个待解决的核心问题展开，这个问题会推动整个项目化学习逐步展开。学生对基于数学与古今中外的经典建筑融合设定的具有指向性、真实性、综合性、挑战性、开放性的驱动性问题发起探究、挑战,在解决问题的行动中实现"用数学的眼光观察现实世界,用数学的思维思考现实世界,用数学的语言表达现实世界"这一数学核心素养培养目标。

三、课程目标

1. 总目标

学生通过资料的获取和整合、亲自动手搭建建筑模型等学习过程,运用合作学习、探究学习、混合式学习等学习方式,真实体验数学与生活息息相关、数学在生活中的广泛应用,从而打破学生对学数学比较枯燥抽象的刻板认知,激发学生学习数学的兴趣和提高学以致用的能力。

2. 具体目标

(1)了解帕特农神庙的历史背景,感受经典建筑与历史文化的关联性,利用比例尺确定雅典位置,学生运用数学知识解决图上距离和实际距离之间运算的问题,体验学以致用的成就感。

(2)学生运用四色定理原理划分世界版图边界,感受世界之大,体会数学在其中的神奇作用。

(3)学生体验图上位置和现实位置的对应,会用方位词表达位置,并准确画出神庙周边建筑地理位置。

(4)学生利用等高线制作卫城沙盘,了解地理知识——等高线,动手打磨、测量、制作卫城沙盘,提升动手能力和知识运用能力。

(5)学生了解并能讲解雅典卫城游览路线,规划经典建筑游览路线,学生的方位感和对建筑本身蕴含的文化背景的感受力得以提升。

(6)教师带领学生对比、分析中西建筑文化差异,挖掘经典建筑背后的文化和蕴含的信仰,让学生体会经典建筑的魅力。

(7)学生搭建神庙底座模型,了解建筑结构,体会真实建筑与虚拟建筑图片之间的不同,感受知识运用时要具体问题具体对待。

(8)学生运用黄金分割比搭建神庙屋檐、柱子模型,体会建筑之美与数学之美不可分割。

(9)学生探究圆与圆柱的相关知识,制作神庙圆柱模型,感受知识产生的过程。

（10）学生计算神庙柱高、柱距、屋顶、檐部等数据，制作建筑立面模型，在细节操作中体会建筑设计的独特魅力，感受建筑师这个职业需要的一些特质。

（11）学生综合运用所学知识创意制作建筑模型，培养创新能力和综合运用能力。

四、课程内容

本课程从初识帕特农神庙和探秘帕特农神庙两个方面设计了 11 个教学内容，需要 22 个课时完成整个课程教学。如图 1。本课程内容适合四至六年级学生学习。

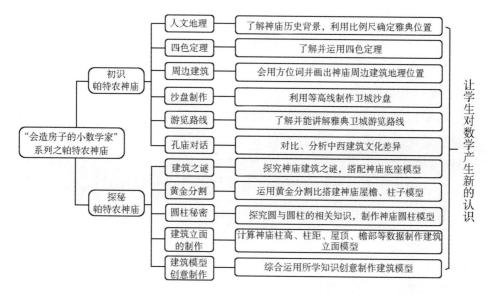

图 1　课程内容简介

五、实施与评价

（一）课程实施

1. 帕特农神庙之人文地理

（1）子项目驱动问题

①帕特农神庙建在什么地方？

②雅典到北京的实际距离是多少？（利用比例尺推算）

③小组合作过程中最重要的是什么？

（2）探索要求

①学生借助视频资料了解帕特农神庙的历史文化背景，了解雅典卫城对帕特农神庙建筑的影响，感受帕特农神庙之美。

②学生借助世界地图和平板电脑，学习地球七大洲的英文单词及七大洲的位置。

③学生了解雅典城名的由来。

④学生借助世界地图了解雅典卫城的地理位置，能用语言描述雅典与北京的位置关系，学习比例尺的相关知识，根据比例尺推算出雅典到北京的实际距离，借助平板电脑了解地球经纬度的相关知识。

（3）预期成果

①完成人文地理的学习单。

②完成相应的英语、地理、数学知识的学习和运用。

2.帕特农神庙之四色定理

（1）子项目驱动问题

①什么是四色定理？四色定理有什么作用？

②颜色搭配的过程中，需要注意什么？

（2）探索要求

①小组合作研究四种颜色运用的规律。

②运用四色定理进行地理版图的边界划分。

（3）预期成果

完成四色定理的学习单。

3.帕特农神庙之周边建筑

（1）子项目驱动问题

①雅典卫城上的主要建筑都在山门的哪一个方位？原因何在？

②绘制建筑区域草图，思考画建筑平面图有哪些注意事项？

（2）探索要求

①通过使用平板电脑查询雅典卫城是最高建筑所在地的原因。

②查询雅典卫城周边的主要建筑物，运用方位词描述雅典卫城周围建筑的位置，绘制雅典卫城的平面图。

（3）预期成果

①完成雅典卫城周边建筑方位的学习单。

②绘制雅典卫城周边主要建筑位置的草图。

4. 帕特农神庙之沙盘制作

(1)子项目驱动问题

①雅典卫城的主要建筑功能是什么?

②制作建筑模型分哪几个步骤?

③制作模型的过程中,搭建模型需要哪些工种,小组长应该怎样分工?

(2)探索要求

①小组合作用三块木板模拟等高线,搭出雅典卫城在山丘上的地势,制作雅典卫城沙盘模型底座,并在上面标注各主要建筑物名称。

②观察图片及视频,了解雅典卫城各主要建筑物的整体造型、屋顶形状等特点,为制作卫城沙盘模型做准备。

③观看视频,学习如何制作建筑概念模型,了解以下几个步骤:第一,根据建筑平面图尺寸,选择合适的泡沫;第二,裁剪多余的部分,画上垂直标记线;第三,用打磨棒打磨泡沫;第四,画出对称的坡屋顶,画出两侧平行线;第五,打磨掉侧边多余泡沫;第六,用双面胶粘接各个部分。

④学生利用泡沫等材料分组制作雅典卫城沙盘模型,并展示作品。

(3)预期成果

完成雅典卫城沙盘的制作。

5. 帕特农神庙之游览路线

(1)子项目驱动问题

①雅典卫城的游览路线有几条?

②讲解并拍摄游览视频,这个过程你需要注意哪些问题?

③对视频介绍作评价,你能和小组伙伴共同制订出评价指标吗?

(2)探索要求

①学习教学视频,使用环保材料设计并制作雅典卫城女神和群众人偶。

②撰写解说词,拍摄一个 3 分钟人偶游览活动介绍短片。

(3)预期成果

①制作沙盘人偶。

②完成雅典卫城游览的短片拍摄。

6. 帕特农神庙与孔庙的对话

(1)子项目驱动问题

你了解曲阜孔庙和帕特农神庙建筑背后的历史文化异同吗?

（2）探索要求

课前准备要求：

利用电脑等查阅资料并完成预习单上的内容填写。

课上学习要求：

①小组基于预习单内容进行讨论，形成小组最终提交的学习单，并确定汇报成员。

②小组成员边听汇报边补充完善自己的学习单。

（3）预期成果

完成神庙与孔庙对比的学习单。

7. 帕特农神庙之建筑之谜

（1）子项目驱动问题

①帕特农神庙中有哪些建筑设计秘密？

②搭建帕特农神庙底座的时候，需要注意哪些地方？

（2）探索要求

①了解建筑的修复所需时间和建筑主体的材料，探究建筑里存在的黄金分割比。

②观看神庙底座的制作视频，了解制作步骤，小组合作完成底座模型的制作。

（3）预期成果

完成帕特农神庙底座模型的搭建。

8. 帕特农神庙之黄金分割

（1）子项目驱动问题

①什么是黄金分割比？

②帕特农神庙中是否存在黄金分割比？

③你会用黄金分割尺（原创学具）来测量模型吗？

（2）探索要求

①通过计算建筑物的短边以及长边的比值，发现 0.618 这个数值。

②理解黄金分割比，能找到帕特农神庙黄金分割点，在理解黄金分割比的基础上认识黄金矩形，了解黄金矩形在生活中的应用。

③观看视频，了解黄金分割在生活中的应用。比如：为什么女孩子喜欢穿高跟鞋？

④借助不同型号的黄金分割尺来寻找生活中各种物品的黄金分割点，感受数学独有的魅力。

（3）预期成果

黄金分割尺的设计。

9.帕特农神庙之圆柱的秘密

（1）子项目驱动问题

如何制作一个圆柱体？你了解长方形长、宽和圆柱底面周长、高的关系吗？

（2）探索要求

①了解帕特农神庙的主要结构——立柱，对建筑中多立克柱式有初步的认识。

②在神庙立柱的搭建中学习圆和圆柱的相关知识，会用数学知识解决生活中的问题。

（3）预期成果

①完成圆柱的学习单。

②完成帕特农神庙柱子的制作。

10.帕特农神庙之建筑立面的制作

（1）子项目驱动问题

①建筑立面的结构分为哪几部分？

②怎样运用数学运算确定建筑立面每条边上的柱子数量？

（2）探索要求

①观察图片，了解帕特农神庙建筑立面的结构（屋顶山花、檐部、柱子、基座）。

②运用数学知识测量、计算建筑立面每一部分需要的数据，完成学习单。

③观看视频，学习如何制作古希腊神庙建筑立面模型。

④小组合作，利用木片、木棍、卡纸等材料制作建筑立面模型。

⑤小组成员展示作品并汇报制作模型的过程及感受。

（3）预期成果

①完成建筑立面计算的学习单。

②完成建筑立面的制作。

11.帕特农神庙之建筑模型的创意制作

（1）子项目驱动问题

可以从哪些方面进行创意建筑尝试？

（2）探索要求

①准备好要搭建的四面墙体（两长边墙体、两短边墙体），长边墙体无山花，基座与底部长度齐平。

②运用绘画技巧在每个建筑立面的山花处增加彩绘装饰。

③观看视频,学习如何在立面基础上制作古希腊建筑模型。

④小组合作将四面墙体组合在一起,注意长边墙体无山花,基座与底部长度齐平。

⑤利用牛皮纸搭建屋顶,完成神庙结构制作。

⑥小组成员展示作品并汇报制作模型的过程及感受。

⑦利用平板电脑查询资料,了解 3D 打印建筑物技术。

(3)预期成果

完成帕特农神庙的整体搭建和局部创意作品。

(二)课程评价

"会造房子的小数学家"全程以数据跟踪的方式来对学生达成的程度和教师教学的程度进行过程性评价和总结性评价。具体通过学习单、问卷、评价量表、访谈来进行自评、师评和互评。

1. 过程性评价

(1)学习单:通过学习单对学生探索过程中的知识掌握情况进行评价。

(2)问卷:问卷中会有自评的题目,学生对自己的探索过程进行评价。同时,教师会根据学生的回答情况写评语作点评。教师根据学生问卷情况,对自己的引导进行评价与调整。

(3)评价量表:主要以互评和师评的方式对学生在课堂上的探索过程及完成的作品情况进行量化考核。

(4)访谈:通过一对一和一对多的方式进行访谈,对学生在课堂上的表现及完成的作品情况进行定性评估。

(5)项目式学习成长平台过程定性评估:主要以师评的方式,教师在项目式学习成长平台中对每个学生的每节课的表现进行星级打分并给予评语。

2. 总结性评价

(1)成果总结报告:主要以自评和他评的方式,对学生整个课程学习的过程进行定性评价和定量评价。

(2)成果(作品)展示:通过展示学生课程(成果)作品的方式进行互评,提升学生综合能力。

六、成效及反思

　　课程为师生提供了非常好的互动成长平台。通过确定合适的研究载体——经典建筑，为项目创设了真实的学习情境；为学生搭建探究支架，让学生具备在最近发展区挑战的基础，使得学生从每一次探索的过程中都能获取多方面的能力。教师在整个过程中扮演的角色不再是单纯的知识传授者，而是成为学生真正的学习伙伴。教师更加关注学生对知识产生过程的体验、知识之间的联系、知识与生活的关联和学生学以致用的体验，在教育理念上有了新的跨越。在课程实践中，师生共同成长，获得了宝贵经验，结出了硕果。《在经典建筑里遇见最美的数学》教学专著正式出版，多篇课例和录像课荣获各级奖励，"百变校园""故宫之窗"等教具获得国家发明专利。

　　在"会造房子的小数学家"课程的学习和探索中，课程内容得到了权威教育专家的一致认可，同时也面临着新的挑战。目前，小学数学与建筑融合的实践处于初步尝试阶段，如何让融合课程向纵深发展，还需从技术手段、融合深广度及多维度等方面进行拓展；如何让学生自主参与到数学与建筑的融合学习中，提出有价值的数学问题；等等。这些还需要进一步思考和探索。

3D 打印——创新智造

品牌课程主持人：倪勇
学校：深圳市福田区南华小学

"3D 打印——创新智造"是福田区南华小学童创系列科创课程。课程从 3D 打印机的原理、操作使用方法、123D 建模软件的 3D 编程建模技巧、Cura 切片软件的使用、作品的创新智造等方面由浅入深地实施。课程以学生熟悉的、感兴趣的生活物品的创新智造展开，从单体设计迈向组合型体构建，多维度、多层次递进，着力培养学生的空间思维能力、创新实践能力、合作意识、领导能力、批判性思维和工匠精神。课程是信息科技学科国家课程 3D 打印内容的校本延伸，也是学校"梦想启航"科创团队和倪勇 3D 打印工作室师生学习实践的工程智造课程。

一、课程缘起

基于 AI 智能智造的 3D 打印创新智造方式正以划时代的速度改变着人类的生活，在融入科学、技术、艺术的工程智造方式后，人类生活将会更加个性化、人本化。学习 3D 打印进行思维训练，能培养学生三维空间构建能力与计算思维的开发能力，促进未来高素质人才的培养。利用 3D 打印机非凡的制造能力，可以轻松地将设计好的作品交给打印机智造，更好地开发人类大脑的创新能力，加速人类文明前进的步伐。课程以时代发展和未来人才创新智造能力培养的需求为目标进行研发，着力培养学生的工程智造、设计思维、计算思维、创新智造等能力。

二、课程性质

"3D 打印——创新智造"是一门以项目式学习方式开展实践的科技创新课程。课程理念凸显"科技""创新""智造"，课程目标聚焦核心素养，课程内容关注学科融合，课程任务展现 PBL 特性，课程标志彰显品牌价值。课程从学生真实生活情景和综合能力发展的需要出发,通过 3D 建模、3D 打印先进智造方式创建作品实体,通过智能智造的方式解决生活实际问题。课程以 3D 创新智造为切入点,把学生创想、建模的数字作品通过 3D 打印的方式进行实体智造,实现想象力到实体的高阶再现。本课程面向小学中高年级和中学学生,课程开发 20 课,结构、内容遵循认知实践规律,满足学生一学期的学习与实践需要。

三、课程目标

本课程作为信息科技课程的校本延伸,在课堂教学、社团活动、延时服务等时段实施,课程目标聚焦信息科技学科创新思维、工程思维、计算思维等核心素养。课程目标包含多个维度:在学习方面,它与信息科技、科学、艺术等相关学科紧密融合,学生在建模和创造实践中形成独立思考、自主创新、多学科协同的学习意识;在探索求知方面,提高学生逻辑思维能力,培养学生严谨科学的求知态度与勇于批判探究的科学精神;在实践创新方面,培养学生利用所学知识解决实际问题和开拓创新的能力;在交往表达方面,培养学生表达理解能力、团队合作能力、个人领导能力。

四、课程内容

课程着力培养具有计算思维和工程智造能力的高素质人才,以小学中高年级和中学学生的科创活动需求为导向,紧密联系生活实际,确立适合学生学习的教学内容和层级能力提升点。全套课程包括教材、配套的教案、教学 PPT、同步微课、课程资源包、评价量表六部分。

课程分为 4 章 20 课,满足一个学期的教学需求,各章节内容为:

1. 初识 3D 打印——了解软件与设备。本章为 3D 建模学习前的准备阶段,课程要求为:学习 123D 建模软件的安装与基本操作,学习 Cura 切片软件的安装与操作,学习 3D 打印机的基本操作、维护与简单故障排除。

2. 学习 3D 打印——基本型体的构建。本章为 3D 建模基础建模学习阶段,要求掌握 123D 三维设计软件基本型体建模、文字工具的运用、平面图形转化为立体图形技巧的运用。

3. 玩转 3D 打印——复杂型体的构建。本章为 3D 建模进阶学习阶段,要求掌握 123D 三维设计软件复杂型体建模,包括草绘平面转化为立体图形、陈列、放样、路径生成等建模方式的学习与运用。

4.创意 3D 打印——一起来创新智造。本章为 3D 建模综合应用学习阶段,是对前阶段学习的各种单体模型建造过程中的建模技巧、设计运用的综合训练,是培养学生创新智造的阶段,为后续开展个性化发明创造提供条件。

课程具体内容与实施条件见表 1。

表 1　课程内容与实施条件

序号	课程内容	学习方式	教学内容	学习场地与学习资料
1	初识 3D 打印——了解软件与设备	教师引导小组学习	第 1 课 学习 123D Design 第 2 课 学习 Cura 切片软件 第 3 课 学习 3D 打印机的操作	在创客实践室参与学习与实践,用电脑进行建模与切片,用 3D 打印机进行打印操作学习。学习资料有教材、课件、图片、视频
2	学习 3D 打印——基本型体的构建	教师引导小组学习	第 4 课 创意笔筒设计——用基本型体建模 第 5 课 个性笔筒我创造——基本型体的组合 第 6 课 篆刻印章的设计——文字工具的运用 第 7 课 立体照片的制作——平面图片转化为 3D 图片 第 8 课 制作照片艺术灯——3D 打印综合练习	
3	玩转 3D 打印——复杂型体的构建	教师指导合作完成	第 9 课 有趣的竹蜻蜓——草绘工具的应用 第 10 课 绚丽的彩虹笔筒——阵列工具的应用 第 11 课 美丽的花瓶——放样工具的应用 第 12 课 实用的挂钩——路径生成工具的应用 第 13 课 漂亮的水壶——旋转生成工具的应用	
4	创意 3D 打印——一起来创新智造	教师指导分工完成	第 14～20 课 3D 建模创新智造综合训练(共 7 课)	

为保障课程实施,课程还包含 3D 打印机基本操作、日常保养,平台的调整,进料、出料的操作,打印头堵塞的处理方法,切片软件设置技巧、打印模型的分解组合技巧,模型的打磨、抛光、喷漆处理等设备操作训练的拓展课程内容。

五、实施与评价

(一)课程实施

1.信息科技学科教学延伸

3D打印工程智造是信息科技学科教学内容的重要组成部分,广东省教材第四册下学期课程内容为3D打印。课程内容为建模训练,不涉及设备操作和实物智造部分,学生在学习之余会思考:设计的模型如何变成真正的实物?3D打印工程智造如何得以体现?还有:模型建立后如何切片?3D打印机如何操作?打印过程中遇到问题如何处理?打印完成的作品如何改进?等等。这些问题反映出课程教材在教学中实践性不足的问题。该课程在实践性方面恰好给予课程教材补充性的延伸学习。比如:第三章"竹蜻蜓"一课,学生在学习了"克努伯"升力原理后开始作品模型的建模设计,在对打印完成的作品进行飞行实际测试后会发现一些问题和不足,该课程会引导学生针对问题进行迭代改进,从而解决问题。

2.科创社团活动

该课程在社团活动中实施形式丰富,有课堂内学习实践活动、有校外竞赛项目活动、有作品展示演讲介绍活动等。该课程紧密联系学生生活实际,从简单的基本型体建模到理解型体特点后进行生活实践设计,再到进阶的建模方式的学习与实物智造,最后将学习的建模知识进行型体"加""减""融合""交织"等高阶智造,进而引导学生用更丰富、更多样化的方式完成高阶型体的创作。课程在学校科创社团中利用延时服务的社团活动时间坚持每天实施,学生空间想象、造物能力得到大大提升,参加各级竞赛摘金夺银,成绩斐然。该课程从实践的角度对学生设计思维、计算思维、工程思维进行训练,实现学生信息科技素养的综合提升。

3.工作室教师学习

教师参与"3D打印"工作室学习,掌握3D建模的技能与技巧,利用3D打印智能智造技术完成作品智造,在教学中创造性地优化教学过程、解决教学问题,提高课堂教学效率。比如:根据需要应用建模智造教具在教学中方便突破教学重难点,应用智造的学习用品提高学生学习兴趣,应用智造的活动辅助器材提高活动成绩,应用智造的个性化奖品提升学生学习动力,应用智造的生活用品丰富生活乐趣。面对新技术,新时代的教师要敞开胸怀接纳与学习,利用3D打印智造技术让课堂充满科技感,做信息时代的智能教师。

(二)课程资源和评价

1.课程资源

本套课程包含教材、课件、微课、助学资源包。资料全面实用,方便教学。教材:课程教材任务明确、图文并茂、体现学科特色与学科融合,内容清晰、操作性强,适合小学中高年级与中学学生进行学习。课件:同步配套课件助力教学,课件图文并茂,与课程案例同步配合教学,能更好地突破重难点,提升学生学习兴趣,达成学习目标。微课:同步微课亲切有温度,教师全程出镜讲解教学,拉近师生距离,助力课程高效开展。资源包:同步资源包内容丰富实用,包含每节课的助学模型资源库、使用的软件、操作视频等,助力课程顺利实施。

2.课程评价

课程以项目式学习的要求设置课程单元评价和课时评价,评价目标清晰、内容全面、程度适合。课程评价以学为主体,关注学生在学习过程中的实践性因素,体现出"教—学—评"的一致性。评价内容包含知识技能、实践效果、改进方法等;评价形式有描述性评价、图形评价、等级评价等。多元的评价为学生的学习指引正确的方向。

六、成效与展望

课程实施以来成效显著。课程获得"深圳市创客教育年度成果"并在深圳市会展中心展出,是区教科院确定的第一批"城中村特色品牌课程项目",课程微课挂在"福田科教"网站供全市师生学习。课程团队研发出版了课程用书;依托课程开发立项的市级科创课题"F1在学校科技竞赛在线课程实践研究"结题;参与课程学习的师生在区科技节3D打印比赛获得一等奖,在广东省少年儿童发明大赛中获一等奖,在全国CCTV创客挑战赛3D搭建比赛中获第一名,在全国青少年科技创新大赛获银奖,在全球"F1在学校"中国赛区比赛中获"最佳车队"称号。课程实施以来师生有367人次获奖,成果丰硕。

课程实施以来辐射效果明显。课程用展板的形式在"福田表达·课堂革命"全国课程展示活动中面向教育专家进行展示;课程实施夯实了南华小学科创特色,学校被评为2021年"深圳市科创教育年度学校"。依托该课程研发实施的效果与经验,课程团队将继续对"3D立体画""创意激光切割"等科创课程开展研发,以丰富课程内容。

布嵌画

品牌课程主持人：胡美莉
学校：深圳市福田区华新小学

　　"布嵌画"是福田区华新小学"B＋3"通·达课程体系中的一门课程。"布嵌画"课程围绕"让成长看得见"的华新小学课程理念，坚持用心做布艺，做有心的布艺；用爱做社团，做有爱的社团。"布嵌画"属于社团活动课程，引导中高年级的学生巧妙地运用碎布料的颜色、纹理，在夸张、变形和抽象的造型上嵌入、包贴，完成具有一定浮雕效果的布嵌画，实现了美术、劳动、德育各学科的有机融合，促进了学生自主、自信、自然成长。

一、课程缘起

　　华新小学顺应社会和时代发展的需要，开展"变废为宝"废物利用实践创新教学活动，深圳市中小学生优秀社团主持人胡美莉教师带领学生在社团活动中研究创作布嵌画，把握"适合"二字，选择以"布"为载体，围绕"让成长看得见"的理念，创建了"布嵌画"课程，引导学生、激励学生，进而发展学生的核心素养，给学生创造美好的校园生活。

二、课程性质

　　华新小学"布嵌画"课程在社团活动中引领中高年级的学生通过"布嵌画的学习欣赏—尝试用工具、材料进行制作—体验布嵌画学习的乐趣、方法"，提高艺术的感知与欣赏能力、艺术表现与创作能力；从"把小小的布碎包贴成为一幅美丽的作品"这一过程，悟出"布碎精神"——人须立志才能成就，从而培养一种精神：每个学生都应该为自己设计一个美好的、精彩的未来人生；从开展校外展演活动，激发学生学习布嵌画的兴趣，培养学生的团结协作能力，提升学生的核心素养。

三、课程目标

"布嵌画"课程的审美感知、艺术表现、创意实践、文化理解等 4 个核心素养相辅相成,相得益彰,贯穿于艺术学习的全过程。通过该课程的学习,学生感知、发现、体验和欣赏艺术美、自然美、生活美、社会美;运用布料的独特性进行表达与交流,创作情景生动、意蕴健康的艺术作品,提高艺术表现能力;积极参与创作、展示、展演等实践活动,学会发现并解决问题,提升创意实践能力;感受和理解我国深厚的布艺文化底蕴,坚定文化自信。具体课程目标见表 1。

表 1 "布嵌画"课程目标

级别	教学目标
初级班	1.能感知身边的美,能用布料的特殊语言表达所见所闻、所感所想; 2.能用布料表达自己的想法,初步形成设计意识; 3.能用布料创作出"布嵌画",知道中国传统布艺是中华民族文化艺术的瑰宝; 4.通过与其他课程相结合,创作出具有一定特色的布艺作品,初步形成综合探究与学习迁移的能力
提高班	1.能运用造型元素、形式原理和欣赏方法,欣赏、评述艺术家的布艺作品,感受中外布艺作品的魅力; 2.能运用布料和其他综合材料,创作平面、立体的布艺作品; 3.了解"实用与美观相结合"的设计原则,为社团、学校的活动设计物品,体会设计能改善和美化生活; 4.在创作"布嵌画"过程中,与自然、社会及科技相融合,提高综合探究与学习迁移的能力,学习工艺师敬业、专注和精益求精的工匠精神

四、课程内容

本课程以"布嵌画"的创作活动为课程主体内容,以参加各类展演活动和社区公益活动为课程拓展内容。具体课程内容安排见表 2、表 3。

表 2 初级班(三、四年级)学习内容

教学内容	课时安排	学习内容
1.请你认识我	1 课时	初步了解"布嵌画",感受"布嵌画"特别的美,提高审美能力和艺术感受能力
2.小小工具用处大	1 课时	认识制作"布嵌画"常用工具,知道这些小工具的大用处,知道安全使用工具的方法

（续表）

教学内容	课时安排	学习内容
3. 缤纷田野	6 课时（授课定稿 1 课时、学生操作 4 课时、评价 1 课时）	通过欣赏蒙德里安作品,学会直线交叉画块面,掌握在 KT 板上直线凹槽的嵌布方法。培养学生观察、思维、想象能力及动手能力,使学生体会到劳动创造美的快乐,同时进行节约利废教育
4. 花样篮球	4 课时（授课定稿 0.5 课时、学生操作 3 课时、评价 0.5 课时）	学会用弧线分割画面,掌握制作"布嵌画"弧线嵌入的方法。培养学生观察、思维、想象能力及动手能力,使学生体会到劳动创造美的快乐,同时进行节约利废教育
5. 涓涓流水	6 课时（授课定稿 1 课时、学生操作 4 课时、评价 1 课时）	学会用波浪线分割画面,掌握制作"布嵌画"曲线嵌入的方法。培养学生观察、思维、想象能力及动手能力,使学生体会到劳动创造美的快乐,同时进行节约利废教育
6. 精美拼布	6 课时（授课定稿 1 课时、学生操作 4 课时、评价 1 课时）	学会用精准的方法分割画面形成拼布图案,懂得利用布料的色调装饰拼布画面,掌握制作"布嵌画"的基本流程。培养学生观察、思维、想象能力及动手能力,使学生体会到劳动创造美的快乐,同时进行节约利废教育
7. 心中的太阳	6 课时（授课定稿 1 课时、学生操作 4 课时、评价 1 课时）	能抓住太阳的基本形状特征进行大胆想象,懂得利用布料本身的花纹色调嵌出有特色的太阳,体验大胆创作"布嵌画"的快乐。培养学生的观察、操作、表达能力,提高学生的审美情趣及创新意识
8. 漂亮小房子	6 课时（授课定稿 1 课时、学生操作 4 课时、评价 1 课时）	学会用简单的图形概括房子的基本特征,尝试设计"布嵌画"草图;尝试用布纹表现画面创作"布嵌画"。培养学生观察、想象、动手能力,使学生体会到动手创作的快乐
9. 可爱小精灵	6 课时（授课定稿 1 课时、学生操作 4 课时、评价 1 课时）	用简单图形概括卡通形象的明显特征;用布纹表现画面尝试创作"布嵌画"。培养学生观察、操作、表达能力,提高学生的审美情趣及创新意识
10. 美丽的大海	6 课时（授课定稿 1 课时、学生操作 4 课时、评价 1 课时）	让学生用灵活、自由、简单的线条大胆地描绘出主体与陪体的合理大海构图方法。懂得利用不同色调线创作"布嵌画",体验创作"布嵌画"的快乐。培养学生的操作、表达能力,提高学生的审美情趣及创新意识

表 3　提高班(五、六年级)学习内容

教学内容	课时安排	学习内容
1.花儿艳艳真漂亮	6 课时(授课定稿 1 课时、学生操作 4 课时、评价 1 课时)	了解各种花儿的形态、结构、色彩,懂得用布料上的冷色和暖色制作以花儿为主题的"布嵌画"
2.小鸟展翅显机灵	6 课时(授课定稿 1 课时、学生操作 4 课时、评价 1 课时)	了解各种鸟儿的身体结构,并概括与提炼出鸟儿的突出造型特点,懂得用对比色的布料制作以鸟儿为主题的"布嵌画"
3.鱼儿悠然自得乐	6 课时(授课定稿 1 课时、学生操作 4 课时、评价 1 课时)	了解各种鱼儿的基本形状、结构特点、花纹,并概括描绘鱼儿的各种造型,能用布料上的颜色、纹理、质感等制作以鱼儿为主题的"布嵌画"
4.山河壮丽了不起	6 课时(授课定稿 1 课时、学生操作 4 课时、评价 1 课时)	感受山的奇特和险峻,通过简洁的构图和布嵌表现法创作出一幅画面满而不闷、简而不空且雄壮无比的山川景色画
5.高楼林立像春笋	6 课时(授课定稿 1 课时、学生操作 4 课时、评价 1 课时)	感受城市中高楼的形态,懂得运用各种几何图形表现楼房的结构和外形特征;能用同类色的搭配体现高楼耸立的画面
6.瓶罐叠放比层次	6 课时(授课定稿 1 课时、学生操作 4 课时、评价 1 课时)	了解瓶罐的不同造型特征,掌握基本的构图原理,懂得用叠加的形式来制作瓶罐前后、疏密关系的"布嵌画"
7.生肖可爱显神奇	6 课时(授课定稿 1 课时、学生操作 4 课时、评价 1 课时)	抓住十二生肖的外形特征,利用布嵌形式表现并恰当处理主体与背景之间的关系
8.四季色彩传感受	6 课时(授课定稿 1 课时、学生操作 4 课时、评价 1 课时)	认识不同季节的色彩变化及不同色彩给人们带来的不同感受,能在"布嵌画"上运用同类色的明暗变化表达美丽的四季
9.成熟稚嫩似母女	6 课时(授课定稿 1 课时、学生操作 4 课时、评价 1 课时)	用变形或夸张的手法表现人物的动作、五官、服装等个性特征。学会巧用布料上原有的色彩图案装饰人物"布嵌画"
10.模仿大师再创作	6 课时(授课定稿 1 课时、学生操作 4 课时、评价 1 课时)	感受画家各种作品的美妙色彩和生动造型,借鉴画家作品内容和风格,大胆联想后用布嵌的形式进行临摹或再创作

五、实施与评价

(一)教学方法

1.按自愿制、等级制、结盟制、淘汰制、奖励制进行教学。本课程的社团课堂采取分级上课,就是分两个班(入门、提高)进行上课。刚进入社团的学生为初级班成员,初级班成员经过一段时间的学习,作品质量达到优秀级别就可以晋升为提高班学员。

2.采用师徒结盟制。安排一名技法熟巧、有自己特色的高级班社员给初级班的学员当"小老师",在平时课堂中给予徒弟帮助和协助教师进行教学,并要求师傅首先教会徒弟制作"布嵌画"的基本步骤,接着带着徒弟通过配色、巧用花色等方法做好每一件作品,让徒弟一天比一天有进步,最后师徒共同完成一件精美作品,以表示师徒结对成熟结业。

(二)评价方法

本着"以正面激励为主,奖惩结合"的原则,制定一系列积分制度,并严格执行。通过该积分制度全面了解学生的学习情况,从而全面地进行及时评价。

1.考勤积分:每次上课时,学生提前到的加2分,准时的不加分,迟到的扣2分,旷课的扣3分。

2.作品积分:在每次展示评价作品时,被评为优秀作品的学生加5分,同时被学校收藏颁发收藏证书。

3.表现积分:在积分统计时间里,课堂表现、工具摆放等良好的学生加2分,工具没收拾好的学生扣5分。

4.师傅积分:在积分统计时间里,积极负责教会徒弟的师傅加2分。

5.值日积分:每次值日认真、负责、高质量完成的,每人加2分。

以上积分按照"两周一小结,期末一大结"的原则进行统分奖励。两周小结分数高的可以换取小文具、糖果之类的奖品。期末总结分数高的可以换取大礼包,并颁发优秀学员奖状。

(三)资源开发与利用

"布嵌画"课程巧妙挖掘资源,充分利用华新小学所在地——笔架山的幽美环境,形成系列的本土资源应用课程;在课程教学实践过程中,教师带领学生亲临布料市场现场,了解布料品种、布料特点、布料花色,收集废弃的布边、布条,创作出具有一定浮雕效果的装饰作品("布嵌画"),培养学生的创新精神和实践能力。

六、成效与展望

华新小学"布嵌画"课程吸引了媒体的采访和播报,多次受邀进行展演;课程主持人多次受邀参加课程解说、讲座等活动;创编的两册《布亦乐乎》校本课程教材得到家长和同行的肯定;本课程被评为深圳市福田区中小学首批品牌课程,本课程实施的社团被评为"深圳市中小学生优秀社团"。近年来,"布嵌画"课程团队教师撰写的多篇论文、案例在《中国中小学美术》《当代家庭教育》《艺术时尚》《新教育时代》等刊物发表。华新学子在全国中小学生绘画书法作品比赛、广东省主题书画比赛、深圳市少儿花卉美术比赛、福田区环保创意制作比赛等各级比赛中屡屡获奖。

"布嵌画"课程继续秉承"挖掘学生个性潜能,培养学生审美感知、艺术表现、创意实践、文化理解等综合素质"的教育理念,一如既往地以"目标明确合理、内容生动有趣、满足学生需求"的特色开展教学。同时,根据新课标要求改进课程实施方案、修订课程内容、完善课程评价体系,促进每一个华新学子的幸福健康成长。

儿童水墨

品牌课程主持人：胡陆保

学校：深圳市福田区景莲小学

"儿童水墨"是深圳市福田区景莲小学针对一至六年级学生开发的，以传承中华优秀传统文化，发展美术核心素养，实现立德树人根本任务为主要目标，以水墨儿童画为主要学习内容的课程。

一、课程缘起

学校通过对课程融合，构建美育新体系，根据学生身心发展规律，编印涵盖各年级的水墨画专用学习材料，并纳入学校的常规课程，同时配备专用的水墨画教室，保证课程的普及性，使更多学生亲近水墨画，爱上中华优秀传统文化。"儿童水墨"课程对现有的美术课程进行完善和补充，体现了个性化和创新型的儿童艺术创作，无论是在审美感知，还是在艺术表现或是文化理解上，都是一个有意义的探索。

作为水墨课程的领路人——特级教师胡陆保，有着特别清晰的教学思路与课程体系构架，特聘为人民美术出版社《水墨画》编著者。根据自身的专业特长，他引导学生所完成的所有水墨画表现活动，始终以儿童的自身感知、身心发展、文化理解水平为出发点，紧密契合儿童的生活世界，同时又给予儿童审美情趣之润泽。

二、课程性质

本着通过美育培养传统文化的继承者和发扬者的宗旨，创立"儿童水墨"课程。

"儿童水墨"课程注重传承传统文化和中华美德，培养学生对水墨画的兴趣，丰富学生的课余文化生活，给爱好水墨画的学生一个良好的学习环境。本课程不仅带领学生进一步了解中国水墨画的基本知识,而且注重引导学生学会用水墨"说话"。用水墨说话,是指在水墨画教学活动中始终基于儿童生命发展需要,以儿童视角思考、组织教学内容架构课程体系、引导学生自主表达的儿童画学习。学生用执着、耐心来表现自我,用水墨说话,用水墨表达个人的心声,用水墨营造出纯真的墨色、水迹之图像境地。

结合新课标的要求,教师引导学生完成水墨表现活动时,始终以儿童的自身感知、身心发展、文化理解水平为出发点。同时,注重培养学生良好的学习习惯,注重对学生学习过程和结果进行科学评价,注重学习成员的梯队建设。

景莲小学开发的儿童水墨画始终都是基于儿童身心发展规律,更加注重儿童的自主表达,是一种以表现当代儿童的内心感受、精神世界为主要内容的美术活动形式。

水墨课程的特色表现在:一方面继续探索宣纸的使用,进行新的尝试,不断寻找更加新颖和有趣的载体;另一方面尝试与其他画种材料相整合,如油画棒、水彩颜料等,呈现出更加丰富的画面效果。同时,还进行水墨成品后的装裱、再加工、展示方式的变革等。从理解到绘制再到装裱乃至到最后的文化体验和文化认同,让整个教学流程中的美学育人贯穿始终。

三、课程目标

课程目标主要包含以下几个方面:

一是培养审美能力:水墨教学让学生接触到中华传统艺术的经典之作,让学生在欣赏和模仿中提高审美水平,对古代绘画的审美意义和文化内涵有更深入的了解。

二是提高创造能力:水墨教学鼓励学生在绘画中发挥自己的想象力和创造力,培养他们的创新精神和创造性思维。例如,教师可以引导学生运用传统技法创作新作品,或者尝试将水墨画与现代元素相结合,开发出新的艺术形式。

三是增强文化自信:水墨教学让学生更好地了解和认识中华文化,增强他们的文化自信心。在教学中,教师让学生学习中国古代文人画的历史和文化背景,让学生感受到水墨画中蕴含的文化精神和价值观念,进而对中华优秀传统文化产生兴趣和热爱,培养良好习惯与传承中华美德。

学生的艺术表现也可从以下几个方面得到发展:

艺术修养:水墨画是中国传统文化艺术的重要组成部分,通过学习水墨画,学生可以了解中国文化艺术的精髓,提高自己的艺术修养,从而对中华优秀传统文化产生代入感和认同感。

视觉表达能力:水墨画作为一种视觉艺术,通过学习水墨画,学生可以培养自己的观察能力和表达能力,提高自己的视觉表达能力。

创新思维:水墨画要求学生注重细节和观察力,能够提高学生的创新思维和创造力,在传统的绘画形式之外,有更加个性的表现。

情感体验:水墨画作为一种艺术形式,通过学习和创作水墨画,学生可以体验到不同的情感和情绪,提高自己的情感体验能力和共情能力。

综上所述,水墨教学可以通过培养学生的审美能力、创造能力和文化自信,来促进美学教育的发展,使学生更好地了解和欣赏传统艺术,同时也能够发掘学生的艺术潜能和培养学生的创新能力。

四、课程内容

根据马斯洛需求层次理论,推出"三段式"教学理念:低年级学生是体验式学习,重点在参与的过程,情感的体验和感受;中年级学生则是表现式学习,更加注重学生的自我表现;高年级学生是设计性学习,让学生在一定目标前提下进行水墨课程的自我设计。

水墨课程低年级采用"体验＋表现式学习"。课程教学根据传统中国画的学科特点,以视觉欣赏、诗词咏析、情感体会来理解和学习传统中国画笔墨技法和表现方式,分别从课程起源与赏析、动植物与风景的研摹写生等几个方面将自然与水墨艺术进行结合,以体验为主让学生对水墨画有基本的了解和认识。

高年级则采用了"表现＋设计性学习"。在课程后期,课程教学在水墨画欣赏和技法学习之上,进一步深入对现代社会生活中人与社会的关注和绘画表现,以视觉观赏、意境感知、情境展演、思想表现与转化来进行更深刻的理解,以及巩固中国画的技法与表现形式,能在社会情境中认识美术,深入思考,提升学生的人文艺术修养。

儿童水墨画教学通过调整教学目标、改进教学方法、整合教学资源和提高教师专业素养等方面,与新课标进行衔接,从而更好地适应未来美术教育的发展。

五、实施与评价

课堂上低年级通过个人和小组的合作探究、演练等方式学习,培养学生赏析水墨画的基础能力以及运用笔墨表现对象与思想的能力,让学生能在文化情境中认识美术,提高自身的艺术修养。

高年级则是巩固水墨画的技巧与形式原理,培养学生灵活运用相关技法进行社会生活的水墨画创作,重点在创作。同时,让学生能深入了解水墨文化作品中人与社会的联系,形成专业的审美素养与判断能力,能多角度欣赏和认识水墨画,加深视觉感受,从而热爱生活、深入生活,崇尚发展、勇于创新。

在课堂教学的同时,学校还在走廊等处,进行大量古代名作的呈现与赏析,使学生在积极的情感体验中,理解黑白水墨凝练概括、求神不求像的艺术特点,从而对水墨画形成主观的审美情趣,提高审美意识。在教学中,教师借助故事、儿歌、绘本等载体,通过学生喜闻乐见的主题活动,引导学生理解和把握水墨画语言。这种活动源于儿童内心世界,基于儿童认知实际,又契合儿童生活方式,能在润物无声中帮助他们完成对中华优秀传统文化的理解和审美建构。

在教学的评价中,使用了体验、表现、设计三个目标指向,针对不同课程和不同年级的学习内容和重难点,分别进行自评、他评和师评,同时通过课后故事来为每次的学习进行巩固和拓展。

在水墨画教学中,教师要引导学生细致观察生活。为一朵芳香美丽的花朵驻足,为一场有趣的足球赛鼓掌,用水墨画的晕染将它们描绘出来,同时收集日常生活中最本真的美,并用水墨画创造性地表达出来。

利用学校的钉钉平台,对学生的每次考勤进行记录,后台也会将学生出勤情况及时反馈至每个家长,并对学生的课堂表现及时进行评价。每周结束后,每个成员会得到一张清晰的周学习报表,让学生能更加清楚自己的优点与不足,明确努力的方向。教师会根据每个学生的不同表现,颁发不同奖项以资鼓励。坚持每节课拍下学生的精彩画作与上课表现,分享给每个家长,让家长共同见证孩子的成长。节假日也会推送适合学生观看的画展菜单,让家长陪伴孩子去感受更多不同的艺术形式。

六、成效与展望

深圳市福田区景莲小学是一所具有艺术特色的学校。近5年来,学校以水墨画教学为特色,以"诗画景莲、书香景莲、律动景莲、唱响景莲"为活动载体,秉持大美育人思想,传承传统之美,为课程赋能,整合资源,守正创新,进行了卓有成效的实践探索。儿童水墨画教学不仅是知识与技能的传授,更是引导学生领悟中华民族传统的哲学境界和审美情趣。

经过一段时间的水墨画教学,学校"儿童水墨课程"成绩斐然,多名学生在各级各类的美术比赛中获奖。目前,学校与关山月美术馆等十几个美术馆建立长期合作机制,定期组织美术作品参展观展,既是艺术熏陶,也是成就激励,二者相得益彰。学校已与关山月美术馆多次合作推出名家作品展,文联专家定期来校开展美术活动,深圳市美术家协会艺术家定期走进校园开展活动。学校水墨画工作室多次接待外省外市教师前来学习观摩。《用水墨说话》《水墨在说,再说水墨》校本教材深受一线美术教师的欢迎。

"不要人夸好颜色,只留清气满乾坤。"传统文化在景莲小学水墨课程里拥有了顽强的生命力。一笔一画之间,形成文化传承的纽带;水晕墨章之际,中华民族传统文化的瑰宝在这里重新绽放。

趣味软陶

品牌课程主持人：华园园
学校：深圳市福田区红岭中学（集团）石厦部

"趣味软陶"是福田区红岭中学（集团）石厦部华园园老师开发的，以培养学生审美感知、文化理解、创意实践、艺术表现能力为目标的学校特色课程。该课程以"面向全体、张扬个性、培养创新精神"为宗旨，以"提高审美能力及应用能力"为美术教学目标，形成了立体、多元的学校艺术特色。

一、课程缘起

"趣味软陶"课程设计以学生为主体，以"趣"为核心，从学生的兴趣出发，感知艺术的趣味；紧密结合新课标培养学生核心素养的要求，提倡"我型我塑"，鼓励学生将知识与个人经验相结合进行艺术创作。课程设计综合了"造型·表现""设计·应用"等诸方面的内容，更加彰显如今课程综合化和跨学科的发展趋势。

二、课程性质

"趣味软陶"课程是一门以视觉造型艺术为统领，以趣味软陶捏塑为主要学习内容，以培养学生实践动手能力、造型表达能力、审美情趣为主要目标的课程。课程性质属人文范畴，以对视觉形象的感受、理解和创造为特征，在课程实践中传承中国传统陶艺捏塑的文化，学会运用视觉语言表达现代生活，捕捉生活中的趣味视觉造型，让学生在掌握捏塑技能的同时发展想象能力、实践能力和创造能力。

三、课程目标

(一)总体目标

(1)感知、发现、体验和欣赏艺术美、生活美、自然美、社会美,提升审美感知能力。

(2)丰富想象力,运用软陶媒介进行表达和交流,运用形象思维创作有个性、意蕴健康的艺术作品,提高艺术表现能力。

(3)发展创新思维,积极参与校内外软陶艺术实践活动,学会发现并解决问题,提升创意实践能力。

(4)感受和理解中国深厚的陶文化底蕴,传承弘扬中华优秀传统文化,坚定文化自信。

(二)具体目标

七年级:重在"审美感知"与"创意实践"的核心素养培养;了解、掌握软陶的概念、特点与创作方法;学会收集综合辅助材料,并与软陶灵活结合,巧妙应用。

八年级:重在"艺术表现"的核心素养培养;能发挥主观能动性创作原创软陶作品,并应用于生活的美化和装饰。

九年级:重在"文化理解"的核心素养培养;培养审美情趣,增强观察生活、体验生活、表达感受的能力。

四、课程内容

该课程对七、八、九年级的教学内容进行统筹规划,分别确立了各年级的具体内容和教育教学重点。该课程以软陶造型探究为主要教学内容,其中理论知识占30%,实践动手内容占70%。课程内容具有趣味性和科学性,由易到难、由浅入深,让学生从简单软陶捏塑开始,到慢慢创作令人惊叹的艺术作品,在软陶中感知美的无限可能。具体课程内容及安排见表1。

表 1　课程内容及安排

级别		主题	要求	名称	课时	课程难度
基础学习		个中妙趣——认识软陶材质之美	熟悉软陶材料，能创意探究软陶材料不同质感的呈现	认识软陶	2课时	★
进阶学习	七年级	妙趣横生——来自平常生活的灵感	运用软陶材料进行基本塑形，自主创作平面或立体软陶趣味造型	可爱的瓶花	3课时	★
				软萌的多肉	3课时	★★
				微缩的食玩	3课时	★★
				刷子的创想	3课时	★★★
	八年级	相映成趣——来自传统元素的碰撞	能熟练运用软陶各种技法，并巧妙结合特殊综合材料，丰富软陶创作	陶罐上的印记	4课时	★★★
				个性的生肖盘饰	4课时	★★★
				吉祥的瑞兽挂件	4课时	★★★★
	九年级	趣味无穷——来自艺术大师的创意	能运用软陶作品传递、表达美感，借鉴经典，独立创作个人风格特色的软陶作品	后印象的点彩交融（凡·高）	4课时	★★★★
				波点化的另类世界（草间弥生）	4课时	★★★★
				立体主义趣味人物（毕加索）	4课时	★★★★

　　除社团活动和常规课程之外，还有丰富的拓展内容。结合校园艺术节，学校每学年均会推出生肖软陶制作大赛、"奇趣刷子"软陶创意大赛、"我的秘密花园"软陶创作大赛等一系列全校师生全员参与的赛事，丰富校园软陶文化，提供学生才艺展示平台。

五、实施与评价

(一)课程实施

　　课程采用"一圆三环"式结构，全方位、多角度实施课程。以"一圆"——软陶社团课程为基点，以点带面，实施面向全校学生的常规美术课程、校内软陶比赛、校外实践活动("三环")。同时,课程与信息科技融合,打造智慧软陶课堂,进行课堂革新。此外,学校经常组织学生外出观看各种校外艺术展览,拓宽眼界,与学校周边艺术馆与博物馆进行馆校共建,为学生提供更多艺术的资源和分享平台,指导学生课余做有关潮汕嵌瓷、南风古灶、岭南民居等本土特色资源的调研,了解本土民俗文化,促进趣味软陶造型研究的地域特色化发展。

社团课:在专业软陶教室开展。每周一(16:45—17:25)、每周三(15:55—17:45)、每周五(15:55—17:25),每学期共75节课。

常规课:每学期每班4~6节软陶体验课,在专业美术教室开展,与国家教材内容相结合,主要培养学生的造型表现能力、设计应用能力。

(二)评价方法

"趣味软陶"课程既有重视过程的发展性的评价,也有反映作品质量和成果的评价。在大单元教学过程中,制作软陶课程学习单和评价表,设置学生美术学习档案袋,当学生完成美术作品时,各环节的学习单和评价表记录了学习资料、素材、创作意图、创作计划、草图等各种材料,这些都是课程的评价依据。具体评价内容见表2。

表2　课程创作评价方案

项目	主题	欣赏	技法	构思	创作	展评
评价内容	设定主题 理解意义 多个意向 互动改进	学会欣赏 运用鉴赏 个案研究 深化认知	学习技法 方法步骤 临摹思考 学习风格	收集素材 参照范本 绘制草图 形成报告	优化草图 大胆创作 反思探索 优化完善	展示交流 梳理轨迹 撰写总结 真实评价
评价分析	选题意向 10分	欣赏报告 10分	临摹练习 10分	创作草图 10分	完成作品 30分	展览测评 20分
	学习档案袋10分					

此外,评价人员和方式多元化。教师对学生的评价,升华课堂学习效果;学生相互评价,互相取长补短;学生自我评价,提升对自我审美的认知;其他形式的评价,包括家长的评价、线上线下等多渠道多模式的多元化评价。

六、成效与展望

课程团队编制了软陶教学课程校本教材《"我型我塑"趣味软陶造型》及相关

的教学辅助资料,带领学生参加多次手工社会实践活动,举办了多届校园艺术节的软陶特色专项比赛,锻炼学生的各项综合素质与能力。2019 年,课程团队带领学生参加"课堂革命• 福田表达"——深圳福田课堂变革新生态全国展示活动,华园园老师授课《陶罐上的印记》,面向全国中小学师生与专家,展示课程成果。

新课标强调美术学科核心素养本位,"趣味软陶"课程的发展和提升有了全新的挑战和目标。今后的课程设计要更贴近学生的生活和实际,引导学生面对真实情境的创作主题,经历像"艺术家一样创作"的大单元教学过程,让学生在"任务驱动"和"做中学""学中思"的过程中,不断解决问题,在完成自己软陶作品的同时,全面提升美术核心素养。

玩创口琴

品牌课程主持人：薛建洲
学校：深圳市福田区福田小学

"玩创口琴"是福田区福田小学针对小学高年级学生开发的，以提升学生的核心素养为统领，以培育学生的创新思维和创作能力为主要目标，以训练学生的口琴演奏技法为主要学习内容的课程。本课程的追求是让学生"用口琴吹出交响的味道"，让学生在游玩的学习过程中提升创新思维和创造能力，在提升学生审美素养的同时，全面提升学生的核心素养。

一、课程缘起

中共中央办公厅、国务院办公厅印发的《关于全面加强和改进新时代学校美育工作的意见》指出，义务教育阶段的美育重点为：激发学生艺术兴趣和创新意识、培养学生健康向上的审美趣味、审美格调，使学生具有 1 至 2 项艺术特长。如何落实指导意见，帮助学生掌握 1 门乐器，提高学生的审美素养呢？学校经过认真调查，发现学生音准不好是目前中小学音乐教育面临的最大问题之一，于是选择了口琴这一种乐器作为载体，口琴具有固定音高，是提高学生音准能力的一件非常实用的学具，而且口琴体积小，方便携带。

二、课程性质

通过让学生学习吹奏小小的口琴，把各门学科及社会场合中可以吹奏口琴的情境引入"玩创口琴"课堂中来，同时合理、巧妙地把学生现场吹奏的"玩创口琴"音乐运用到各学科课堂教学及各种社会实践中去。这样，不仅可以提升学生的审美素养，还可以以乐育人、润物无声，营造课堂氛围，全面提升学生核心素养。

本课程成果应用跨越多门学科，参与人员涵盖各班班主任和语、数、英、科、美、音等学科教师,以年级为单位,将口琴作为教学媒介和手段灵活运用到各科课堂教学中来,丰富课堂教学内容,提高课堂教学效率。

三、课程目标

通过该课程的学习,学生熟练掌握二十四孔口琴、半音阶口琴、低音口琴及和弦口琴的吹奏技术和方法,培养爱好音乐的情趣,提高音乐感受与鉴赏能力、表现和创造能力,进而提高音乐文化素养,丰富情感体验,陶冶情操。

四、课程内容

本课程以口琴的演奏技法为主线,同时穿插相关乐理知识和练习谱例的思路进行总体设计。

(一)课程主体内容

1.了解口琴。口琴的历史、口琴的构造及发声原理、口琴的分类。

2.二十四孔口琴吹奏方法。持琴姿势及音位图、单音奏法、新式单音奏法、正拍伴奏法、高音伴奏法、低音伴奏法、和弦奏法、手震音奏法、提琴奏法、琶音奏法、曼陀铃奏法、三度和音及三度提琴奏法。

练习谱例:《两只老虎》《小星星》《欢乐颂》《雪绒花》《生日歌》《快点告诉你》《校园的早晨》《海鸥》《童年》《中国少年先锋队队歌》《小小少年》《青花瓷》《国歌》《噢!苏珊娜》《菊花台》《送别》《友谊地久天长》《时间都去哪儿了》《懂你》。

3.半音阶口琴吹奏方法。半音阶口琴基本知识及音位图、半音阶口琴握琴姿势和按键、半音阶口琴吹奏方法。

练习谱例:《葫芦娃》《摇篮曲》《一休之歌》《龙猫》《宫崎骏组曲》《黑猫警长》《阿童木之歌》《花仙子》《可爱的蓝精灵》《莫斯科郊外的晚上》《三套车》《月亮河》《重归苏莲托》《婚礼进行曲》《梦幻曲》《舒伯特小夜曲》《致爱丽丝》《匈牙利舞曲第五号》《蓝色多瑙河》。

4.多声部口琴谱例。《卡农歌》《加花·变奏》《猫头鹰与杜鹃的二重唱》《红星歌》《卢沟谣》《歌声与微笑》《七色光之歌》《福田,梦想的摇篮》《天空之城》《半个月亮爬上来》《噢!苏珊娜》《雪绒花》《月亮河》《铃儿响叮当》《匈牙利舞曲第五号》

《拉德斯基进行曲》《土耳其进行曲》。

(二)课程拓展内容

通过口琴的跨学科融合,合理、巧妙地把学生演奏的口琴音乐运用到非音乐课堂教学及社会实践中,为学生搭建更多的展示平台,收到了良好的效果。语文课堂,呈现画面;科学课堂,观察探究;英语课堂,巩固新知;美术课堂,创设意境;数学课堂,激发兴趣;书法课堂,凝固音乐。以乐育人,润物无声。

五、实施与评价

(一)课程实施

低年级主要学习第一、二单元的内容"二十四孔口琴演奏技法",中年级主要学习"半音阶口琴演奏技法",高年级主要学习"交响口琴——多声部口琴演奏技法"。

低年级每学期45课时;中年级每学期48课时;高年级每学期51课时。

口琴教师在口琴课堂上主要解决如何快速提高学生口琴演奏技巧、准确吹奏乐曲和大量积累演奏曲目的问题,布置、检查学生曲目的完成情况,解答学生练琴中的困惑,以保证各学科及学校和班级各项活动对口琴音乐的应用。学生的练习主要放在课外进行,教师用各种办法激发学生课外练琴的积极性。

口琴教师必须及时甚至提前教会学生可能在其他学科课堂上和各种活动中所能够吹奏的口琴乐曲,以便其他教师运用口琴乐曲协助他们的教学或管理。同时,争取其他学科教师和行政领导支持,在课堂上和学校的各种活动中运用学生现场吹奏的口琴音乐。具体方法如下:加大划拍、吹奏基本音阶和半音阶的练习力度;利用"节拍器"解决学生吹奏口琴的时值问题;利用"流动座位音乐教学法"和"口琴挑战赛"及时、准确地评价和激励学生,解决学生的学习动力问题;利用"激情讨论、快乐应用"板块引导学生深入理解音乐内涵;等等。

在教学过程中,教师适时让学生吹奏一段音乐,既能放松身心,愉悦心情,活跃思路,又能改变教室里紧张的学习环境,调节课堂气氛。升旗仪式、中队活动等德育相关平台广泛应用学生现场吹奏的口琴音乐,全面提升学生的核心素养。不管什么课,上课前都让学生用口琴吹一首曲子,学生很快就能安静下来,思维也可以迅速回到教室里来。开班会、搞活动等,可以先吹奏一段口琴音乐,这样可以培养学生的团队意识、增强班集体的凝聚力。

线上线下课程融合。课堂示范、布置作业，课下练习、录像上传，上网检查、上课点评；师生共同上网搜集口琴示范演奏视频，共享视频，相互交流，共同提高；鼓励学生把自己演奏的比较优秀的作品视频上传到网上，提升学生的自信心；教师也可以把学生合奏的优秀作品视频上传到网上，特别是将演出、比赛的作品视频上传到网上，促进交流提高。

(二)课程评价

注重评价的多元性，强化过程性评价。在注重掌握口琴基本理论知识的同时，侧重对学员口琴吹奏能力的培养和学习过程中有效学习的引导，构建集知识(knowledge)、能力(ability)、过程(process)评价于一体的"KAP立体考核法"。

具体方法有：流动座位音乐教学法、口琴挑战赛、脑洞大开口琴创作快乐大比拼游戏等。

六、成效与展望

教师团队找到了一种高效率、更容易让学生享受到音乐乐趣、可以在全国更大范围推广的音乐教学模式，这就是"玩创口琴"教学模式。这种模式让学生的学习动力更足，让学生能更快地掌握口琴吹奏技法，同时又极大地促进了其他学科的教学。口琴随学生走，很多场合都可以听到学生悠扬的口琴声，吹奏口琴成为学生的一种生活方式。比如：课前、课间、演出、班会、郊游、聚会、升旗仪式、中队活动、社会实践等。

学校现已编辑出版40多万字的"玩创口琴"系列校本教材及教师用书。论文多次获国家、省、市、区一等奖。2020年，在核心期刊《中小学音乐教育》发表论文《"流动座位"教学组织形式的尝试》；2021年，在《深圳教育研究》发表论文《小学"玩创口琴"教学策略探究》；口琴课程教学设计《七色光之歌》收录于《名优教师设计音乐课教案与评析》(2017年出版)。

未来，学校将逐步试行"玩创口琴"初级班、中级班、高级班的分班教学制度，更加精准地面对不同的学生进行分层教学。2022年，课程主持人用荣获的教育教学成果奖奖金为全校每位教师购置了一把演奏级的二十四孔口琴，并已全面展开全员培训。希望教会全校教师吹奏二十四孔口琴，师生互动，全校普及，促进口琴教学。并在普及的基础上大幅提高学校"玩创口琴"校本课程班的业务水平，组建福田小学"玩创口琴"交响乐团，努力早日奏响全国、走向世界。

鸣天合唱

品牌课程主持人：严涵
学校：深圳市福田区外国语学校（福保校区）

"鸣天合唱"是深圳市福田区外国语学校（福保校区）针对七、八年级学生，以激发学生合唱兴趣、提高学生综合素养、挖掘学生音乐潜能、培养学生创造性思维等为主要目标的合唱活动课程。学生不仅可以通过参与主题任务学习、歌唱律动与游戏、合唱展演等活动提高合唱能力和音乐素养，还可以在参加合唱实践过程中培养懂礼貌、讲文明、重团队精神等良好习惯，从而塑造健康、阳光、积极向上的高尚品德。

一、课程缘起

学校基于课程主持人对深圳近二十年来开展校园合唱活动情况的了解，以及长期指导合唱社团的经验，在学校"鸣天课程"整体思路的指导下，开发了学校合唱课程，构建"1＋N（鸣天校园歌手大赛、音乐趣味作业、音乐体态律动、柯达伊教学法本土化实践、初中合唱育人课程探究实践，以及音乐素养科组活动、歌唱与体态律动、歌唱与游戏、歌唱与声势活动等）"的大概念合唱课程体系。

新课标提出，根据不同学段学生的年龄特点，三至九年级在音乐学科课程中设置"听赏与评述""独唱与合唱"等6项学习任务。随着新课改的不断深入，在构建高质量发展教育的时代背景下，"鸣天合唱"课程有幸得到了福田区教科院的大力支持。学校结合实际情况尤其是育人需要，针对初一、初二学生的成长特点，专门开设了"鸣天合唱"项目；结合品牌课程建设，围绕福田外国语教育集团提出的"鸣天"大课程体系，明确提出，构建以突出学生为主体，合唱为媒、活动为主、育人为先的遵循学生成长规律和发展特性的"鸣天合唱"特色课程。

二、课程性质

"鸣天合唱"课程聚焦核心素养,是以学科实践活动为主,促进学生健康成长,师生共同完成的项目化学习课程;是挖掘学生音乐潜能,弘扬传统文化和爱国主义精神,落实立德树人根本任务的校园特色课程。

三、课程特色

课程在实施过程中,教师不仅参考借鉴柯达伊教育理念,采用柯尔文手势引导学生的无伴奏演唱,还结合青少年的心理健康及学情实际,通过自主探究等方式,与学生一同参与探索合唱与游戏、合唱与图画、合唱与诗歌、合唱与故事、合唱与历史等主题项目活动,激发内驱力,调整教学方式,从趣味性和零基础开始。先引导大部分学生唱好、唱准"6",再逐渐过渡到听辨、演唱音程及听辨构唱和弦到能够参与班级合唱活动等,逐步地巩固和强化学生的音高概念,全面提升学生的合唱能力。在整体提高基本音乐技能的基础上,再组织合唱活动,让学生在参与多样的突出以"唱"为主的实践过程中,提高音乐品位、提升综合素养。

在课程实施过程中,教师不断地探索合唱与育人的深度融合,关注发展学生的音乐能力,并通过开展班级合唱活动及社团合唱等,培养学生的团队合作意识、挖掘学生的合唱潜能。

四、课程目标

(1)通过参加社团丰富多样的合唱学习项目,激发合唱兴趣,提高合唱能力。

(2)通过柯达伊教学法本土化实践,改进合唱方法,提高合唱学习效果。

(3)通过参与班级合唱展演及校内外合唱展演活动,在合唱实践过程中,发展团队精神,提高综合素养。

(4)通过开展合唱主题项目活动,弘扬中华优秀传统文化,激发学生的爱国主义情感。

本课程在实施过程中,首先,依据国家课程标准中对初中合唱进行调整与改进,适当运用国际上普遍通用的音乐教学法,根据育人实际情况不断改善合唱教学,布置多样的主题学习任务,丰富合唱课程内容;其次,通过引导学生参与班级合唱展演等活动激发学生的学习兴趣,丰富学生的课余生活;最后,通过调查问卷、访谈、观察学生参与合唱活动情况等,改善评价方式,同时调整与改进课程内容。

五、课程内容

课程内容见表1。

表1　合唱课程内容

课程项目	学期课时	周课时	课程内容	活动主题
合唱展演	机动课时＋N	45 分钟	基础训练＋提高训练＋合唱曲目	校外展演活动主题
社团合唱	12	40 分钟＋N	合唱素养提高内容	爱国、传统文化等主题
班级合唱	依据学校教学课时安排	40 分钟	合唱素养普及,依据国家、地方指定教材	依据教育部门活动主题
合唱资源（练声曲、练习曲、展演曲等）			基础内容＋提高内容＋多元文化合唱内容	初中生合唱素养提升主题

"鸣天合唱"课程始终坚持趣味性、活动性、实践性、持续性、适应性等原则开展实践活动。例如:每期选择一个好创意活动主题,围绕三条实践活动主线——从课堂到社团、从教学到展演、从校内到校外,形成"鸣天合唱"的主体框架。目前,本课程开展的主题有"歌声与微笑""多彩的民歌""美丽中国""古诗新唱""世界经典民歌名曲"等。

"鸣天合唱"课程内容采取"三结合四巩固"的原则:一是课堂合唱教学与社团合唱活动育人相结合。二是突出主题的单元学习任务与学期培养目标相结合。如大单元内容设计包括爱国主题、弘扬传统文化主题、世界经典合唱主题以及律动辅助歌唱主题。三是校内活动与参加校外合唱展演活动育人相结合。采用四个练习(趣味练声、视唱练耳、练唱中外经典名曲、体态律动训练)不断巩固提高学生的"合唱实战能力",引导学生主动探究、亲身体验、创意实践和感受欣赏多元的合唱文化艺术,最终让学生形成基本的音乐技能及团队合作能力。

六、实施与评价

实施过程：课堂合唱教学＋社团合唱课程教学＋合唱活动实践。

基于国家课程内容，"鸣天合唱"以理论与实践相结合的方式，开展合唱教学，并同步进行合唱课程建设。通过以培养合唱社团骨干为基础，辐射带动班级合唱普及化，让学生在参与合唱教学及实践活动中得到全面锻炼。同时，结合本地文化特点，立足本土，设计合理方案，针对学生的学习过程，采取过程性评价、诊断性评价和形成性评价等方式，师生共同参与，帮助学生能够深入地了解中华优秀传统音乐文化艺术。另外，结合信息技术，记载学生的学习及成长过程，了解学生的发展情况，并根据数据分析，发现问题、提出问题、解决问题，促进学生的全面成长。

从五个层面，大力推进课程的高质量实施。一是坚持以问题为导向，从真实的情境出发，以学生为主体、教师为主导，坚持育人为本；二是以任务为驱动，设计多样的学习任务，根据学生的实际情况设置学习任务；三是融合运用多种媒介开展课程活动，如采用邮箱传递寒暑假布置的个性化音乐作业，教师有针对性地进行评价，针对某些知识点录制微课等；四是以素养为导向，鼓励学生参与合唱课程，通过开展"鸣天合唱"社团活动、合唱艺术节活动等丰富课程内容；五是评价体现多元化，通过评价促进学生的成长。

校合唱社重点培养部分骨干，以点带面辐射引领；结合学校艺术节班级合唱活动育人；积极参与校外合唱艺术展演活动，全方位打造沉浸式合唱与德育、合唱与美育，以美化、以文化人的校园合唱课程育人环境。

为了丰富课程内涵，教学时采用多种办法，发挥教师特长、关注学生主体，协调方方面面，使学生的合唱精巧而有表现力，演出有魅力、有感染力和有生命力。除此之外，在安排学生座位时要注意美观性、适宜性和灵活性，初中阶段还要经常根据学生音色的变化及音准能力的变化调整安排座次，实施过程中要结合育人需要和辅助年轻班主任管理的需要，适时调整教学策略。

在导入环节，采用讲故事或谈话导入＋律动＋发声练习（手势引导唱部分主旋律的练声方式）；在解决重难点问题阶段通过画旋律线、动作模仿、色彩与音色等方式引导学生感受、分析、了解音乐结构和特点，主要分为六个体验过程逐步解决问题，分别为拍、划、合、解、唱、表六个环节。拍是指节奏练习，先慢再回原速；划是指乐谱视唱，划拍细唱乐谱；合是指音程与和声，局部和整体的听辨与歌唱训练，采用科尔文手势辅助练习；解是指曲式分析，采用划旋律线及图形谱的方式聆听分析作品;唱是指分声部练唱以及分段练唱;表是指检查合唱整体的表演效果。最后,通过观察学生参与学习过程的体验感,对学生的学习状态、表现、表达、准确度和能力发展等多方面进行综合评估,根据评估数据记录学生在课程学习过程中的发展情况,进行合理的诊断与调整。之后,再结合学生的成长过程,发现问题、提出问题、解决问题,以合理的评价方式,由文艺委员及其他班干部参与课堂常规评价,在班级合唱节等活动中采用激励性评价,综合考量并关注学生的成长与进步,促进学生的学和教师的教。

总之,在课程的实施与评价过程中,教师需要从多个视角分析学生在参加合唱前与合唱之后的变化。分别从歌唱理念、歌唱意识、歌唱认识、歌唱能力、合唱意识、合作意识、整体表现等几个方面,细致地分析"鸣天合唱"课程在开展合唱教学时、渗透活动后会产生怎样的效果。做到过程性评价与诊断性评价相结合,活动评价与参与课堂实践评价相结合,个体音乐能力评价与参与合作评价相结合,音乐基础技能和音乐综合素养测评相结合,从四个维度观测学生的成长。

七、成效与展望

"鸣天合唱"课程在实践过程中,除了关注学生的发展,同时也关注参与教师的成长。通过多渠道、多元化补充,联通课内与课外、校内与校外艺术活动,逐步推进并夯实校园合唱音乐文化。福保校区虽然才初建几年,但"鸣天合唱"课程的育人成效显著,影响广泛。

未来,"鸣天合唱"要改变歌唱课教学的传统单一的课堂形式,在合唱实践活动中培养学生高度注意力。尝试创新多样的教学方法,抓住学生的好奇心。以评促教,以评促学,以教学为抓手,全面促进学生合唱能力的发展。打破以往音乐课重理论轻实践的弊端,突出以学生为主体,结合教育学和心理学理论依据,不仅让学生更健康更全面地发展,也让教师通过抱团学习,主动开拓,借鉴世界优秀的音乐教育理念,采用学生易适应、好的音乐教学方法,让学生的生活有乐趣、能力有成长,让教师成为有深度、有温度、有宽度、有维度的优秀的音乐教育工作者。

走进京剧

品牌课程主持人:杨娜
学校:深圳市福田区实验教育集团侨香学校

"走进京剧"是福田区实验教育集团侨香学校杨娜老师开发的,是针对义务教育阶段学生,以培养学生的京剧审美感知、艺术表现、创意实践、文化理解等四大核心素养为主要目标,以"发现京剧""走进京剧""品味京剧"为主要学习内容的课程。本课程集人文性、审美性、实践性等特色于一体,在社会实践活动、国内外交流活动、教育科研等方面取得了丰硕的成果。

一、课程缘起

2018年4月,深圳市教育局印发了《戏曲进校园活动方案》,其中提到要"坚持面向全体学生",要"坚持因地制宜多措并举",要结合学校特色开展"京剧进校园"活动。福田区实验教育集团侨香学校作为一所九年一贯制学校,非常重视京剧进校园的实践探索。2018年,杨娜老师创办了侨香京剧社并开发"走进京剧"课程。

二、课程性质

"走进京剧"课程是一门以感受中华传统文化的美为统领,以学习京剧艺术的美为主要学习内容,以培育表演能力与合作能力为主要目标的课程。

"走进京剧"课程为福田区实验教育集团侨香学校校本课程,面向学校一至九年级全体学生。通过校本教材开发及 AI 设计、计算机视觉技术、抖音人工智能、大数据等新技术的应用,推动京剧文化项目式学习课程的开发和实施,激发学生对学习传统文化的兴趣与热爱,发展学生的核心素养。"走进京剧"课程在助力传统文化面向每一个学生、赋予传统文化新的生机、延续传统文化新生命的同时,致力培养学生成为"走向世界的、完整而有创造力的现代人"。

"走进京剧"是集人文性、审美性、实践性于一体的综合性课程。人文性是指在指导学生学习京剧表演的同时,也是学生在学习、传承中华优秀传统文化;审美性是指以美育人,陶冶身心,培养学生感受美、表现美、欣赏美、创造美的能力;实践性是指通过激励学生积极参与实施与操作,让学生获得真正意义上的情感体验。三者之间体现不同的哲学思想,是相互联系、相互对应的。

三、课程目标

根据新课标,结合侨香京剧社自身特点,"走进京剧"课程的课程目标如下:

(一)课程总目标

1.审美感知

了解京剧艺术富有意味的表现特征,以及京剧唱段中的艺术语言、艺术形象、风格意蕴、情感表达等,通过京剧艺术的赏析提升发现美、感知美的能力,丰富审美体验,提升审美情趣。

2.艺术表现

掌握京剧艺术表现的技能,通过京剧表演增强形象思维能力,能在京剧艺术表演中发挥联想和想象,沟通情感与交流思想,涵养热爱生命和生活的态度。

3.创意实践

对京剧创作的过程和方法进行探究和实践,生成独特的想法,转化为京剧艺术成果,从而形成创新意识,提高艺术实践能力和创造能力,增强团队精神。

4.文化理解

感悟京剧艺术活动、艺术作品所反映的文化内涵,领会京剧艺术对中国传统文化发展的贡献和价值,在京剧艺术活动中形成正确的历史观、民族观、文化观,增强文化自信。

(二)学段目标

基于新课标及侨香学校课程体系,"走进京剧"课程将学段划分为一至二年级、三至六年级及七至九年级三个学段,每个学段的课程目标如下:

1.一至二年级

能体验京剧唱段的情绪与情感,了解京剧的基本特征,感知京剧的艺术形象,对京剧产生兴趣。

能积极参与京剧的表演活动,积累实践经验,享受京剧艺术表现的乐趣,在各种京剧艺术实践中初步建立规则意识和合作意识。

对京剧有好奇心和探究欲,能在探究京剧的过程中表达自己的想法和感受。

对京剧表演感兴趣,能与他人分享、交流自己的发现和感受。

2. 三至六年级

感知、体验、了解京剧的感性特征和审美特质,养成良好的欣赏习惯,能对京剧唱段和表演作简单评价,增强对京剧的兴趣。

能自信、自然地参与京剧表演活动,乐于表达自己独特的感受和想法,在实践中增强规则意识、责任意识和提升学习意志力等,发展交流与合作能力。

对京剧艺术保持好奇心和探究欲,能在探究、即兴表演和编创等京剧艺术创作活动中展现个性和创意。

关注社会生活和社会文化中的京剧艺术,对京剧与其他戏剧类型、其他艺术表现形式有初步的了解。

3. 七至九年级

深入感知、体验、理解京剧的感性特征和审美特质,辨识京剧不同表现特征的差异与联系,具有初步的京剧欣赏与评述能力;保持对京剧的浓厚兴趣,养成积极乐观的态度。

主动参与京剧表演活动,能进行富有个性和创意的二度创作及表现形式的创新,不断提高创意实践能力和艺术表现水平,在实践中增强自信心,发展自主学习能力和团队合作能力。

能创编与展示比较完整的短小京剧唱段,表达自己的想法和情感,具有较丰富的想象力和创造力。

热爱中国京剧文化,能从中汲取民族文化智慧,坚定文化自信。

理解京剧与其他戏剧类型、其他艺术表现形式的紧密联系和相互作用。

四、课程内容

"走进京剧"课程内容设置三模块,通过京剧文化教育,落实立德树人根本任务,发展素质教育。模块的设计按照由易到难的原则,构成螺旋式上升的路径。

第一模块面向一至二年级学生,活动根据小学低年级学生的心理需求和特征,以激发学生的兴趣为抓手。内容为"发现京剧",了解京剧脸谱色彩与人物性格、欣赏现代京剧唱段,日常教学重在普及京剧知识,引导学生从模仿开始学习京剧。

第二模块面向三至六年级学生,内容为"走进京剧",以现有国家教材(京剧内容)为主,进行拓展与延伸。以了解传统文化的美为主要目标,整合、挖掘京剧文化中不同的资源,以主题形式开展项目式学习,引导小学中、高年级学生在体验京剧之美的同时,了解京剧艺术的不同表现手段。第一、二模块是必修模块,为普及水平。

第三模块面向七至九年级学生,是选修模块。经由低年级到高年级的学习,学生可以获得相对完整的京剧艺术基础知识与能力。本模块内容为"品味京剧",通过进剧场、入剧团、请进来的方式,以国家教材为主要内容进行拓展延伸,从京歌到现代京剧最后延伸到传统京剧的学习,使学生在实践活动中,充分感受京剧的魅力。

各模块课程内容见表1。

表1　各年级课程内容

模块	年级	课程主题	知识点
第一模块"发现京剧"	一年级	京剧《唱脸谱》	欣赏:体验净行、旦行的唱腔韵味; 脸谱:了解京剧脸谱色彩与人物性格; 知识延伸:脸谱涂色
	二年级	现代京剧《红灯记》	京剧乐器:京胡; 欣赏:唱段《都有一颗红亮的心》; 念白:"奶奶您听我说……"; 做:托举红灯; 知识延伸:人物涂色
第二模块"走进京剧"	三年级	传统京剧《打龙袍》	京剧行当:丑行; 传统民俗:元宵观灯; 京剧的"四功五法":唱念做打、口眼手身步
	四年级	现代京剧《海港》	京剧腔调分类:西皮与二黄; 京剧发声练习:深吸慢呼延长、深吸慢呼数字、深吸慢呼长音、托气断音等练习; 唱:唱段欣赏《大吊车真厉害》——老生

（续表）

模块	年级	课程主题	知识点
第二模块"走进京剧"	五年级	《画脸谱》	京剧历史：京剧的诞生与形成； 京剧行当：生旦净丑； 京剧节奏调式：京剧板腔体
	六年级	现代京剧《红灯记》	唱：唱段《都有一颗红亮的心》，花旦唱腔特点、拖腔、归韵； 念：念白； 做：身段表演
第三模块"品味京剧"	七年级	京剧传统折子戏《小放牛》	京剧发音：大噪与小噪； 做：上指、下指、丑角基本站姿； 知识延伸：人物涂色
	八年级	表演《京韵梨园》	唱：《梨花颂》《贵妃醉酒》； 做：金扇、水袖
	九年级	表演《水袖梨园》《京剧联唱》	京剧：《梨花颂》《前门情思大碗茶》《故乡是北京》《我爱你，中国》； 现代京剧：《都有一颗红亮的心》《接过红旗肩上扛》； 传统京剧：《贵妃醉酒》《苏三离了洪洞县》《卖水》《猛听得金鼓响》； 做：身段组合、水袖、金扇、红绸

五、实施与评价

（一）课程实施

课时：一至九年级每学期各 15 节。

组织形式：讲授、示范、互动体验、交流。

本课程秉承体验性、实践性、语言性、探究性、创造性的原则，主要采用以下教学方式：

1.开放学习情境

学生在学习传统京剧时，先欣赏京剧名段《霸王别姬》《玉堂春》《穆桂英挂帅》《红灯记》等，感受京剧的魅力，了解剧中的故事和历史背景。教师再进行示范和指导，学生在尝试先背诵一段自己喜欢的唱词后，再尝试把它唱出来。在此过程中,借助"你帮我带""接龙唱""比一比谁最好"等多种互动方式,培养学生由浅入深地掌握京剧唱段演唱技巧。在京剧程式化表演过程中,从学生营造空间体验入手,借助新的体感游戏空间技术去营造一种全新的交互体验,帮助学生了解中国京剧空间意识的审美特点,从而体验京剧表演的写意性,进而能够把京剧呈现得淋漓尽致。

2. 线上与线下学习

"四功五法"是京剧演员的基本修养。线下课程教师借助"计算机视觉技术"利用计算机模拟视觉过程,综合图像处理、视频处理,让京剧全方位、立体化展现在学生的面前,并利用放慢技术展示京剧名段、利用重放技术实现学习模仿京剧腔调,让学生无障碍地学习京剧。线上课程设计了系列微课《看京剧》《听京剧》《学京剧》,以此实现课程"线上+线下"学习相结合,以线下学习减少学生学习的时间,线上学习提高学生学习兴趣和学习技能,两者相互配合,合理分配学习时间,推动实现学生对学习传统文化的普及。

3. 项目式学习

整合、挖掘京剧文化中不同的资源,以主题形式开展项目式学习,以语文、英语、道德与法治、音乐、美术、体育、信息科技等学科教学以及社团、普及活动为实施途径,引导学生获得亲身参与探索京剧文化的体验,循序渐进地了解京剧博大精深的文化,弘扬国粹、传承文化、立德树人,促进学生综合素质能力的提升。

(二)课程评价

"走进京剧"课程在开展中不断优化评价方式,力求做到科学性、针对性、有效性。课程采用了结果与增值评价、综合与特色评价、自我与外部评价、线上与线下评价四种方式相结合,并通过学生成长手册,让学生自己收集学习过程中反映自身成长的资料,如学习感悟、照片、数据、视频、实践、作品展示等。通过成果展示评价、学生多元评价表的观察和评判等方式,让学生个人的进步过程、努力程度、反省能力以及最终发展水平都清晰可见,进而促进学生的发展。

"走进京剧"课程设计教师自评表,以教师自评为主要方式,涵盖课程预设、课程实施、课程过程等方面,结合线上与线下学生、家长调查问卷呈现课程效果来对教师实施评价。从数据可以看出,"走进京剧"课程在课堂教学,以及学生的传统文化兴趣、歌唱音乐要素的把握、表现与创编、京剧文化理解能力等方面均取得了良好成果。

六、成效与展望

侨香学校京剧社参加了多场文艺演出,广受好评,其社会影响力不断扩大。中国教育电视台、《经济日报》、《南方都市报》、《深圳晚报》等多家媒体均对侨香学校京剧社进行了专题报道。原创节目《京韵国香》受到专家的高度赞扬,《贵妃醉酒》荣获中国戏曲比赛优秀奖。学生多个京剧绘画作品分别在《南方都市报》《经济日报》《未来作家》等报刊上发表。2019年,"走进京剧"课程走进新疆塔什库尔干塔吉克自治县塔合曼乡学校,受到了广大学生的喜爱和热烈欢迎。

"走进京剧"课程未来将致力从以下方面发展:

一是加强京剧文化深度学习,提升学生的文化创新与实践能力。继续结合学校文化特色,开展京剧文化节、京剧沙龙、京剧论坛等活动。持续培养学生开展京剧文化小课题研究,开发学生对京剧脸谱、京剧服装、新京剧演唱的创造与表现能力。

二是增强京剧文化国际交流,培养学生传播中国优秀文化的能力。培养学生向国际友人宣传京剧文化的能力,增强中华文明传播力影响力。

历史软陶

品牌课程主持人：于晓慧

学校：深圳市福田区红岭中学（集团）高中部

　　"历史软陶"是福田区红岭中学（集团）高中部于晓慧老师主持开发的跨学科课程。该课程将历史内容与软陶技术结合，通过用软陶泥制作古代建筑、古代钱币、古代兵器、古代服饰、古代经典绘画等系列活动，拉近学生与历史的距离，传承中华优秀传统文化，有效地拓展和延伸了课堂教学，培养学生动手能力、想象力以及团队精神，激发学生探究历史的兴趣，促进学生全面健康发展。

一、课程缘起

　　众所周知，高中生直面高考，学业压力较大。于晓慧老师在一次和历史学科教师的交流中得知，高中生对于文科特别是历史学科的学习感受相对枯燥。历史学科只能通过书籍、影视剧去体会，学生普遍反映看不见、摸不着、走不进。而美术学科的困惑在于，高中生感知、记忆和想象能力均达成熟水平，观察力、记忆力和想象力的发展都进入最佳时期，且有很强的造型能力，但课业压力让绝大部分没有美术基础的学生对独立完成一件美术作品望而却步。为了突破这个瓶颈，于晓慧老师开始了跨学科课程的研究与开发。

二、课程性质

　　本课程属于"造型·表现"学习领域，以让学习真实发生，让学生在"做中学、创中学"的思路为指导理念，结合高中学生的自身特点，使其获得更多的美术创作经验、乐趣和认识、理解造型要素及形式美法则，提高造型表现能力。了解不同历史时期美术作品的相关背景和意义，引导学生认识与体验生活中的美好事物，评价并判断美。培养学生动手能力、审美能力，辨析和解读历史文化的现象与信息，加深对手工艺和工匠精神的理解,形成对中国传统文化和世界文化的兴趣和认同。

三、课程目标

通过软陶制作活动增进对中国历史基本脉络的了解和对中国历史知识的学习,夯实基础,锻炼学生的探究学习、团队合作、搜集整理资料、创作和总结等能力。

1. **图像识读**:感受创作作品的造型、色彩、肌理、空间等形式特征。初步了解不同历史时期美术作品的相关背景和意义,认识与体验生活中的美好事物,学习评价美、判断美,逐渐形成初步的审美与表现的能力。

2. **美术表现**:学会运用软陶材料来创造美和表现美。联系现实生活,结合历史学科,运用美术表现能力,解决学习、生活、工作中的问题。

3. **审美判断**:学会运用基本的术语表述、评价、分析、解释自己和他人的作品,并运用学习档案袋的形式保存学习资料,记录学习过程,通过教学的实践和分析、实验和应用,在高中美术设计教学中体现模仿与创作的技能技法。

4. **创意实践**:发展动手能力、审美能力、团队合作能力和创新精神。加强中学生之间的交流合作,培养团队合作精神。

5. **文化理解**:辨析和解读历史文化的现象与信息,加深对手工艺和匠人精神的理解,形成对中国传统文化和世界文化的兴趣和认同。

四、课程内容

历史美术跨学科教学在高中校本课程中的探索和实践;传承民族文化,深入挖掘和运用传统文化的精髓,开展民族精神教育;以软陶材质为媒,拓宽创作广度并融入工艺设计的理念,着力培养学生创新能力和造型表现能力;通过实践与分析、实验与应用,形成历史课程教学项目的教学内容体系和教学价值标准,探索课程的规律和教学原则,研究适合于此课程教学的实践指导模式,进行高中跨学科教学的普及和推广。

课程安排如下:每学期18学时,共计36学时。具体内容见表1。

表 1　"历史软陶"课程安排表

年级	课程内容	参与教材内容
高一	华夏有衣　襟带天地 ——中国古代服饰	美术： 必修 美术鉴赏（人美版） 第二单元 图像之美——绘画艺术 主题二 抒情与写意——文人画 历史： 选择性必修 3 文化交流与传播（人教版） 第一单元 源远流长的中华文化 第 1 课 中华优秀传统文化的内涵与特点
	画外之意 ——中国传统绘画	美术： 必修 美术鉴赏（人美版） 第二单元 图像之美——绘画艺术 主题一 程式与意蕴——中国传统绘画 历史： 选择性必修 3 文化交流与传播（人教版） 第一单元 源远流长的中华文化 第 2 课 中华文化的世界意义
	书为心画 ——姓氏百家	美术： 必修 美术鉴赏（人美版） 第五单元 淳朴之情——民间美术 主题二 质朴与率真——浓郁乡情的视觉呈现 历史： 选择性必修 3 文化交流与传播（人教版） 第一单元 源远流长的中华文化 第 1 课 中华优秀传统文化的内涵与特点
	古代黑科技 ——中国古代青铜器	美术： 必修 美术鉴赏（人美版） 第一单元 观看之道——美术鉴赏基础 主题二 感知与判断——美术鉴赏的过程与方法 历史： 必修 中外历史纲要（上）（人教版） 第一单元 从中华文明起源到秦汉统一多民族封建国家的建立与巩固 第 1 课 中华文明的起源与早期国家
	大盛敦煌 ——中国传统雕塑	美术： 必修 美术鉴赏（人美版） 第三单元 匠心之用——雕塑艺术 主题一 纪念与象征——空间中的实体艺术 历史： 必修 中外历史纲要（上）（人教版） 第二单元 三国两晋南北朝的民族交融与隋唐统一多民族封建国家的发展 第 8 课 三国至隋唐的文化

（续表）

年级	课程内容	参与教材内容
高二	《埃及记》 ——古埃及艺术	美术： 必修 美术鉴赏（人美版） 第三单元 匠心之用——雕塑艺术 主题二 体量与力量——雕塑的美感 历史： 必修 中外历史纲要（下）（人教版） 第一单元 古代文明的产生与发展 第1课 文明的产生与早期发展
	《向大师致敬》 ——文艺复兴时期的美术	美术： 必修 美术鉴赏（人美版） 第二单元 图像之美——绘画艺术 主题三 现实与理想——西方古典绘画 历史： 必修 中外历史纲要（下）（人教版） 第四单元 资本主义制度的确立 第8课 欧洲的思想解放运动
	中国古代兵器	美术： 必修 美术鉴赏（人美版） 第五单元 淳朴之情——民间美术 主题二 质朴与率真——浓郁乡情的视觉呈现 历史： 选择性必修3 文化交流与传播（人教版） 第一单元 源远流长的中华文化 第1课 中华优秀传统文化的内涵与特点
	味道深圳 ——八大菜系	美术： 美必修 术鉴赏（人美版） 第三单元 匠心之用——雕塑艺术 主题一 纪念与象征——空间中的实体艺术 历史： 选择性必修2 经济与社会生活（人教版） 第一单元 食物生产与社会生活 第1课 从食物采集到食物生产
	故宫里的神兽 ——中国传统建筑	美术： 必修 美术鉴赏（人美版） 第三单元 匠心之用——雕塑艺术 主题一 纪念与象征——空间中的实体艺术 历史： 选择性必修3 文化交流与传播（人教版） 第六单元 文化的传承与保护 第15课 文化遗产：全人类共同的财产

五、实施与评价

对课题进行试点研究,寻找"历史软陶"课程在美术教学中应用的可行性,选取试验班进行课程方案和策略研究,在社团活动、校本研修中积累经验。结合教学实践,调整教学方法并不断修正与完善,展示部分作品。具体学习内容及实施见表2。

表2 学习内容及实施

学习内容	教学目标	实施方法与过程	所需器材或地点
1.介绍确定主题的相关历史背景	1.通过讲解历史背景,理清历史脉络,鉴赏优秀的历史作品; 2.以情境体验获得新的发现	采用讲述法、演示法	1.人美版高中美术教材、历史教材; 2.教师:电脑课件、视频
2.学生按照兴趣选取主题并查阅资料,划分小组	激发学生兴趣,让学生通过对主题的相关对象的造型、色彩、构图、材质、肌理以及细节的观看,增强学习活动的情境感	1.搜集资料; 2.根据审美取向、功能定位及兴趣点的不同,学生自由分成若干小组	学生:电脑教室
3.以小组为单位制作主题PPT并课堂分享	1.开展小组学习,给每一个学生表达观点的机会,鼓励具有不同审美和观点的学生之间的交流; 2.尊重学生在鉴赏中表现出来的个人独特见解,发展批判性思维能力	1.确定主题; 2.展示搜集的相关资料; 3.阐述确立主题的原因并介绍功能和审美角度,通过展示、谈论、交流的方式表达态度和观点	学生:电脑教室
4.学生初步实践并提出制作过程中可能出现的困难和问题	通过跨学科的学习,让学生运用多种知识,对将要制作的作品提出可行性建议并提出困难	1.初步实践并简单造型,设想及讨论制作过程中可能遇见的问题; 2.教师提出解决办法及指导方案	地点:软陶教室 学生:软陶泥,设计工具
5.以小组为单位绘制作品草图	分工合作,共同完成草图设计	1.通过图样的方式表达形成方案; 2.落实色彩和细节	地点:软陶教室 学生:数字手绘板、彩笔、铅笔

（续表）

学习内容	教学目标	实施方法与过程	所需器材或地点
6.学生动手制作喜欢的项目,美术教师给予全程指导	培养学生动手能力、想象力以及团队精神	1.用8～9课时完成全部制作; 2.教师全程跟踪辅助指导	地点:软陶教室 学生:软陶泥,相关工具
7.作品完成后合影并讲评	培养学生鉴赏能力和批判性思维能力	1.学生与作品合影留念; 2.美术教师讲评及学生互评	地点:软陶教室 教师:提供评价表格
8.作品展示	培养学生创意思维能力	1.校内展示; 2.参加展演等展示活动	地点:校级展览
9.总结心得体会,撰写设计说明	要求学生制作学习档案文件夹,对学习过程中的资料收集、照片制作、PPT、评价表等相关内容进行整理	分小组总结心得体会及收获	教师:提供表格
10.由美术、历史教师共同总结	培养学生跨学科学习意识和能力	1.课程总结; 2.教师反思及改进内容; 3.全休学生合影留念	教师:总结PPT,相机

本课程评价由过程性评价和结果性评价相结合,成绩以等级的形式计算。

学期总评成绩＝过程性评价（70％）＋结果性评价（30％）。

评价方式:

撰写设计说明,把自己的创意用文字的形式记录下来;

创意评价,让学生通过课堂讲解作品的方式,完成作品评价,学生自评,组员互评;

教师根据学习表现填写评价报告。

评价结果呈现:学期总评成绩以等级形式呈现。

学期总评成绩＝过程性评价总分×70％＋结果性评价×30％,总评成绩等级确定:100～80分为A等级,80～60分为B等级,59分以下为C等级。

六、成效与展望

学校经过几年来的实践研究,先后完成了"出埃及记""向大师致敬""十八般兵器""大盛敦煌"等十余个主题课程的开发,逐渐形成学校的特色品牌。将历史内容与软陶技术结合,拉近了学生与历史的距离,传承了中华民族文化,有效地拓展和延伸了课堂教学,培养了学生动手能力、想象力以及团队精神,激发了学生探究的兴趣,促进了学生全面健康发展。

课程希望通过美术与历史的深度融合,让学生充分了解中华民族的视觉文化史和美术遗产,了解悠久、独特而又多彩的中华优秀传统文化,在掌握民族审美历史的基础上,体会中华民族自古以来所具有的开放胸怀、创造精神和文化自信。教师不只是知识的传递者,更重要的是学生在知识学习过程中的启发者、引导者,同时还是共同学习者。只有将知识立体地融入学生的学习行为中,提高他们的综合素质,才是现代教学的方向。

妙手生花纸艺

品牌课程主持人：束颖
学校：深圳市福田区实验教育集团黄埔学校

  "妙手生花纸艺"是由深圳市福田区实验教育集团黄埔学校开发的,针对三至六年级学生的校本综合课程。本课程依据国家课程和全面育人的要求,以纸张为载体,以花卉为元素,引导学生开展艺术创作活动来传承中国传统文化,课程实施中又把纸艺与诗文有机结合,将中国传统文化的精神内涵渗透进纸艺教学及创作之中,通过跨学科融合,寻找一种提升学生的审美意识、审美能力和创意能力的有效途径,让"纸艺"成为义务教育阶段培养学生美术核心素养的有效载体。

一、课程缘起

  小学阶段美术教材中"纸艺"部分内容有限,而"纸艺"这一造型艺术形式又深受中小学生喜爱且易于操作。基于此,束颖老师结合学校的"君子文化"办学理念,以及在中国传统文化中人们对花寄予的情感,创建了以"中国风纸艺花卉"为切入点的"妙手生花纸艺"特色课程。

二、课程性质

  "妙手生花纸艺"课程以学校"君子文化"办学理念为引领,以纸艺花卉创作为基础,通过诗词学习、意境把握、诗画结合,指导学生开展"妙手生花,借花抒情"的创意、创作活动,从而实现"变纸为花,崇花尚品,诗画传情,立德树人"的教学创新。最终以实现教学模式的转变,探索一条寓教于乐的教学之路,全面提升学生的美术核心素养。

三、课程目标

基于素质教育的基本理念以及学校的君子文化的内涵,"妙手生花纸艺"课程总的设计理念为:以"人的发展"为核心,发展学生个性特长,在提高学生审美能力的同时培养实践、创新等综合能力,陶冶高尚的情操。因此,课程目标设置如下:

(一)课程总目标

(1)找到新的纸艺学习方式。通过实践,学生掌握纸艺的基本技法,运用各种工具及材料,以花卉为元素进行创作。

(2)对纸艺作品进行诗词、音乐的二度创作,实现艺术与其他学科的有效整合。

(3)在纸艺创作、给画配诗的实践中产生兴趣,能在学习中欣赏美、感受美,得到情绪的陶冶,培养健康的审美意识、审美能力和人文素养。

(4)教师方面:通过教学与实践,提升科研能力,促进专业成长。探索与研究学校纸艺特色课程的创新之路,能形成系列的应用课程。

(二)学段目标

第一学段(一至二年级):

(1)学习初级的纸艺技法,尝试用纸等材料,通过折、叠、揉等方法,塑造立体造型作品。

(2)能与同学分享、交流对身边美的体会,初步形成发现、感知、欣赏美的意识。

第二学段(三至五年级):

(1)欣赏中国民间纸艺作品,运用形式原理和造型元素,进行欣赏评述,感悟纸艺的美感,学习工艺师敬业、专注和精益求精的工匠精神。

(2)了解、认识中国花卉文化,能使用不同的纸张,创作有意境的"中国风纸艺花卉"作品,表达自己的想法。

第三学段(六年级):

(1)欣赏、评述艺术家和民间美术作品,领略中华民族的智慧与深厚的文化底蕴。

(2)感受中国文化博大精深的内涵,将自身的理解和创意运用到"中国风纸艺花卉"创作中,并能进行诗歌创作。

四、课程内容

"妙手生花纸艺"课程是以"纸艺"为载体,以"中国风花卉"为切入点,以花卉为作品创作形式和载体,将知识技能与文化传承融合在纸艺的制作实践中。从认识纸艺、研究纸艺、创作纸艺三个方面来解析"中国风纸艺花卉"的相关知识和技巧,用简练的语言文字及丰富的范例,系统地展示中国风纸艺制作过程。课程具体内容见表1、表2。

表1　课程主题内容与要求

单元	主题	内容	课时	要求
单元一:了解纸艺花卉	纸艺美	1.纸上翻花闪灵光	2	1.了解纸的用途与变迁及其对世界文明、文化传承、交流的巨大作用; 2.认识纸艺,感知纸艺之美及纸艺在人类文化艺术发展中的作用; 3.了解中国的花卉文化; 4.了解中国风的基本元素
		2.花开四季漫卷香	2	
		3.中国风纸艺花卉	2	
单元二:研究纸艺花卉	春回大地	4.桃花灼灼为谁开——桃花	3	1.观察四季花卉的形态特点,并能通过撕、剪、拼、贴、画等方法来制作出具有一定思想与艺术水平的中国风纸艺作品; 2.能以四季花卉制作为主线,在生活中体会纸艺的乐趣,能创造性地将纸艺用于自己的生活实践中; 3.能根据材料特点,采用造型游戏的方式进行主题想象,创作纸艺作品,表现自己创作意图;
		5.落英缤纷尽枕河——樱花	3	
		6.唯有牡丹真国色——牡丹	3	
	缤纷夏日	7.花中君子当如许——兰花	3	
		8.嘉名谁赠手遗香——玫瑰	3	
		9.一池红粉伴蛙鸣——荷花	3	
	金秋飒爽	10.满城宝巾红胜火——簕杜鹃	3	
		11.天香云外月下闻——桂花	3	
		12.含露初开水间红——芙蓉	3	

（续表）

单元	主题	内容	课时	要求
	踏雪寻香	13.唯有山茶偏耐久——茶花	3	4.能结合语文、音乐等学科进行创作；与同学讨论并选定展示方案、进行表演创作和美化身边的环境
		14.最爱凌寒独自开——梅花	3	
		15.冰肌仙骨玉玲珑——水仙	3	
单元三：创作纸艺花卉	纸艺情	16.指上繁花随心落	5＋N	1.能综合利用纸艺技法进行个性化创作；2.能对作品进行鉴赏

表2 不同年级课程内容与要求

年级	课程内容	要求
一至二年级	学习初级的纸艺技法、工具使用、色彩搭配、纸张塑形、花卉制作等基础性知识	1.掌握纸艺工具使用的基本方法；2.学会纸艺制作流程；3.学会简单地创作
三至五年级	学习一些构图布局、作品感悟等艺术文化知识	1.掌握构图的基本方法；2.了解、认识中国花卉文化，感受中国文化博大精深的内涵，进行中国风纸艺创作；3.学会基本的鉴赏作品的知识
六年级	学习意境，把握一些诗画创作等艺术文化知识	1.通过"手工载艺·诗画传情"活动了解诗词创作的基本知识；2.将自身的理解和创意运用到"中国风纸艺花卉"创作中

五、实施与评价

（一）课程实施

课程采用情境创设、示范、讲解、动手操作、学生互相评议相结合的方式进行教学。

（1）制作花卉的基本技法和创作的基本常识，用情境式、示范、讲解的方法。

（2）制作作品时，用动手实践、小组互助的方式。

（3）鉴赏作品时，采用评议结合的方式。

（4）创作作品时，创设情境，指导学生创作有意义的作品。鉴赏和借鉴经典作品，熟悉材料和工具，学习表现技法，不断地克服困难、解决问题，最终完成作品，展示交流，学习总结。

（二）课程评价

评价分两部分，过程性评价和终结性评价相结合。过程性评价记录学生学习过程（表3）。终结性评价分两步，主要是作品展示和反思性评价（表4）。

表3　过程性评价标准

评价项目	评价内容	评价要求	评价主体		
			自评	小组评	教师评
技能技巧	结合具体材料，通过组合和装饰进行纸艺造型	水平一：能在教师指导下进行组合和装饰； 水平二：能独立完成纸艺作品； 水平三：能选择合适的材料，创意完成作品			
思维能力	发现问题、提出问题、分析问题、解决问题的能力	水平一：在学习过程中能根据教师的启发进行思考； 水平二：在学习过程中能发现问题、提出问题； 水平三：在学习过程中能发现问题、提出问题、分析问题并能解决问题			
表达能力	关注作品的形状与用途的关系，从设计的角度，大胆地进行描述和分析	水平一：能认识各种材料，并能熟悉地运用； 水平二：能熟悉材料的特性，并大胆地选择合适的材料； 水平三：能关注作品的形状与用途的关系，从设计的角度，大胆地进行描述和分析			

（续表）

评价项目	评价内容	评价要求	评价主体		
			自评	小组评	老师评
合作能力	积极地参与造型和游戏活动,乐于与他人合作	水平一:在学习过程中根据教师要求与他人合作; 水平二:在学习过程中能主动参与活动,乐于与他人合作; 水平三:能积极地参与造型和游戏活动,并能提出自己的建议,乐于与他人合作			
学习态度	在具体的美术教学活动中,从小事做起,充满自信地参加活动,有持之以恒的学习精神	水平一:在各项美术活动中按教师要求完成任务; 水平二:喜欢并热爱纸艺,积极完成各项活动; 水平三:热爱且自信地参加活动,并有持之以恒的学习精神			

表 4　反思性评价

评价主体	评价内容
学生自我评价	学生评价自己在手工制作过程中的强项和弱项,对自己的作品进行反思以及进行创造性的修改
教师自我评价	制定学校课程管理办法及评价表,对课程设置、执行等方面进行评价
社会评价	通过纸艺作品展示,以"妙手生花"微信公众平台信息推送、美术长廊展示等形式,邀请家长参与其中,进行多元化评价

六、成效与展望

围绕课程体系建设,学校定期开展纸艺教学研讨,通过学科碰撞,推动教师专业水平不断向纵深发展,加快了课程内涵不断向多学科延伸。学校将每学期的第二个月定为校园纸艺展示月,活动期间设有纸艺大赛、纸艺展览等相关活动。学校"妙手生花纸艺"课程在校内外已享有一定的声誉,先后被深圳市多家媒体报道,被评为深圳市艺术特色学校特色项目、福田区美术特色项目。

油画鉴赏与实践

品牌课程主持人：张靖
学校：深圳市福田区南园小学

"油画鉴赏与实践"课程是一门以"面向全体，张扬个性，培养创新精神"的育人理念为宗旨，以提高学生审美和人文素养为目标，以油画鉴赏和油画艺术实践活动为载体的少儿油画校本课程。经过十余年来的教学实践和探索，课程形成了"低起点、高品位、小尺寸、大视野"的鲜明特点，深受学生欢迎。

本课程通过整合油画课程内容，以及多元教学策略的实施和创新评价方式等的探索，提炼出少儿油画的教学范式。破解油画课堂普及的难题，为油画教学活动提供可参考性范本。课程成果丰硕，先后建立两个区级名师工作室，开发油画教程 3 套，具有应用与推广价值。

一、课程缘起

新课标指出，要积极开发地方美术课程资源。因此，把油画教学引入小学课堂，联结深圳城市文化与学生生活经验，进行鉴赏与造型实践活动，能使学生深入学习和理解油画这一艺术形式，培养和增强学生的文化情怀。这是新时代美育发展的需要，也是落实立德树人根本任务的"校本化表达"。

二、课程性质

"油画鉴赏与实践"课程是一门以美术学科核心素养为统领，以油画鉴赏和油画艺术实践为主要学习内容，以培养学生具有国际视野和美术创意表现能力为目标的课程，是国家课程中油画学习的拓展与延伸，体现人文性、审美性与实践性，让学生在掌握油画艺术鉴赏与创作的基础上，提升感受美、欣赏美、表现美、创造美的能力。

三、课程目标

本课程面向全体学生,旨在通过课程学习达成以下目标:

(1)在油画鉴赏中,学会从多元文化角度认识和观察世界,了解不同地区、民族和国家的历史与文化传统,学会尊重、理解和包容。

(2)在油画技法学习与创作的过程中,感知、发现、体验和欣赏艺术美、自然美、生活美,能够用油画创作的艺术语言进行表达与交流,提高艺术表现力。

基于课程总目标,根据学生年龄与学习兴趣特点,设计分层目标。具体见表1。

表1 课程分层目标

年级或社团	课时	学习目标
低年级	每学期 4课时	感受油画艺术的形式美感,认识油画工具,了解油画创作的基本方法和步骤
中年级	每学期 4课时	感受油画艺术风格与流派之美,走进艺术大师的世界,初步了解油画的画派、油画的技法、油画的材质和油画的表现形式,利用思维导图记录和整理资源,学会基本的油画创作方法
高年级	每学期 4课时	学会欣赏和感受油画作品的精神内涵,理解油画作品中的情感与形式、色彩表达的关系,熟练运用油画工具和材料表现自己的所思所感
油画社团	下午放学后 4:20～5:20	在油画工作室开展油画艺术实践活动。根据兴趣与爱好,将有创作表现欲望的学生集中起来开展油画艺术实践活动,积累优秀学生作品,参加各类竞赛及展览

四、课程内容

本课程内容设置从学生日常生活情境中选择合适的主题,围绕"油画与自然""油画与生活""油画与技法""油画与历史"四个部分开展单元主题学习,以美术学科为主线,连接历史等相关知识,将课程内容进行融合。课程活动设计遵循"像艺术家一样去思考"的思路,通过引导学生在真实的创作主题中,经历并体验像"艺术家一样进行油画创作",从而实现核心素养的培育。课程具体内容见表2。

表2 课程内容

单元	主题	课时	单元学习内容
技法	"缤纷的涂色游戏"	2	本单元以认识油画工具材料和尝试油画技法为主要目的,通过欣赏风格各异的油画作品,体验油画的"色彩游戏""肌理塑造"等丰富的表现形式,感知基本的油画语言
	"手拉手 找朋友"	2	
	"有趣的自画像"	2	
	"用线条、色彩画感觉"	2	
历史	"凡·高的故事"	2	本单元用倾听大师故事、鉴赏大师作品、模仿大师笔迹等方式感悟经典油画作品的语言美、形式美、肌理美。以思维导图等方式梳理油画艺术风格及流派,感知世界的不同社会文化与历史背景。以名画再创作等方式,引导学生灵活运用不同的油画技法进行造型表现
	"追寻凡·高的'笔迹'"	2	
	"灰色调大师——莫兰迪"	2	
	"模仿画家画一画——认识印象派莫奈"	2	
自然	"七彩虹"	1	本单元通过欣赏油画作品中的自然之美,引发学生对身边自然景象的观察,培养观察力;能够用油画艺术语言进行写生创作,描绘所见所思所想,养成自主创作的好习惯
	"美丽的花园"	1	
	"阳光下的世界"	2	
	"友谊的礼物——向日葵"	2	
	"模仿画家画一画——莫奈的睡莲"	2	
	"千姿百态的树"	2	
生活	"我的玩具伙伴"	2	本单元以观察生活、感受生活、表达生活为主,通过引导学生以写生的形式收集生活素材,以油画语言进行美术表达,实现创意表现,让油画创作融进生活
	"身边的小物件"	2	

五、实施与评价

(一)课程实施

对由岭南美术出版社出版的十二册义务教育用书美术教材进行了梳理,根据国家教材的内容对油画教学内容进行有效整合。以社团教学为试点,开展油画欣赏与实践的应用教学活动,筛选单元主题油画教学内容,逐步形成较为完整的校本课程。

经过几轮的社团实验后,油画课程进入全校普及的阶段。主要通过以下途径让油画教学覆盖每个学生。

整合国家美术课程。在美术学期课程计划中,每个年级专门安排4课时让学生进行系统的油画课程学习。油画鉴赏课中学生通过设计简明的思维导图和手绘笔记,梳理艺术风格、艺术家、主题、形式和时代之间的种种联系,延展思维、体现个性。在技法实践课上学生通过课前预习单进行自主学习与集体探究。通过油画主题创作活动观察、认识与感受油画绘画语言,学会用节奏、变化、统一等形式原理进行油画造型实践活动,表达自我。

优化社团课程。结合"四点半"课堂,每周二、周三下午4:20～5:20,一周两课时,为常规课程的补充,满足学生的个性化发展的需求。开发油画社团课程"小油画风景写生"等,以学生喜闻乐见的猫狗小动物、鲜花静物、风景等作为题材。选材内容贴近学生生活,能让他们根据生活延展想象,加强油画创作与日常生活的联系,促进学生美术思维的发展。

建立油画在线学习资源库。开发导览视频、技法课等在线课程,呈现给学学多模态的课程资源。为了提高学生学习的参与度,线上课程组织方式灵活多样:在"南园油画"公众号平台推出《小小导览员——云端赏画》微课堂栏目,每周一期,每期从学生的投稿中选取一位画家或一件作品作专业的介绍和解读,通过微视频等碎片化学习方式引导学生培养正确的图像识读、审美判断、文化理解能力,让学生成为油画文化的传播者;成立线上名画鉴赏学习小组,利用暑假时间通过线上组内交流,以手账本的方式记录油画鉴赏学习成果,学习过程中家长和学生一起通过组内的交流,教师对学生作品进行点评,家长和孩子形成学习共同体,既促进亲子关系又提升审美素养和创新素养。

开展油画主题艺术活动。每学期,学校组织学生开展丰富的油画实践活动,有效地利用学校及周边美术馆等校外环境资源,使之成为油画课程的教学场所。活动形式包括"名画进校园""名画模仿秀活动""校园油画主题展"等。丰富的实践活动让学生领会到美与生活的内涵,从而提升综合能力。

(二)课程评价

本课程建立多维课程评价方式。设计了以课程主管、任课教师、学生为评价主体的课程评价单。学生学习总结性评价(见表3),主要从技能方法、思维导向、鉴赏表达、小组合作、学习态度等不同维度对学生阶段性发展作整体的评估。课后对学生进行问卷调查,进行课程反馈。课程评价嵌入整个课程学习的过程中,以便学生评估、纠正自己的学习行为,形成"教学—评价—教学"的螺旋式上升环,有效保证目标、评价、教学的一致性。

表3　学生学习总结性评价

评价维度	评价标准	水平一	水平二	水平三
技能方法	能否结合油画媒介和装饰手法进行写生和创作，表达自己的创作想法并加以实现	认识各种材料，并且熟悉地运用，在教师的指导下进行造型和装饰	熟悉材料的特性，并能选择适合自己的材料，独立创作一幅油画作品	强化作品与生活的联系，从大师作品中突破创新，用造型和装饰的手法表达自己的创作想法，并选择适合自己的油画创作媒介和创作形式独立完成作品
思维导向	对油画作品产生联想，创作思维导图，从而培养发现问题、提出问题、分析问题、解决问题的能力	在学习过程中受到教师启发自主思考	在学习过程中创作思维导图，展开联想，能发现问题，提出问题	在学习过程中创作思维导图，展开联想，并能及时自我反馈，能发现问题、提出问题、分析问题、解决问题
鉴赏表达	关注作品的形式美感和造型美感的结合，从自我鉴赏和评析的角度表达自己对作品的观点	鉴赏大师作品，认识并了解不同的风格流派，学习鉴赏语言	能从鉴赏的角度欣赏画作，尝试用自己的观点阐述，并能从每一次的鉴析中获取经验	在鉴赏评述的基础上，用专业语言表达自己的观点，形成发现美、欣赏美、表达美的行为习惯
小组合作	是否积极地参与到集体作品的小组创作中来，在小组学习中主动交流和沟通协作	在学习过程中能配合教师的教学和同学展开积极合作	在学习过程中主动参与到研讨交流以及创作中，与他人主动合作	在创作和学习过程中，作为主导者提出建议、组织同学、完成作品等，进行多方面综合探究的学习
学习态度	是否积极主动学习，充满自信地参与美术创作，并有持之以恒的学习精神	在各项教学活动中能达到教师提出的任务要求	积极参与各项美术教学活动	热爱且自信地参与美术教学，并有主动创造性，有持之以恒的学习精神

六、成效与展望

　　少儿油画课程实施效果良好,受到了各级领导和专家的肯定,形成了学生喜爱、家长认可、专家肯定、社会赞誉的品牌课程,推动了学校美育发展,具有应用与推广价值。通过系统学习油画这一艺术形式,学生在省、市、区各级比赛获奖人数累计千余人,学生创作的作品多次在权威展览馆展出、在国家级期刊发表。

　　历时十余年的油画课程实践研究,使得团队教师快速成长。教师通过开展油画主题教学及项目式学习,形成了大量的优秀课例、课堂实录及论文。其中,论文发表在核心期刊 3 篇,案例获省、市级奖项各 1 项;教师作品入选国家级油画专业展览 4 次,省级展览获奖 3 次,国家级展览获奖 1 次。

少儿律动口风琴

品牌课程主持人：吴丽娜
学校：深圳市福田区荔园小学（荔园教育集团）百花校区

　　"少儿律动口风琴"是深圳市福田区荔园小学（荔园教育集团）百花校区开发的音乐特色课程。本课程针对不同学段的学生，设计了不同的律动方式，在律动式的吹奏中表现音乐的各种要素与情感，在"动"之教学中实现"人人会乐器"这一课程目标。课程注重普及性、创新性以及尊重学生的个性化，体现了荔园教育集团在音乐教学上的前瞻性、实用性和人文性，具有普及性和可推广性。本课程已开发了配套的课程资源，在实施过程中加入了律动、打击乐器，并在福田区"感创"教学主张下逐步形成了具有特色的"灵犀"器乐课程新模式。

一、课程缘起

　　中共中央办公厅、国务院办公厅《关于全面加强和改进新时代学校美育工作的意见》（2020）中指出：在教学中要培养学生的感性素质、创新能力，让学生感受到艺术带来的幸福感，是当前教学必须面对的问题。在器乐课堂教学中，教师往往陷入重技巧、纠指法的枯燥教学中，久而久之，学生失去了学习兴趣，需要用更好的方法让小乐器发挥它的作用，让学生对学习乐器充满兴趣。

　　在福田区全面倡导小乐器进课堂的区域实验研究活动中，荔园教育集团积极探索将国家音乐课程地方化、本土化、个性化，积极研发面向全体学生的普及性器乐课程。吴丽娜老师带领音乐组教师以口风琴课程为突破口，探索小乐器教学的有效路径，让音乐课堂充满律动和乐趣，让学生器乐学习更加灵动和高效。

二、课程性质

　　"少儿律动口风琴"课程以"为愉悦身心而奏"为理念，面向全体学生，注重身心发展,引导学生循序渐进地学习口风琴的演奏,丰富音乐课堂教学,培养学生的音乐综合素养。"少儿律动口风琴"课程重在让学生动起来,打破原有的口风琴死板的教学形式,提倡学生边演奏边进行律动,并与歌唱、鉴赏、创造等密切结合,通过边奏边演增强学生学习音乐的兴趣,提高学生对音乐的理解、表达和创造能力,增强团队合作意识,提高音乐学科实践能力,同时也为学生的个性化发展寻求一种有效的途径,让每一个学生都能认识自己的个性与特长,在"动"的演奏中感受音乐之美。

三、课程目标

(一)总体目标

通过本课程学习,学生在识谱、音准、歌唱、演奏等音乐综合素养方面得到较好发展的同时,合作意识和协调能力也得到相应的提升,基本能够独立演奏口风琴,并在欣赏体验、律动演奏中,实现美好表达、创意分享。

(二)学段目标

低年级:了解并喜爱口风琴这门小乐器,能在键盘上吹奏 do、re、mi、fa、sol 五个音;能倾听或与同伴共同演奏,享受打击乐器带来的快乐。

中年级:激发口风琴吹奏的兴趣,在口风琴行进律动与吹奏中增强合作意识和合作能力,能合作完成简单的二声部合奏,发现音乐的美。

高年级:能在情境律动吹奏中提升鉴赏美、表现美的能力,能在吹奏基础上自由创编符合音乐的律动,用自己的方式表现、创作音乐。

四、课程内容

"少儿律动口风琴"课程建设按照"提出问题—分析问题—解决问题"的基本思路,全面体现"核心素养,美育育人"的要求,对小学一至六年级的教学内容进行统筹规划,分别确立了学段的具体内容和教育教学重点。

课程内容主要分为三部分:

1.打击乐器教学内容

这部分内容专为低年段的学生设计,主要以认识音符,感知音乐的节奏、速度与力度为主,为后面的口风琴器乐教学作辅助与铺垫。

2.口风琴吹奏教学内容

(1)"缤纷的课堂"

本内容设计结合花城版小学音乐教材,从学生学习实际出发,分六个单元进行学习。口风琴吹奏难度循序渐进,包括口风琴基础知识、口风琴与打击乐、口风琴曲目等。教学内容主要倾向于提升学生演奏、歌唱音准以及合奏能力。

(2)"七彩的节日"

利用六一儿童节、教师节、国庆节等节日,专门设计了学生喜欢的曲目内容,打击乐更加丰富,律动设计更加自由,吹奏也具有一定难度,为更多想向上"跳一跳"、往高"蹦一蹦"的学生提供了挑战的空间。

3.口风琴与律动教学内容

口风琴与律动的教学内容主要针对口风琴教学过于死板,避免让口风琴教学变成简单的吹奏教学,与演唱、音乐创作以及欣赏活动割裂而设置的,其内容的形式主要有行进律动吹奏、互动律动吹奏、情境律动吹奏、自由律动吹奏等。如:一年级,打击乐为主的节奏律动;二年级,轮奏、行进律动;三年级,合奏、互动律动;四年级,合奏、情境律动;五、六年级,合奏、自由律动。

三部分内容既互相独立,又互为补充融为一体,课程力求做到由浅入深、循序渐进,让学生在学习口风琴的同时培养体验音乐的能力、与人合作的能力,磨炼他们对学习一丝不苟的意志,潜移默化地提高学生的音乐素质。具体课程内容见表1。

表1 课程内容基本结构

单元	学习目标	课题	教学内容
第一单元认识口风琴(一年级)	1.了解并喜爱口风琴这门小乐器; 2.能在键盘上正确吹奏 do、re、mi、fa、sol 五个音	1.我爱 do re mi(一)	1.认识口风琴; 2.认识的小手; 3.认识键盘上的 do、re、mi
		2 我爱 do re mi(二)	1.五线谱基础知识; 2.正确的手形; 3.do、re、mi 小乐曲弹奏
		3.有趣的吹奏法	1.认识键盘上的 do、re、mi、fa、sol; 2.口风琴吹奏法
		4.我是小小演奏家	1.演奏姿势; 2.吹奏口型

（续表）

单元	学习目标	课题	教学内容
第二单元 口风琴与节拍（一年级）	1.享受打击乐器带来的快乐； 2.能倾听与同伴的共同演奏； 3.在演奏中感受音乐的节拍	1.布谷叫,春天到	1.认识双响筒和铃圈； 2.打击乐伴奏的形式； 3.口风琴伴奏的形式； 4.打击乐律动
		2.是谁在敲	1.认识碰铃； 2.力度记号； 3.合作吹奏； 4.打击乐律动
		3.小铃铛	1.给音乐伴奏； 2.合作吹奏； 3.打击乐律动； 4.口风琴保养知识
		4.牧童谣	1.在键盘上认识la； 2.合作吹奏； 3.打击乐律动； 4.双吐法吹奏
第三单元 口风琴与行进律动（二年级）	1.能激发口风琴吹奏的兴趣； 2.能在口风琴行进律动与吹奏中发现音乐的美； 3.锻炼协调能力,增强合作意识	1.闪烁的小星	1.口风琴键盘与五线谱对照； 2.C大调五个音的上下练习； 3.感受行进吹奏
		2.恰利利恰利	1.双吐、三吐练习； 2.感受行进吹奏
		3.音阶歌	1.C大调音阶吹奏练习； 2.感受轮奏； 3.口风琴行进吹奏
		4.野兔饿了	1.简单二声部吹奏练习； 2.休止符吹奏； 3.口风琴行进吹奏

（续表）

单元	学习目标	课题	教学内容
第四单元 口风琴与互动律动（三年级）	1.继续增强与他人的合作能力； 2.能与他人合作完成二声部吹奏	1.快乐的啰唆	1.三吐练习； 2.a 小调 la、si、do、re、mi 五个音的吹奏练习； 3. 口风琴互动律动； 4.连音与断音技巧吹奏方法
		2.大家跳起来	1. C 大调音阶练习； 2.跳音吹奏练习； 3. 口风琴与互动律动； 4.常用指法介绍
		3.春天来了	1.快速单吐练习； 2.口风琴合奏； 3.口风琴与互动律动； 4.课堂评价
		4.送别	1.圆滑线吹奏练习； 2.口风琴合奏； 3.口风琴与互动律动； 4.课堂展示与评价
第五单元 口风琴与情境律动（四年级）	1.能在口风琴律动与吹奏中感受音乐的美； 2.能在情境律动吹奏中提升鉴赏美、表现美的能力	1.土风舞	1.F 大调五个音上下行吹奏练习； 2.切分音吹奏练习； 3.口风琴与乐句律动； 4.课后评价
		2.我和你	1.气息训练； 2.口风琴与乐句律动； 3.奥运会音乐（知识）拓展
		3.茉莉花	1.D 大调五个音的上下行练习； 2.乐句律动练习； 3.口风琴与乐句律动； 4.课后评价
		4.小小少年	1.学习附点八分音符的读法和吹奏； 2.口风琴与乐句律动； 3.课后练习（创编题）

（续表）

单元	学习目标	课题	教学内容
第六单元 口风琴与自由律动一（五年级）	1.能运用所学律动与吹奏技能表现音乐； 2.能在吹奏基础上自由创编符合音乐的律动	1.采莲谣	1.3/4 与 6/8 拍对比吹奏小练习； 2.口风琴与自由律动； 3.听音乐自由律动练习
		2.雪绒花	1.bB 大调音阶吹奏练习； 2.口风琴与自由律动； 3.雪绒花伴奏小练习
		3.红星歌	1.带有小附点的合奏小练习； 2.口风琴与自由律动； 3.小知识:音乐中的织体（主调织体、复调织体）
		4.夏日泛舟海上	1.模进吹奏小练习； 2.口风琴与自由律动； 3.小知识:模进； 4.课后练习:将旋律按模进形式补充完整,并吹奏
第七单元 口风琴与自由律动二（六年级）	1.能运用所学律动与吹奏技能表现音乐； 2.能在吹奏基础上自由创编符合音乐的律动	1.乘着歌声的翅膀	1.F 大调吹奏小练习（含有大跳的）； 2.口风琴与自由律动； 3.课后练习:将 6/8 拍子的旋律补充完整,并吹奏
		2.海鸥	1.简单的二声部合奏练习（有主旋律和副旋律）； 2.口风琴与自由律动； 3.小知识:主旋律与副旋律
		3.龙的传人	1.合奏练习； 2.口风琴与自由律动； 3.课堂展示
		4.八只小鹅	1.D 调音复习练习； 2.小合奏练习； 3.口风琴与自由律动； 4.课堂展示:口风琴与戏剧
口风琴第八单元 与集体律动	1.愿意展示自己,在活动中建立自信,获得成功感； 2.愿意与他人合作,获得集体荣誉感	1.新年好	打击乐、合奏、律动综合表现
		2.欢乐颂	打击乐、合奏、律动综合表现

五、实施与评价

(一)夯实基础——掌握基本技能

(1)制定口风琴课堂常规,熟记常规小口诀。如"左扶右弹——轻轻吹,放下吹管我坐端正"课堂常用小口诀。

(2)熟练掌握口风琴吹奏的基本方法,如单吐、双吐、气息、指法等。

(二)研究教法——激发学习兴趣

在教学中可采用多种形式,如"拉帮传带"小组互助学习,即"手拉手,一帮一,传技巧,带徒弟"。这是充分体现以学生为本的互助式学习方式。在小组学习氛围中,学生会产生积极的互帮互助的信念,彼此关心各自的学习;在一帮一互助中,有面对面的交往,学生之间就增进了情感沟通,锻炼了与人交往的能力;在传技巧带徒弟的过程中,感受到了个体责任,小老师意识到教的艰辛,徒弟的进步与自己息息相关;学的学生懂得不辜负他人,必须对自己的学习负责。还可以采用讨论交流,辅助合作学习的方式,如同桌、同组之间吹奏相互比赛,课内、课外相结合;吹吹、唱唱、动动、听听,有机结合;启发学生即兴创编简单旋律、节奏,变换演奏形式,齐奏、独奏、领奏、轮奏、合奏等。

(三)规范流程——提高课堂效率

"少儿律动口风琴"课程的教学流程大概分为以下四个环节:奏中感—奏中玩—奏中唱—奏中创。

为了发挥口风琴辅助教学作用,提高教学效率,在歌曲教授环节,教师可按以下步骤进行:

(1)我弹你唱:教师吹奏口风琴,学生演唱曲谱;

(2)我弹你猜:教师吹奏曲谱,让学生猜乐句;

(3)我唱你弹:教师演唱部分曲谱或难点乐句,学生进行吹奏;

(4)我弹你跟:教师吹奏,学生做回声模仿;

(5)自由练习:为了让学生更好地吹奏曲谱,给学生自由练习时间;

(6)师生合作吹奏或学生完整吹奏:根据歌曲的难易程度,教师选择师生合作完成还是由学生独自完整吹奏曲谱;

(7)小组合作:一部分学生演唱歌曲,一部分学生吹奏口风琴;

上述教学流程(步骤)并不是教学的唯一参考,教师要根据不同学情与内容创造性地进行教学。

(四)实践活动——搭建展示平台

在教学实践中,也总结了一些有益于器乐学习的做法,并给学生提供活动的平台和展示的空间。

如在课前三分钟或课后展示环节,学生可以进行创意练习,可用打击乐伴奏,也可用口风琴为音乐伴奏;课后可利用微信、QQ平台,让学生上传自己吹奏的作品,互相学习,促进成长;利用班级口风琴乐队展演、节日课程中的合奏表演、每周一曲活动、口风琴社团活动等发挥学生的创造才能,丰富口风琴表现形式,充分展示学生自信风采。

(五)教学评价

"少儿律动口风琴"课程评价方法采用学生自评、学生互评、师评与他评的方式来进行,关注整个学习过程。

(1)学生自评:课程形成了特有的等级评价体系。学生根据自己的表现涂画星星,如一星表示可以完整吹奏;二星表示可以完整吹奏,并能随乐而动;三星表示能流畅吹奏,并能控制气息且有表现力。

(2)课前三分钟展示评价与教学过程中的小组展示评价相结合,课后学生以小视频的方式发给教师进行评价。

(3)期末测评形式有:全班合奏、抽查一个小组合奏,随机抽查6～8名学生独奏或合奏,评选出最佳演奏班级及个人。

"少儿律动口风琴"课程注重"教、学、评"一致性,在课堂上把学科素养具体化,使其可培养、可发展、可评价。

六、成效与展望

"少儿律动口风琴"课程多次在口风琴区域进行交流活动,在福田表达音乐专场中,与全国的课程专家们一起分享了实践经验,口风琴公开课展示活动获得全国音乐同行的好评。相关论文在刊物上发表,学生口风琴合奏集体活动被深圳广电集团"壹深圳"栏目报道,班级口风琴合奏《快乐的啰唆》获得深圳市艺术展演班级项目一等奖。

　　"少儿律动口风琴"课程的开发与实施,形成了一种新的器乐教学形式,让学生可以在乐器的演奏下对音乐产生兴趣,在音乐中提升自主性,使学生在无形之中完成了对音乐深层次的体验。随着课程的持续实施与改进,学生在识谱、节奏、音准、力度、演奏技巧等方面的能力均有提升,在边奏边动中,学生理解音乐、感悟音乐、表达音乐的能力也在逐步提高。琴声飞扬,闻声而动,让口风琴变成音乐课堂中会唱歌、会跳舞、会指挥的乐器,让小乐器成为儿童的好朋友,让他们的人生更精彩!

礼服设计——软陶

品牌课程主持人：任幸妮

学校：深圳市福田区红岭中学（集团）深康学校

"礼服设计——软陶"课程是由深圳市福田区红岭中学（集团）深康学校针对初中学段的学生自主开发的，致力于丰富学生的美术学习体验，全面提升初中生审美感知、艺术表现、创意实践、文化理解的艺术核心素养的课程。该课程以礼服设计主题软陶制作活动为主要学习内容，经过教学实践探索，学生更加关注生活、关注社会，审美意识、社会责任感也得到了提升。参与软陶学习的学生越发喜爱中国传统服饰，文化自信和自豪感得到了提升。

一、课程缘起

为融合红岭中学软陶美术教学特色，打造深康学校美术特色品牌，聚焦学生美术核心素养的发展，深康学校自 2019 年开始了以礼服设计为主题的软陶校本课程开发与实践探索。教学实践初期，任幸妮老师带领团队教师先在社团教学中就礼服设计主题在软陶教学中的可行性进行了试点研究，总结教学经验，进行策略研究，逐步形成校本课程框架及课程实施的方案；随后，逐步将前期的教学经验及方法在常规教学班中进行推广，在教学班进行适应性调整，总结案例和阶段性研究经验；结合学校固定的节日活动定期开展学生手工现场比赛、社团和常规课堂作品展览；最后，汇总各阶段研究资料，对研究过程和研究成果进行整理、分类、汇总，开展课题研究、撰写课程指导纲要和教育教学论文，编写校本教材，将课程实践的经验与教育同行进行交流汇报，采纳意见建议，进一步完善课程内容。

二、课程性质

课程以培养学生的核心素养为统领，以与礼服设计主题相关的服装背景文化、审美特点、软陶材质有关的设计制作与美术表现为主要学习内容,旨在丰富学生的美术知识,激发学生学习美术的兴趣,培养其创新意识、实践能力和独特的审美能力,并在品质、能力、个性、生活态度等方面得到全面、可持续的发展,通过本课程的学习让教育起到塑造心灵、健全人格的育人作用。

课程的教学以对视觉形象的感知、理解和创造为特征,内容涵盖义务教育阶段美术学科"欣赏·评述""造型·表现""设计·应用""综合·探索"四大学习领域,重点突出美术学科的视觉性、实践性、人文性以及愉悦性特征。

三、课程目标

课程以礼服设计为主题、软陶为媒材、课堂手工活动为切入点,通过多种练习、创作、竞赛、展示等活动,使学生掌握创意设计、绘画表现、软陶立体造型、综合材料探索以及对美术作品进行审美判断和评述等方法与技能,使学生在美学领域受到科学的训练。

(一)七年级学习目标

了解中国传统服饰起源中"上衣下裳"的服饰制度,"天地玄黄""五行与五色"等色彩的内涵,有意图地进行设计和制作传统风格礼服的盘式浮雕软陶作品,认识软陶材料特性,掌握基本的揉、搓、盘、贴技法。

要求七年级学生能在设计制作软陶作品时,有意图地运用线条、形状、色彩、肌理、空间和明暗等造型元素以及形式原理,探索不同的实践方法,发展具有个性的表现能力,表达对中国传统文化的理解与感受。

(二)八年级学习目标

认识欧洲文艺复兴时期、巴洛克时期和洛可可时期的三种服装风格,了解服装设计门类,并亲自设计一件西式礼服,掌握软陶的贴片、褶皱、花条制作的技法,制作一件立体的软陶礼服作品。

要求八年级学生在设计制作软陶作品的过程中能运用对比与和谐、对称与均衡、节奏与韵律、多样与统一等形式原理以及进行创意设计和工艺制作,表达设计意图;加深对欧洲历史社会文化的认识和理解,树立正确的审美观;能够评述他人的设计和作品,形成初步的设计意识。

(三)九年级学习目标

欣赏现代服装设计大师的代表作品,学习专业设计师的创意理念,结合历史、音乐、语文、物理、生物等学科开展专题研究,用创意设计和制作的美术表达方式进行软陶作品制作,探索不同材质与软陶相结合的可能性,增强艺术作品魅力。

要求九年级学生在设计制作软陶作品时能够结合初中学段其他学科的知识、技能,用多种美术媒材、方法和形式进行创作、表现与展示,了解美术与其他学科之间的联系,了解美术与人类生存环境、传统文化、多元文化之间的关系。

四、课程内容

本课程遵循从感知到理解再到创造的美术课程特征,以国家教材为依托,课程标准为标尺,把握恰当的学习难易度,为初中七至九年级设计了"经典岁月""民族风采""西方之旅""异域风情""与时俱进""人文之光"六个主题的软陶课程,每学期进行一个主题的课程学习,每个主题为一个大单元学习内容。具体课程内容见表1。

表1　各年级学习内容

年级	主题	学习内容
七年级	经典岁月	通过对比欣赏唐宋绘画中人物服饰特点,设计一件具有中国传统特色的汉服;运用擀、磋、裁、贴的基本技法将设计稿制作成软陶浮雕
	民族风采	以苗族百鸟衣为例认识、了解中国少数民族的服装文化及美学特点,以几何形为元素设计制作一件具有民族特色风采的立体软陶作品
八年级	西方之旅	欣赏认识文艺复兴、巴洛克、洛可可时期不同的服装风格,设计一件西式古典风格的礼服,运用贴片、褶皱、肌理装饰美化立体服饰
	异域风情	通过欣赏认识世界民族服装的多样性,融合外国民族特色元素设计并制作具有异域风情的软陶作品
九年级	与时俱进	欣赏现代设计师的创意作品,为校园艺术节设计一件独特的个性礼服,运用综合材料与软陶的结合进行作品装饰
	人文之光	对比欧洲文艺复兴时期和中国唐宋时期的雕塑作品,欣赏并从中获得灵感,以历史典故或神话故事为题材,为人物角色设计并制作一件软陶立体服装作品

五、实施与评价

该课程建设按照全员参与与个性化提升并存的思路进行总体设计,同一主题在校本课社团、校本课和竞赛活动中开展不同深度的学习活动。

(一)教学实施

1.普及性的校本教学

面向全体初中生,结合国家教材与课程标准,在校本教学中开展主题式学习,教学方式为常规课堂中的鉴赏、设计、绘画、制作、展示等。丰富学生服装艺术等相关知识的积累,再将积累转化为创作的养料从而进行以礼服设计为主题的艺术表现和创意实践,加深学生对不同时期、地域背景文化的理解。

2.个性化的社团教学

社团学习包括拓展提升、展示交流,参观美术博物馆,参加校内外的比赛等拓展性学习活动,面向有一定美术学习基础和有强烈美术学习意愿的学生,学习方式以学校开设的特色社团为基础,每周开展社团学习。

3.自主性的竞赛活动

经过普及校本教学和社团教学,社团的"特长生"已经熟练地掌握了制作方法,校本课上培养的"爱好者"正意犹未尽,因此,将礼服主题与学校艺术节相结合举办的软陶现场手工比赛深受学生喜欢。

学生自发组成参赛小组代表班级参赛,这样的团队中既有精通制作的"特长生",也有熟悉流程的"爱好者"。现场比赛仍然采用小组合作的方式进行制作,但是时间延长至 90 分钟,参赛队伍可以提前进行任务分工、设计图纸、搜集材料。因此,比赛作品在课堂作业的基础上又有了很大的提升,学生的美术表现素养也得到了更加全面的提高。

(二)评价方法

该课程采用教师激励性评价、作品展示评价、多角度综合评价、多元化主体评价、电子档案袋评价等,将多元化的评价方法合理应用到学生的学习过程中,从而有效提升学生的审美能力与创造力,促进学生个性与综合素养的长远发展。具体评价内容与权重见表 2。

表2　评价内容与权重

评价内容	权重
探究成果及态度	15％
欣赏评述及思维	15％
设计图效果创意性	15％
作品完成效果	20％
小结评测	15％
学习过程完整性	20％

此外,每学期的成绩考评,对于积极参与并完成拓展类课程学习的学生加分奖励,这样既激发了常规班级学生的学习兴趣,又激发了有美术特长的学生继续学习的热情,有助于不同层面学生的发展。

六、成效与展望

为了探究与礼服相关的历史社会民俗文化,学生会通过网络、书籍、调查研究等自主探究的方法去解决问题。在这一过程中,学生思维的流畅性、灵活性和独特性得到发展,最大限度地激发了学生的创造潜能。学生自主地参与礼服设计和软陶工艺品制作,在不同的历史文化情境中探究和发现,能够找到不同知识之间的关联,这也在一定程度上提升了学生的综合实践能力以及创造性地解决问题的能力。

红岭中学(集团)深康学校2019年初建至今,伴随着课程的实践,已经逐渐形成学校特有的软陶礼服美术特色,并在一定范围内起到辐射影响的作用。课程相关的教学经验和学生成果通过整理,编写了《礼服软陶》学习资料、《礼服软陶学生作品集》。未来,学校将继续以立德树人为根本任务,全面落实核心素养的育人目标,不断优化课程建设,为学生提供更加优质的美术课程。

观影疗心

品牌课程主持人：王紫琳

学校：深圳市福田区红岭中学（集团）深康学校

"观影疗心"是由福田区红岭中学（集团）深康学校王紫琳老师主持开发的，以《中小学心理健康教育指导纲要》提出的总目标为背景，以中国积极教育"6＋2"理论模型为理论基础，在实施中以采用电影、戏剧赏析为媒介，创编心理剧为主要成果，培养初中生积极心理品质和挖掘心理潜能的校本课程。本课程贴近初中生的心理发展特点，开展预防性和发展性的积极心理健康教育，使学校心理健康教育从"问题"视角转化为"积极"视角，培养学生积极心理品质，促进学生潜能最大程度地发挥，为初中生的健康成长指明方向。

一、课程缘起

研究我国近 20 年的心理健康教育发展，发现研究学者大部分在关注学生的心理问题，聚焦发现问题和解决问题，忽视了学生积极心理品质的培养与发展。初中生处于心理变化的转折期与关键期，在个体整体心理发展上占有特殊位置。在此阶段身心发展的不平衡，使初中生面临种种心理矛盾。如果这些矛盾得不到及时的解决，就容易引发各种问题。同时，初中生也是可塑性最强、成长最快的黄金期，应尽可能地挖掘和发展他们的天赋和才能，为追求日后的幸福生活奠定基础。

"观影疗心"课程以中国积极教育"6＋2"理论模型——"六大模块"（积极自我、积极情绪、积极关系、积极投入、积极意义、积极成就）和"两大系统"（品格优势与美德培育系统、身心健康支持系统）为理论基础，将电影、戏剧作为教学资源和教学手段引入心理健康教育课程，是初中生易于接受、乐于接受的一种教育方式。该课程通过"一部影视、戏剧作品"对应"一项积极心理品质"进行开发与设计，使学生在赏析影视、戏剧的过程中感悟人物的发展、变化的历程，加深对问题的思考、感悟和理解,让学生在体验中成长,在感悟中启发。

二、课程性质

"观影疗心"课程基于清华大学积极心理学中心提炼出的中国积极教育"6+2"理论模型,即"六大模块"和"两大系统"开发相应的课程资源。课程实施模式为一节课对应一项积极心理品质主题,以电影赏析为课程开展的主要脉络,以电影中涉及积极心理品质和心理健康话题为导入,融合团体辅导、心理训练、情境设计、问题辨析、角色扮演、游戏辅导等手段,普及心理健康知识,培养学生积极心理品质,开发心理潜能。

三、课程目标

(一)课程总目标

"观影疗心"课程的实施总目标是学生能了解心理健康知识与掌握心理调节的方法,树立重视心理健康的意识,培养积极的心理品质,挖掘心理潜能,提高心理自主感与自助能力。

(二)课程学段目标

七年级课程目标:七年级学生的关键词是"适应"和"养成",本学段学生要顺利、平稳地度过从小学到初中的学习适应、人际适应和青春期身心变化这一阶段,建立学生面对新环境、新学段、新学科的信心,从而能够发现个人优势,养成良好的品行习惯。"积极自我"和"积极情绪"是本学段课程设计的重点。

八年级课程目标:八年级学生的关键词是"分化"和"逆反",本学段学生要学会善于处理社会关系,包括朋辈支持、亲子沟通、师生联结,在稳定身心的前提下培养对生命、对生活、对学习的热爱。"积极关系"和"积极投入"是本学段课程设计的重点。

九年级课程目标:九年级学生的关键词是"方向"和"选择",本学段学生应树立生涯规划的意识,培养价值感、意义感和责任感。"积极意义"和"积极成就"是本学段课程设计的重点。

四、课程内容

"观影疗心"课程实施的具体内容有针对七、八、九年级学生基于中国积极教育"6＋2"理论模型开发的资源，比如在"积极关系"这一模块中，七年级的学生进入新的学校需要交往新的朋友，维持友情，通过《阳光姐妹淘》的电影赏析引导学生学习人际交往技巧；八年级的学生是分化之年，可能面临亲子冲突的爆发期，通过电影《你好，李焕英》引导学生体会父母对自己的爱，理解父母；九年级的学生性发育更加成熟，通过《怦然心动》的电影赏析引导学生正确看待青春期爱慕的冲动，学会爱人先爱己。除了"6＋2"理论模型的资源开发，心理社团课和心理健康活动月/周则有更多内容的延伸，比如心理社团课中涉及的心理剧的选材与创作、心理剧的编排与演出等；围绕"观影"和"积极心理品质"两大要素开发的心理健康活动也是深受学生喜爱的。课程具体内容见表1、表2、表3、表4。

表1　七年级课程实施内容

课程主题	"6＋2"理论模型
悦纳自我，真实成长——电影《美女的烦恼》赏析	积极自我
丰富多彩的情绪——电影《头脑特工队》赏析	积极情绪
伴我同行——电影《阳光姐妹淘》赏析	积极关系
找到自己的热爱——电影《美食总动员》赏析	积极投入
直视骄阳——电影《寻梦环游记》赏析	积极意义
不曾放弃——电影《当幸福来敲门》赏析	积极成就
心理咨询室里会发生什么？——电影《从心开始》赏析	身心健康支持系统——心理咨询相关知识
少年的你如此珍贵——电影《少年的你》赏析	品德优势与美德培育系统——预防校园欺凌

表2　八年级课程实施内容

课程主题	"6＋2"理论模型
拥抱成长型思维——电影《哪吒之魔童降世》赏析	积极自我
点亮生命中的幸福"火花"——电影《心灵奇旅》赏析	积极情绪
最熟悉的人你可曾了解？——电影《你好，李焕英》赏析	积极关系

（续表）

课程主题	"6+2"理论模型
梦想不负有心人——电影《舞出我人生》赏析	积极投入
生命的意义在于当下——电影《遗愿清单》赏析	积极意义
困境中坚持——电影《肖申克的救赎》赏析	积极成就
抑郁情绪 vs 抑郁症 ——短片《我有一只叫作"抑郁症"的黑狗》赏析	身心健康支持系统 ——抑郁症相关知识
关键时刻的挺身而出——电影《花木兰》赏析	品德优势与美德培育系统 ——勇敢与担当

表3 九年级课程实施内容

课程主题	"6+2"理论模型
我有我的优势——电影《疯狂动物城》赏析	积极自我
在稀松平常中寻找快乐——电影《小森林》赏析	积极情绪
爱人先爱己——电影《怦然心动》赏析	积极关系
一生的奔跑——电影《阿甘正传》赏析	积极投入
绝境中生花——电影《美丽人生》赏析	积极意义
前路困顿依然闯——电影《叫我第一名》赏析	积极成就
用爱融化恐惧——电影《温暖的抱抱》赏析	身心健康支持系统 ——焦虑与强迫
赠人玫瑰,手留余香——电影《弱点》赏析	品德优势与美德培育系统 ——助人与关爱

表4 心理社团课和心理健康活动实施内容

课程主题	课程延伸
构筑友谊之家——社团成员团队建设	心理社团课
电影的疗愈作用	心理社团课
心理剧的选材与创作	心理社团课
心理剧的编排与演出	心理社团课
观影"谈"心——心理电影观后感作品征集	心理健康活动月
向阳而生,快乐成长——积极心理游戏大闯关	心理健康活动月
关爱心灵,热爱生命——积极心理漫画作品征集	心理健康活动月

五、实施与评价

(一)实施途径

"观影疗心"课程主要通过以下三个途径开展:首先是常规心理课,针对七、八、九年级学生的不同心理发展特点,每学年开设"6+2"节观影疗心课;每周一次的心理社团课则是本课程实施的主要途径,教学对象主要是在心理辅导过程和日常筛查中需要予以关注、跟踪的学生以及自主报名、自愿参加的学生,在每学期的课程结束之际以团队共创心理剧作为课程实施成果,同时还会在课程的开始、结束设置积极心理品质测评的前测、后测,以数据体现学生的变化;最后是以每学期一次的心理健康活动月来进行课程延伸和拓展,举办观影活动、积极心理游戏拓展活动、校园戏剧比赛、积极心理漫画作品征集活动、心理电影观后感征文比赛等丰富多样的校园心理健康活动,使学生乐于参与,打破课堂局限,进一步拓宽课程的受益对象。

(二)评价方式

1. 学生自评:通过设置问卷引导学生进行自评,评价围绕积极自我、积极情绪、积极关系、积极投入、积极意义、积极成就设置提问。

2. 过程性评价:记录课堂表现,同时每节课设计相对应的学习活动单,考查完成情况。

3. 团队互评:以小组合作的形式完成心理剧剧本的创作与编排,进行团队成员内的互评。

4. 心理测评法:在课程开始前后设置相关积极心理品质测评的前测、后测,以数据体现学生的变化。

5. 游园式评价:举办观影活动、积极心理游戏拓展活动,在活动中成长。

6. 展示性评价:举办校园戏剧比赛、积极心理漫画作品征集、心理电影观后感征文比赛等,作品在校园内展示。

六、成效与展望

"观影疗心"课程自2019年开发以来,课程成效体现在"学生有成长,教师有发展"两个方面。由课程延伸的心理剧《世上本无后悔药》在福田区首届心理健康教育作品征集以及第八届学校戏剧节展演中均获得一等奖。课例"成为更坚韧的自己——电影《阳光小美女》赏析"获得 2020 年深圳市中小学心理健康教育微课评选一等奖,并在"深圳教育"公众号上进行展播。以本课程实施为基础撰写的《助"心"成长,导"心"向阳》获得由广东省教育厅颁发的中小学心理健康教育活动实施案例二等奖。

　　未来,"观影疗心"课程将结合《中国教育现代化 2035》提出的八大基本理念进行深入的设计和实施:更加注重以德为先,通过心理训练的方法对学生进行美德养成;更加注重全面发展,在课程设计中加强心理健康教育和德育、智育、体育、美育以及劳动教育的有机融合,坚持"五育"并举;更加注重面向人人,扩大教育影响和教育范围,注重普适性和预防性;更加注重终身学习,引导学生形成"可持续成长"的思维模式,重视自我的成长和发展;更加注重因材施教,在课程实施过程中尊重学生的差异性,提供个性化、多样化的辅导需求;更加注重知行合一,不仅关注学生的认知变化、情感变化,更要引导学生将课堂上获取的积极心理品质运用到生活实践中;更加注重共建共享,在课程实施中加强学科融合,共同开发课程资源,从多元角度出发促进学生成长。

少儿游泳

课程品牌主持人：林吕宁
学校：深圳市福田区皇岗小学

"少儿游泳"是深圳市福田区皇岗小学针对学校全体学生开发的，以游泳相关知识和技能为统领，以学习掌握游泳知识、技能和方法为主要内容，以"健身心，强体魄；热爱生命，敬畏自然"为主要目标的课程。课程实施后，学生水性得到大幅提高，基本掌握蛙泳技能，能顺利进行短距离蛙泳，且有部分学生进阶掌握了自由泳技能；学生体育参与的积极性和主动性显著提高，为终身体育运动打下坚实的基础。

一、课程缘起

每年夏季，各地学生溺水事故时有发生，这刺痛了人们的神经，避免溺水最好的办法就是学会游泳。皇岗小学游泳馆始建于 1991 年，是非恒温、非标准化的室内泳池。2018 年，由福田区政府投资近 400 万元在原馆基础上改造提升为拥有循环过滤、除湿加热等专业设备的双恒温、标准化室内游泳馆。学校曾经两次获得深圳市中小学生游泳比赛小学组团体冠军，九次获得福田区中小学生（小学组）游泳比赛团体冠军。学校先后获得深圳市、福田区游泳训练基地和游泳传统项目学校等荣誉称号，输送了大批游泳人才。

"少儿游泳"课程是皇岗小学体育课程的重要组成部分。2018 年 9 月，皇岗小学游泳馆新馆正式落成启用后，学校提出"转场变道"的课程实施策略，以"让每一个皇岗学子都学会游泳"为宗旨，打造皇岗小学品牌特色项目，谱写学校发展的新篇章。

二、课程性质

"少儿游泳"课程以"让每一个皇岗学子都学会游泳"为宗旨,以"健身心,强体魄;热爱生命,敬畏自然"为主要目标,形成皇岗体育特色项目的新品牌。该课程教育学生敬畏自然、爱惜生命、保护生命;注重把学游泳与防溺水有机结合,在教会学生游泳技能的同时,增长预防溺水、溺水急救等理论知识和实践经验,让学生掌握一定的游泳自救和急救能力,促进学生健康、全面发展。

"少儿游泳"课程具有以下特性:

1. **基础性**:强调培养学生掌握必要的游泳知识、技能和方法,养成游泳习惯和健康的生活习惯,为学生终身体育锻炼和健康生活奠定良好的基础。

2. **实践性**:强调以身体锻炼为主要手段,通过学习游泳知识、掌握游泳技能和方法,提高学生的运动能力。

3. **健身性**:强调通过适宜负荷的身体练习,提高学生体能和运动技能水平,促进学生健康成长。

4. **综合性**:强调充分发挥体育的育人功能,以游泳学习为主,渗透德育,同时融合部分健康行为与生活方式、生长发育与卫生保健、心理健康与社会适应、疾病预防、安全应急与避险、预防溺水与救护等方面的知识。

三、课程目标

本课程旨在构建"普及＋提高"双轮发展模式,普及班面向学校全体学生,引导和帮助学生达到以下目标。

(一)普及班

1. 水平一(一、二年级)

(1)能够积极愉快地参加游泳学习,遵守课堂纪律。

(2)通过多种练习方法和手段,学习水中行走、呼吸、漂浮,熟悉水性,熟练水中换气技能,掌握基本的水中蛙泳配合动作,能借助教学辅助工具进行 25 米以上的蛙泳独立游进。

(3)知道一些简单的游泳安全卫生知识,能够安全从事游泳练习,发展学生的有氧耐力、协调性、柔韧性等素质,提高心肺功能。

(4)培养学生在活动中勇于克服困难,与同伴友好相处,乐于关心与帮助同学的优良品质。

2.水平二(三、四年级)

(1)能够说出蛙泳的主要动作名称及术语,学习溺水自救的理论知识,并简单模仿实践。

(2)初步掌握蛙泳腿的蹬夹水的动作方法,并能够在泳池中游进10米以上的距离,甚至可不借助教学辅助工具进行25米以上的蛙泳独立游进。

(3)发展耐力、柔韧、协调等身体素质,提高心血管系统机能,以及对水的感知能力。

(4)表现出对游泳学习、游戏的兴趣,能够在练习、游戏及比赛中遵守规则,表现出勇于克服困难和互帮互助的精神。

3.水平三(五、六年级)

(1)能够说出蛙泳腿部、手臂、呼吸等主要动作的名称及术语,进一步学习预防溺水及溺水自救的知识、技能和方法。

(2)初步掌握蛙泳腿的蹬夹水与呼吸配合的动作方法,能够在泳池中游进25米以上的距离,甚至能够不借助任何教学辅助工具进行50米以上的蛙泳独立游进。

(3)进一步发展耐力、柔韧、协调等身体素质,提高心血管系统机能,以及对水的感知能力。

(4)表现出对游泳学习的兴趣,能够在练习中遵守纪律,整理好自己的物品,表现出勇于克服困难和互帮互助的精神。

(二)提高班(校队)

面向游泳技能超群,经学生与家长同意,把自愿参加额外训练的学生作为游泳特长生重点培养,引导和帮助该水平阶段的学生达到以下目标:

(1)表现出对游泳学习的极大热爱和好奇,能够在常规训练和各级比赛中保持吃苦耐劳、勇敢拼搏的意志品质,培养团队协助精神。

(2)全面学习蝶泳、仰泳、蛙泳、自由泳等四种泳姿,充分发掘学生的游泳潜能,依据青少年游泳训练大纲进行科学训练,提高学生的竞赛能力。

(3)进一步发展耐力、柔韧、协调等身体素质,进一步提高心血管系统机能,以及对水的感知能力。

（4）积极参加区、市各级各类游泳比赛，提高学生整体竞技水平，以及强大的心理素质。

四、课程内容

"少儿游泳"课程以青少年游泳训练大纲为主要教学内容，遵循"因材施教"和"渐进性"原则，注重"普及"和"提高"相结合，注重底座稳与塔尖强相结合，稳步推进、稳中求"健"。

（一）普及班

1. 不同水平的课程内容与要求

（1）水平一（一、二年级）

水平一阶段学生属于游泳初学者中偏小的阶段，普遍存在"畏水"的心理障碍，因此在内容设计上，先以心理建设为主，帮助学生尽早克服心理障碍和建立在水中活动的信心，采取丰富的趣味性游戏导入教学，激发学生对游泳学习的浓厚兴趣，使用简便易学的教学辅助工具让学生尽早掌握水中技能。如表1。

（2）水平二（三、四年级）

水平二阶段的学生对小学校园学习生活已经基本熟悉，对水有一定的感知能力，并且已有一定的蛙泳腿练习基础。进一步帮助学生增强在水中运动的信心，同时建立对大自然的敬畏心理。根据学生的身心特点和认知能力，教学中采用陆上模仿、水中尝试体验和戏水游戏相结合的教学方式，逐步过渡到掌握蛙泳腿部动作技术，学习蛙泳完整动作，初步具备游进一定距离的能力。适当增加具有竞技类型的游戏导入教学。根据掌握游泳技能程度的不同，采取分层教学。如表1。

（3）水平三（五、六年级）

学生在水平二阶段复习、巩固了熟悉水性的动作方法，学习了蛙泳的腿部、手臂动作，初步掌握了完整动作的基本技术。水平三阶段游泳教学是在复习、巩固水平二阶段所学内容的基础上，进行蛙泳完整动作与呼吸动作的配合练习。这一阶段的学生即将升入初中，竞争意识逐渐形成，教学中要始终注意贯彻安全第一、水陆结合、直观教学和循序渐进的原则，在抓技术教学的同时重视体能的发展，逐渐增加练习的量和难度。多采用团队竞技的方式，让学生在学习游泳的过程中体会游泳的乐趣,增强在水中运动的信心,提高各项运动素质。如表1。

表1　水平一教学内容

水平	教学内容
水平一	①水平行走练习;②呼吸练习;③抱膝游泳;④展体浮体;⑤蛙泳(腿部动作)
水平二	①熟悉水性:一是复习水中行走练习,二是复习呼吸练习,三是复习漂浮练习; ②蛙泳:一是腿部动作,二是手臂动作,三是完整动作
水平三	①熟悉水性:一是水中行走、踩水、停留、负重,二是陆上和水中呼吸,三是展体浮体; ②蛙泳:一是蛙泳腿部、手臂和完整动作,二是蛙泳动作与呼吸动作配合练习

2.不同水平课时安排

不同水平课时安排见表2。

表2　课时安排

水平	课时
水平一(一、二年级)	32
水平二(三、四年级)	28
水平三(五、六年级)	28

3.实施场所要求

采取集中排课集中使用的方式,实施场所水温达到28℃以上,气温不低于水温2℃以上。救生员人数按照规定配备,救生设施完备。泳池内按照每条泳道宽不低于2.3米使用浮漂式泳线分隔。水质过滤采用24小时水缸循环过滤方式,保证水质达到规定要求(浑浊度≤1 NTU、pH值7.0～7.8、游离性余氯0.3～1.0mg/L、总菌落总数≤200CFU、尿素≤3.5mg/L、大肠菌阴性、浸脚池游离性余氯5～10mg/L)。泳池内须具备专业泳池洗污设施设备,保证沉淀物及漂浮物及时清理。

(二)提高班

参加提高班训练的学生,水性和蛙泳技术掌握已经达到一定水平,在此基础上进一步强化并完善游泳技术,同样按照以上学段进行分组训练,全面学习游泳四种泳姿,包括蛙泳、自由泳、仰泳和蝶泳。届时,将加强体能方面的训练,以有氧训练为主、无氧训练为辅,水上训练为主、陆上训练为辅。重点学习出发转身动作、水下蛙泳长划臂、水下蝶泳腿,同时普及游泳竞赛规则。

五、实施与评价

(一)加强组织领导

学校高度重视游泳特色的打造,成立了专项领导工作小组,以校长为组长,做到分层管理、专项督导。组建了一支高水平的教学团队,游泳专职教练 6 名。要求专业团队做到每课一分析、每周一总结、每赛一研讨、年终有考核,形成学校游泳项目推进的良性教学氛围。

(二)规范化管理

全面提升管理水平,推进规范有效的流程管理,筹划阶段制定如下一系列规章制度:

(1)《皇岗小学游泳馆水质处理人员岗位职责》;

(2)《皇岗小学游泳课管理教师工作规范》;

(3)《皇岗小学游泳课教练员工作规范》;

(4)《皇岗小学救生员岗位职责及红线》;

(5)《皇岗小学游泳课救生员工作规范》;

(6)《皇岗小学突发(溺水)安全事故应急预案》;

(7)《皇岗小学游泳课家长协助工作暂行办法》。

与游泳课程相关人员,务必严格执行相应的规范制度。

(三)教学过程

1.坚持"安全第一"的指导思想

紧紧围绕学校办学理念,深刻理解课程的宗旨,在此基础上始终遵照"安全第一"的指导思想,严格管理课堂纪律,教学中注重促进学生健康成长,遵循循序渐进和因材施教的原则,根据学生对水的感知能力和技术掌握情况,进行分层教学,尽可能达到"让每一个孩子都学会游泳"的课程直接目的。通过"少儿游泳"课程的教学,使学生掌握运动技能,发展体能,逐步形成健康和安全的意识以及良好的生活方式,促进学生身心协调、全面发展。

2.以课程目标为导向

课程目标是本课程的灵魂,本课程以"以体育人"作为课程实施理念,努力构建游泳与健康的知识与技能、过程与方法、情感态度与价值观有机统一的课程目标和课程结构,在强调游泳技术、技能特点的同时,设计全面育人的内容,尤其是生命教育,为学生"泳"往直前、"泳"攀高峰的成长保驾护航。

3.以学生发展为中心

坚持以学生发展为本的理念,教师作为支持者、合作者、指导者,努力为学生创造良好的游泳学习环境和条件,为学生搭建多样化的游泳趣味活动,密切联系学生的生活实际,增强学生主体学习体验,调动学生自主学习的积极性。

4.重视游泳主题的教育活动

学校定期开展游泳主题活动,理论安全教育与实践水上教育相结合。组织学生参与水上安全的应急演练,让学生充分体会溺水的危险性及学习游泳自救的必要性。

5.营造游泳教育的校园环境

学校通过宣传栏、黑板报、游泳墙、校刊校报、广播站、微信公众号,宣传介绍游泳课程的趣味性及学习成果;充分发挥榜样的示范作用,发现、培养身边的游泳特长生,让学生在情感影响和亲身体验中提升参与游泳课程学习的积极性,努力营造游泳强校的校园环境。

(四)评价方法

小学阶段的学生处于身心发展的初级阶段,可塑性强。因此,在本课程开展的过程中,教师将采取多元化评价标准,促进学生全面发展,评价侧重游泳技能的掌握和综合性内容。如表3、表4。

表3 各技能级别评价

内容标准	Ⅰ级:能在1.2米以下水中自由行走、跳跃、憋气、换气、漂浮、滑行,且能用一种泳姿连续游进15米	Ⅱ级:在达到Ⅰ级标准的基础上,能换气5次以上且能用一种泳姿的基本技术连续游进20米	Ⅲ级:在达到Ⅱ级标准的基础上,熟练换气且能用一种泳姿的规范技术连续游进25米
达标称号	皇小飞鱼	皇小剑鱼	皇小速鲨

表4　综合性评价

教学内容	评价要点			评价建议
	知识	技能	态度	
蛙泳	1.能够说出蛙泳的动作名称和术语,如划臂、蹬夹水等; 2.能够说出游泳的价值和意义	基本掌握所学蛙泳的基本技术,能够游进一定距离	1.能对游泳活动表现出较高的学习兴趣和愿望; 2.表现出积极、主动参与游泳的行为,注意安全,听从教师提出的要求和同伴的建议,并主动帮助同伴; 3.能够克服困难,当感觉不适时能够及时告知教师,不逞强	1.对学生掌握知识的程度和进步幅度、合作态度等进行过程性评价; 2.由教师或同伴对学生术语使用情况进行评价;量性评价时,建议给学生2次测试机会; 3.各技能级别评价时,要关注动作的准确性、协调性、连贯性; 4.采用师评、自评、互评的方法,对活动中相关的行为、态度、规则意识等表现进行评价; 5.评价的权重划分中,知识占20%、运动能力占60%、态度占20%

六、课程成效

自2018年皇岗小学开展游泳进课堂以来,学校坚持以"全体参与、全面普及"为基本宗旨,通过"转场变道"的方式,实现了课程全覆盖,为提升学生的身体素质起到了至关重要的推动作用。

1.学生体质显著增强。通过每学期7～9周的游泳课,学生的心肺功能及免疫力得到较大程度的增强。

2.体育活动形式多样。由过去单一的田径运动,变为如今的"田径＋水上"运动,学校体育活动的组织形式更为丰富,学生的参与热情高涨。

3.精神风貌明显改观。游泳对于学生的意志品质及集体荣誉感的培养起到了很好的促进作用,班级凝聚力显著增强。

4.编制游泳校本教材。经过多年的教育教学实践,学校编制出了具有特色的游泳校本教材,以指导游泳教学。

5.获得各级各类表彰。2023年1月,学校获得广东省校园游泳推广学校荣誉称号;2021年9月,"少儿游泳"课程获得福田区品牌课程称号。

小场地足球

品牌课程主持人：刘晋
学校：深圳市福田区园岭小学

"小场地足球"是深圳市福田区园岭小学针对小学一至六年级学生开发的，以足球文化、足球基本技能和比赛规则为主要教学内容，以特色化小场地进行教学，结合不同年龄段学生的身心特点，遵循学生身心发展规律和运动技能形成规律，针对不同水平目标，对课程内容结构进行独特的进阶设计的课程。该课程以球促学，促进学生身心全面发展。《校园足球——园岭小学体育育人的新路径》教学成果获得 2021 年广东省教育教学成果奖一等奖。

一、课程缘起

作为全面育人的基础工程，校园足球在提高学生体质健康水平，让每一个学生掌握基本足球运动技能、理解足球运动基本规则与文化，培养学生健全人格等方面，具有不可或缺的重要作用。

园岭小学开发"小场地足球"课程，学生通过课程学习逐步形成正确价值观、必备品格和关键能力。"小场地足球"课程教学彰显出与学校文化发展的适应性。

二、课程性质

跨学科主题学习以《关于加强全国青少年校园足球工作的意见》为统领，以学生为中心、以小场地足球游戏为出发点、以"以球育人"为目的，通过特色化小场地教学，在有限的场地内，结合不同年龄段学生心理特点和能力水平来设置课程内容，理论和实践相结合，以比赛和足球文化检验学习效果，以球促学，促进学生身心全面发展。

"小场地足球"课程以足球运动为主体、以足球游戏为手段，把欢乐的元素植入足球运动中去,引导学生体验足球运动,激发学生对足球的兴趣,加快足球运动的推广普及。本课程基于运动能力、健康行为和体育品德三个方面核心素养的发展要求,依据学生身心发展规律和运动技能形成规律,同时将"保证基础、重视多样、关注融合、强调运用"等教育理念融入相应的教学实践中,充分发挥校园足球体育的育人功能。

三、课程目标

园岭小学校园足球着眼于学生发展的核心素养,以课程育人为靶向,建构"小场地足球"课程,在遵循学生身心发展规律和运动技能形成规律的基础上对课程内容的整体结构进行了全新设计,其中基本运动技能、体能、健康教育、专项运动技能和跨学科主题学习"并驾齐驱",探索形成校园足球普及与提高的独具特色的教学体系。在课内,园岭小学开展校园足球普及教学,全校一至六年级每学期保证720节课的足球教学。在课外,打造班队、校队、梯队,注重各级别足球人才的培养。

教师根据学生身心发展的不同年龄特征,保证练习的时间,加上每次课程都有的足球教学比赛,培养了学生的足球兴趣和在实战中运用足球技能的能力。同时,学校结合课程教学内容常年组织面向全体学生的校园足球班级联赛和足球单项技能比赛,做到"学会""勤练""常赛"。通过课程学习,期望学生体质优良率稳步提升,超过国家达标线,优良率达到65%以上。课程主要目标见表1。

表1　课程主要目标

水平(年级)	课程主要目标
水平一 (一、二年级)	学习运球、踢球、接球等基本技术动作
	培养球感、体验足球活动的乐趣
水平二 (三、四年级)	乐于学习和展示简单的足球动作
	发展运球、踢球、接球等基本组合技术能力,以及基础战术意识
	培养相互配合的合作意识
水平三 (五、六年级)	主动参与足球学习
	进一步提高学生在比赛中技术和战术的运用能力
	强化规则意识,学会调节情绪的方法

四、课程内容

本课程对小学六个年级的教学内容进行统筹规划，以基本运动技能、体能、健康教育、专项运动技能、跨学科主题学习为主要教学内容，分别确立了学段的具体内容和教育教学重点。依据中小学生身心发展规律，凸显课程内容的阶段性和关联性，遵循运动技能形成规律，关注课程内容的不可逆性和进阶性。各年级课程主要内容见表2、表3、表4。

表2　水平一（一、二年级）课程主要内容

类别	内容	课时（%）
游戏比赛	足球游戏、足球比赛	16（40%）
球感	踩球、拉球、拨球、扣球、跨球	8（20%）
技术	脚内侧、脚背正面运球	6（15%）
	脚内侧踢球、接球，脚底接球	6（15%）
知识	足球基础知识	4（10%）
身体素质	柔韧性、灵敏性、协调性、反应能力	
教学要点	以游戏法为主要教学方法，以比赛培养学生对足球的兴趣	

表3　水平二（三、四年级）课程主要内容

类别	内容	课时（%）
游戏比赛	足球游戏、足球比赛	12（30%）
球感	踩球、拉球、拨球、扣球、跨球、挑球、颠球	4（10%）
技术	运球过人	4（10%）
	脚背正面射门	6（15%）
	正面、侧面抢截球	2（5%）
	传球、接球、运球、射门组合	4（10%）
战术	二过一	4（10%）
知识	足球竞赛规则	4（10%）
身体素质	柔韧性、灵敏性、协调性、平衡能力	
教学要点	游戏法与比赛法相结合，注重学生技术运用的合理性，注重学生基础战术意识的培养	

表 4　水平三(五、六年级)课程主要内容

类别	内容	课时(%)
球感	踩球、拉球、拨球、扣球、跨球、挑球、颠球	4(10%)
技术	脚背接空中球、胸部接球	4(10%)
	前额正面头顶球	4(10%)
	传球、接球、运球射门组合	4(10%)
战术	"3v2""3v3"等攻防	8(20%)
比赛	小场地比赛	12(30%)
知识	伤害预防、自我保护	4(10%)
身体素质	灵敏性、协调性、平衡能力、速度能力	
教学要点	注重学生左右脚的协调发展、注重学生攻防意识的培养、注重小场地比赛的运用	

五、跨学科主题学习

基于核心素养,依据课程目标,园岭小学把足球教学内容与语文、数学、英语、艺术、信息科技等学科融合,提高学生综合学习能力和合作探究能力,实现体育与德育、智育、美育、劳育相结合的跨学科主题学习,增强"小场地足球"课程的综合育人价值,促进学生核心素养的形成与发展。

1. 与语文学科的融合,提升学生的文学修养和人文意识。根据每届足球赛的不同主题,全校学生积极研学,每年的足球文化研究手册围绕不同主题展开研究,源自体育,又不限于体育,内容丰富多彩。在平常的足球训练中,队员们坚持写训练日记,语文教师在课堂上会与学生分享队员们的训练日记,并加以指导,提升他们的写作能力。

2. 与英语学科的融合,提升学生学以致用的能力。足球课教师与英语教师一起备课,课堂中使用双语教学,由教育部指派的外籍足球教练参与指导。比如,四年级学生的词汇量已经涵盖走、跑、跳、加油等,教师也会适当地将其穿插其中。在课外,语文、英语教师通力合作制作足球双语心意卡,学生在潜移默化中就学习到了大量的英语单词,让他们在动中学、动中说、动中用。

3. 与数学学科的融合,提升学生的逻辑思维及探究能力。足球运动中有许多内容与数学知识密切相连。比如,足球射门的角度问题、足球操场的长和宽、足

球场的周长等等,引导学生测量及计算,不但能培养学生的实际操作和探究能力,也能提升他们的空间视野与踢球智慧。

4. 与美术学科的融合,提升学生的协作鉴赏能力。美术组每年以"校长杯"为载体,把美术融合课程搬到运动场上,让学生学以致用。学生分班级、分小组合作创意设计,制作出了一件件色彩鲜艳、造型别致、构思独特的足球赛宣传作品:海报、吉祥物、LOGO、班牌、队旗等,这些作品在足球赛这个特殊的课堂上闪亮登场,尽显各班的风采。

5. 与音乐学科的融合,提升学生的艺术修养。每个班都有啦啦操队,成为足球场上一道亮丽的风景线,音乐教师会进行指导。啦啦操队既是音乐、舞蹈水平的展示,更是团队精神的体现。添加音乐元素,使音乐与体育相融合,是增强体育教学艺术性、提升学生素养的一种有效途径。

6. 与信息科技学科的融合,提升学生的创新能力和实践能力。"校长杯"的每场比赛都有详尽的数据分析,师生通过信息技术手段,对场上表现进行自我评价。学校引入大数据的科技手段,利用电子测试仪器采集运动心率、跑动距离等数据,对学生的体能、技战术等进行分析,从而建立规范的数据库,为学校的体育科研工作提供数据支持。

六、实施与评价

园岭小学一至六年级每学期保证 720 节课的足球教学,每班每周一节课,全部纳入课程表。

(一)教学方法

(1)结合实际比赛场景,以游戏的方式组织学生进行练习。

(2)以启发式教学方法为主进行教学。学生以"体验式学习"为主要方式,注重体验学习过程,在实际感受、实践和经验中学习。

(3)以教师(或学生)自身完成的动作为示范,用以指导学生进行学习。

(二)出版教材

与本课程相结合,学校研读现行小学体育教材,探索国家课程校本化。成果主持人已经出版校本教材一套,将足球教学纳入课堂普及教学。

校本教材学生用书分为水平一、二、三,共 30 个单元课,主要围绕着"趣味性"

"知识性""专业性""科学性""实效性""独特性"六个方面展开编写,经过实践,足球教材已经成为学校足球体育的原创产品。

校本教材教师用书为授课教师提供了完整的教学方式方法。主要有:学习领域、适用学段、教学课时、教学构想、教学目标、教学准备、学习方式、教学建议。其中,教学建议为详细的教学设计过程:情境创设、教学过程、学习体验、教学评价、课后拓展、教学反思等,对教师的教和学生的学都有很大的指导作用。

(三)评价方法

课堂表现＋平时成绩＋考核成绩＋是否有进步＝最终考核成绩。

(1)重视学习过程评价。主要包括:学生的出勤、自主学习表现(有无提出合理的想法和见解)、小组合作学习(有无参与小组讨论、完成小组的分工任务)等。

(2)学生课堂外延展。主要包括:学生在各种赛事中的参与积极性及表现。

(3)学生评价、教师评价以及专家评价,测评本课程的实施是否能够在教学方式、素质教育、文化传承以及学生可持续发展能力等方面起到积极的作用。

(4)线上线下课程融合,借助网络让家长参与到对学生的学习评价与管理之中。如:发学生学习练习视频、照片,及时给家长进行学习反馈(文字评价)并与家长交流,发给家长学生期末的学习总结,等等。

七、成效与展望

学生通过六年的课程学习,对足球运动有了更多的了解,能掌握和运用多种足球技术,感受到足球运动和比赛的乐趣。校足球队培养了众多多样化、个性化的少儿体育人才。迄今为止,1名队员入选U17国家男子足球队,6名队员被选入中国国少队,18名队员入选深圳市队,44名队员入选区队。园岭小学先后获得全国体育活力校园等7项体育类集体荣誉,校队获得各级别比赛前三名、一等奖、精神文明奖等奖项65项,夺得区、市、省、全国各级别赛事冠军36个。

目前,学校已经形成教材、课题、工作室"三位一体"的足球教学模式,理论与实践相结合。教师团队涌现出深圳市优秀教师1人,福田区领航名师2人,福田区名师工作室主持人1人,亚足联C级教练员3人,亚足联D级教练员2人。未来,"小场地足球"课程将继续依据学生的学习需求和兴趣爱好,面向全体学生,注重"学、练、赛"一体化教学,落实新课标提出的"教会、勤练、常赛"重要理念,因材施教、继承传统、推陈出新,致力提升学生体质健康,充分发挥课程的育人功效。

形体健康

品牌课程主持人:相薇

学校:深圳市福田区福田中学

"形体健康"是深圳市福田区福田中学针对高中学段学生身体发育特点和体育技能发展需求开发的,以引导学生喜爱运动、积极主动地参与运动,增强科学创新意识为认知目标,以形成体育与健康理论知识和科学锻炼方式为技能目标,以树立健康观念,形成健康文明生活方式和培养终身体育意识为情感目标的一门特色体育课程。课程教学中利用形体木棍、形体把杆、脊柱矫正器等辅助教具,有针对性地进行形体教学,以形体站姿练习、手位练习、木棍开肩练习、舒缓拉伸练习、脊柱矫正器的专项练习为主要学习内容,采取动静结合的运动方式,从上到下、从内到外让学生舒展身体,矫正体态,锻炼肌肉力量,调节身心健康,有效促进学生生长发育,增强学生体质健康。

一、课程缘起

福田中学有着 50 多年的建校历史,在体育教育教学方面取得了非常耀眼的成绩,培养出多名国家队队员,并多次获得全国以及国际比赛的优异成绩。学校鼓励教师根据学校场地和师资情况,开设适合学生发展需要的有特色的选修课程。

在深圳市连续多年进行的脊柱侧弯筛查中发现,学生脊柱侧弯率逐年升高,已突破 5%。科学研究表明,在青少年时期骨骺线未闭合前,给予适当的运动刺激能有效地改变不良体态,促进学生身体健康生长发育。课程团队教师根据在一线工作多年的教学经验和对学生需求喜好的了解,针对新课标提出的"在课程内容方面,关注对学生学习和发展有意义的传统体育项目和新兴体育类运动项目"这一要求,从教师专业能力特长和学生身体发育需求出发,开发了"形体健康"课程。

二、课程性质

"形体健康"课程是以人体科学理论为基础,以美学原理为指导,以身体训练为主要手段,以发展专项素质为基础,以塑造健康优美的形象为核心,以提高形体的控制力和表现力为重点,以培养学生健康的体态和良好的身体基本素质、高雅气质为目的的一门课程。课程本着"以塑造学生健康体态为核心,以促进学生对美的理解和追求为动力,鼓励创造、提倡个性发展"的教育理念,着眼于学生的审美情趣、创造能力和创新意识的培养,强调学生对所学知识技能的运用、体验的获得和能力的形成。注重学生通过亲身体验激发学习兴趣,拓展表达自我、发展个性和塑造形体美,培养综合运用知识的能力,使每个学生在塑造形体美的同时,在心理和生理两方面都得到充分发展。

三、课程目标

"形体健康"课程是一门以身体练习为主要手段,以体育与健康知识、技能和方法为主要学习内容,以培养高中学生的体育与健康学科核心素养和增进高中学生身心健康为主要目标的课程。

(一)总体目标

通过本课程的学习,学生喜爱运动,积极主动地参与运动;学会体育与健康理论知识,增强科学精神、创新意识和体育实践能力;树立健康观念,形成健康文明的生活方式;遵守体育道德规范和行为准则,塑造良好的体育品格,发扬体育精神,增强社会责任感和规则意识。

(二)具体目标

1.运动能力

高中学生运动能力发展的重点是发展体能、运动技能和提高运动认知。学生在教师指导下进行有序练习,由易到难,循序渐进。课堂上使用形体木棍开肩开背纠正学生不良体态;利用瑜伽椅压腿压肩下腰进行柔性练习,学习并掌握形体站位和手位练习,提高身体平衡和控制能力;利用脊柱矫正器进行锻炼,增强身体背肌、腹肌、臀大肌、肱二头肌等肌肉张力,练习过程中通过对姿势的标准化要求达到脊柱和颈椎调节的目的;提高学生肢体的灵活性和控制力、塑造优美形体,训练仪态仪表。

2.健康行为

高中学生健康行为养成的重点是锻炼习惯、情绪调控和适应能力。通过本课程的学习,学生能够积极主动地参与校内外的体育锻炼,掌握科学锻炼方法,养成良好锻炼习惯,形成基本健康技能,学会自我健康管理。

3.体育品德

高中学生体育品德培养的重点是积极进取、遵守规则和社会责任感。通过本课程的学习,学生能够自尊自强,主动克服困难,发展勇敢顽强、积极进取、挑战自我、追求卓越的精神;正确对待比赛的胜负,胜不骄、败不馁;胜任不同的运动角色,表现出团队合作与负责任的行为;遵守规则、文明礼貌、尊重他人,具有公平竞争的意识和行为。

四、课程内容

遵循青少年神经系统发育和身体素质、技能发展的需求,在学生体质健康发展的关键期给予最适宜的运动刺激。利用形体木棍、形体把杆、脊柱矫正器等辅助教具有针对性地进行形体课堂教学,采取动静结合的运动方式,从上到下、从内到外让学生舒展身体,矫正体态,锻炼肌肉力量,调节身心健康,有效促进学生生长发育,增强学生体质。课程内容安排见表1。

表1　课程内容

年级	课程内容	课时	具体目标
高一年级	形体木棍站姿练习 形体把杆手位练习 单棍开肩练习 运动后舒缓拉伸练习 脊柱矫正器的专项练习	18	达到身姿挺拔、身形健康、柔韧性和灵活性显著增强的效果

（续表）

年级	课程内容	课时	具体目标
高二年级	形体木棍站姿练习	18	达到身姿挺拔、身形健康、柔韧性和灵活性显著增强的效果
	形体把杆手位、控腿练习		
	木棍核心力量练习		
	运动后舒缓拉伸练习		
	脊柱矫正器的专项练习		
高三年级（传媒艺术生）	形体木棍站姿练习	16	针对腹部和背部核心力量，增强肌肉张力，大幅度提高身体协调性、平衡能力和肌肉爆发力；改善学生形体形态，使学生身姿更加挺拔，身形更加优美，在举手投足间带给人美的享受，充满青春活力
	瑜伽椅下腰压腿练习		
	脊柱矫正器的辅助练习		
	瑜伽垫舒缓拉伸练习		

五、实施与评价

（一）课程实施

根据不同学生的不同需求和学生身体基础差异，采用分班分层次教学法。面向高一、高二全体学生开设以身形矫正为主的选修模块课，课堂上以形体木棍和脊柱矫正器作为主要教具，针对不同基础、不同身体条件的学生采用不同锻炼方法，一学期18课时。高三年级传媒艺术生中开设专项练习课，用形体木棍、形体把杆、瑜伽椅做基础练习，用瑜伽垫和脊柱矫正器做核心力量和身体控制练习，一学期16课时。上课地点不局限于室内，采用室内室外轮流授课的形式，给学生不同的练习体验感受。室外上课沐浴在阳光下，在大自然的怀抱中更有利于学生舒展身心，愉悦心情。

课程实施原则如图1所示。上课形式不拘泥于单一授课方式，每节课练习方式有变化，练习手段多样化。针对不同学生练习方法有多种组合方式，避免千篇一律，学生自行选择适合自己的练习方法和手段，教师在旁边指导练习动作，由易到难、循序渐进，对不同基础的学生设置不同的练习内容和要求。学生是课堂的主体，课堂上教师以学生练习活动为主，有针对性地指导，把更多的空间和时间给学生，鼓励他们自主创新、互帮互助。创编的"室内拉伸操"和"形体健康操"，面向全校师生普及和推广，取得良好效果。

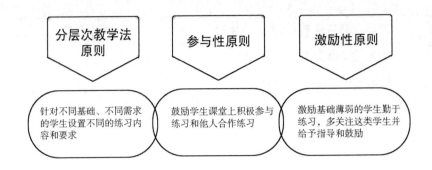

图1　课程实施原则

(二)课程评价

根据课程的性质特征,构建主体多元、内容全面、方法多样的评价体系。在评价主体方面,提倡在以教师评价为主的基础上,引导学生积极进行自我评价和相互评价;在评价内容方面,重视对学生的运动能力、健康行为和体育品德进行综合评价;在评价方法方面,倡导将定量评价与定性评价、过程性评价与终结性评价相结合。

设置量化评价表,出勤占10%,课堂表现占30%,期末考核占40%,身体姿态(学期初和学期末分别进行测量对比)占20%。

评价重参与、重过程,强调评价主体的多元化,教学内容的综合性和全面性,评价标准的合理性,以及评分方法、手段的多样性。为达到练习效果的最优化,每节课都安排教师评价、自我评价和互相评价环节。

六、成效与展望

学校自开展"形体健康"课程以来,深受广大师生的一致好评。本课程让感兴趣、有需要的学生进行系统的学习与锻炼,并且与社团课程融合,特别是在与校艺术类考生的跨学科合作中,对即将参加影视、播音类考试的考生进行专项的形体练习与培训,使学校近几年在艺考中成绩优异。

学校加强多学科、多领域的多元化协作,继续开展与学生社团、艺术类考生的系统合作,使更多的学生通过对本课程的学习与练习获得进步。另外,学校开展面向教师的推广活动,使本课程真正地贯彻终身体育的理念,让更多的师生通过本课程获得运动技能,使运动健身成为日常生活的一部分。

健康饮食

品牌课程主持人：韩旻之
学校：深圳市福田区福民小学

"健康饮食"是福田区福民小学韩旻之教师主持开发的课程。该课程针对一至三年级学生，从学生及学生家庭成员健康饮食的维度关注学生身心健康，以帮助学生树立在食物中获得健康的理念，引导学生在生活实践中学习健康饮食的科学知识、劳动技能，懂得劳动艰辛，养成劳动习惯。课程注重动手实践与体验，以认识健康食材、种植食材、挑选食材、设计菜谱、制作食物为主要学习内容。学生在生活中学习，在学习中成长，把健康意识理念、健康饮食习惯辐射到每个学生家庭，学生的生活本领、劳动技能也同时得到提升。

一、课程缘起

经过观察发现，学校身体肥胖的学生数量有增长的趋势，部分学生体质较弱，影响学生的学习效率。通过调查，进一步发现学生缺乏健康饮食知识，而这些知识难以在学科教学中系统地了解学习。体质健康是素质教育的重要内容，学校以往对学生身心健康的关注点多放在体育运动和心理辅导方面，而比较少关注饮食健康。本课程从学生健康饮食的维度，通过融合加体验的学习方式，引导学生在饮食中获得健康饮食的科学知识，全面提升学生及家长、教师的健康观念；同时，通过种植食材、挑选食材、制作食物等劳动实践活动培养学生良好的劳动习惯，锻炼劳动技能，体验食物的来之不易和劳动的艰辛。

二、课程性质

引导学生全身心地参加活动，在活动中获取经验和认识，让学生在"做中学"，通过自主、合作探究相结合的方式，实现学生知情意行的全面发展。

（1）与生活融合。从学生生活出发，利用学生生活教育契机，让学生在生活中获得饮食习惯的改变和能力的提升。

（2）与学科融合。将语文、英语、美术、科学、数学等学科知识与健康饮食教育融为一体，并通过"实践＋理论"教育的形式，提升学生的综合能力。

（3）与家庭教育融合。将烹饪、文化、交流融为一体，引导家长与学生一同在选材、烹饪、享受的过程中，感受健康饮食的快乐，真正实现教育的全方位育人目标。

三、课程目标

（1）在辨认食材、制作菜谱、品尝美食的过程中学习健康饮食的基础知识；

（2）学会洗、切、煮等基本操作，学会分享，健康饮食；

（3）学会清理灶台、锅具、碗碟等，树立正确的劳动观念，养成良好的劳动习惯，培养劳动技能，提高综合素质；

（4）了解身边食物的来源，科学认识健康的饮食，培养科学的饮食习惯；

（5）通过多学科融合，拓宽学生健康饮食知识面。

学校通过"健康饮食"课程的开展，提升教师以学生为本的意识、观念，增强教师的综合教学能力，为教师后续教育工作的开展提供更为可行的教育范式与理论思路。

四、课程内容

此课程主要以小学一到三年级学生为主，依据学生具体认知水平与兴趣指向，提升学生健康饮食观念与能力。具体课程内容见表1。

表1 "健康饮食"年级课程内容

年级	认知内容	教学专题	情感培养
一年级	了解身体的构造；认识各种食物；了解合理膳食的基本要求；知晓一些与饮食相关的疾病及传染病情况	食物的多样性；食物包装；碳水化合物；有机蔬菜；奶制品；糖；食物来源	了解自身的营养水平，关心自身身心健康，珍爱自己的生命；运用各种媒介，了解更多饮食习惯和文化
二年级	了解简单的食物烹饪、贮藏、安全知识，辨别食物中毒现象，初步辨别吸烟喝酒后人的不同行为和服用不同药物后人的反应	食物的来源；食物的季节性；蛋白质；了解五谷杂粮；常见蔬菜的简单食谱	初步了解一些与食品相关的社会问题，初步树立关心社会的意识；多与自然接触，明白食物与自然的关系
三年级	清楚知道身体的构造，初步了解常用食物的营养组成，学习疾病与营养的关系，初步学会与饮食相关的普通疾病及传染病预防方法，了解食物中毒的原因	中国传统节日小吃；家常美味；中国八大菜系；特色菜、自制创意菜	关注家人的身心健康，用所学知识帮助家人，增强爱家人的意识；辨别饮食文化中值得发扬与应该摒弃的地方，坚持正确的饮食习惯；培养烹饪兴趣

五、实施与评价

(一)课程实施

课程全面实施，确定主题食谱，进行学科知识融合主题学习，推动家校融合协作完成主题学习，收集不同案例进行分析。

课程团队通过不断地研究、分析与实践，依据学生实际情况与多方反馈，结合研讨、学习、交流等各种方式，开展说课、磨课、公开课等各种活动，以小学一、二、三年级学生为对象，进行学生健康饮食观念、行为、能力的分析，并依据分析结果形成 PCMA 健康饮食教育模型。

以横纵向对比的方法，利用公开课、观摩课等各种形式，展示食育课程下学生饮食习惯、认识的发展变化，这一直观数据极大地改变了教师"食育就是吃"的错误观念，加大了教师的食育关注；提升了相关教师的食育教学能力，加速了教师的专业化成长。

课程中融合了语文、英语、美术、科学、数学等学科知识的学习和能力的培养。每次实践课前,学生都要提前学习制作美食需要的食材,懂得食材在营养金字塔的哪一层,并且用中、英文记录食材名称及所需要的数量。课后还要以写绘的方式,记录学习过程,写绘作业中语文写作侧重食材的记录、制作过程的描述、参与课程的收获与感受,由于学生描述的是自己亲身的经历、生活的体验,所以每个人都有话可写,有真实的情感可表达,写作不再是学生为难的作业,写作素材来源于他们的学习生活。美术方面学生的侧重点在通过绘画展现学习场景、设计餐具及描绘食材样子、色彩等。教学生做菜的是德国大厨,学生需要听懂教师的指令和会读食材的英语,在实践动手中运用学到的语言知识;在写绘作业中也有大量的英语单词运用,学生的英语能力得到提升。此外,制作美食还涉及有机蔬菜、动植物蛋白、添加剂、色素、天然香料等科学知识,为学生创造学习科学的良好条件和环境,使他们在学习中体验科学的魅力和乐趣,培养学生良好的思维习惯和初步的科学实践能力。

每次课堂学习完成后,团队教师都制作美篇与家长分享,赢得家长的认可与支持,并形成良性循环。孩子和家长一起选购食材,在家为家人制作学到的健康美食。学生学习制作番茄酱后,正逢父亲节,全班学生回家都为爸爸做了一份爱心美食,让家人感受到浓浓的爱意。经过调查,家长对课程的满意度高达 97%。再后来,所需食材、厨具,家长们都大力支持,帮忙精心准备,课程得以顺利开展。

(二)课程评价

依据健康饮食教学目标、内容与要求,本课程采取星级评价模式。量级评价标准见表 2。

表 2　星级评价标准

项目内容	评级
备齐食材、餐具等	1 颗星
上课时能按照教师的指令操作,能说出各种食材的名称及主要营养,遵守课堂规则	2～4 颗星
愿意尝试各种不同的食物	1 颗星
在家尝试制作、分享美食	2 颗星
完成课程学习作品(写绘)	1～2 颗星

星级评价贯穿在课程的整个过程,前三项在课堂上由学生互相观察完成自

评和互评,第四项由家长监督进行评价,第五项由教师根据学生作品质量给予评价。

六、成效与展望

课程组以实践研究的方法开发了一套切实可行的"健康饮食"课程体系,这一体系的构建为广大教师相关教育工作的开展提供了更多元、全面的思路指引,切实增强了教师的健康饮食教育技能。

学生方面,学生学习参与度非常高,乐意动手,还能根据膳食宝塔,均衡搭配,加入蔬菜、肉类,创新做出不一样的米饭。提升了学生健康饮食认识,培养了学生科学饮食习惯。经过一段时间的健康饮食教育工作,学生对饮食中涉及的营养知识认识更加全面,对食物的分类更加清晰。且学生饮食中偏食、多食、边玩边食等问题已基本解决,不少学生已能通过科学的方法规范饮食。另外,学生对饮食文化等已初步理解,在饮食、烹饪等方面的能力上也有显著提升。

家长方面,家长对健康饮食的认识明显提升,不少家长已能配合教师,做好孩子的健康饮食延伸教育工作。另外,家长对孩子健康饮食的关注度明显提升。在饮食方面,家长也已实现了从关注孩子"吃饱""吃好"到关注孩子"吃健康"的转变。

传承民俗文化的面食制作

品牌课程主持人：梅燕歧
学校：深圳市福田区园岭小学

　　"传承民俗文化的面食制作"是园岭小学针对五年级学生开发的校本精品课程。教师通过一学年 38 个课时的教学，系统地介绍中华传统面食文化，带领学生用心制作传统面食，既让学生学习了传统面食的制作工艺、形成技能，又促进了学生核心素养的培养。实际教学中，学生有序地学习各种面食的制作，当好传统文化的传承者和弘扬者，并把制作的情感延伸到家庭，课程带来了温馨的亲子关系、温暖的姊妹情谊、浓厚的敬老情怀。

一、课程缘起

　　2007 年，园岭小学全面落实国家课程校本化、校本课程特色化、特色课程精品化，梅燕歧校长作为品德与社会学科教学的领头人，敏锐地发现学生对教材编排的"中国八大菜系"和"西餐礼仪"等与饮食文化相关的学习内容非常感兴趣，加上梅燕歧校长是北方人，喜爱面食，就依照自己的兴趣和特点，开发了"中华面食"校本课程。十多年来，教学团队从未懈怠对课程的研磨和实践。尤其是在 2021 年成功申报了福田区品牌课程培植对象以后，课程组与时俱进，再次对课程进行了整合和迭代升级，选择中华面食作为学校劳动教育课程，除了增强学生生活自理能力外，更基于弘扬中华优秀传统面食文化，增进学生对中华优秀传统文化的认同感，树立文化自信，培养人格健全、全面发展，堪当民族复兴大任的时代新人。

二、课程性质

　　课程构建"线上＋线下"的教学模式。学生居家线上扫描教材中的二维码，观看学习内容自觉练习，及时上传视频、照片或发表感想等跟大家交流。线下课堂上教师讲解、示范,学生自主练习,教师逐一指导,并实时上传课堂学习照片、视频跟家长分享,深受广大学生和家长的喜爱。本课程最大程度上进行了学科"关联互动",形成"面点＋"课程系列,实现跨学科融合,引导学生热爱生活、热爱学习,将来成为能担当民族复兴大任的时代新人。

三、课程目标

课程面对的是五年级学生,因此具有一定的困难。教师通过现场教学和操作,既让学生了解和掌握传统面食的制作工艺,掌握方法,形成技能,又要落实核心素养的培养。具体目标为:学生通过课程学习形成一定的人文素养和科学精神,提高学习能力、交际能力和劳动能力,在实践创新中掌握健康生活的真谛。

四、课程内容

在实践的基础上,逐渐形成了富有特色的课程内容。课程内容分为两个部分,共计 11 章 38 课时。每个学期完成 19 个课时。第一部分主题为:面条类、面饼类、馅心类、传统节日类;第二部分主题为:馅心类、油酥类、蒸烤类、煎炸类、传统节日类。见表 1、表 2。

表 1 第一部分课程内容

章节	主题	主要学习内容
第一章	面点制作材料与工具	中式面点的认识,原料式面点的认识,制作面点的常用工具
第二章	面点制作的基础技能	面食整制成形,面点熟制方法
第三章	面条类制作实践	手擀面,拉面,猫耳朵面
第四章	面饼类制作实践	葱油饼,烙饼,春饼,煎饼馃子
第五章	馅心类制作实践	包子,糖三角,锅贴,盒子
第六章	传统节日面点制作实践	月饼,饺子,馄饨,汤圆,枣馍

表 2 第二部分课程内容

章节	主题	主要学习内容
第一章	馅心类面食制作实践	天津包子,烧卖,肉龙

（续表）

章节	主题	主要学习内容
第二章	油酥类面食制作实践	枣泥卷酥，荷花酥，芝麻饼
第三章	烤类面食制作实践	馒头，花卷，烧盘丝饼，烧饼
第四章	炸类面食制作实践	油条，生煎，馓子
第五章	传统节日面点制作实践	黏糕，喜饼，重阳饼

五、实施与评价

（一）组织形式

学生通过选课平台选课，授课对象为五年级学生，授课时间为每周四下午，授课地点为学校教师食堂。该课程自开设以来，每一期报名人数都达到了最上限40人，深受学生喜爱。

（二）教学方式

在"传承民俗文化的面食制作"课程中，教师充分运用四种教学策略：先行组织者教学策略，学习与实践教学策略，合作与探究教学策略，生活与情感教学策略。每节课的教学，由一位教师主讲，两位教师协助。学生四人一组，一人担任组长，组长负责组织管理协调及发放原料与工具，小组成员独立完成各种面食的制作。

（三）课堂教学流程

每节课由一位教师主讲，两位教师协助，学生四人一组，现场学习、交流。课堂教学流程为：综合运用图片、视频、实物等资料，了解当节课的学习任务—教师演示和讲解—学生自己动手操作—教师现场指导技巧技法—学生品尝大家的劳动成果—多维度评价。见图1。

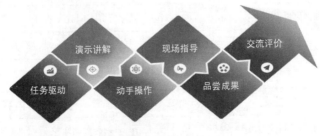

图1　教学流程

(四)家校互动学习

利用周末、节假日,学生居家为家人(或和家人一起)制作可口的面食,录视频、写心得体会、绘主题手抄报等,发布在微信群里进行互动交流。

(五)评价方式

师生现场品尝,互评;家人品尝,点评;教师综评:五星评价。

(六)课程资源

1.学习材料

纸质材料:《中式传统面点制作——小学生教学与实践》;

电子材料:各教学内容电子课件、图片、录像资料等;

微信交流群:课堂教学内容、照片,家庭实操视频、感言,教师、家长、学生的文章、手抄报。

2.教学设备

基本设备:网络资源及个人电脑、手机;

操作设备:面食制作垫板、擀面杖、盆、刀、电磁炉、锅、餐具等;

食材原料:面粉、水、盐、碱、油、鸡蛋、时蔬等。

六、成效与展望

深圳校媒联盟专稿《学生从学校带"饭"回家,这是什么操作?》,对课程进行了全方位的介绍。学校自编校本教材《中式传统面点制作——小学生教学与实践》和《中华面食——校本课程纪实》,被广东第二师范学院作为"中小学综合实践活动"课程教学资料。校内一年一度的劳动节上,学生现场制作面食,与全校师生分享。在"义务教育阶段'生活劳动美'第二届微视频云端评比活动"中,陆雨然同学的"摊鸡蛋饼"荣获福田区一等奖、深圳市一等奖。蔡伊美同学的"做饺子"荣获福田区二等奖。赵翊豪同学的"牛肉拉面"视频登上深圳卫视微博热搜,将面食课程带上更高的舞台。

课程与社区积极互动,邀请园岭社区领导到"中华面食班"现场观课、指导,并与深圳实验小学等市内兄弟学校交流探讨。课程宣传采用每一个教学主题定制推出"美篇"的方法,与广大面食制作爱好者交流,并就劳动课程的创新实践进行交流。授课教师实时发送课堂场景照片与家长云端互动。

《义务教育劳动课程标准(2022年版)》根据不同学段制定了"整理与收纳""家庭清洁、烹饪、家居美化等日常生活劳动"等学段目标,提出要初步掌握基本的家庭饮食烹饪技法,制作简单的家常餐,具有食品安全意识。"传承民俗文化的面食制作"课程旨在对学生加强劳动教育,弘扬面食文化,从儿童时代起就引导鼓励学生从事力所能及的劳动,让劳动的种子在他们心中生根发芽,让中华优秀传统文化的浸润呵护劳动的种子茁壮成长,最终必将会培育出健康健全的人格之树,成就学生的美好未来。

附录

深圳市福田区中小学"品牌课程"创建指标

一级指标	二级指标	指标要点	权重
课程目标（10％）	彰显课程理念	突出"开发潜能、发展个性"的课程理念，体现课程改革的方向和要求	5％
	符合学校实际	突出本校的办学理念和精神追求，促进学校内涵发展，立足学生成长实际，满足学生个性发展需求，助力多元成长	5％
课程内容（24％）	科学性趣味性	内容体系完善、科学合理，逻辑清晰，层级分明，符合学生认知规律和心理特点，趣味性强	8％
	理论性实践性	知识与技能相结合，学生动口、动手、动脑相结合，重视学生的实践体验	8％
	创新性实效性	具有一定的创新和独特性，与学校特色相匹配	8％
课程实施（32％）	课程方案明确	有明确的课程实施计划或方案，包括实施方法、组织形式、课时安排（具体时间）、实施条件（场地、设备）、班级规模等	8％
	教学计划落实	教学计划安排科学，有完整的教学要求与教学安排，每学期课时总量不少于10课时	8％
	教学过程扎实	课程目标细化成学习目标，具有针对性和层次性；倡导"以生为本"，根据学生的经验与知识展开教学，及时捕捉课堂精彩生成	8％
	方法手段多样	教学设计合理，教学形式多样，教学方法得当	8％
课程成果（18％）	课程交流获奖	在国家、省、市、区获奖或学术会议展示	3％
	资源开发利用	开发有配套且较完整的教学资源包、教师手册或学生手册，并有效利用	5％
	课程经验总结	近两年教师撰写的相关经验文章，被学校分享或在区级以上刊物公开发表	5％
	其他课程成果	有较为丰富且质量较高的学生作品等其他课程成果呈现	5％
课程评价（8％）	评价指向明确	关注课程目标达成，关注实践能力和创新思维，关注学习过程，强调过程性、体验性	2％
	评价方案完善	有比较完善且与课程相匹配的评价方案，包括评价内容、主体、方式和结果呈现等	2％
	评价方式适切	评价方法与课程特点相适应，体现学习特点，关注评价的参与性、过程性、激励性	2％
	课程满意度高	学生、家长及教师对该课程的总体评价较高，且有数据支撑	2％

（续表）

一级指标	二级指标	指标要点	权重
制度保障（8%）	注重制度建设	课程实施相关制度科学严谨、语言规范、要求合理、操作性强	4%
	重过程有记录	实施有严格的过程管理,有相关文字(图片、视频等)记录	4%

深圳市福田区第一批"品牌课程"名单

序号	课程名称	学校	课程主持人
1	1＋N 数学与实践	新沙小学	陈雪梅
2	小学数学探究	荔园小学(荔园教育集团)百花校区	李映华
3	会造房子的小数学家	荔园外国语小学(狮岭)	康黎
4	英语公共演讲	福田区外国语学校	曾达平
5	小学数学课外阅读	福田区实验教育集团侨香学校	蒋秀华
6	手画天地 心见历史	红岭中学(集团)石厦部	李树
7	思维天地	莲花中学	王双燕
8	玩创口琴	福田小学	薛建洲
9	校园少儿足球	华富小学	周远志
10	小场地足球	园岭小学	刘晋
11	游泳	益强小学	李飞龙
12	儿童水墨	景莲小学	胡陆保
13	布嵌画	华新小学	胡美莉
14	肢体语言开发	福田中学	柯小斌
15	小创客之旅	天健小学	苏秀芳
16	现代媒体艺术	福田区外国语高级中学	黄志炫
17	IF 想象未来	莲花小学	谭伟杰
18	想象力空间	福民小学	杨淑艳
19	3D 打印与科技创新	景鹏小学	谭智
20	"小脚印"STEAM 课程	东海实验小学	周燕
21	小学语文学科素养	梅华小学	李雪娟

（续表）

序号	课程名称	学校	课程主持人
22	悦读沙龙	福田区实验教育集团梅香学校	李敏
23	"文"采飞扬项目式学习	文天祥小学	田青
24	深港姊妹校融合阅读	益田小学	严霞
25	诗意插花	华强职业技术学校	吴震
26	用审辩思维读《论语》	梅林中学	王自成
27	跟着名家学写作	福田区实验教育集团侨香学校	吴书华
28	特色广播《和孩子们说名句》	福华小学	皮琴静
29	自主识字,提前读写	石厦学校(小学部)	赵平
30	好诗天天诵	文天祥小学、文天祥小学(岗厦)	张文强
31	社会主义核心价值观教育	永源实验学校	黄孔辰
32	小学中年段 TBC 英文绘本	荔园外国语小学(天骄)	岳旭

深圳市福田区第二批"品牌课程"名单

序号	课程名称	学校	课程主持人
1	双 W 课程体系下的英语阅读课程	东海实验小学	石鑫
2	智绘创玩	益强小学	江丹
3	小语种学习	益强小学	曾东升
4	智慧深学	福田区教育科学研究院附属中学	曹雅婷
5	Phonics for READing	益强小学	孔慈敏
6	微笑新生起始周	文天祥小学	王新哲
7	中学双语数学	福田中学	何玉梅
8	游戏化数学编程	东海实验小学	郑妙纯
9	当代小说选读	华强职业技术学校	沈琳
10	"国旗下,共成长"自育课程	绿洲小学	范荣波
11	数学综合实践活动	福强小学	尹静
12	"绘游课堂"小学数学绘本游戏化教学	园岭实验小学	余霞
13	政史游戏课堂	红岭中学(集团)深康学校	杨素平

（续表）

序号	课程名称	学校	课程主持人
14	家庭教育	福田中学	李元琳
15	快乐数棋	梅华小学	揭正华
16	创意布艺大课堂 ——传统之美	福田区外国语学校（福保）	郭丽坤
17	趣味软陶	红岭中学（集团）石厦部	华园园
18	小学舞蹈创新表演	华富小学	闫晓萌
19	儿童戏剧游戏	园岭小学	黄燕妮
20	儿童趣味版画	福田小学	刘庆西
21	走进京剧	福田区实验教育集团侨香学校	杨娜
22	少儿陶瓷艺术	天健小学	诸葛军
23	国乐鉴赏	福田中学	蒋国辉
24	少儿线语心画	文天祥小学（岗厦）	王凯萱
25	妙手生花纸艺	福田区实验教育集团黄埔学校	束颖
26	一起玩软陶	福华小学	陈丹丹
27	少儿律动口风琴	荔园小学（荔园教育集团）百花校区	吴丽娜
28	少儿油画	福田区教育科学研究院附属小学	李红勇
29	油画赏析及实践	南园小学	张靖
30	"小脚印"体质提升	东海实验小学	吴鹏
31	魅力乒乓球	绿洲小学	魏纯子
32	少儿游泳	皇岗小学	林吕宁
33	实验大师	红岭中学（集团）深康学校	欧颖贤
34	5R生态环保课程	莲花小学	葛凤
35	室外生命探秘	福田区外国语学校（福保）	谢宝凤
36	平面设计应用	红岭中学（集团）园岭部	沈铭铭
37	基于小学科学的项目式学习	新莲小学	叶喆
38	中学生影视课堂	福田中学	刘真真
39	F1A航空模型运动	华新小学	刘军、肖迪牛

序号	课程名称	学校	课程主持人
40	Arduino 开源硬件	红岭中学(集团)园岭部	田俊
41	博物馆美学素养课程	梅林中学	黄晓宇
42	与二十四节气同行	福南小学	李碧容
43	儿童智造	荔园小学（荔园教育集团）通新岭校区	周伟明
44	3D 打印与传统漆艺	福南小学	陈锐
45	机器人 STEM 课程	福民小学	陈秀
46	3D 打印技术	新莲小学	费聪
47	健康饮食 品质生活	福民小学	韩旻之
48	无人机飞行	梅林中学	李晓锋
49	地域文化探究	红岭中学(集团)园岭部	谭妙蓉
50	家庭阅读套餐	福新小学	杨岭
51	探究式阅读古典名著	福田区实验教育集团翰林学校	陈桂红
52	主题阅读	上沙小学	刘青
53	城中村小学亲子共读	绿洲小学	吴雅晴
54	"佳佳作文学社"主题作文	福华小学	吴林佳
55	单元主题式创意写作	红岭中学(集团)石厦部	林楚涛
56	思维导图＋语文	新莲小学	彭燕芳
57	儿童诗创作	福田区实验教育集团翰林学校	张馨丹
58	初中古诗词细读	红岭中学(集团)深康学校	马玉茹
59	传统文化与礼仪	新沙小学	王亮

深圳市福田区第三批"品牌课程"名单

序号	课程名称	学校	课程主持人
1	海绵城市	深圳明德实验学校(集团)香蜜校区	莫峻
2	南华诗词会	南华小学	禹玉珍
3	"小脚印"创美课堂	东海实验小学	罗珏
4	未来工程师	红岭中学(集团)高中部	李杏清

（续表）

序号	课程名称	学校	课程主持人
5	生涯教育观影	福田区外国语学校	赵红燕
6	学数学 话文化	红岭中学(集团)石厦部	蔡倩
7	趣味生物实践	深圳明德实验学校(集团)香蜜校区	林周华
8	小脚印 PBL	东海实验小学	王丹
9	我爱红领巾	东海实验小学	刘思倩
10	传承民俗文化的面食制作	园岭小学	梅燕岐
11	3D 打印——创新智造	南华小学	倪勇
12	红树林 STEM	红岭科技小学	陈倍思
13	英语读者剧场	深圳明德实验学校(集团)香蜜校区	田甜
14	小学英语 CSTE 绘本	福田小学	郑晴菊
15	小实验家	深圳明德实验学校(集团)碧海校区	李丹
16	"思""辩"趣味数学	东海实验小学	李岚岚
17	小创客	福民小学	吴锦秀
18	班级诗词合唱	福华小学	刘琴
19	绘本主题阅读	福华小学	叶素菊
20	玩童诗	华新小学	邓丽云
21	国画	福田小学	吴显容
22	随文微写作	下沙小学	欧阳美娴
23	玩转数学	红岭中学(集团)深康学校	刘志峰
24	数游练习	荔园小学(荔园教育集团)百花校区	徐杰
25	礼服设计——软陶	红岭中学(集团)深康学校	任幸妮
26	主题写作	红岭中学(集团)石厦部	罗志玉
27	创客魔法之旅	梅林小学	曹丹
28	小学经典悦读	深圳明德实验学校(集团)香蜜校区	陈工民
29	和机器人玩耍	东海实验小学	马宗兵
30	AI 启蒙	荔园外国语小学(香蜜湖)	胡晓璇
31	快乐英语配音	红岭中学(集团)园岭部	何琳芳

序号	课程名称	学校	课程主持人
32	身体主题探究	红岭实验小学	韩彩
33	观影疗心	红岭中学（集团）深康学校	王紫琳
34	春芽儿童心理剧	福南小学	刘彦君
35	英语趣配音	深圳明德实验学校（集团）香蜜校区	卢婷
36	家校合育	园岭外国语小学	廖心波
37	鸣天合唱	福田区外国语学校（福保）	严涵
38	英语演讲	福田区外国语学校（福保）	陈哲霞
39	单元主题式微写作	荔园小学（荔园教育集团）八卦岭校区	周靖雯
40	python 与人工智能	红岭中学（集团）园岭部	李貌
41	绘本悦读（Reading is for fun)	园岭小学	曾力
42	节庆文化	红岭实验学校（上沙）东校区	沈五妹
43	英语分级绘本阅读	益强小学	鲁昌顺
44	会读书的小书虫	深圳明德实验学校（集团）碧海校区	张婷
45	CAMbridge 幼小衔接英语	荔园外国语小学（天骄）	岳旭
46	数学游戏项目1＋N	荔园外国语小学（香蜜湖）	罗梅
47	数学文化节	新洲小学	王敏
48	成语中的历史故事	深圳明德实验学校（集团）香蜜校区	刘爱红
49	趣味拼音游戏	红岭中学（集团）深康学校	张盈莹
50	Web 页面制作	华强职业技术学校	牛月
51	互联网金融	华强职业技术学校	张小裴
52	"益趣"英语沙龙	益田小学	蔡伟菊
53	历史软陶	红岭中学（集团）高中部	于晓慧
54	小学体育舞蹈	福田小学	刘立辉
55	校外体育一小时	园岭实验小学	王程
56	趣味数学	红岭中学（集团）高中部	兰海鹏
57	线描画	红岭实验学校（上沙）	曾素芬

（续表）

序号	课程名称	学校	课程主持人
58	小学低年级数学绘本	新洲小学	张铭
59	一起玩科学	荔园小学（荔园教育集团）通新岭校区	邱山红
60	篮球	上步小学	刘锦胜
61	二十四节气写绘	福民小学	吴莹
62	走进博物馆	百花小学	冯文正
63	"植物"主题探究	红岭实验小学	彭密
64	行走学习	红岭中学（集团）高中部	冯嘉琪
65	人工智能与科技创新	深圳市福田区红岭科技中学	赵晓东
66	少儿古琴	园岭小学	陆昕
67	绘"话"童蒙养正	文天祥小学（岗厦）	薛亚芸
68	手球	福民小学	梁聪
69	观鸟观自然	华新小学	陈苗
70	创意流体画	福田区第二实验学校	王政国
71	玩转绘本 创意习作	荔园外国语小学（香蜜湖）	朱云霞
72	趣味心理学	百花小学	陈倩
73	童趣体能	新洲小学	曾谋
74	跳绳	红岭实验学校（上沙）东校区	黄锦烽
75	形体健康	福田中学	相薇
76	少儿健美操	福民小学	张彩娟
77	校园写生	绿洲小学	李岳
78	Anchor Chart for English Learning	新洲小学	孔巧晶
79	"数维"注意力训练	南华小学	郑泽璇
80	扎染	福田区第二实验学校	袁子晴
81	艺术构成	华强职业技术学校	郑源
82	像科学家一样探究	福田区实验教育集团福龙学校	刘露琳
83	民族音乐欣赏	福田区外国语小学	龚萍
84	校园短视频创作	梅林中学	彭丹
85	软陶艺术	梅林中学	周娟